U0543830

国家出版基金项目

毛泽东著作版本研究

第三册

周一平 主编

湘潭大学毛泽东思想研究中心 编

中国出版集团有限公司
研究出版社

图书在版编目（CIP）数据

毛泽东著作版本研究. 第三册 / 周一平主编. -- 北京：研究出版社，2025.5（2025.7重印）
ISBN 978-7-5199-1647-3

Ⅰ.①毛… Ⅱ.①周… Ⅲ.①毛泽东著作 – 版本 – 研究 Ⅳ.①A841

中国国家版本馆CIP数据核字（2024）第053962号

出 品 人：陈建军
出版统筹：丁　波
图书策划：寇颖丹
责任编辑：范存刚

毛泽东著作版本研究 第三册

MAOZEDONG ZHUZUO BANBEN YANJIU DISANCE

周一平　主编

研究出版社 出版发行

（100006　北京市东城区灯市口大街100号华腾商务楼）
北京建宏印刷有限公司　新华书店经销
2025年5月第1版　2025年7月第2次印刷
开本：710毫米×1000毫米　1/16　印张：24.25
字数：410千字
ISBN 978-7-5199-1647-3　定价：108.00元
电话（010）64217619　64217652（发行部）

版权所有·侵权必究
凡购买本社图书，如有印制质量问题，我社负责调换。

序

  毛泽东是领导中国人民彻底改变自己命运和国家面貌的一代伟人。无论在国家政治生活，还是在思想理论界、学术界，抑或在民间社会，毛泽东都具有广泛而深远的影响力。毛泽东的影响力，很重要地体现在他的著作影响力上。毛泽东的著作是马克思主义中国化的经典，是毛泽东思想的主要载体，是中国共产党、中华民族的宝贵遗产。

  在当代，继承、发展毛泽东思想仍然是必修课。要继承、发展毛泽东思想，就需要学好毛泽东著作；要深入学好毛泽东著作、全面掌握毛泽东思想，就应全面、深入研究毛泽东著作的版本。研究毛泽东著作版本是毛泽东著作学术研究要走的第一步，任何学术研究走好走对第一步都十分重要。

  "毛泽东著作版本研究丛书"的推出，旨在满足当前思想理论界对毛泽东著作深入解读的需求，大力推动毛泽东著作版本研究进一步发展。

  本丛书组织的每篇毛泽东著作版本研究论文，基本上都以晋察冀日报社1944年版《毛泽东选集》、人民出版社1951年至1960年第1版《毛泽东选集》、人民出版社1991年第2版《毛泽东选集》等各种重要版本为基础，考察文本在政治和文化层面的意蕴，及其文字的各种细微变化、语境的历史变迁等，都分以下几个部分：1．写作背景、成文过程：详细讨论毛泽东论著的历史背景、写作与发表的具体过程。2．主旨、意义：探究毛泽东论著的主旨与历史意义、现实意义。3．版本综述：详述毛泽东论著1949年10月以前和以后的中文版、外文版及少数民族文字版，以及版本信息不详的版本。4．研究综述：详述对毛泽东论著的版本研究、思想内容研究等各方面研究的历史和现状。5．校勘与分析：对毛泽东论著不同版本的文字、标点等差异，分类进行深入的多视角的分析。6．对修改的思考：对校勘与分析中发现的毛泽东论著的重要修改，进行总结和思考。7．附录：校勘记，以表格形式，分栏显示两个或以上版本的文字、标点等的差异。8．参考文献：详列主要的版本文献、研究著作、研究论文等。

相信本丛书将有助于引导读者走好走对毛泽东著作学术研究的第一步，并成为研究毛泽东著作和毛泽东思想的重要工具。期待能够激发更多的讨论、研究。

主编　周一平

2025年5月1日

目录 CONTENTS

《中国革命战争的战略问题》版本研究 / 001

一、写作背景、成文过程 / 001

二、主旨、意义 / 010

三、版本综述 / 022

四、研究综述 / 029

五、校勘与分析 / 048

六、对《中国革命战争的战略问题》修改的思考 / 163

附录：人民出版社1951年《毛泽东选集》第一卷版、晋察冀日报社1946年《党的政策选集》版与八路军军政杂志社1941年《中国革命战争的战略问题》版校勘记 / 166

参考文献 / 254

《中国共产党在抗日时期的任务》版本研究 / 279

一、写作背景、成文过程 / 279

二、主旨、意义 / 287

三、版本综述 / 289

四、研究综述 / 292

五、校勘与分析 / 302

六、对《中国共产党在抗日时期的任务》修改的思考 / 346

附录：人民出版社1951年《毛泽东选集》第一卷版、晋察冀日报社1944年《毛泽东选集》卷二版与《解放》周刊1937年第1卷第2期版校勘记 / 350

参考文献 / 370

《中国革命战争的战略问题》版本研究

一、写作背景、成文过程

(一) 写作背景

1. 总结中国革命战争的经验教训，批判中共党内机会主义路线

在第一次国内革命战争时期（"大革命"时期）和第二次国内革命战争时期（土地革命时期），处于幼年时期的中国共产党，其中一些党员，无论是对马克思主义、列宁主义的理论的理解，还是对中国的具体革命实践的认识，都不够成熟。以陈独秀和王明为代表的党的部分领导人不能正确认识马克思列宁主义和中国革命的实践及其相互关系，他们虽然懂马克思主义和列宁主义，但只知道将其生搬硬套于中国革命的具体实践，犯了右倾机会主义和"左"倾机会主义，给中国革命造成了巨大的损失。

"大革命"失败以后，中国共产党吸取了血的教训，走上了以革命武装反抗反革命武装的中国革命新道路。中国共产党领导了南昌起义、秋收起义、广州起义等，但都没有成功。毛泽东把秋收起义的部队带上了井冈山，以后又与朱德南昌起义的部队会合，组建了中国工农革命军第四军，以后根据中共中央指令改称中国工农红军第四军，简称"红四军"。在毛泽东正确军事路线的领导下，工农红军打了一些胜仗，取得了第一次、第二次、第三次反"围剿"的胜利，并建立、发展了革命根据地。但由于王明"左"倾路线在中共党内占了主导地位，中国工农红军第五次反"围剿"失败了，被迫撤离江西革命根据地，向西转移，进行以后被称为"长征"的战略转移。长征初期，工农红军又遭受了惨重的损失。

在中国共产党及其领导的中国工农红军生死存亡的紧急关头，1935年1

月，中共中央政治局扩大会议在遵义召开（史称"遵义会议"），会议集中讨论了军事上和组织上的问题。在遵义会议上，博古首先作了第五次反"围剿"的总结报告，强调军事上接二连三的失败都是敌人力量过于强大等客观原因造成的。周恩来作了军事问题的副报告，就军事指挥上的错误作了自我批评，主动承担了责任。毛泽东在会上也发了言，他分析并批评了博古、李德的错误的单纯防御军事路线，认为第五次反"围剿"失败的主要原因不在客观，并阐释了中国革命战争的战略问题，指出了今后的方向。① 毛泽东的发言，得到了与会人员的赞同和肯定。王稼祥发言赞同毛泽东的意见，批评了博古、李德的错误军事指挥。张闻天"在会上作了批判'左'倾军事路线的报告"②，表示赞同毛泽东和王稼祥的意见，批评了博古、李德的错误军事指挥。朱德、周恩来、刘伯承、李富春等都发言赞同毛泽东的主张。毛泽东的主张得到了会议赞同。会议增选毛泽东为政治局常委，取消博古、李德的最高军事指挥权，决定由周恩来、朱德指挥军事。会后，政治局常委进行分工：决定由张闻天代替博古负总责，毛泽东、周恩来负责军事。稍后又成立了由毛泽东、周恩来、王稼祥组成的三人军事指挥小组。③ 遵义会议结束了王明"左"倾机会主义、冒险主义在军事上的统治，实际上确立了以毛泽东为代表的正确路线的领导。遵义会议挽救了红军，挽救了党，挽救了中国革命。

1935年10月，红军到达陕北后，逐步站住了脚。此后，中国的国共内战逐渐向国共合作抗战转变。如何打赢抗日战争？迫切需要总结中共党内政治路线和军事路线的经验教训。1935年12月27日，毛泽东在陕北瓦窑堡党的活动分子会议上，作了《论反对日本帝国主义的策略》的报告，系统地论述了建立抗日民族统一战线问题，为即将到来的全面抗战作了政治思想准备。从1936年秋季开始，毛泽东在红军大学多次讲授关于中国革命战争的战略问题，他从总结中国革命战争的经验教训出发，批判了中共党内的机会主义路线，为即将到来的全面抗战作了军事思想、军事战略准备。毛泽东在红军大

---

① 陈云在1977年8月23日接见遵义会议纪念馆负责人的谈话中说：在遵义会议上，"毛主席讲得很有道理。内容就是中国革命战争战略问题"。（中共遵义县委组织部等编：《从转折走向辉煌——苟坝会议研究文集》，中共中央党校出版社2007年版，第39页）

② 张闻天选集编辑组：《张闻天文集》第一卷，中共党史资料出版社1990年版，第543页。

③ 中共中央文献研究室编：《毛泽东年谱 1893—1949》（修订本）上卷，中央文献出版社2013年版，第442页。

学讲授的"中国革命战争的战略问题"教材即后来收入《毛泽东选集》第一卷的《中国革命战争的战略问题》(以下简称"《问题》")。

毛泽东本人在多种场合下曾多次谈到写作《问题》是为了总结中国革命战争的经验教训,批判中共党内机会主义路线。

1951年《毛选》第一版题解认为《问题》:"是为着总结第二次国内革命战争的经验而写的……这是第二次国内革命战争时期党内在军事问题上的一场大争论的结果,是表示一个路线反对另一个路线的意见。"[①]1951年《毛选》第一版绝大部分都经过毛泽东亲自修改、亲自加写题解,具有很强的思想性。《问题》题解可能也是毛泽东本人加写的。这一版内关于1931—1934年的"左"倾机会主义[②]注释"毛泽东同志的'中国革命战争的战略问题'一书,主要地是为批判这个新的'左'倾机会主义路线在军事方面所犯错误而作的"[③],也印证了题解的说法。

王明等"左"倾机会主义路线的思想路线是反实事求是的主观主义、教条主义、本本主义,轻视实践,割裂理论与实践、主观与客观的具体的统一,一切从教条、本本出发,不从实际出发,把反对教条主义、本本主义的人污蔑为"狭隘经验论"。毛泽东说:"对我最有益处的,就是封我为'狭隘经验论'。我在《中国革命战争的战略问题》那本书中就学鲁迅的办法,'报复'了一笔,批评那些骂'狭隘经验论'的人是错误的。"[④]这足见《问题》"是当时党内在军事问题上的一场大争论的结果"[⑤]。

1958年6月21日,毛泽东在中央军委扩大会议上说:写"《中国革命战争的战略问题》,答复那个中央苏区的军事教条主义"[⑥]。

1961年3月23日,毛泽东《在广州中央工作会议上的讲话》中说:"没有那些胜利和那些失败,不经过第五次反'围剿'的失败,不经过万里长征,我那个《中国革命战争的战略问题》小册子也不可能写出来。因为要写这本

---

① 《毛泽东选集》第一卷,人民出版社1951年版,第168页。
② 《毛泽东选集》第一卷,人民出版社1951年版,第183页。
③ 《毛泽东选集》第一卷,人民出版社1951年版,第239页。
④ 孙宝义等编:《毛泽东的读书人生》,中共党史出版社2014年版,第172页。
⑤ 中共中央文献研究室编:《毛泽东年谱 1893—1949》(修订本)上卷,中央文献出版社2013年版,第635页。
⑥ 中共中央文献研究室编:《毛泽东年谱 1949—1976》第三卷,中央文献出版社2013年版,第373页。

书，倒是逼着我研究了一下资产阶级的军事学。"①

1962年1月30日，毛泽东《在扩大的中央工作会议上的讲话》中说："在抗日战争前夜和抗日战争时期，我写了一些论文，例如《中国革命战争的战略问题》、《论持久战》……都是革命经验的总结。"②

邓小平1978年6月2日《在全军政治工作会议上的讲话》中说"在战胜了使中国革命遭到严重失败的王明'左'倾路线以后，毛泽东同志总结了这次斗争的教训，在一九三六年和一九三七年写下了《中国革命战争的战略问题》、《实践论》、《矛盾论》等一系列不朽著作，奠定了我们党的思想理论基础"③，指出《问题》是对反王明"左"倾路线斗争教训的总结。

《毛泽东年谱》也指出："本书是对十年内战经验的总结，是当时党内在军事问题上的一场大争论的结果。"④

可以看出，毛泽东写作《问题》是为了总结近十年土地革命战争的经验教训，批判"左"倾机会主义。

2. 为培养中国共产党的军事干部提供教材

经过第五次反"围剿"的失败和两万五千里的长征，红军人数由第五次反"围剿"开始前的30多万人到1937年3月西路军失败后主力红军只剩下约3万人。为了提高剩下的红军指挥员、战斗员的指挥力战斗力，为了培养一批得力的军事干部，以便壮大红军，奔赴抗日前线，打击日本侵略军，"挽救伟大的中华民族之灭亡"⑤，必须办好红军大学培养军事人才，"储为将来之用"⑥。

经过两万五千里的长征，党和红军各方面条件极其艰苦，物资极其匮乏。红军大学成立初期，没有教室，缺少教员和教材等。没有教室，红军大学就在露天环境上课。缺少教员，红军大学就请毛泽东等主要领导人去给学

---

① 《毛泽东文集》第八卷，人民出版社1999年版，第263页。
② 《毛泽东文集》第八卷，人民出版社1999年版，第299页。
③ 《邓小平文选》第二卷，人民出版社1994年版，第115页。
④ 中共中央文献研究室编：《毛泽东年谱 1893—1949》（修订本）上卷，中央文献出版社2013年版，第635页。
⑤ 中共中央文献研究室、中央档案馆编：《建党以来重要文献选编》第十三册，中央文献出版社2011年版，第150页。
⑥ 中共中央文献研究室编：《毛泽东年谱 1893—1949》（修订本）上卷，中央文献出版社2013年版，第589页。

员授课或作报告。缺少教材，毛泽东等就竭尽全力想办法从白区购买，或从别处借，或自己编写。在红军大学需要教材的情况下，毛泽东写了"中国革命战争的战略问题"作为教材，并多次到红军大学讲授。他在红军大学讲授的"中国革命战争的战略问题"教材即后来的《中国革命战争的战略问题》。《问题》一经诞生，就成为中国共产党的军事经典著作，为培养中国共产党的军事人才发挥了重要作用。

毛泽东本人多次谈到因为红军大学上课需要，才写了《问题》，如：

1941年2月23日，毛泽东在为八路军军政杂志社出版《问题》写"著者识"谈道："这本小书是一九三六年秋季作为当时红军大学的教本而写的，目的在总结内战的经验。"①

1947年12月25日，《人民日报》在介绍《问题》时指出："这是毛主席在一九三六年秋季为红军大学写的教材，目的在总结苏维埃十年内战的经验。"②

1960年12月25日，毛泽东回忆："后来到陕北，我看了八本书……那时看这些，是为了写《中国革命战争的战略问题》，是为了总结革命战争的经验。"③

1964年6月24日，毛泽东在会见越南人民军总参谋长文进勇率领的越南友好代表团时说："一九三六年，红军大学要我去讲革命战略问题。好，我就看参考书，考虑怎样总结国内革命战争的经验，写讲义……写的讲义题目是《中国革命战争的战略问题》……红军大学的同志帮了我的忙，他们不叫我教书，我就不会去写。"④

《问题》是在现实需要下（如红军大学教材极其短缺，为红军大学讲演、教学而写，为即将到来的全面抗战作战略准备，反击党内不同军事路线），在总结历史经验和有关会议决议（如遵义会议决议）内容的基础上而写的，写的内容是十年内战经验的总结。但是，《问题》实际所起到的作用

---

① 《中国革命战争的战略问题》，八路军军政杂志社1941年版，第1页。
② 《人民日报》1947年12月25日第1版。
③ 中共中央文献研究室、中国人民解放军军事科学院编：《建国以来毛泽东军事文稿》（下），军事科学出版社、中央文献出版社2010年版，第113—114页。
④ 中共中央文献研究室、中国人民解放军军事科学院编：《建国以来毛泽东军事文稿》（下），军事科学出版社、中央文献出版社2010年版，第241页。

和影响已经超越了教本本身。《问题》已成为经典著作，作为教本来宣传不能体现《问题》应有的地位和价值，所以在后来的宣传中才会说是为了总结经验而写。

（二）成文、出版过程

1935年1月的遵义会议上，毛泽东就土地革命战争的经验教训作了发言，阐释了中国革命战争的战略问题。会后，张闻天受会议委托起草会议决议，他"在会议讨论的基础上，特别是根据毛泽东的意见，并结合他个人转变过程中的思想认识，起草了《中共中央关于反对敌人五次'围剿'的总结决议》"[①]。可以说，毛泽东在遵义会议上的发言以及遵义会议决议是毛泽东总结中国革命战争经验教训的成果之一。这为他后来为红军大学写"中国革命战争的战略问题"教材开了个头。

1936年3月下旬，中共中央政治局召开会议讨论形势和任务等各方面问题。3月25日会议讨论战略方针问题，由毛泽东作报告，毛泽东提出"以发展求巩固"的方针。3月26日会议讨论毛泽东的报告，与会者一致同意毛泽东的报告。会议决定，战略方针由毛泽东起草。[②] 这个决定，促使毛泽东进一步研究战略问题，也自然而然促成了毛泽东编写红军大学的教材《中国革命战争的战略问题》。

1936年5月8日，毛泽东提出办红军大学，[③] 培养一批党的领导干部，以适应形势的新发展，为即将到来的抗战作准备。在毛泽东的号召下，党中央决定在原有的红军大学基础上，创办一所新的抗日红军大学，抽调许多具有战斗经验、优秀、可以深造的干部进行培养。

1936年5月20日，中共中央政治局召开会议，就红军大学的学习时间、教育方针、教育内容、教育方法、组织构成等问题作了规定。毛泽东任校教育委员会主任兼政委，林彪任校长，罗瑞卿任教育长。1936年6月1日，中国

---

① 张闻天选集编辑组：《张闻天文集》第一卷，中共党史资料出版社1990年版，第543页。
② 中共中央文献研究室编：《毛泽东年谱 1893—1949》（修订本）上卷，中央文献出版社2013年版，第525页。
③ 中共中央文献研究室编：《毛泽东年谱 1893—1949》（修订本）上卷，中央文献出版社2013年版，第540页。

人民抗日红军大学在瓦窑堡举行开学典礼，毛泽东出席并讲话，[①] 他指出了当时的政治形势、党面临的任务，特别指出了红军大学的开办方针。红军大学根据学员情况，将学员编成三个科，第一科主要是高级指挥人员，人数很少，只有38人。第二科主要是营连干部，人数较多，有225人。第三科主要是排班干部，人数最多，有800人。

延安红军大学开办初期，克服了很多困难。没有校舍，就将陕北保安城南桥沟的石洞作为教室，用木棍搭成教室门，用秸秆编成门帘。没有桌椅板凳，就用石块垒砌成桌子和椅子。晴天直接坐在露天的平地上上课，雨天就去石洞教室上课。缺少教员，由毛泽东、张闻天、周恩来、叶剑英、林彪、罗瑞卿等领导人亲自给学员授课、作报告。在缺少教材的情况下，毛泽东竭尽全力想办法从白区购买，或从别处借，或自己编写。《中国革命战争的战略问题》，就是毛泽东编写的红军大学的教材。因为"红军大学要我去讲革命战略问题"[②]，就需要教材。在现实需要下，毛泽东开始大量搜集、阅读军事书籍，特别是战略学书，为去红军大学讲革命战略问题作准备。1936年8月26日，毛泽东就红军大学第三科的教学问题给林彪写信，指出要更加注重文化教育。

1936年9月7日，毛泽东致电催促身在西安的刘鼎买军事书："前电请你买军事书，已经去买否？现红校需用甚急，请你快点写信，经南京、北平两处发行军事书的书店索得书目，择要买来，并把书目付来。"[③] 9月26日，毛泽东就买军事书事宜再次致电刘鼎：不要买普通战术书，只要买战略学书、大兵团作战的战役学书，中国古时的兵法书如《孙子》等也买一点。张学良处如有借用一点。[④] 10月22日，毛泽东给叶剑英和刘鼎写信再次就买军事书做出交代，要求买一批有价值的通俗的社会科学、自然科学和哲学书，供学校和部队提高干部政治文化水平之用。因刘鼎买来的军事书多不合

[①] 中共中央文献研究室编：《毛泽东年谱 1893—1949》（修订本）上卷，中央文献出版社2013年版，第547页。

[②] 中共中央文献研究室、中国人民解放军军事科学院：《建国以来毛泽东军事文稿》（下），军事科学出版社、中央文献出版社2010年版，第241页。

[③] 中共中央文献研究室编：《毛泽东年谱 1893—1949》（修订本）上卷，中央文献出版社2013年版，第576页。

[④] 中共中央文献研究室编：《毛泽东年谱 1893—1949》（修订本）上卷，中央文献出版社2013年版，第588页。

用，多是战术技术的，红军大学要的是战役指挥与战略的书籍，再次要求买《孙子兵法》。①

毛泽东"看了刘伯承同志译的《联合兵种》，看了'战斗条例'，还看了一些资产阶级的（书）"②，"看了八本书，看了《孙子兵法》，克劳塞维茨的书看了，日本人写的军事操典也看了，还看了苏联人写的论战略、几种兵种配合作战的书等"③。毛泽东一方面研究古今中外的军事著作，另一方面更重要的是研究、总结中国革命战争的经验教训，来编写中国共产党人、中国红军的军事教材。1936年6月，毛泽东写出了《军事辩证法》，并在红军大学讲演（一说没有作过"军事辩证法"讲演）。④ 1936年秋季，毛泽东在《军事辩证法》的基础上，开始写作"中国革命战争的战略问题"的讲稿（讲义）。毛泽东在完成了"中国革命战争的战略问题"部分内容（至少完成第一章）的基础上，1936年10月27日，"开始为红军大学一科（上干队）讲'中国革命战争的战略问题'"⑤，一直持续到西安事变的发生。

1936年12月12日，毛泽东完成了"中国革命战争的战略问题"讲义的前五章，由于西安事变的发生，没有时间继续写作了。毛泽东本人就此多次谈道："本书只完成五章，尚有战略进攻、政治工作及其他问题，因为西安事变发生，没有工夫再写，就搁笔了。"⑥ "还没有写完，还有关于战略进攻、政治工作、党的工作等问题，因为西安事变发生，没有工夫再写。主要

---

① 《毛泽东文集》第一卷，人民出版社1993年版，第453页。
② 中共中央文献研究室第一编研部、军事科学院军事战略研究部、中国人民革命军事博物馆编：《历史巨人毛泽东画传》第一卷，中央文献出版社2013年版，第479页。
③ 中共中央文献研究室、中国人民解放军军事科学院编：《建国以来毛泽东军事文稿》（下），军事科学出版社、中央文献出版社2010年版，第113—114页。
④ 方辉锦：《〈中国革命战争的战略问题〉在毛泽东哲学思想发展史上的地位》，《安徽大学学报》1984年第2期。夏征难的《军事辩证法由胚胎孕育成熟——〈军事辩证法〉与〈中国革命战争的战略问题〉之比较》（《毛泽东思想论坛》1996年第3期）指出：据说毛泽东于1936年曾以"军事辩证法"为题在陕北红军大学作过讲演。但据一些当年在红军大学亲聆毛泽东讲课的老同志回忆，毛泽东只讲过《中国革命战争的战略问题》，似从未讲过《军事辩证法》课。……现存的《军事辩证法》文稿并非讲课记录稿，而是毛泽东《问题》文稿写作提纲的抄件，胡乔木同志认为此论断"确切可信"。作者又通过对《军事辩证法》和《问题》二者的结构层次、研究方法、基本论点、理论表述和典故引证等五方面的分析，指出《军事辩证法》具备了《问题》的雏形。
⑤ 中共中央文献研究室编：《毛泽东年谱 1893—1949》（修订本）上卷，中央文献出版社2013年版，第603页。
⑥ 《毛泽东选集》第一卷，人民出版社1951年版，第168页。

部分写好了，我就不讲了。有书，你们看就是了。"①

西安事变之后，毛泽东没有时间继续写作《中国革命战争的战略问题》，但对"中国革命战争的战略问题"的讲稿（讲义）作过部分修改。如关于西路军断语，就是1937年3月西路军失败之后加进去的。1937年3月，政治局扩大会议就张国焘的反党行为进行了批判，将西路军失败的原因归咎于张国焘。毛泽东就西路军问题"引用"了中央领导集体关于西路军问题的正式结论，将其增写进"中国革命战争的战略问题"讲义。

1937年5月，未完成的"中国革命战争的战略问题"讲稿（讲义）油印成册，题名《中国革命战争的战略问题》。油印本印数很少，只发给了少数人。

1940年12月，八路军军政杂志社在征得毛泽东本人同意后，将《中国革命战争的战略问题》付印出版，并作了如下说明：

八路军军政学院的创办，为研究中国革命战争的经验教训，极感参考材料之缺乏。兹征得毛泽东同志之同意，将其在西安事变之前所著《中国革命战争的战略问题》这本富有伟大之历史意义一书付印，这是我们认为十分荣幸的。

原著尚未完稿，因抗战爆发，抗日民族统一战线形成，为应抗战之急需，毛泽东同志乃另著《论持久战》一书，以供国人，是书则因事忙辍笔。

得到此书的同志，望特加珍爱，并勿遗失。

八路军军政杂志社编委
民国廿九年十二月②

毛泽东专门为出版《中国革命战争的战略问题》写了序，即"著者识"：

这本小书是一九三六年秋季作为当时红军大学的教本而写的，目的在总结内战的经验。只完成五章，尚有战略进攻，战略转移，政治工作，及其他

---

① 中共中央文献研究室、中国人民解放军军事科学院编：《建国以来毛泽东军事文稿》（下），军事科学出版社、中央文献出版社2010年版，第241页。
② 《中国革命战争的战略问题》，八路军军政杂志社1941年版，扉页《出版者的话》。

许多问题，没有工夫再写了。四年来只有油印本，兹应军政杂志社之请，用铅印出版，藉供党内同志们参考。这是一场大争论的结果，是表示一个路线反对另一个路线的意见，对于目前的抗日战争还是有用的。

一九四一年二月二十三日著者识。①

1941年八路军军政杂志社出版《中国革命战争的战略问题》之后，很多出版社纷纷翻印，《中国革命战争的战略问题》从此流传、影响到了全国。

在传播过程中，《中国革命战争的战略问题》的名称被误印或误传，具体内容也发生或多或少的改变。部分书籍将《中国革命战争的战略问题》写为《关于中国革命战争的战略问题》《中国革命的战略问题》《中国革命战略问题》《论中国革命战略问题》《论中国革命战争的战略》《中国革命和中国革命战略问题》等，以下统称为"《问题》"。

二、主旨、意义

（一）主旨

1. 总结中国革命战争的经验教训

毛泽东给红军大学的学员讲中国革命战争的战略，一个重要的目的任务就是引导、指导学员在中国革命战争中学习战争，总结并了解中国革命战争的经验教训，以便用之于中国革命战争。毛泽东对中国革命战争的经验教训，特别是对中国工农红军第一至第五次反"围剿"的经验教训进行了深入、全面的总结，就是一种很好的引导、指导。

毛泽东指出："一切带原则性的军事规律或军事理论，都是前人或今人做的关于过去战争的总结。这些过去战争留给我们的血的教训，应该着重地学习他，这是一件事。然而还有一件事，即是从自己经验中考证这些结论，吸收那些用得着的东西，拒绝那些用不着的东西，创设那些自己所特有的东西。这后一件事是十分重要的，不这样做，我们就不能指导战争。"② 这里

---

① 《中国革命战争的战略问题》，八路军军政杂志社1941年版，第1页。
② 《中国革命战争的战略问题》，八路军军政杂志社1941年版，第9页。

毛泽东强调总结、了解中国革命战争、中国工农红军自己作战的经验教训的重要性，强调不总结中国革命战争、不总结中国工农红军自己作战的经验教训，就无法指导红军的作战。毛泽东还进一步强调：如果照搬照抄中国出版的军事书或苏联出版的军事书，就一定是削足适履，要打败仗。

毛泽东在概要地总结土地革命战争的经验教训时指出：

我们的战争是从一九二七年秋天开始的，当时根本没有经验。南昌暴动广州暴动是失败了。秋收暴动在湘鄂赣边界地区的部队，也打了几个败仗，转移到井冈山。第二年五月，南昌暴动失败后保存的部队，经过湘南游击战争也转到了井冈山。然而从一九二八年五月开始，适应当时情况的带着朴素性的游击战争基本原则，已经产生出来了，那就是所谓"敌进我退，敌据我扰，敌疲我打，敌退我追"的十六字诀……到了中央苏区第一次"围剿"时，"诱敌深入"的原则被提出来了，而且应用成功了。等到战胜敌人的第三次"围剿"，于是全部红军作战的原则就形成了……十六字诀包举了反"围剿"的基本原则，包举了战略防御与战略进攻的两个阶段，在防御时又包举了战略退却与战略反攻的两个阶段……然而从一九三二年一月开始，在党的《三次"围剿"被粉碎后争取一省几省首先胜利》那个包含着严重原则错误的决议案发布之后，就向着正确的原则作斗争，最后是撤消了这个正确原则，成立了一整套与此相反的所谓"新原则"，或"正规原则"。从此以后，从前的东西不能叫做正规的了，那是应该否定的"游击主义"。反"游击主义"的空气，统治了整整的三个年头。其第一阶段，是军事冒险主义，第二阶段转到军事保守主义，最后第三阶段变成逃跑主义。直到党的政治局会议在一九三五年一月举行于贵州的遵义时，才宣告这个错误原则的破产，重新承认过去原则的正确性。这是费了很大的代价得来的。[①]

这里，毛泽东已就红军的军事战略战术作了基本的总结：带来胜利的十六字诀的游击战战略战术是正确的经验，造成很大代价、失败的反"游击主义"的"正规原则"是错误的教训。

毛泽东用一系列个案对很多具体的战略战术都进行了经验教训的总结。

如指出：轻视敌人或被敌人吓倒，都导致了红军的失败。如主张"御敌

[①] 《中国革命战争的战略问题》，八路军军政杂志社1941年版，第29—30页。

于国门之外""不打烂坛坛罐罐""不丧失寸土",反对诱敌深入、反对战略退却的消极防御,导致了红军的失败。指出:第五次反"围剿",我军全然不讲退却,原因在于对局部形势和整个形势都不注意,实在是一种鲁莽灭裂的干法①。不愿意丧失一部分土地,结果丧失了全部土地。②

又如,毛泽东谈到歼灭战的经验教训时指出:对于人,伤其十指不如断其一指。对于敌,击溃其十个团不如歼灭其一个团。③对一,二,三,四次"围剿",我们的方针都是歼灭战,每次歼灭的敌人对于全敌不过一部份,然而"围剿"是打破了。五次"围剿",我们的方针反其道而行之,实际上帮助敌人达到了目的。④

又如,毛泽东谈到集中兵力的经验教训时指出:我们的战略是"以一当十",我们的战术是"以十当一",这是我们制胜敌人的根本法则之一。一九三一年一月的宁都东韶打谭道源战役,一九三一年八月的兴国高兴圩打十九路军战役,一九三二年七月南雄水口圩打陈济棠战役,一九三四年三月黎川团村打陈诚战役,都吃了兵力不集中的亏。⑤

又如,毛泽东谈到打胜第一仗的经验教训时指出:第一次至第五次反"围剿"时期我军作战的经验,证明处在防御地位的红军,欲打破强大的"进剿"军,反攻的第一个战斗,关系非常之大。第一个战斗的胜败给予极大的影响于全局,乃至一直影响到最后的一个战斗。⑥必须打胜;必须照顾全战役计划;必须照顾下一战略阶段:这是反攻开始,即打第一仗时,不可忘记的三个原则。毛泽东肯定了第一至第四次反"围剿"的第一仗都耐心等待选择了有利的时机,取得了胜利,从而取得反"围剿"的胜利。只有五次反"围剿"全不知初战关系之大,震惊于黎川一城之得失,从企图挽救的观点出发,于洵口不预期遭遇战胜利之后(消灭敌一师),却不把此战看作第一战及其必然引起的变化,而贸然进攻不可必胜的硝石,开脚一步就丧失了

---

① 《中国革命战争的战略问题》,八路军军政杂志社1941年版,第33页。
② 《中国革命战争的战略问题》,八路军军政杂志社1941年版,第35页。
③ 《中国革命战争的战略问题》,八路军军政杂志社1941年版,第55页。
④ 《中国革命战争的战略问题》,八路军军政杂志社1941年版,第55页。
⑤ 《中国革命战争的战略问题》,八路军军政杂志社1941年版,第47页。
⑥ 《中国革命战争的战略问题》,八路军军政杂志社1941年版,第43—44页。

主动权，真是最蠢最坏的打法。①

毛泽东还总结了一个重要的经验：正确的路线是在同"左"、右倾机会主义的斗争中产生和发展起来的。指出：在过去的革命战争中证明，我们不但需要马克思主义的正确的政治路线，而且需要马克思主义的正确的军事路线。……历史告诉我们，正确的政治的和军事的路线，不是自然地平安地产生和发展起来的，而是从斗争中产生和发展起来的。一方面，它要同"左"倾机会主义作斗争，另一方面，它又要同右倾机会主义作斗争。不同这些危害革命和革命战争的有害的倾向作斗争，并且彻底地克服它们，正确路线的建设和革命战争的胜利，是不可能的。②

毛泽东总结的这些鲜活的血的经验教训，确实对指导中国革命战争是极有裨益的。

2. 批判中国共产党内的机会主义路线

阐述中国革命战争的战略，就是要在总结中国革命战争经验教训的基础上分清哪些是正确的军事路线、正确的战略，哪些是错误的军事路线、错误的战略，对于错误的军事路线、错误的战略要进行批判，要清除其影响，否则正确的军事路线、正确的战略就不可能被真正认识并贯彻、执行。中国共产党在当时的革命和战争中就出现过机会主义的错误，毛泽东在总结经验教训的基础上，对机会主义的错误，一一进行了批判。

毛泽东批判了李立三"左"倾机会主义，指出：李立三不懂得中国内战的持久性，因此看不出中国内战发展中"围剿"又"围剿"、打破又打破的这种长期反复的规律（那时已有井冈山的三次"围剿"，福建的两次"围剿"等），命令红军去打武汉，命令全国暴动，企图革命迅速胜利，犯了"左"倾机会主义的错误。③

毛泽东批判了1932年以后的"左"倾机会主义，即批判了王明"左"倾机会主义，指出：一九三二年（至一九三五年）的"左"倾机会主义，也不相信"围剿"反复这一规律。在鄂豫皖则有"偏师"说，承认三次"围剿"失败后的国民党不过是偏师了，要进攻红军，就是帝国主义亲身担当主力

---

① 《中国革命战争的战略问题》，八路军军政杂志社1941年版，第44页。
② 《中国革命战争的战略问题》，八路军军政杂志社1941年版，第13页。
③ 《中国革命战争的战略问题》，八路军军政杂志社1941年版，第21—22页。

军。在这个估计之下的战略方针，就是红军打武汉。这和中央苏区的号召红军打南昌，反对苏区联成一片的工作，反对"东北路线"，反对诱敌深入的作战，把一省胜利放在夺取省城与中心城市的基点上，以及认为五次"围剿"是苏维埃道路与国民党道路的决战等等，是原则上一致的。这个"左"倾机会主义，种下了鄂豫皖反对四次"围剿"，中央苏区反对五次"围剿"斗争中错误路线的根苗，在敌人严重的"围剿"面前不得不处于无能的地位，给了中国苏维埃运动以很大的损失。①

毛泽东批判了张国焘的右倾机会主义：一九三五——一九三六年张国焘的右倾机会主义，这个错误发展到破坏了党与红军的纪律，使一部份红军遭受严重的损失。②

毛泽东还分析了"左"倾机会主义的根源：来源于小资产阶级的革命急燥病，同时也是农民小生产者的局部保守性。③全部的理论都是错了的。是丝毫也没有马克思主义气味的东西，是反马克思主义的东西。

毛泽东当时没有点名批判王明"左"倾机会主义错误，因为当时王明还在台上，还是中共驻共产国际的代表。但毛泽东已指明了王明、李立三、张国焘的机会主义都是错误的，都给党和红军，给中国革命带来了严重的损失。毛泽东希望党和红军对于这些机会主义的错误要有清醒的认识，要与这些机会主义错误进行斗争，肃清这些机会主义错误及其影响，要支持拥护正确的政治路线、军事路线。

3. 阐述学习战争、指挥战争的马克思主义的思想方法

正确的军事路线、正确的战略战术是怎么产生的？是在战争的实践中产生的。必须从实际出发，而不是从教条出发，必须将主观与客观相统一，必须在战争的实践中学习战争，这是毛泽东不断强调的马克思主义的思想方法、思想路线。

毛泽东指出：为什么主观上会犯错误呢？就是战争或战斗的部署与指挥不适合当时当地的情况，主观的指导与客观的实在情况之间不相融洽，不相符合，不对头，或者叫做没有解决主客观之间的矛盾。军事上就要求比较多

---

① 《中国革命战争的战略问题》，八路军军政杂志社1941年版，第22页。
② 《中国革命战争的战略问题》，八路军军政杂志社1941年版，第12页。
③ 《中国革命战争的战略问题》，八路军军政杂志社1941年版，第35页。

打胜仗，反面的说，要求比较少打败仗。这里的关键，就在于把主观与客观二者之间好好地融洽起来。①

战争中的主观与客观统一，就是从战争的实际出发。而中国革命战争中主观与客观统一，就是从中国革命战争的实际出发。

毛泽东肯定了外国战争的经验是值得借鉴的，但把红军对国民党军队的作战，"看做与一般战争相同，或与苏联内战相同，因而采用相同的军事指导路线、甚至一切军事原则，这，在我们的十年战争史中已完全证明其不对了"②。这里毛泽东指出了盲目搬用别国的经验、军事路线、军事原则，不从中国革命战争的实际出发，是不对的。

毛泽东不仅强调要从中国革命战争的实际出发，更强调要从不断变化的战争实际出发。毛泽东指出：敌人第五次"围剿"时，已改变其军事原则使之适合于同红军作战的情况，我们队伍中却出现了回到"老套"，回到一般情况，或者回到异地异国情况方面去，拒绝了解任何的特殊情况，拒绝红军血战史的经验，轻视帝国主义和国民党的力量，轻视国民党军队，对敌人采用的新原则视若无睹，结果是受了历史的惩罚。③

毛泽东批评这些给红军带来失败的机会主义者：他们自称为马克思列宁主义者，其实一点马克思列宁主义也没有学到。列宁说：马克思主义的最本质的东西，马克思主义的活的灵魂，就在于具体地分析具体的情况。我们的这些同志恰是忘记了这一点。④

毛泽东强调：一切战争指导规律，依照历史的发展而发展，依照战争的发展而发展，一成不变的东西是没有的。所以改变军事计划是常有的事。毛泽东指出：认识情况的过程，不但存在于军事计划建立之前，而且存在于军事计划建立之后。当执行某一计划时，从开始执行起，到战局终结止，这又是一个过程，一个新的即实行的过程。此时第一个过程中的东西是否符合于实况，发生重新检查的问题。如果计划与情况不符合，或不完全符合，就必须依照新的认识，构成新的判断，定下新的决心，把已定计划加以改变使

---

① 《中国革命战争的战略问题》，八路军军政杂志社1941年版，第7页。
② 《中国革命战争的战略问题》，八路军军政杂志社1941年版，第14页。
③ 《中国革命战争的战略问题》，八路军军政杂志社1941年版，第14页。
④ 《毛泽东选集》第一卷，人民出版社1951年版，第185—186页。

之适合于新的情况。部分改变的事差不多每一作战都是有的，全部改变也是间或有的。鲁莽家不知改变或不愿改变，只是盲干，结果又非碰壁不可。①

怎样成为打胜仗的军事指挥员？毛泽东强调了要在中国革命战争中学习战争、学习军事指挥。毛泽东说：重要的问题在善于学习。读书是学习，使用也是学习，而且是最重要的学习。从战争学习战争——这是我们的主要方法。没有进学校机会的人，仍然可以学习战争，就是从战争中学习。革命战争是民众的事，常常不是先学好了再干，而是干起来再学习，干就是学习。②

学习的重要内容是熟识敌我双方各方面的情况，找出其行动的规律，并且应用这些规律于自己的行动。毛泽东指出：有一种人明于知己，暗于知彼；又有一种人明于知彼，暗于知己，都是不能解决战争规律的学习与使用的问题的。中国古代大军事学家孙武子书上"知己知彼百战百胜"那句话，是包括学习与使用两个阶段的意义而说的，包括从认识客观实际中的发展规律，并按照这些规律去决定自己行动克服当前敌人而说的，我们不要看轻这句话。③

毛泽东特别强调要学习马克思主义的方法论，说：我们的眼力不够，应该借助于望远镜与显微镜，马克思主义的方法论就是政治上军事上的望远镜与显微镜。④ 这实际上就是在说，不应该只学习马克思主义的一些词句，不应该只会背诵马克思主义的一些词句。而马克思主义方法论最本质的东西，就是具体地分析具体的情况，就是实事求是，从实际出发。

4. 阐述中国革命战争的正确战略、战术

毛泽东将马克思主义的战争观、方法论用之于中国革命战争的实际，全面、深入地总结了中国革命战争的经验教训，研究了中国革命战争的特殊的规律，提炼了中国革命战争的正确的战略、战术。

毛泽东指出：我们不但要研究一般战争的规律，还要研究特殊的革命战争的规律，还要研究更加特殊的中国革命战争的规律。中国革命战争——不论是国内战争或民族战争，是在中国的特殊环境之内进行的，比较一般的战

---

① 《中国革命战争的战略问题》，八路军军政杂志社1941年版，第8页。
② 《中国革命战争的战略问题》，八路军军政杂志社1941年版，第9页。
③ 《中国革命战争的战略问题》，八路军军政杂志社1941年版，第9—10页。
④ 《中国革命战争的战略问题》，八路军军政杂志社1941年版，第35页。

争，一般的革命战争，又有它的特殊的情形和特殊的性质。因此，在一般战争和一般革命战争的规律之外，又有它的一些特殊的规律。如果不懂得这些，就不能在中国革命战争中打胜仗。①

中国革命战争的特殊的规律是什么？符合这些规律的正确的战略、战术是什么？毛泽东指出：中国革命战争有四个主要的特点：经过了一次大革命的政治经济不平衡的半殖民地的大国，强大的敌人，弱小的红军，土地革命。这些特点，规定了中国革命战争的指导路线及其许多战略战术的原则。第一个特点和第四个特点，规定了中国红军的可能发展和可能战胜其敌人。第二个特点和第三个特点，规定了中国红军的不可能很快发展和不可能很快战胜其敌人，即是规定了战争的持久，而且如果弄得不好的话，还可能失败。②这就是中国革命战争的两方面。即是说，既有顺利的条件，又有困难的条件。这是中国革命战争的根本规律，许多规律都是从这个根本的规律发生出来的。我们的十年战争史证明了这个规律的正确性。谁要是睁眼看不见这些根本性质的规律，谁就不能指导中国的革命战争，谁就不能使红军打胜仗。

毛泽东指出：在这些特点和规律基础上产生的正确的战略战术是：进攻时反对冒险主义，防御时反对保守主义，转移时反对逃跑主义；反对红军的游击主义，却又承认红军的游击性；反对战役的持久战和战略的速决战，承认战略的持久战和战役的速决战；反对固定的作战线和阵地战，承认非固定的作战线和运动战；反对击溃战，承认歼灭战；反对战略方向的两个拳头主义，承认一个拳头主义；反对大后方制度，承认小后方制度；反对绝对的集中指挥，承认相对的集中指挥；反对单纯军事观点和流寇主义，承认红军是中国革命的宣传者和组织者；反对土匪主义，承认严肃的政治纪律；反对军阀主义，承认有限制的民主生活和有威权的军事纪律；反对不正确的宗派主义的干部政策，承认正确的干部政策；反对孤立政策，承认争取一切可能的同盟者；反对把红军停顿于旧阶段，争取红军发展到新阶段……这些战略战术是红军血的经验教训的总结，是红军行之有效的打胜仗的法宝。

毛泽东总结的一系列的正确的战略战术，已被十年土地革命战争的实践

---

① 《中国革命战争的战略问题》，八路军军政杂志社1941年版，第2页。
② 《中国革命战争的战略问题》，八路军军政杂志社1941年版，第17页。

证明是正确的，实际上，这无疑也是指导全面抗日战争的正确的战略战术。

5. 强调只有中国共产党的领导才能使中国革命和中国革命战争走上胜利的道路

毛泽东指出：在无产阶级政党已经形成的时代，战争的正确的领导责任，就不得不落到中国共产党的肩上。在这种时候，任何的革命战争如果没有或违背无产阶级与共产党的领导，那个战争是一定失败或不能进入彻底胜利的。因为半殖民地中国的社会各阶层中，只有无产阶级及共产党，才是比较最没有狭隘性与自私自利性，比较最有远大的政治眼光与最有组织性，而且也最能虚心接受世界先进的无产阶级及其政党的经验用之于自己的事业。因此，只有无产阶级与共产党能够领导农民、小资产阶级与资产阶级，克服农民与小资产阶级的狭隘性，克服失业者群的破坏性，并且还能够克服资产阶级的动摇与不彻底性（如果共产党的政策不犯错误的话），而使革命与战争走上胜利之路。①

毛泽东还指出：经历土地革命战争，以几十万英勇党员与几万英勇干部的流血牺牲做代价，已使中国人民认清了只有中国共产党是坚持革命、是领导革命的党。使得今天处在亡国灭种的紧急关头有了救亡图存的前提条件——有了一个为大多数人民所信任的，被人民在长期间内考验过因此选中了的政治领导者。现在共产党说的话，比其他任何政党说的话，都易于为人民所接受，没有中国共产党过去十五年间的艰苦奋斗，挽救新的亡国危险是不可能的。即强调了没有中国共产党的领导，要打胜抗日战争，是不可能的。②

毛泽东还指出：中国共产党在农村领导了土地革命，得到农民的援助。这就使得红军虽小却有强大的战斗力，因为红军人员是从土地革命产生为着自己的利益而战斗的，而且指挥员与战斗员之间在政治上是一致的。③ 而国民党是反对土地革命的，因此没有农民的援助。其军队虽多，却不能使士兵群众及许多小生产者出身的下级干部自觉地为国民党拼命，官兵之间在政治上是分歧的，减少了他的战斗力。这实际上强调了：中国共产党是得到人民

---

① 《中国革命战争的战略问题》，八路军军政杂志社1941年版，第11页。
② 《中国革命战争的战略问题》，八路军军政杂志社1941年版，第12页。
③ 《中国革命战争的战略问题》，八路军军政杂志社1941年版，第16—17页。

支持的，中国共产党及其领导的军队是有强大的战斗力的；国民党是得不到人民支持的，国民党及其领导的军队是没有战斗力的。这从另一个侧面强调了没有中国共产党的领导，要打胜抗日战争，是不可能的。

（二）意义

1. 历史意义

作为总结第二次国内革命战争经验的经典之作，《问题》具有深远的历史作用。

第一，《问题》系统总结了中国革命战争的经验教训，彻底批判了中共党内机会主义路线，分清了中国共产党在军事战略战术上的是非。1935年12月27日毛泽东作了《论反对日本帝国主义的策略》报告，系统地论述了建立抗日民族统一战线问题，解决了党内政治路线问题。但军事路线上的是非，自遵义会议以后还需要进一步全面彻底解决，而这也关系到全面抗日战争的前途与民族的生死存亡。毛泽东从中国共产党内最紧迫最需要的问题出发，用马克思主义的立场、观点和方法在《问题》中科学总结了中国革命战争经验教训，批判了中共党内机会主义路线，阐述了中国革命战争的规律及中国革命战争的正确的战略战术，解决了中国共产党、中国红军的军事路线问题，也解决了抗日战争的军事路线问题，为中国共产党领导中国人民打胜抗日战争，打胜中国革命战争，奠定了思想理论基础。

第二，《问题》为培养中国共产党的军事人才，为提高人民军队的建设水平，为中国革命战争的胜利作出了重要贡献。毛泽东在红军大学讲《问题》，使红军中越来越多的各级干部，懂得和把握了中国革命战争的血的经验教训、中国革命战争的规律、中国革命战争的正确的战略战术，从而拥护、贯彻毛泽东的正确的军事路线，同时与各种机会主义的错误路线划清界限、与之进行斗争，使各种机会主义的影响在红军内、在共产党内日益清除，毛泽东军事思想的影响日益扩大。在毛泽东军事思想的影响、培育下，中国共产党的一大批优秀的军事人才成长起来，中国共产党的军队日益发展壮大，军队建设水平日益发展、提高，战斗力日益增强。这使中国共产党领导的军队日益得到人民群众的拥护，不仅在抗日战争中发挥了巨大的不可替代的作用，也为中国革命的胜利作出了杰出的历史性的贡献。

第三，《问题》和稍后的《抗日游击战争的战略问题》《论持久战》《战争和战略问题》等一系列军事著作，标志着毛泽东军事思想成熟。毛泽东军事思想是马克思列宁主义普遍原理与中国革命战争的具体实践相结合的产物，丰富和发展了马克思主义的军事理论，是中国化的马克思主义的军事思想，是指导中国革命战争的科学指导思想，是指导中国革命战争从胜利走向胜利的军事思想法宝。

毛泽东军事思想的形成、发展、完善，也推动着毛泽东思想的形成、发展、完善，这向全中国表明，只有中国共产党是用革命的科学的思想武装的党，只有中国共产党能指导中国革命、中国革命战争走向胜利，中国共产党是中国最革命、最有战斗力的党。毛泽东军事思想的成熟，也标志着中国共产党、中国共产党领导的军队已从思想理论比较幼稚走向了思想理论比较成熟，中国共产党、中国共产党领导的军队的自身建设已上了新台阶。有了毛泽东军事思想、毛泽东思想的指导，中国共产党完全有能力领导中国人民、领导中国革命、领导中国革命战争，不断从胜利走向胜利。中国共产党的理论自信、道路自信等大大增强，中国共产党领导中国人民赢得中国革命胜利的自信心、自信力大大增强。

2. 现实意义

《问题》不仅是一部军事著作，也是一部哲学著作。经过八十多年的历史积淀和实践考验，《问题》的传播范围不断扩大。特别是经过一系列的版本演变，如毛泽东等人对其的修改，使得《问题》文本内容更通俗、明白和详细，更准确、合理和科学，政治思想性更强，更注重中国的特殊性。当今时代已与毛泽东写作《问题》时的情况大不相同，但《问题》提出的一些思想理论，不仅仍是新时代条件下全面推进国防和军队现代化建设、走中国特色强军之路的指导思想，也是中国共产党建设、中国特色社会主义建设等的指导思想。

第一，《问题》强调不仅要研究一般的战争规律，更要研究直接面对的特殊的战争规律。当今中国面临的国内国际形势错综复杂，当今的时代是信息化、大数据时代，要推进中国国防和军队现代化建设，就必须研究当今时代的战争规律，就必须研究中国将面临的战争的特殊规律，制定正确的战略战术，否则，当战争降临时，就不可能打胜仗。新时代，中国共产党建设、中国特色社会主义建设，也必须立足于研究中国国情的特殊规律，制定适合中国国情的正确的战略，走出自己的强党强国之路。

第二，《问题》强调要不犯错误，就必须不断寻求主观与客观统一。指出：为什么主观上会犯错误呢？就是战争或战斗的部署与指挥不适合当时当地的情况，主观的指导与客观的实在情况之间不相融洽，不相符合，不对头，或者叫做没有解决主客观之间的矛盾。军事上就要求比较多打胜仗，反面的说，要求比较少打败仗。这里的关键，就在于把主观与客观二者之间好好地融洽起来。[①]制定计划，必须从客观实际出发，执行计划也必须从变化了的新情况出发，不断修改已有的计划，使主观与客观达到新的统一。这些思想理论不仅是新时代国防和军队现代化建设、走中国特色强军之路的指导思想，也是中国共产党建设、中国特色社会主义建设等的指导思想。不寻求主观与客观统一，做任何事都做不好，都会犯错误。

第三，《问题》强调要有全局观念，要处理好局部与全局的关系。指出：没有全局在胸，是不会真的投下一着好棋子的。要求"任何一级首长，他的注意重心，应放在那些对于他所指挥的全局最重要最有决定意义的问题或动作上，而不应以其他的问题或动作放在自己注意的第一位"[②]。这样的全局观念，就是一种大局观念，不仅是新时代国防和军队现代化建设、走中国特色强军之路的指导思想，也是中国共产党建设、中国特色社会主义建设等的指导思想。没有全局观念、大局观念，是下不好党的建设、国家建设、军队建设这步"棋"的。

第四，《问题》强调要在中国革命战争中学习战争。指出：重要的问题在善于学习。读书是学习，使用也是学习，而且是最重要的学习。从战争学习战争——这是我们的主要方法。[③]革命战争是民众的事，常常不是先学好了再干，而是干起来再学习，干就是学习。这样的学习方法，不仅是新时代国防和军队现代化建设、走中国特色强军之路的指导思想，也是中国共产党建设、中国特色社会主义建设等的指导思想。当今的党的建设、国家建设、军队建设，会遇到很多新情况、新问题，不能学好了再干，而必须干

---

① 《中国革命战争的战略问题》，八路军军政杂志社1941年版，第7页。
② 《中国革命战争的战略问题》，八路军军政杂志社1941年版，第5—6页。
③ 《中国革命战争的战略问题》，八路军军政杂志社1941年版，第9页。

起来再学习，边干边学习，边学习边干。这无疑是新时代建设中国特色社会主义学习型政党必须重视的一个问题。

三、版本综述

红军大学曾印发《问题》讲稿给学员学习，1937年5月首次有了油印本，1941年2月八路军军政杂志社在延安出版了铅印单行本。此后，其他出版社纷纷传印，出现了大量的单行本，很多集子或全文或摘录《问题》的若干章节将其收录，其中中文版本有150余种：

（一）1949年10月之前的版本

1. 中文版本

1949年10月以前版本主要有：

红军大学印发毛泽东《中国革命战争的战略问题》讲演稿

1937年5月油印本《中国革命战争的战略问题》

八路军军政杂志社1941年版《中国革命战争的战略问题》

太岳新华书店1941年8月初版《中国革命战争的战略问题》

中共中央书记处1941年12月编印《六大以来》（下）

胶东联合出版社1942年版《中国革命战争的战略问题》

中共中央革命军事委员会1942年编印《军事文献》（一）

八路军军政杂志社1943年再版《中国革命战争的战略问题》（本书系第八路军内部学习资料，对外不发行）

中共山东分局1944年编印《党的路线问题选集》第一册

中共苏中区委宣传部1945年10月印《中国革命战争的战略问题》

八路军军政杂志社出版、新四军司令部1945年10月翻印《中国革命战争的战略问题》

山东新华书店1945年10月再版《中国革命战争的战略问题》

渤海新华书店1945年版《中国革命战争的战略问题》

延安解放社1945年版《党的政策选集》

山东新华书店1945年版《中国革命战争的战略问题》①

晋察冀日报社1946年3月《党的政策选集》②

冀南书店1946年《党的政策选集》

光明出版社1946年4月翻印《党的政策选集》③

太岳军区司令部1946年翻印《中国革命战争的战略问题》

辽东军区政治部1946年翻印《中国革命战争的战略问题》

华北新华书店1946年12月版《中国革命战争的战略问题》

华东军大训练部1946年12月翻印《中国革命战争的战略问题》

晋绥军区司令部1947年3月印《中国革命战争的战略问题》

东北民主联军总政部1947年8月编印《论革命战争 论党的建设》（干部教育丛书）④

香港正报社图书部1947年12月再版《中国革命战争的战略问题》

香港新民主出版社1947年12月再版《中国革命战争的战略问题》

华北新华书店1947年12月版《中国革命战争的战略问题》

东北书店1947年版《中国革命战争的战略问题》

香港新民主出版社1947年版《毛泽东选集·中国革命战争的战略问题》

冀鲁豫书店1948年1月初版《中国革命战争的战略问题》

晋冀鲁豫军区司令部1948年1月印《中国革命战争的战略问题》

华北新华书店1948年1月版《中国革命战争的战略问题》

香港新民主出版社1948年1月初版《中国革命战争的战略问题》

华中新华书店1948年2月版《中国革命战争的战略问题》

山东新华书店总店1948年2月版《中国革命战争的战略问题》

东北书店1948年2月《中国革命战争的战略问题》

军官训练团1948年3月翻印《中国革命战争的战略问题》⑤

东北书店1948年5月版《毛泽东选集》卷四

---

① 施金炎主编：《毛泽东著作版本述录与考订》，海南国际新闻出版中心1995年版，第213页。
② 按：超星数字图书馆、读秀学术搜索没提供版权页，出版社、年代为超星数字图书馆、读秀学术搜索所题。内封题名下有"1945.5.1"字样。
③ 按：封面题："一九四六年四月"，内封题："1946.5.1"。
④ 按：内封题："东北民主联军总政部出版""1947.8"。
⑤ 按：孔夫子旧书网题"国民党办的军官训练团翻印"。

大连大众书店1948年7月初版《中国革命战争的战略问题》

太岳新华书店1948年8月版《中国革命战争的战略问题》

东北书店1948年8月初版《中国革命战争的战略问题》

东北书店1948年12月再版《中国革命战争的战略问题》

华中新华书店总店1948年12月再版《中国革命战争的战略问题》

中共晋冀鲁豫中央局1948年编印《毛泽东选集》（上册）

华东新华书店1948年版《中国革命战争的战略问题》

晋冀鲁豫军区司令部1948年印《中国革命战争的战略问题》

冀鲁豫书店1948年版《中国革命战争的战略问题》

华东新华书店渤海分店1949年2月版《中国革命战争的战略问题》

中原新华书店1949年3月版《中国革命战争的战略问题》

华东新华书店1949年4月版《中国革命战争的战略问题》（同年同月再版）

香港新民主出版社1949年6月再版《中国革命战争的战略问题》

苏北新华书店1949年7月版《中国革命战争的战略问题》

新华书店1949年7月版《中国革命战争的战略问题》[①]

新华书店1949年7月再版《中国革命战争的战略问题》[②]

上海华东新华书店1949年第2版《中国革命战争的战略问题》

中原新华书店1949年版《中国革命战争的战略问题》

2. 节选本

中共中央书记处1941年编印《六大以来选集》（下）（实际只收录第三章）

中共中央书记处1943年编印《两条路线》（上）（实际只收录第三章）

中央党校教务处1945年2月28日编印《党的政策选集》（收入第一、二、三章）

3. 其他版本

这一时期还有朝鲜文、匈牙利文、英文、缅甸文等少数几个外文版本，如：

---

① 按：版权页有："1—15,000（沪）"。
② 按：版权页有："（京）58，1—5000"。

匈牙利火花出版社1949年《中国革命战争的战略问题》（匈牙利文）

全澈翻译，延边教育出版社1949年8月《中国革命战争的战略问题》（朝鲜文竖排本）

东北新华书店1949年9月初版《中国革命战争的战略问题》（英文）

缅甸叫林（又译作"觉林"）书店1949年《中国革命战争的战略问题》（缅甸文）

香港《中国文摘》（China Digest，1946—1950）1949年5—9月《中国革命战争的战略问题》（英文）（分别在《中国文摘》第6卷第3—5期和7—12期上连载）

……

（二）1949年10月及之后的版本

1. 中文版本

主要有：

"中华民国革命实践研究院"1949年10月印《中国革命战争的战略问题》

福建新华书店1949年11月《中国革命战争的战略问题》

香港正报社图书部1949年12月再版《中国革命战争的战略问题》

贵阳新华书店1950年初版《中国革命战争的战略问题》

人民出版社1950年1月版《中国革命战争的战略问题》

新华书店1950年1月初版《中国革命战争的战略问题》

新疆军区司令部1950年12月翻印《中国革命战争的战略问题》

中央人民政府人民革命军事委员会军训部军事出版局1951年4月版《中国革命战争的战略问题》（根据1948年中共晋冀鲁豫中央局版本编印）

西南军区司令部军训处1951年10月翻印《中国革命战争的战略问题》

人民出版社1951年10月第1版《毛泽东选集》第一卷

人民出版社1952年3月第1版《中国革命战争的战略问题》

人民出版社1952年7月第1版《中国革命战争的战略问题》

人民出版社1952年7月第2版《毛泽东选集》第一卷

人民出版社1952年7月北京第1版第四次印刷（重排本）排印，1964年5月

昆明第一次印刷《毛泽东选集》第一卷

全国民兵代表会议1960年印《中国革命战争的战略问题》

中国人民解放军军事科学院编，中国人民解放军总参谋部出版部1961年12月版《毛泽东军事文选》

中国人民解放军总政治部编，中国人民解放军总参谋部出版局1964年1月第1版、1965年3月第2版、1966年3月第3版《毛泽东著作选读》

人民出版社1964年版《毛泽东选集》第一卷（线装本）

人民出版社1965年版《毛泽东选集》第一卷（线装本缩印本）

人民出版社1966年3月第1版《毛泽东选集》（一卷本）

人民出版社出版、战士出版社翻印，1966年7月改横排本《毛泽东选集》（一卷本）（军内发行）

人民出版社1966年版《毛泽东选集》（一卷本、竖排）

人民出版社1966年版《毛泽东选集》（一卷本、横排）

人民出版社1966年版《毛泽东选集》（普及本）第一卷

人民出版社1967年2月版《中国革命战争的战略问题》

人民出版社1967年11月版《毛泽东选集》（袖珍一卷本）

中国人民解放军战士出版社1967年版《毛泽东选集》第一卷

中国科学院革命委员会1968年6月根据人民出版社纸型翻印《毛泽东选集》（一卷本）

香港三联书店1968年7月版《毛泽东选集》（一卷本）

中国金属材料公司北京市公司革命委员会1968年8月翻印《毛泽东选集》（一卷本）

中华人民共和国粮食部革命委员会1968年10月翻印《毛泽东选集》（一卷本）

外文印刷厂革命委员会1968年10月翻印《毛泽东选集》（一卷本）

人民出版社1968年版《毛泽东选集》（袖珍一卷本）

中国人民解放军战士出版社1968年版《毛泽东选集》（袖珍一卷本）

中国人民解放军战士出版社1968年版《毛泽东选集》第一卷

人民出版社1969年3月版《毛泽东选集》（一卷本）

人民出版社1969年版《毛泽东选集》（16开大字本）第一卷

人民出版社1969年版《毛泽东选集》（25开大字本）第一卷

国防工业出版社1969年7月翻印《毛泽东选集》（一卷本）

湖北人民出版社1975年7月版《认真学习毛主席著作》（二）

人民出版社1975年12月第1版《中国革命战争的战略问题》

人民出版社1976年6月版《中国革命战争的战略问题》

中国人民解放军战士出版社1978年10月第1版《毛泽东著作选读　战士读本》

中国人民解放军战士出版社1983年1月第1版《毛泽东著作选读　战士读本》

日本苍苍社1983年第2版《毛泽东集》第5卷

解放军出版社1986年版《毛泽东著作选读》（上）

中共云南省委宣传部编，云南民族出版社1989年12月版《马克思主义哲学著作选读》

中共广西壮族自治区委员会宣传部编，广西人民出版社1990年3月版《马克思主义哲学原著选读》

黑龙江省委宣传部黑龙江省委讲师团1990年4月编印《马克思主义哲学著作选读》

中共中央党校出版社1990年6月版《〈马克思主义哲学学习纲要〉阅读文献》

湖南轻工业专科学校1990年6月编印《马克思主义哲学原著精选》

石训主编，河南人民出版社1990年7月版《马克思主义哲学著作选读与提示》乙种本

人民出版社1991年6月第2版《毛泽东选集》第一卷

中共中央党校出版社1992年2月版《马克思主义著作选编　哲学》

军事科学出版社、中央文献出版社1993年版《毛泽东军事文集》第一卷

罗正楷主编，光明日报出版社1997年4月版《中国人民解放军大典》

西苑出版社2001年版《毛泽东选集手抄本》第一卷

中共中央党校出版社2002年2月版《毛泽东著作选编》

何云坤主编，湖南人民出版社2002年8月版《马克思主义理论课经典著作选读》

中共中央文献研究室、中国井冈山干部学院编，中央文献出版社2010年8月第1版《毛泽东在江西革命斗争时期的著作选编》

中共中央文献研究室、中央档案馆编，中央文献出版社2011年6月版《建党以来重要文献选编》第十三册

张迪杰主编，润东出版社2013年版《毛泽东全集》第10卷

……

2. 节选本

1974年1月编印《马克思、恩格斯、列宁、斯大林、毛主席哲学著作选读》上（出版单位不详）

人民出版社1986年版《毛泽东著作选读》（上）

中共中央党校函授学院1993年5月编印《毛泽东思想经典文选》

杨大明主编，甘肃人民出版社2002年1月版《马克思主义著作选读》

李文芬等编著，线装书局2011年7月版《〈中国近现代史纲要〉参考文献选编》

陈先初编著，湖南大学出版社2013年4月版《湖湘文化名著读本·军事卷》

陈洪主编，重庆大学出版社2014年2月版《"中国近现代史纲要"阅读文献汇编与导读》

……

3. 其他版本

少数民族文字版本有维吾尔文、蒙古文、哈萨克文、藏文、朝鲜文、托忒蒙古文等10多个版本。外文版有英文版、俄文版、法文版、德文版、西班牙文版、葡萄牙文版、意大利文版、阿拉伯文版、希腊文版、泰文版、印度尼西亚文版、越南文版、缅甸文版、荷兰文版、日文版、朝鲜文版、马尔加什文版、波斯文版、乌尔都文版、世界语版、印地文版、孟加拉文版、豪萨文版、蒙古文版、斯瓦西里文版、保加利亚文版等60种以上。盲文版2种。

（三）版本项不详版本

1941年2月出版《中国革命战争的战略问题》（出版社不详）

1941年9月出版《中国革命战争的战略问题》（出版社不详）
晋冀鲁豫军区司令部翻印《中国革命战争的战略问题》①
东北书店印《中国革命战争的战略问题》（出版年月不详）
大连大众书店《中国革命战争的战略问题》（出版年月不详）
1947年翻印《中国革命战争的战略问题》（出版社不详）
……

四、研究综述

（一）1949年10月以前的研究

1949年10月以前对《问题》的研究主要分以下两种类型：

1. 中国共产党方面的研究

李逸民《抗大五周年》（《八路军军政杂志》1941年第3卷第6期）提到了《问题》。指出：（抗大）"五年来不仅忠诚的执行和坚持了马列主义政治路线的教育，而且也忠实的执行和实践了马列主义军事路线的教育，马列主义的军事思想、军事艺术，是抗大一贯的军事教育的基本内容。这马列主义的军事思想和军事艺术，就是我们的天才领袖毛泽东同志在他的《中国革命战争的战略问题》一书中的论述，和他的《论持久战》、《论新阶段》中所继续发扬的军事思想和军事艺术。毛泽东同志这一贯的军事思想和军事艺术，是真正的对于军事问题上的马列主义的中国化、具体化，是中共关于革命战争的战略战术思想的总结，是中国无产阶级关于武装斗争的经验教训的血的结晶，是指导民族解放战争的最高的艺术。抗大的军事教育的基本内容，就是毛泽东同志的马列主义的军事思想和军事艺术的内容。"②

叶剑英《加紧学习马克思主义的政治与军事》（《共产党人》1941年第2卷第19期）指出："一个革命的军事干部，必须学习马列主义的政治，犹之乎一个革命的政治干部，必须学习马列主义的军事一样。不懂马列主义，不能成为革命的军事家，等于不懂军事不能成为革命的战斗的政治家一样。我

---

① 按：封面题"高干学习文件"，出版时间不详。
② 李逸民：《抗大五周年》，《八路军军政杂志》1941年第3卷第6期，第33—35页。

们读一读马克《论领导起义的艺术》，《恩格斯论军队》，《列宁论游击战》，《斯大林与红军》，毛泽东《论中国革命战争的战略问题》，《论持久战》等书，都证明善于领导政治斗争的领袖，同时也善于领导战争。"①

郭化若《防御战斗》（《八路军军政杂志》1941年第3卷第12期）引用了《问题》中的论述，研究、分析了防御战斗的一些理论问题，深化了《问题》中战略防御的思想。

《人民日报》（1947年12月25日第1版）对《问题》做了广告式的简单介绍。

萧云推介了正报社出版的《问题》（《风下》1948年第115期）。作者从毛泽东为出版《问题》而写的序（著者识）出发，指出"这本书是以中国红军十年内战时代的经验教训以及一场战略路线的争论为基础而写的"。指出《问题》虽然只有五章，还有些问题没有写，但已经能够使人们充分把握到中国革命中的战略战术问题了。指出毛泽东军事思想最大的特点是："全部贯穿着唯物辩证法，而又紧紧地与中国革命的现实情况相结合，产生了为今天解放军所执行的崭新的战略战术，而无往不胜利。"作者说："不仅干武装斗争工作的人要细读它，即是干其他群众运动的人，也非细读不可。依笔者来说，在国民党军事学校前后学了将近五年，但是所学（单就军事科学言之）不及本书提示的万一。写这篇介绍时，我已读了五遍，但是，我不敢说已经彻底掌握了本书的精神，因此，我提议读友们联合些朋友来精读它并好好研究讨论。"②

萧农《毛泽东的革命军事思想："中国革命战争的战略问题"等读书笔记》（《群众》1948年第2卷第3期）分三部分论述了《问题》。第一部分总结了毛泽东革命军事思想的特点。指出：研究革命战争的规律，是为了消灭战争，这是毛泽东军事思想的基本特点。毛泽东军事思想还有以下四个特点：其一，中国人民必须要在中国共产党的领导下，用革命的手段反对反革命战争，才能建立彻底消灭战争的新世界。其二，毛泽东军事思想是在中国革命的客观环境中产生，经过了实践的检验，最适合于中国革命的需要，可以指导中国革命无往而不胜。其三，毛泽东军事思想是在两条路线的斗争

---

① 叶剑英：《加紧学习马克思主义的政治与军事》，《共产党人》1941年第2卷第19期，第37页。
② 萧云：《中国革命战争的战略问题》，《风下》1948年第115期，第14页。

中、在和"左"右倾机会主义作坚决的斗争中产生出来的。其四，毛泽东军事思想始终贯彻着"群众路线"，是最彻底的"人民战争"思想。第二部分论述了毛泽东军事思想的方法论。归纳为如下六个要点：其一，革命战争的最终目的是取得胜利，而胜利的基础是主观指导与客观实际相符合。其二，战争必须具有灵活性，既要有坚定的作战意图，又要有灵活的作战方法。其三，必须着眼全局，关照全局。其四，要在战争中学习战争。其五，必须强调发挥人的自觉能动性。其六，必须把握战争是向前发展的。第三部分，论述了学习、掌握毛泽东军事思想，必须到革命的武装队伍中去，在实际作战的实践中学。①

2. 中国国民党方面的研究

国民党政府在中国人民解放军的战略反攻中节节败退，1948年11月印了《对毛匪所著〈中国革命战争的战略问题〉及共匪〈目前的战役问题〉与〈战斗手册〉之综合研究及对策》②（以下简称《对策》），下发给国民党军队团以上单位、机关学校科以上单位。此书的卷首印了蒋介石1948年7月的手令："兹颁发《对毛匪所著〈中国革命战争的战略问题〉及共匪〈目前的战役问题〉与〈战斗手册〉之综合研究及对策》一册仰即切实研究具报为要。"足见被蒋介石高度重视。

此书在第二篇分五节对《问题》论述的五个问题一一做了系统研究，试图探究中国人民解放军的战略战术原则，找到应对之策，从而在战场上挽回败局。如"绪论"中说的：对共军的战略战术战斗诸法则能有系统的认识，就可以子之矛攻子之盾。对共军批评我军的缺点、错误加以彻底改进，就可以早日歼灭之，以雪国军之耻辱。③

《对策》全篇都充斥着丑化、抹黑中国共产党，颠倒事实的论述。如《对策》对毛泽东本人和毛泽东的军事理论进行了抹黑，说毛泽东的军事理论是抄袭或套用了别人著作，并未越出已有之兵学理论范畴。但也认为在教育方法上、在军事理论的贯彻上中国共产党胜过国民党，共产党"能将此简

---

① 萧农：《毛泽东的革命军事思想："中国革命战争的战略问题"等读书笔记》，《群众》1948年第2卷第3期，第26—28页。
② 中国台湾"国家"图书馆藏。
③ "中华民国国防部"印：《对毛匪所著〈中国革命战争的战略问题〉及共匪〈目前的战役问题〉与〈战斗手册〉之综合研究及对策》，1948年11月，第7—8页。

单肤浅之学说以最有效而实际的教育方法贯彻到全体干部与士兵，使上下皆有共同的认识与信仰，而发生出力量……实为我军所不及也"①。

《对策》通篇将中国共产党污蔑为"匪"，污蔑中国共产党的军队是"匪军"，是"亡命之徒的聚集"。②污蔑中国共产党在抗战中"不但未出一兵一卒参加抗战，且与日军勾结，偷袭国军，破坏抗战"。③污蔑马克思主义是破坏主义和亡国主义。④

但对于《问题》，《对策》也有些客观的论述，如认为"关于战略问题一书（一九三六——一九四一）虽成过去，但目前匪军所用的战法仍导源于该书所述之战略理论"，"《共匪战斗手册》《目前的战役问题》等，均系由此战略理论脱胎而来，实不容漠视"。⑤

如对《问题》第一章《如何研究战争》提出的活用原则，尊重自己流血的经验等要点，《对策》认为：中国共产党"不但即知即行，且以行求知，故能渐趋进步"⑥。而国民党"知而不行，遂致连续牺牲"⑦，都是因为不尊重自己流血的经验造成的。在对策上，提出重视教育、严惩踏犯同样过失的指挥官等四点对策。

《对策》又说毛泽东提出的反对不正确的宗派主义的干部政策，"足为吾人重新检讨人事制度的参考"⑧。

再如对《问题》第五章《战略防御》提出的反"围剿"的准备原则等，

---

① "中华民国国防部"印：《对毛匪所著〈中国革命战争的战略问题〉及共匪〈目前的战役问题〉与〈战斗手册〉之综合研究及对策》，1948年11月，第3页。
② "中华民国国防部"印：《对毛匪所著〈中国革命战争的战略问题〉及共匪〈目前的战役问题〉与〈战斗手册〉之综合研究及对策》，1948年11月，第18页。
③ "中华民国国防部"印：《对毛匪所著〈中国革命战争的战略问题〉及共匪〈目前的战役问题〉与〈战斗手册〉之综合研究及对策》，1948年11月，第22页。
④ "中华民国国防部"印：《对毛匪所著〈中国革命战争的战略问题〉及共匪〈目前的战役问题〉与〈战斗手册〉之综合研究及对策》，1948年11月，第23页。
⑤ "中华民国国防部"印：《对毛匪所著〈中国革命战争的战略问题〉及共匪〈目前的战役问题〉与〈战斗手册〉之综合研究及对策》，1948年11月，第6—7页。
⑥ "中华民国国防部"印：《对毛匪所著〈中国革命战争的战略问题〉及共匪〈目前的战役问题〉与〈战斗手册〉之综合研究及对策》，1948年11月，第10页。
⑦ "中华民国国防部"印：《对毛匪所著〈中国革命战争的战略问题〉及共匪〈目前的战役问题〉与〈战斗手册〉之综合研究及对策》，1948年11月，第10页。
⑧ "中华民国国防部"印：《对毛匪所著〈中国革命战争的战略问题〉及共匪〈目前的战役问题〉与〈战斗手册〉之综合研究及对策》，1948年11月，第13页。

《对策》认为："此实足为吾人作战指导时应切实注意者"[①]。关于战略退却原则，《对策》认为："吾人战略与战术须针对此点而加以改进"[②]。关于集中兵力原则，《对策》认为："其强调处于内线作战时尤为重要，此足为吾人注视也"[③]。关于运动战原则，《对策》认为："目前我军不知采取运动战争取主动，予匪以运动集中各个击破之机会，实宜痛加改进也"[④]，等等。以上都是一种自我的检讨、反省。

（二）1949年10月及以后的研究

1949年10月及以后的研究主要分以下四种类型。

1. 版本种类的概述、版本鉴赏

施金炎主编《毛泽东著作版本述录与考订》（海南国际新闻出版中心出版1995年5月版第212—221页）介绍了《问题》的版本。在他的书中，列举的《问题》的单行本有100多种，新中国成立前《问题》的汉文版本有30种，新中国成立后人民出版社出版的版本有6种，少数民族版本10种，外文版本50多种，盲文版本2种。他认为《问题》最早的版本是1936年华北新华书店版本。

柏钦水主编《毛泽东著作版本鉴赏》（山东人民出版社2009年9月版第54—55页）中关于《问题》的版本收录16个单行本图录，每一版本都附有对应版本的封面照片。另有110多个《毛选》版本图录。柏钦水即将出版的《毛泽东著作版本鉴赏》（修订版）手稿中收录了48个《问题》单行本，其中有几个版本是同一版不同出版社不同年月的翻印版，每一版本都附有封面照片。在这48个版本中有多个版本是第一次出现，其他书籍中没有提到这些版本，这些版本是：八路军军政杂志社1940年12月《中国革命战争的战略问题》（该版本疑为误，笔者曾求证过柏钦水先生本人，未得到肯定

[①] "中华民国国防部"印：《对毛匪所著〈中国革命战争的战略问题〉及共匪〈目前的战役问题〉与〈战斗手册〉之综合研究及对策》，1948年11月，第36页。
[②] "中华民国国防部"印：《对毛匪所著〈中国革命战争的战略问题〉及共匪〈目前的战役问题〉与〈战斗手册〉之综合研究及对策》，1948年11月，第38页。
[③] "中华民国国防部"印：《对毛匪所著〈中国革命战争的战略问题〉及共匪〈目前的战役问题〉与〈战斗手册〉之综合研究及对策》，1948年11月，第42页。
[④] "中华民国国防部"印：《对毛匪所著〈中国革命战争的战略问题〉及共匪〈目前的战役问题〉与〈战斗手册〉之综合研究及对策》，1948年11月，第45页。

答复）；华东军大训练部1946年12月版《中国革命战争的战略问题》；军委军调部出版局，新华书店发行1950年1月初版《中国革命战争的战略问题》；1951年10月1日西南军区司令部军训处翻印《中国革命战争的战略问题》；等等。另修订版有更多《毛选》版本图录。因修订本尚未出版，此处不再详列。

张曼玲《毛泽东早期著作版本精品图录》（湖南人民出版社2011年11月版第119—124页）对《问题》也作了介绍，并列举了9个版本，每个版本都有其封面图片。她指出华中新华书店1948年2月版《中国革命战争的战略问题》封面标题"中国革命的战略问题"[①]为误印。

蒋建农等《毛泽东著作版本编年纪事》（一册）（湖南人民出版社2013年第2版，第235—237页）对《问题》也作了部分版本介绍。蒋建农书中说《问题》的单行本有100多种，新中国成立前《问题》版本有30种，并列举了部分版本。他认为新中国成立后除汉文版本外，民族版本有10种，外文版本50多种。蒋建农书中提到了毛泽东为红军大学讲课的讲稿版本（未刊）——曾在红军大学听毛泽东讲课的戴镜元保存有这一版本。他认为收藏于陕西省志丹县革命纪念馆的1936年华北新华书店油印本是最早版本。

部分关于毛泽东著作的辞典、书典、目录书也提到了《问题》的一些版本。如中共中央高级党校图书馆1958年12月编辑出版《馆藏马克思列宁主义经典著作书目》[②]，袁竞主编《毛泽东著作大辞典》（中国国际广播出版社1991年12月版），张惠芝等编《毛泽东生平著作研究目录大全》（河北教育出版社1993年9月版），廖盖隆等主编《毛泽东百科全书》（光明日报出报社1993年版，2003年修订版），刘跃进《毛泽东著作版本导论》（北京燕山出版社1999年1月版），寻霖等编《湘人著述表》（一）（岳麓书社2010年版），等等。

2. 版本的校勘、研究

日本学者竹内实主编《毛泽东集》（日本苍苍社1983年第2版）第5卷

[①] 中共中央党史研究室第一研究部编，中共党史出版社2013年版《民主革命时期中国共产党历史论丛（第2卷）》第179页；王君，甘肃人民出版社2014年版《寻访那些红色记忆》第103页；蒋经国著，台海出版社2014年版《蒋经国自述》第233页；王波著，解放军出版社2015年版《回望东方主战场游击战之光》第206页和第212页等都将《问题》写为"《中国革命的战略问题》"。

[②] 按：出版年月按读秀（http://www.duxiu.com/）提供。

（第83—168页）收入的《问题》，以1947年版《毛选》续编本收入的《问题》为底本，以正报社1947年12月版《问题》为参考，与人民出版社1951年版《毛选》第一卷中收入的《问题》进行了逐字逐句的校勘，列出两个版本不同之处多达1440多条，并列出8条补注。这是较早的对《问题》进行版本校勘、研究的著作。

周一平著《日版〈毛泽东集〉〈毛泽东集补卷〉校勘与研究》（中国国际文化出版社2013年版）指出了竹内实编《毛泽东集》内《问题》的一些优点和不足。优点是《毛泽东集》保存了《问题》版本原貌，而1951年版《毛选》删除了原版本的四幅图及其他一些文字。①《毛泽东集》关于《问题》有1440条校记②，清晰反映了版本之间的不同。又指出："日《集》第5卷收入的《中国革命战争的战略问题》'湘鄂赣边界地区的部队'加校语'部队→红军'（125页）。表示1951年版《毛选》第1卷本作'湘鄂赣边界地区的红军'。《毛选》第1卷1991年修订版将旧版'红军'校改为'部队'（204页），说明日《集》第5卷本是正确的。"③不足的是，人民出版社1991年第2版《毛选》第一卷中收入的《问题》已对人民出版社1951年版《毛选》第一卷中收入的《问题》正文部分文字进行了校改，而日版《毛泽东集》此部分有些没有校语。如：《毛选》第一卷收入的《中国革命战争的战略问题》，修订版将旧版"是客观实际对于我们头脑的反映"校改为"是客观实际在我们头脑中的反映"（第181—182页）。日《集》第5卷此文对"对于我们头脑的反映"并没有校语。又此文，修订版将旧版"一九三一年五月二十九日……"校改为"一九三一年五月三十一日……"（第213页）。日《集》第5卷本对"五月二十九日"并没有校语……④

3. 对《问题》的军事思想、哲学思想的介绍、学习和研究

部分关于毛泽东著作的辞典、书典、目录书等介绍了《问题》或列举了

---

① 周一平：《日版〈毛泽东集〉〈毛泽东集补卷〉校勘与研究》，中国国际文化出版社2013年版，第131页。
② 周一平：《日版〈毛泽东集〉〈毛泽东集补卷〉校勘与研究》，中国国际文化出版社2013年版，第151页。
③ 周一平：《日版〈毛泽东集〉〈毛泽东集补卷〉校勘与研究》，中国国际文化出版社2013年版，第176页。
④ 周一平：《日版〈毛泽东集〉〈毛泽东集补卷〉校勘与研究》，中国国际文化出版社2013年版，第63—64页。

一些研究《问题》的文章。如北京师范学院图书馆《学习毛泽东选集1—4卷参考资料索引》（北京师范学院1977年3月编印）；山东大学哲学系毛泽东哲学思想研究室等1982年编印《学习毛泽东哲学著作资料汇编》；福建师范大学图书馆情报资料科等1983年12月编《马克思 恩格斯 列宁 斯大林 毛泽东生平、事业、著作与思想研究论文资料索引（1949年10月—1983年6月）》；中国社会科学院马列所毛泽东思想研究室编《毛泽东生平、著作研究索引》（上）（解放军国防大学出版社1986年12月版）；乔明甫等主编《中国共产党建设大辞典》（四川人民出版社1991年版）；袁竞主编《毛泽东著作大辞典》（中国国际广播出版社1991年12月版）；何平主编《毛泽东大辞典》（中国国际广播出版社1992年8月版）；王进等主编《毛泽东大辞典》（广西人民出版社等1992年版）；山东省图书馆编《毛泽东思想研究文献索引》（1993年11月）；张惠芝等编《毛泽东生平著作研究目录大全》（河北教育出版社出版发行1993年9月版）；邓光荣等编《毛泽东军事思想辞典》（国防大学出版社1993年10月版）；宋玛利主编《毛泽东研究引得》（史学月刊编辑部1993年12月出版）；廖盖隆等主编《毛泽东百科全书》（光明日报出报社1993年版，2003年修订版）；韩荣璋主编《毛泽东生平思想研究索引》（武汉出版社1994年6月版）；张静如主编《毛泽东研究全书》（长春出版社1998年版）；张万禄著《毛泽东的道路：1921—1935》（中央文献出版社2006年3月版）；王紫根编《毛泽东书典》（湖北人民出版社2011年9月版）；李捷主编《毛泽东著作辞典》（浙江人民出版社2011年12月版）；等等。

相关论文如：

陈元晖《读〈中国革命战争的战略问题〉》（《新建设》1952年第1期）对《问题》的第三章进行了研究。他认为研究中国革命战争的特点时，必须联系中国的政治情况。中国革命战争的四个特点是从中国政治特点中产生的。正确的阶级分析决定正确的战略方针。机会主义政治路线和毛泽东正确政治路线最显著、最基本的分歧是同盟军问题。

方辉锦《〈中国革命战争的战略问题〉在毛泽东哲学思想发展史上的地位》（《安徽大学学报》1984年第2期）就强调了《问题》是《矛盾论》和《实践论》的理论基础和理论前导，《矛盾论》和《实践论》是对《问题》

里面哲学思想的升华。《问题》所体现出来的哲学思想是毛泽东哲学思想的重要组成部分，是马克思主义的中国化，是马克思主义普遍真理和中国革命实践相结合的结晶，是毛泽东哲学思想从初步形成到系统化过程中承前启后的桥梁。

雷鸣《〈中国革命战争的战略问题〉的辩证法思想研究情况概述》（《毛泽东邓小平理论研究》1984年第6期）论述了《问题》里面所体现的矛盾的普遍性和矛盾的特殊性、全局性和局部性、前进性和曲折性、客观规律性和主观能动性之间的辩证关系。

袁国青《〈中国革命战争的战略问题〉的光辉》［《延边大学学报（哲学社会科学版）》1993年第4期］认为《问题》不仅是一部军事科学著作，而且还是一部哲学著作，特别强调了解决好主观和客观问题的重要性。

王建铨《〈中国革命战争的战略问题〉与战略思维》（《新视野》2000年第5期）强调了《问题》里体现的战略思维的重要性，具有现实价值。

刘小凡《〈中国革命战争的战略问题〉在毛泽东哲学思想发展中的地位》（《传承》2013年第13期）认为《问题》标志着毛泽东哲学思想的形成，是毛泽东哲学思想的雏形，具有先导性的地位。

与此相关论文还有135篇以上：双云《马克思主义的军事路线——读毛泽东〈中国革命战争的战略问题〉笔记》（《学习》1950年第2卷第10期），关梦觉《读〈中国革命战争的战略问题〉》（郑昌等编、新建设杂志社1952年1月20日初版《学习〈毛泽东选集〉第一卷》），陈受谦《对毛泽东思想的一些体会——读〈中国革命战争的战略问题〉笔记》（《教工通报》1953年第3卷第4期），康明《战争指导上的主观和客观——学习〈中国革命战争的战略问题〉的笔记》（《解放军报》1958年9月14日），王松龄《集中优势兵力各个歼灭敌人——学习〈中国革命战争的战略问题〉笔记》（《读书》1958年第12期），喻祺《论"全局在胸"——〈中国革命战争的战略问题〉学习笔记》（《思想政治教育》1959年第4期），张云逸（有的书写"张云晓"）《读书有方法——试谈如何精读〈中国革命战争的战略问题〉》（《解放军报》1959年6月18日），李学良《集中优势兵力主攻农业战线——学习毛主席〈中国革命战争的战略问题〉学习笔记》（《新湖南报》1960年7月19日），李瑞环（有的书写"李瑞怀"）《用毛主席的战略思想打生产仗

（读〈中国革命战争的战略问题〉)》（《中国工人》1960年第9期），卢之超《认识规律，运用规律——学习〈中国革命战争的战略问题〉的笔记》（《红旗》1961年第13期），周金鲁（有的书写"周舍鲁"）《谈主动和被动——读〈中国革命战争的战略问题〉的一点体会》（《人民日报》1963年11月5日），龙大忠《以毛泽东思想指导我们消防工作——读〈中国革命战争的战略问题〉》（《黑龙江日报》1964年4月30日），刘志强《学习〈重要的问题在善于学习〉（〈中国革命战争的战略问题〉一文中一节）（学习辅导）》（《北京日报》1965年10月26日），张恒《学习〈重要的问题在善于学习〉》（《工人日报》1965年12月16日），《学习〈战争的目的在于消灭战争〉——〈中国革命战争的战略问题〉中的一节》（《解放军报》1966年2月7日），《学习〈重要的问题在善于学习〉——〈中国革命战争的战略问题〉中的一节》（《解放军报》1966年2月14日），《学习〈战争的目的在于消灭战争〉——〈中国革命战争的战略问题〉中的一节（学习辅导）》（《河北日报》1966年3月31日），《学习〈重要的问题在善于学习〉》（《江汉学报》1966年第5期），《学习〈重要的问题在善于学习〉（〈中国革命战争的战略问题〉中的一节）（学习毛主席著作辅导）》（湖北人民出版社1966年6月），《学习〈战争的目的在于消灭战争〉——〈中国革命战争的战略问题〉中的一节（学习毛主席著作辅导）》（湖北人民出版社1966年7月），《学习〈中国革命战争的战略问题〉》（《解放军报》1966年12月29日），《〈中国革命战争的战略问题〉的辅导材料》（上海人民出版社1967年3月），金灿《中国革命战争的根本指针——学习〈中国革命战争的战略问题〉》（《红旗》1972年第9期），武汉部队举办领导干部读书班认真学习《中国革命战争的战略问题》《努力把握毛主席的战略战术思想》（《解放军报》1973年8月11日第1版），彭顺艮《从实际出发研究战争指导战争》（《解放军报》1973年11月15日），《认真学习毛泽东军事著作——学习〈中国革命战争的战略问题〉》（《解放军报》1973年11月15日），史生《重要的问题在善于学习》[《教育实践》1974年第1期（试刊）]，张明《集中优势兵力打歼灭战——学习〈中国革命战争的战略问题〉的一点体会》（《历史研究》1974年第1期），沈勤卫《军事路线服务于政治路线——学习〈中国革命战争的战略问题〉的一点体会》（《沈阳日报》1974年9月19日），向金栓《努力学习毛主席的战略战术原则——读〈中国革命战争的战略问题〉》(《河南日报》1974年9月21日),唐实《对机会主义军事路线的一次彻底批判——学习〈中国革命战争的战略问题〉》(《西藏日报》1974年10月24日),《在航运中学习和掌握毛主席的军事思想——上海市内河航运工人学习〈中国革命战争的战略问题〉体会选刊》(《解放日报》1974年11月1日),景军《集中兵力是制胜敌人的根本法则——学习〈中国革命战争的战略问题〉》(《人民日报》1974年12月3日),思文《坚持局部服从全局——学习〈中国革命战争的战略问题〉》(《新华日报》1974年12月8日),湟中县第一中学理论学习小组《必须照顾战争的全局——学习〈中国革命战争的战略问题〉》(《青海日报》1974年12月22日),纪平《坚持理论和实际的统一——学习〈中国革命战争的战略问题〉》(《红旗》1975年第1期),陈刚民《一招棋牵着全盘棋——学习〈中国革命战争的战略问题〉》(《青海日报》1975年1月10日),芦万园等《"六个战术原则"是对毛主席军事辩证法的反动——学习〈中国革命战争的战略问题〉》(《山西日报》1975年1月16日),陆林《坚持唯物主义路线,反对唯心主义路线——学习〈中国革命战争的战略问题〉》(《宁夏日报》1975年2月24日),《学习〈中国革命战争的战略问题〉》(1976年4月辽一师院政教系编《学习毛主席著作体会》),勤文(有的书写"耕文")《人民战争的光辉思想——学习〈中国革命战争的战略问题〉〈论持久战〉等的体会》(《解放日报》1976年10月4日),詹立波《毛主席的无产阶级革命路线是我军的生命线——学习〈中国革命战争的战略问题〉》(《历史研究》1976年第6期),中国人民解放军军政大学理论组《唯物论辩证法的光辉照征程——纪念〈中国革命战争的战略问题〉发表四十周年》(《红旗》1976年第12期),《学习〈中国革命战争的战略问题〉》(1977年黑龙江大学哲学系编《学习〈毛泽东选集〉第一卷参考材料》),徐震欧《学习〈中国革命战争的战略问题〉》(甘肃人民出版社1978年2月《毛主席著作介绍第1集》),李茂《掌握和运用客观规律的光辉范例——重读〈中国革命战争的战略问题〉》(《中州学刊》1981年第3期),张弓长等《研究事物及其规律应该着眼其特点——学习〈中国革命战争的战略问题〉》(《学习与研究》1981年第4期),侯礼文《重视研究事物的特殊规律——学习〈中国革命战争的战略问题〉》(《北京日报》

1981年5月18日），姜子华《重要的问题在善于学习——学习〈中国革命战争的战略问题〉的一点体会》（《云南日报》1981年7月17日），徐志刚《尊重客观规律，发挥主观能动性——学习〈中国革命战争的战略问题〉的体会》（《河南日报》1981年10月16日），李华文《主观指导必须符合客观实际（读〈中国革命战争的战略问题〉）》（《大众日报》1981年11月21日），王益和《努力掌握和运用客观规律——学习〈中国革命战争的战略问题〉的一点体会》（《宁夏日报》1981年12月10日），肖德洲《要重视发挥主观能动作用——重读毛泽东同志的〈中国革命战争的战略问题〉的一点体会》（《长江日报》1981年12月26日），陈柏灵《实事求是的光辉篇章——学习〈中国革命战争的战略问题〉》（《哲学研究》1981年第12期），齐振海《要在研究事物的特殊规律上下功夫——学习〈中国革命战争的战略问题〉札记》（《中国青年》1981年第14期），陈葆华等编《〈中国革命战争的战略问题〉一文的哲学思想介绍》（《理论研究资料》1981年第65期），裴增寿《学习〈中国革命战争的战略问题〉的哲学思想》（《晋中社联》1981年增刊），阳作华《在军事辩证法的海洋中学会战争游泳术——学习〈中国革命战争的战略问题〉一书的哲学思想》[《黄石师院学报（哲社）》1982年第1期]，于冀波《学习〈中国革命战争的战略问题〉一书的哲学思想》（《奋斗》1982年第1期），王育倩《认识事物应着眼其特点和发展——学习〈中国革命战争的战略问题〉》[《贵阳师院学报（社科）》1982年第2期]，王仁清《具体情况具体分析的光辉范例——学习〈中国革命战争的战略问题〉和〈论持久战〉中哲学思想的体会》[《通化师院学报（社科）》1982年第2期]，王培智《〈实践论〉光辉思想的初萌——学习〈中国革命战争的战略问题〉》（《东岳论丛》1982年第2期），徐金龙《对毛泽东同志两篇著作中的系统方法论思想初探》（《江西社会科学》1982年第2期），勇格等《〈中国革命战争的战略问题〉学习资料》（《奋斗》1982年第2期），齐振海《探索事物发展规律的锐利武器——学习〈中国革命战争的战略问题〉的体会》（中共中央党校出版社编辑部编辑出版1982年3月版《学习毛泽东哲学思想》），王秀芝《学习革命辩证法　搞好四化建设——读〈中国革命战争的战略问题〉》[《福建师大学报（哲社）》1982年第3期]，王建铨《要掌握全局和局部的辩证法——学习〈中国革命战争的战略问题〉》（《学习与研究》1982年第3期），罗宝厚《〈中国革命战争的战略问题〉中的哲学思想》（《中共山西省委党校学报》1982年第S3期），聂有行《革命经验的哲学概括——学习〈中国革命战争的战略问题〉》（《江西社会科学》1982年第4期），胡金鉴《两种世界观和方法论的根本对立和分歧——学习〈中国革命战争的战略问题〉中的哲学思想》［《实事求是（新疆）》1982年第5期］，梁学强等《实现主观与客观统一的方法、途径——学习〈中国革命战争的战略问题〉中的哲学思想》（《学术论坛》1982年第5期），王贵秀等《"按照现实情况规定我们自己的东西"——〈中国革命战争的战略问题〉简介》（《理论与实践》1982年第5期），陈柏灵《认识和运用事物规律的典范——学习〈中国革命战争的战略问题〉》（《学习与研究》1982年第6期），《学习〈中国革命战争的战略问题〉中的哲学思想》（《唯实》1982年第S1期），吉林大学哲学系《学习〈中国革命战争的战略问题〉（提示）》（《新长征》1982年第6期），陈柏灵《实事求是的光辉篇章（学习〈中国革命战争的战略问题〉）》（《学习与研究》1982年第6期），张鹏远等《学习〈中国革命战争的战略问题〉中的几个哲学思想》（《理论与实践》1982年第6期），姜思毅《学习〈中国革命战争的战略问题〉，掌握马克思主义世界观方法论》［《理论学习参考资料（西藏）》1982年第8期］，张培林《积极防御战略的辩证法——学习〈中国革命战争的战略问题〉的体会》（《南高教学》1982年第8期），陈葆华、张文儒等《战争的辩证法——学习〈中国革命战争的战略问题〉的一点体会》（广西人民出版社1982年8月《全国毛泽东哲学思想讨论会论文选》，后载于石仲泉主编、全国毛泽东哲学思想研究会编、中央文献出版社2011年12月版《毛泽东哲学思想研究三十年》），梁木等《认识规律和应用规律的科学方法（〈中国革命战争的战略问题〉）》（《学术研究》1983年第1期），李鹏飞《学习军事辩证法思想，推动四化建设——读〈中国革命战争的战略问题〉》［辽宁省自然辩证法研究会编1983年1月《自然辩证法文选》（1982年年会）］，林琍珍《对〈中国革命战争的战略问题〉中认识过程两次飞跃的探索》［《芜湖师专学报（哲社）》1983年第2期］，梁陆臣《读〈中国革命战争的战略问题〉》（甘肃省哲学学会编、甘肃人民出版社1983年3月版《学习毛泽东哲学思想文选》），刘歌德《中国革命战争的战略问题》［《衡阳师专学报（社科）》1983年第3、4期］，《学习〈中国革命战争的战略问题〉中的哲学思想》［《内参资料（湖大）1983年第10期》］，卢培琪《学习〈中国革命战争的战略问题〉》（吴玉黎编、山东人民出版社1983年5月版《学习毛泽东同志八篇著作的哲学思想》），杨永德《〈中国革命战争的战略问题〉中的系统方法初探》［《延边大学学报（社科）》1984年第1期］，周晓光《毛泽东同志的系统思想和方法初探——读〈中国革命战争的战略问题〉》（《人文杂志》1984年第1期），张铁《理论联系实际的光辉范例——学习毛泽东〈中国革命战争的战略问题〉》（《河南财经学院学报》1984年第1期），刘继贤《军事辩证法的光辉篇章——学习〈中国革命战争的战略问题〉》（《毛泽东思想研究》1984年第4期），徐和声《试论全局和局部的辩证法——学习〈中国革命战争的战略问题〉的体会》（贵州省哲学学会编、贵州人民出版社1985年6月版《毛泽东哲学思想研究》），杨焕章《〈中国革命战争的战略问题〉的基本内容和主要哲学问题》（自修大学1985年第6期），黄建权《马克思主义战争观与方法论的创造性运用和发展——学习毛泽东同志〈中国革命战争的战略问题〉等论著的体会》（《广西民族学院学报》1985年第4期），王春芳《光辉的战略思想，珍贵的历史文献——学习毛泽东〈中国革命战争的战略问题〉的几点体会》（《军事史林》1986年第5期），张前程《〈中国革命战争的战略问题〉与毛泽东认识论体系的形成》（《军事哲学研究》编写组编、陕西师范大学出版社1986年12月版《军事哲学研究》），郭涤《运用哲学观点研究战争的典范——读〈中国革命战争的战略问题〉》（陕西师范大学出版社1986年12月版《军事哲学研究》），王芙晨、王乾都《毛泽东军事哲学思想的奠基之作——纪念〈中国革命战争的战略问题〉发表五十周年》（《毛泽东邓小平理论研究》1987年第1期），王正谟《论〈中国革命战争的战略问题〉的哲学思想》（《军事历史研究》1987年第4期），《〈中国革命战争的战略问题〉中的军事哲学思想》［黄楠森等主编、北京出版社1989年11月版《马克思主义哲学史》（第6卷　修订版）］，翟志宏《〈中国革命战争的战略问题〉简介》（《理论导刊》1990年第8期），胡林森《在实践中运用和发展唯物辩证法的光辉范例——读〈中国革命战争的战略问题〉》（《安徽省委党校学报》1990年第1期），《学习〈中国革命战争的战略问题〉（节选）》（康祥生等编、江西高校出版社1990年4月版《马克思主义哲学原著教程》），卢冀宁《杰出的兵书 光辉的哲理——学习〈中国革命战争的战略问题〉的哲学思想》（《毛泽东邓小平理论研究》1990年第6期），《学习〈中国革命战争的战略问题〉》（潘宝卿主编、中国国际广播出版社1990年8月版《毛泽东邓小平著作哲学思想学习辅导》），韩荣璋《中国人民革命战争的伟大军事纲领——读〈中国革命战争的战略问题〉》（韩荣璋主编、中国毛泽东思想理论与实践研究会编、改革出版社1991年6月版，《新版〈毛泽东选集〉学习辅导》），杨春贵、赵理文《学习和运用毛泽东的战略思想——学习〈中国革命战争的战略问题〉》（朱贵玉等编、中国经济出版社1991年11月版《毛泽东著作研究文集》），赵永成《〈中国革命战争的战略问题〉与〈矛盾论〉》（《毛泽东邓小平理论研究》1992年第5期），王建铨《创造性地运用全局与局部辩证法的光辉典范——〈中国革命战争的战略问题〉价值评价》（《长白学刊》1993年第5期），杨超《思想的精华 理论的高峰——〈中国革命战争的战略问题〉与〈论持久战〉之比较研究》（《天府新论》1994年第1期），夏征难《军事辩证法奠基作的华章——读〈中国革命战争的战略问题〉开篇章札记》（《毛泽东思想研究》1995年第1期），黄希贤《实践中运用和发展认识论和辩证法的范例——学习〈中国革命战争的战略问题〉》（《贵州大学学报》1995年第3期），刘胜康《唯物辩证法的光辉典范——重读毛泽东〈中国革命战争的战略问题〉》（《贵州民族学院学报》1996年第1期），夏征难《军事辩证法由胚胎孕育成熟——〈军事辩证法〉与〈中国革命战争的战略问题〉之比较》（《毛泽东思想论坛》1996年第3期），吴伟华《论毛泽东分析战争问题的哲学思维方式——读〈中国革命战争的战略问题〉》（《军事历史研究》1996年第4期），徐红枫《纪念中国工农红军长征胜利暨〈中国革命战争的战略问题〉发表60周年学术研讨会在徐州召开》（《军事历史》1996年第6期），夏征难《毛泽东〈军事辩证法〉〈中国革命战争的战略问题〉之比较》（《军事历史》1997年第3期），《研究战争问题的方法论 读〈中国革命战争的战略问题〉》（杨春贵编、中共中央党校出版社1997年5月版《党的思想路线研究》），《关于〈中国革命战争的战略问题〉》（张静如主编、长春出版社1997年10月版《毛泽东研究丛书》），卢冀宁《杰出的兵书 光辉的哲理——〈中国革命战争的战略问题〉中的哲学思想》（《高校理论战线》2003年第12期），盖世金《马克思主义军事理论中国化的奠基之作——纪念〈中国革命战争的战略问题〉发表七十周年》(《西安政治学院学报》2006年第6期),徐金刚《浅谈〈中国革命战争的战略问题〉及其战略防御思想》(《经济研究导刊》2011年第9期),徐焰《中国革命战争走向胜利的理论奠基——毛泽东与〈中国革命战争的战略问题〉》(朱成虎编、学习出版社2012年9月第1期《军事学名著导读》),孙悦等《读〈中国革命战争的战略问题〉——战略和战争问题在当下的现实意义》[《剑南文学(经典教苑)》2013年第2期],高九江《延安时期中国化马克思主义哲学的雏形——〈中国革命战争的战略问题〉对马克思主义哲学中国化的贡献》(《延安大学学报》2014年第2期),吴玉才编著《毛泽东思想文献解读》第57页《懂得中国革命战争的战略问题,方能用兵如神——〈中国革命战争的战略问题〉》(安徽师范大学出版社2015年5月版),郭士民《毛泽东军事思想中蕴含的复杂性理论观点探析——读毛泽东〈中国革命战争的战略问题〉》(《胜利油田党校学报》2015年第1期),眭磊《浅谈〈中国革命战争的战略问题〉的辩证思想》(《世纪桥》2016年第8期),张岚岚、魏代强《毛泽东对红军"血战史经验"的总结——以〈中国革命战争的战略问题〉为中心的解读》(《党的文献》2017年第4期),魏驰《浅析毛泽东坚持问题导向的分析方法及现实意义——以〈中国革命战争的战略问题〉一文为例》(《世纪桥》2020年第1期),[曹应旺《罗荣桓学习〈中国革命战争的战略问题〉》(《当代贵州》2020年第Z1期)],杨信礼《在研究和指导中国革命战争中建构和发展中国化马克思主义哲学——读毛泽东的〈中国革命战争的战略问题〉》(《马克思主义哲学》2021年第2期),谢茂松《〈中国革命战争的战略问题〉:战略思维的典范》(《湘潮》2021年第7期),邹武龙《从授课讲义到经典文献——毛泽东〈中国革命战争的战略问题〉在传播过程中的修改》(《中国国家博物馆馆刊》2024年第1期)等。

4. 对《问题》其他方面的研究

通过学习《问题》来批判林彪,主要有:《宁夏日报》1974年11月29日空军某部机务一中队理论小组学习《中国革命战争的战略问题》,以毛泽东军事思想为武器,批判林彪在平津战役中破坏毛主席的伟大战略部署的罪行。6012部队一机连干部战士《学习毛主席光辉著作〈中国革命战争的战略问题〉深入批判林彪资产阶级军事路线,"短促突击"是彻头彻尾的军事保守主义》(《江西日报》1975年1月6日)。张醒等《毛主席的军事辩证法是批判林彪"六个战术原则"的锐利武器——学习〈中国革命战争的战略问题〉的体会》(《重庆日报》1975年1月)等。这是"文革"时期特殊环境下的产物。

朱志清《党史中"一个难解的斯芬克斯之谜"——〈中国革命战争的战略问题〉中西路军失败断语的形成过程考察》(《西南科技大学学报》2013年第3期)研究了毛泽东在1936年12月写作《问题》时不可能写下西路军失败的断语的问题。1937年3月中共中央政治局扩大会议通过了《关于张国焘同志错误的决议》，中央领导集体形成了关于西路军问题的正式结论。朱志清以时间、事件、背景为论据，认为《问题》现行文本中的西路军失败断语，是毛泽东修改著作时对中央领导集体正式结论的"引用"。

《问题》与经济学结合。胡岳岷《毛泽东思想与现代商战——学习〈中国革命战争的战略问题〉札记》(《〈资本论〉与当代经济》1993年第4期)将《问题》内的军事、哲学思想规律用来指导现代商战，拓宽了研究《问题》的领域。王学荣《多重二元性经济结构在当代中国的新形态——兼及〈中国革命战争的战略问题〉的文本源流》(《山东工商学院学报》2014年第4期)以《问题》为文本依据，分析了当代中国"多重二元性"与近代中国的经济社会发展不平衡状况的关系。

郭士民《毛泽东军事思想中蕴含的复杂性理论观点探析——读毛泽东〈中国革命战争的战略问题〉》(《胜利油田党校学报》2015年第1期)从复杂性理论角度解读了《问题》。

王建国《关于〈中国革命战争的战略问题〉的几个问题》(《党的文献》2015年第4期)对《问题》写作缘由和动机、写作和定稿经过、主要参考文献、《问题》体现的"持久战"思想等方面作了研究。

廖扬《纪念毛泽东〈中国革命战争的战略问题〉一文发表八十周年》(《法制与社会》2016年第8期)对建国以来《问题》研究的文章进行了综述。他对研究《问题》的文章从学科研究领域、文章发表年份、研究内容等方面进行了分析。在未来发展上，他认为学界对《问题》的研究将呈现出多元化、多学科的研究趋势。

杨奎松《毛泽东为什么要写〈论持久战〉》(《抗日战争研究》2018年

第3期）认为《问题》是毛泽东根据遵义会议决议的思路，在红军大学发表的总结历史经验教训演讲，由于西安事变的发生，所以毛泽东在1936年12月之前并没有完成。这个演讲通篇没有谈论关于对日战争的问题。他认为"此讲稿1941年应军政杂志社之邀，毛泽东重新进行了加工修改，改名为《中国革命战争的战略问题》公开发表"。

"中华民国革命实践研究院"1949年10月印的敌情研究参考资料《中国革命战争的战略问题》，对《问题》作了简单研究。其以《问题》文本为基础，在《问题》原文重要内容旁标以着重号，以示突出。在部分标着重号内容上方另外写有相关提示词，大约30处。如"红军战略方向""长期'围剿'反复战争""捡弱打的方法""造成敌人过失""退却开始时期的选择问题"和"首先轻敌与逐次增加兵力之教训"等。

有一些书和论文也介绍、论述到了《问题》，如：陈元晖《学习毛泽东同志的军事理论》[《学习生活》（东北）1951年第1卷第11、12期]，《学习毛主席著作辅导材料》（第二辑）（新疆青年出版社1966年1月版），《学习毛主席著作辅导材料》（第三辑）（1966年1月新疆青年出版社1966年1月版），周为民《只有发动群众才能战胜敌人》（《解放军报》1967年1月9日），王新有《主张积极防御 反对消极防御》（《天津日报》1972年12月2日），张新年《先打分散和孤立之敌》（《天津日报》1972年12月2日），谭景春《准备得充分，胜利的把握就越大》（《天津日报》1972年12月2日），《坚持毛主席的军事原则 批判"短促突击"》（《西藏日报》1973年8月18日），《学习毛主席的军事思想》（陕西人民出版社1973年12月版），沈均《研究战争全局 掌握重要关节》（《解放军报》1974年1月20日），张炳龙《从实际出发指导战争》（《辽宁日报》1974年10月12日），上运二场生产组党支部《深入调查研究 采取恰当措施》（《解放日报》1974年11月1日），孙友信《将欲取之必先予之》（《文汇报》1974年11月7日），解治国《知彼知己 百战不殆》（《西安日报》1974年11月1日），宗进《把握革命战争的特点，夺取革命战争的胜利》（《新疆日报》1974年11月19日），齐宝顺等《正确的作战原则来源于革命战争的实践》（《青海日报》1974年11月29日），杨宗英《"以一当十"与"以十当一"》（《辽宁日报》1974年12月3日），《〈中国革命战争的战略问题〉读书提要》（1977年10月福建师范大学政治教育系资料室编《学习毛主席著作辅导材料（一）》），韩树英《学习毛泽东哲学思想——介绍毛泽东同志的八篇著作》（北京出版社1982年4月版），纳麒等《〈中国革命战争的战略问题〉介绍》[《学术动态（湖北）》1982年第5期]，黄育才等编《毛泽东同志八篇著作哲学思想简介》（江苏人民出版社1982年5月版），重庆市哲学学会编《学习哲学　做好工作——毛泽东八篇著作辅导材料》（重庆出版社1982年7月版），林径一主编《实事求是的光辉典范——学习毛泽东同志八篇著作》（甘肃人民出版社1982年9月版），《毛主席八篇著作哲学思想辅导》（中国人民解放军政治学院教研室编、辽宁人民出版社1982年9月版），孟金山《〈中国革命战争的战略问题〉哲学思想简介》（《教学研究》中共辽宁省委党校理论研究室1982年12月），黄建权《马克思主义战争观与方法论的创造性运用和发展》（《广西民族学院学报》1985年第4期），杨春贵《〈中国革命战争的战略问题〉讲解》（中共中央党校出版社1990年10月版《马克思主义哲学著作选讲》），陈先达主编《马克思主义经典著作提要》（江西人民出版社1991年12月版），《〈中国革命战争的战略问题〉的历史背景》（中共太原市委宣传部理论研究室编著、山西人民出版社出版《毛泽东哲学思想二十讲》），张伊宁等《毛泽东与"如何研究战争"——兼及对我军探索信息化建军与作战规律的几点思考》（《党的文献》2013年第3期），冯友兰著《中国现代哲学史》（江苏文艺出版社2013年10月版），张兢著《毛泽东研究战争的方法及当代思考》（国防大学出版社2013年12月版），董志新著《毛泽东品〈孙子兵法〉》（万卷出版公司2015年2月版），等。

综上，学者们对《问题》的研究还只限于版本的概述、版本图录的介绍，个别版本、个别内容的校勘、研究，以及学习、研究《问题》里的哲学、军事思想等。竹内实等虽然对《问题》进行了校勘、研究，但是并没有研究分析文本变化背后的原因。本书拟最广泛地搜集已经出版的版本，对《问题》的主要版本内容变化进行研究。

五、校勘与分析

（一）1949年10月以前版本校勘与分析

《问题》的各种版本，基本上以1936年10月至12月毛泽东在陕北红军大学讲课的讲演稿为底本。讲演稿于1937年5月在延安油印成册。这个油印本存世稀少，笔者尚未见到，只能以除油印本之外最早的版本——八路军军政杂志社1941年版《问题》进行版本校勘、研究。

1. 渤海新华书店1945年版与八路军军政杂志社1941年版异同

八路军军政杂志社1941年版书影

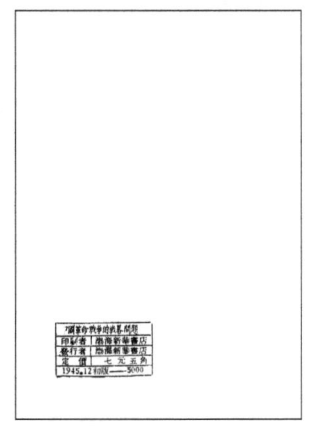

渤海新华书店1945年版书影

渤海新华书店1945年版《问题》（以下简称"1945年版"）与八路军军政杂志社1941年版《问题》（以下简称"1941年版"）相校，内容文字基本相同，略有一些标点、文字的不同。

（1）标点符号变动

标点符号的变动主要有删减、增加和改换等，共有98处以上。

第一，标点删减。

1941年版："……我们的党，我们的革命与战争"①。1945年版："……我们的党我们的革命与战争"②。

1941年版："……不平衡的、半殖民地的……"③ 1945年版："……不平衡的半殖民地的……"④

1941年版："……战略防御、这种东西了。"⑤ 1945年版："……战略防御这种东西了。"⑥

1941年版："这种求心退却，能够……"⑦ 1945年版："这种求心退却能够……"⑧

1941年版："我军全然不讲退却，原因在于……"⑨ 1945年版："我军全然不讲退却原因在于……"⑩

1941年版："王金钰北方新到，表示……"⑪ 1945年版："王金钰北方新到表示……"⑫

1941年版："……为'钻牛角'，但终究……"⑬ 1945年版："……为'钻牛角'但终究……"⑭

---

① 《中国革命战争的战略问题》，八路军军政杂志社1941年版，第12页。
② 《中国革命战争的战略问题》，渤海新华书店1945年版，第14页。
③ 《中国革命战争的战略问题》，八路军军政杂志社1941年版，第15页。
④ 《中国革命战争的战略问题》，渤海新华书店1945年版，第17页。
⑤ 《中国革命战争的战略问题》，八路军军政杂志社1941年版，第25页。
⑥ 《中国革命战争的战略问题》，渤海新华书店1945年版，第27页。
⑦ 《中国革命战争的战略问题》，八路军军政杂志社1941年版，第32页。
⑧ 《中国革命战争的战略问题》，渤海新华书店1945年版，第34页。
⑨ 《中国革命战争的战略问题》，八路军军政杂志社1941年版，第33页。
⑩ 《中国革命战争的战略问题》，渤海新华书店1945年版，第36页。
⑪ 《中国革命战争的战略问题》，八路军军政杂志社1941年版，第40页。
⑫ 《中国革命战争的战略问题》，渤海新华书店1945年版，第43页。
⑬ 《中国革命战争的战略问题》，八路军军政杂志社1941年版，第40页。
⑭ 《中国革命战争的战略问题》，渤海新华书店1945年版，第43页。

1941年版："……三个总司令。中何应钦，与蒋……"① 1945年版："……三个总司令，中何应钦与蒋……"②

1941年版："左朱绍良，驻南丰。（二）……"③ 1945年版："左朱绍良，驻南丰（二）……"④

1941年版："被敌发觉，陈罗两师……"⑤ 1945年版："被敌发觉陈罗两师……"⑥

1941年版："……红军，欲打破强大的……"⑦ 1945年版："……红军欲打破强大的……"⑧

1941年版："第二，是为了改变攻守形势。"⑨ 1945年版："第二是为了改变攻守形势。"⑩

1941年版："……缩小苏区的计划，也是……"⑪ 1945年版："……缩小苏区的计划也是……"⑫

1941年版："……游击战争，在苏维埃……"⑬ 1945年版："……游击战争在苏维埃……"⑭

1941年版："这些限制，对于红军……"⑮ 1945年版："这些限制对于红军……"⑯

1941年版："不是持久而是速决。在这个……"⑰ 1945年版："不是持久而是速决在这个……"⑱

---

① 《中国革命战争的战略问题》，八路军军政杂志社1941年版，第40页。
② 《中国革命战争的战略问题》，渤海新华书店1945年版，第43页。
③ 《中国革命战争的战略问题》，八路军军政杂志社1941年版，第41页。
④ 《中国革命战争的战略问题》，渤海新华书店1945年版，第43页。
⑤ 《中国革命战争的战略问题》，八路军军政杂志社1941年版，第42页。
⑥ 《中国革命战争的战略问题》，渤海新华书店1945年版，第44页。
⑦ 《中国革命战争的战略问题》，八路军军政杂志社1941年版，第43页。
⑧ 《中国革命战争的战略问题》，渤海新华书店1945年版，第45页。
⑨ 《中国革命战争的战略问题》，八路军军政杂志社1941年版，第46页。
⑩ 《中国革命战争的战略问题》，渤海新华书店1945年版，第47页。
⑪ 《中国革命战争的战略问题》，八路军军政杂志社1941年版，第48页。
⑫ 《中国革命战争的战略问题》，渤海新华书店1945年版，第50页。
⑬ 《中国革命战争的战略问题》，八路军军政杂志社1941年版，第48页。
⑭ 《中国革命战争的战略问题》，渤海新华书店1945年版，第50页。
⑮ 《中国革命战争的战略问题》，八路军军政杂志社1941年版，第49页。
⑯ 《中国革命战争的战略问题》，渤海新华书店1945年版，第51页。
⑰ 《中国革命战争的战略问题》，八路军军政杂志社1941年版，第53页。
⑱ 《中国革命战争的战略问题》，渤海新华书店1945年版，第56页。

1941年版："白军各个虽分进，然多是……"① 1945年版："白军各个虽分进然多是……"②

……

第二，标点增加。

1941年版："……乘胜直追''全线出击''夺取……"③ 1945年版："……乘胜直追'、'全线出击'，'夺取……"④

1941年版："愈远看愈渺茫，"⑤。1945年版："愈远看、愈渺茫，"⑥

……

第三，标点改换。

1941年版："……就开始了的、用以解决……"⑦ 1945年版："……就开始了的，用以解决……"⑧

1941年版："有他特殊的情形与性质，"⑨。1945年版："有他特殊的情形与性质。"⑩

1941年版："一独立的苏区，"⑪。1945年版："一独立的苏区、"⑫。

1941年版："……去规定。必须按照具体的……"⑬ 1945年版："……去规定，必须按照具体的……"⑭

1941年版："……争取群众，扩大红军……"⑮ 1945年版："……争取群众。扩大红军……"⑯

---

① 《中国革命战争的战略问题》，八路军军政杂志社1941年版，第53页。
② 《中国革命战争的战略问题》，渤海新华书店1945年版，第56页。
③ 《中国革命战争的战略问题》，八路军军政杂志社1941年版，第30页。
④ 《中国革命战争的战略问题》，渤海新华书店1945年版，第32页。
⑤ 《中国革命战争的战略问题》，八路军军政杂志社1941年版，第44页。
⑥ 《中国革命战争的战略问题》，渤海新华书店1945年版，第46页。
⑦ 《中国革命战争的战略问题》，八路军军政杂志社1941年版，第2页。
⑧ 《中国革命战争的战略问题》，渤海新华书店1945年版，第2页。
⑨ 《中国革命战争的战略问题》，八路军军政杂志社1941年版，第2页。
⑩ 《中国革命战争的战略问题》，渤海新华书店1945年版，第2页。
⑪ 《中国革命战争的战略问题》，八路军军政杂志社1941年版，第4页。
⑫ 《中国革命战争的战略问题》，渤海新华书店1945年版，第5页。
⑬ 《中国革命战争的战略问题》，八路军军政杂志社1941年版，第6页。
⑭ 《中国革命战争的战略问题》，渤海新华书店1945年版，第6页。
⑮ 《中国革命战争的战略问题》，八路军军政杂志社1941年版，第6页。
⑯ 《中国革命战争的战略问题》，渤海新华书店1945年版，第7页。

1941年版："阶级与阶级、"①。1945年版："阶级与阶级，"②。

1941年版："……相反的对比。国民党……"③1945年版："……相反的对比，国民党……"④

1941年版："……军事纪律；反对不正确的……"⑤1945年版："……军事纪律，反对不正确的……"⑥

1941年版："……敌人的围剿。敌人把红军……"⑦1945年版："……敌人的围剿，敌人把红军……"⑧

1941年版："……也不了解。因而……"⑨1945年版："……也不了解，因而……"⑩

1941年版："……从右倾的观点产生的。"⑪1945年版："……从右倾的观点产生的，"。⑫。

1941年版："……万众一心的作战，因为……"⑬1945年版："……万众一心的作战；因为……"⑭

1941年版："这是完全正确的。"⑮1945年版："这是完全正确的，"⑯。

1941年版："……平行、甚至占着比较重要地位、"⑰。1945年版："……平行，甚至占着比较重要地位，"⑱。

1941年版："胜利的把握是没有的。"⑲1945年版："胜利的把握是没

---

① 《中国革命战争的战略问题》，八路军军政杂志社1941年版，第10页。
② 《中国革命战争的战略问题》，渤海新华书店1945年版，第11页。
③ 《中国革命战争的战略问题》，八路军军政杂志社1941年版，第17页。
④ 《中国革命战争的战略问题》，渤海新华书店1945年版，第18页。
⑤ 《中国革命战争的战略问题》，八路军军政杂志社1941年版，第18页。
⑥ 《中国革命战争的战略问题》，渤海新华书店1945年版，第19页。
⑦ 《中国革命战争的战略问题》，八路军军政杂志社1941年版，第19页。
⑧ 《中国革命战争的战略问题》，渤海新华书店1945年版，第20页。
⑨ 《中国革命战争的战略问题》，八路军军政杂志社1941年版，第23页。
⑩ 《中国革命战争的战略问题》，渤海新华书店1945年版，第25页。
⑪ 《中国革命战争的战略问题》，八路军军政杂志社1941年版，第24页。
⑫ 《中国革命战争的战略问题》，渤海新华书店1945年版，第25页。
⑬ 《中国革命战争的战略问题》，八路军军政杂志社1941年版，第24页。
⑭ 《中国革命战争的战略问题》，渤海新华书店1945年版，第26页。
⑮ 《中国革命战争的战略问题》，八路军军政杂志社1941年版，第25页。
⑯ 《中国革命战争的战略问题》，渤海新华书店1945年版，第26页。
⑰ 《中国革命战争的战略问题》，八路军军政杂志社1941年版，第25页。
⑱ 《中国革命战争的战略问题》，渤海新华书店1945年版，第27页。
⑲ 《中国革命战争的战略问题》，八路军军政杂志社1941年版，第25页。

有的，"①。

1941年版："……人民的严重性，同时，"②。1945年版："……人民的严重性。同时，"③。

1941年版："……进攻面前、因为顾及到……"④1945年版："……进攻面前，因为顾及到……"⑤

1941年版："……击破其进攻、为了保存……"⑥1945年版："……击破其进攻，为了保存……"⑦

1941年版："刿曰：未可。"⑧1945年版："刿曰：未可，"⑨。

1941年版："故克之。夫大国……"⑩1945年版："故克之，夫大国……"⑪

1941年版："长驱直迫巴黎郊外，然而……"⑫1945年版："长驱直迫巴黎郊外、然而……"⑬

1941年版："……马克斯主义的，过去……"⑭1945年版："……马克斯主义的。过去……"⑮

1941年版："……始求决战』。这是……"⑯1945年版："……始求决战』，这是……"⑰

1941年版："准备反攻。保存军力……"⑱1945年版："准备反攻，保存

---

① 《中国革命战争的战略问题》，渤海新华书店1945年版，第27页。
② 《中国革命战争的战略问题》，八路军军政杂志社1941年版，第26页。
③ 《中国革命战争的战略问题》，渤海新华书店1945年版，第28页。
④ 《中国革命战争的战略问题》，八路军军政杂志社1941年版，第27页。
⑤ 《中国革命战争的战略问题》，渤海新华书店1945年版，第29页。
⑥ 《中国革命战争的战略问题》，八路军军政杂志社1941年版，第27页。
⑦ 《中国革命战争的战略问题》，渤海新华书店1945年版，第29页。
⑧ 《中国革命战争的战略问题》，八路军军政杂志社1941年版，第28页。
⑨ 《中国革命战争的战略问题》，渤海新华书店1945年版，第30页。
⑩ 《中国革命战争的战略问题》，八路军军政杂志社1941年版，第28页。
⑪ 《中国革命战争的战略问题》，渤海新华书店1945年版，第30页。
⑫ 《中国革命战争的战略问题》，八路军军政杂志社1941年版，第29页。
⑬ 《中国革命战争的战略问题》，渤海新华书店1945年版，第31页。
⑭ 《中国革命战争的战略问题》，八路军军政杂志社1941年版，第30页。
⑮ 《中国革命战争的战略问题》，渤海新华书店1945年版，第32页。
⑯ 《中国革命战争的战略问题》，八路军军政杂志社1941年版，第31页。
⑰ 《中国革命战争的战略问题》，渤海新华书店1945年版，第33页。
⑱ 《中国革命战争的战略问题》，八路军军政杂志社1941年版，第31页。

军力……"①

1941年版："这些条件是："②。1945年版："这些条件是；"③。

1941年版："……很大的变化，是使后来……"④1945年版："……很大的变化。是使后来……"⑤

1941年版："以就自己所欲之条件。"⑥1945年版："以就自己所欲之条件、"⑦。

1941年版："一个侦查的过程。"⑧1945年版："一个侦查的过程，"⑨。

1941年版："陕甘第三次围剿时。"⑩1945年版："陕甘第三次围剿时，"⑪。

1941年版："……没有精神了，这乃是……"⑫1945年版："……没有精神了。这乃是……"⑬

1941年版："……更加困难的问题。当军事的……"⑭1945年版："……更加困难的问题，当军事的……"⑮

1941年版："……更加疲劳与减员，不过是……"⑯1945年版："……更加疲劳与减员。不过是……"⑰

1941年版："所以不论在何方说来，"⑱。1945年版："所以不论在何方来说、"⑲。

---

① 《中国革命战争的战略问题》，渤海新华书店1945年版，第33页。
② 《中国革命战争的战略问题》，八路军军政杂志社1941年版，第31页。
③ 《中国革命战争的战略问题》，渤海新华书店1945年版，第33页。
④ 《中国革命战争的战略问题》，八路军军政杂志社1941年版，第32页。
⑤ 《中国革命战争的战略问题》，渤海新华书店1945年版，第34页。
⑥ 《中国革命战争的战略问题》，八路军军政杂志社1941年版，第32页。
⑦ 《中国革命战争的战略问题》，渤海新华书店1945年版，第34页。
⑧ 《中国革命战争的战略问题》，八路军军政杂志社1941年版，第32页。
⑨ 《中国革命战争的战略问题》，渤海新华书店1945年版，第35页。
⑩ 《中国革命战争的战略问题》，八路军军政杂志社1941年版，第33页。
⑪ 《中国革命战争的战略问题》，渤海新华书店1945年版，第36页。
⑫ 《中国革命战争的战略问题》，八路军军政杂志社1941年版，第35页。
⑬ 《中国革命战争的战略问题》，渤海新华书店1945年版，第37页。
⑭ 《中国革命战争的战略问题》，八路军军政杂志社1941年版，第36页。
⑮ 《中国革命战争的战略问题》，渤海新华书店1945年版，第39页。
⑯ 《中国革命战争的战略问题》，八路军军政杂志社1941年版，第37页。
⑰ 《中国革命战争的战略问题》，渤海新华书店1945年版，第40页。
⑱ 《中国革命战争的战略问题》，八路军军政杂志社1941年版，第37页。
⑲ 《中国革命战争的战略问题》，渤海新华书店1945年版，第41页。

1941年版:"然而反攻不完全是进攻。"① 1945年版:"然而反攻不完全是进攻,"②。

1941年版:"……闽赣交界之建黎泰地区扩大苏区,征集……"③ 1945年版:"……闽赣交界之建黎泰地区,扩大苏区征集……"④

1941年版:"我军人数虽略减(三万余),"⑤。1945年版:"我军人数虽略减(三万余)。"⑥

1941年版:"师九团,约十万人。"⑦ 1945年版:"师九团。约十万人。"⑧

1941年版:"次是蒋光鼐、蔡廷楷、"⑨。1945年版:"次是蒋光鼐,蔡廷楷、"⑩。

1941年版:"余均非蒋嫡系,较弱。"⑪ 1945年版:"余均非蒋嫡系,较弱,"⑫。

1941年版:"良村、黄陂方向进"⑬。1945年版:"良村,黄陂方向进"⑭。

1941年版:"……为第三仗。三战皆胜,"⑮。1945年版:"……为第三仗,三战皆胜,"⑯。

1941年版:"……东北之资溪桥,也是……"⑰ 1945年版:"……东北之

---

① 《中国革命战争的战略问题》,八路军军政杂志社1941年版,第38页。
② 《中国革命战争的战略问题》,渤海新华书店1945年版,第41页。
③ 《中国革命战争的战略问题》,八路军军政杂志社1941年版,第40页。
④ 《中国革命战争的战略问题》,渤海新华书店1945年版,第43页。
⑤ 《中国革命战争的战略问题》,八路军军政杂志社1941年版,第40页。
⑥ 《中国革命战争的战略问题》,渤海新华书店1945年版,第43页。
⑦ 《中国革命战争的战略问题》,八路军军政杂志社1941年版,第41页。
⑧ 《中国革命战争的战略问题》,渤海新华书店1945年版,第43页。
⑨ 《中国革命战争的战略问题》,八路军军政杂志社1941年版,第41页。
⑩ 《中国革命战争的战略问题》,渤海新华书店1945年版,第43页。
⑪ 《中国革命战争的战略问题》,八路军军政杂志社1941年版,第41页。
⑫ 《中国革命战争的战略问题》,渤海新华书店1945年版,第43页。
⑬ 《中国革命战争的战略问题》,八路军军政杂志社1941年版,第42页。
⑭ 《中国革命战争的战略问题》,渤海新华书店1945年版,第44页。
⑮ 《中国革命战争的战略问题》,八路军军政杂志社1941年版,第42页。
⑯ 《中国革命战争的战略问题》,渤海新华书店1945年版,第44页。
⑰ 《中国革命战争的战略问题》,八路军军政杂志社1941年版,第43页。

资溪桥。也是……"①

1941年版："……围剿的经验，证明处在……"② 1945年版："……围剿的经验。证明处在……"③

1941年版："第一，必须打胜。"④ 1945年版："第一、必须打胜。"⑤

1941年版："地形、人民条件，"⑥。1945年版："地形，人民条件，"⑦。

1941年版："确有把握而后动手。"⑧ 1945年版："确有把握而后动手，"⑨。

1941年版："……走漏消息的危险，拒绝……"⑩ 1945年版："……走漏消息的危险。拒绝……"⑪

1941年版："第四次围剿攻南丰不克，"⑫。1945年版："第四次围剿攻南丰不克、"⑬。

1941年版："……依据双方全局，仔细地……"⑭ 1945年版："……依据双方全局。仔细地……"⑮

1941年版："第三，还要想到……"⑯ 1945年版："第三、还要想到……"⑰

1941年版："……也是不利的。走一步……"⑱ 1945年版："……也是不利的，走一步……"⑲

---

① 《中国革命战争的战略问题》，渤海新华书店1945年版，第44页。
② 《中国革命战争的战略问题》，八路军军政杂志社1941年版，第43页。
③ 《中国革命战争的战略问题》，渤海新华书店1945年版，第45页。
④ 《中国革命战争的战略问题》，八路军军政杂志社1941年版，第44页。
⑤ 《中国革命战争的战略问题》，渤海新华书店1945年版，第45页。
⑥ 《中国革命战争的战略问题》，八路军军政杂志社1941年版，第44页。
⑦ 《中国革命战争的战略问题》，渤海新华书店1945年版，第45页。
⑧ 《中国革命战争的战略问题》，八路军军政杂志社1941年版，第44页。
⑨ 《中国革命战争的战略问题》，渤海新华书店1945年版，第45页。
⑩ 《中国革命战争的战略问题》，八路军军政杂志社1941年版，第44页。
⑪ 《中国革命战争的战略问题》，渤海新华书店1945年版，第45页。
⑫ 《中国革命战争的战略问题》，八路军军政杂志社1941年版，第44页。
⑬ 《中国革命战争的战略问题》，渤海新华书店1945年版，第45页。
⑭ 《中国革命战争的战略问题》，八路军军政杂志社1941年版，第44页。
⑮ 《中国革命战争的战略问题》，渤海新华书店1945年版，第46页。
⑯ 《中国革命战争的战略问题》，八路军军政杂志社1941年版，第44页。
⑰ 《中国革命战争的战略问题》，渤海新华书店1945年版，第46页。
⑱ 《中国革命战争的战略问题》，八路军军政杂志社1941年版，第44页。
⑲ 《中国革命战争的战略问题》，渤海新华书店1945年版，第46页。

1941年版:"……全战略阶段、乃至……"① 1945年版:"……全战略阶段,乃至……"②

1941年版:"……计算到反攻阶段,反攻……"③ 1945年版:"……计算到反攻阶段。反攻……"④

1941年版:"……各别的小围剿。将敌军……"⑤ 1945年版:"……各别的小围剿,将敌军……"⑥

1941年版:"……分进合击。将敌军……"⑦ 1945年版:"……分进合击,将敌军……"⑧

1941年版:"……只应有一个,不应有……"⑨ 1945年版:"……只应有一个。不应有……"⑩

1941年版:"……计划的一部分;但如果……"⑪ 1945年版:"……计划的一部分。但如果……"⑫

1941年版:"以多胜少的原则。"⑬ 1945年版:"以多胜少的原则,"⑭

1941年版:"受限制于地形、道路、"⑮。1945年版:"受限制于地形,道路、"⑯。

1941年版:"……也往往发生。这种……"⑰ 1945年版:"……也往往发生,这种……"⑱

---

① 《中国革命战争的战略问题》,八路军军政杂志社1941年版,第45页。
② 《中国革命战争的战略问题》,渤海新华书店1945年版,第46页。
③ 《中国革命战争的战略问题》,八路军军政杂志社1941年版,第45页。
④ 《中国革命战争的战略问题》,渤海新华书店1945年版,第46页。
⑤ 《中国革命战争的战略问题》,八路军军政杂志社1941年版,第46页。
⑥ 《中国革命战争的战略问题》,渤海新华书店1945年版,第48页。
⑦ 《中国革命战争的战略问题》,八路军军政杂志社1941年版,第46页。
⑧ 《中国革命战争的战略问题》,渤海新华书店1945年版,第48页。
⑨ 《中国革命战争的战略问题》,八路军军政杂志社1941年版,第47页。
⑩ 《中国革命战争的战略问题》,渤海新华书店1945年版,第48页。
⑪ 《中国革命战争的战略问题》,八路军军政杂志社1941年版,第48页。
⑫ 《中国革命战争的战略问题》,渤海新华书店1945年版,第50页。
⑬ 《中国革命战争的战略问题》,八路军军政杂志社1941年版,第49页。
⑭ 《中国革命战争的战略问题》,渤海新华书店1945年版,第51页。
⑮ 《中国革命战争的战略问题》,八路军军政杂志社1941年版,第49页。
⑯ 《中国革命战争的战略问题》,渤海新华书店1945年版,第51页。
⑰ 《中国革命战争的战略问题》,八路军军政杂志社1941年版,第50页。
⑱ 《中国革命战争的战略问题》,渤海新华书店1945年版,第52页。

1941年版："……一切阵地战。战略防御时，"①。1945年版："……一切阵地战，战略防御时，"②。

1941年版："我们反对的，仅仅是……"③1945年版："我们反对的。仅仅是……"④

1941年版："是有变化的。从……"⑤1945年版："是有变化的，从……"⑥

1941年版："……可望不可即的、在当前……"⑦1945年版："……可望不可即的，在当前……"⑧

1941年版："……将来的战争的。在将来，"⑨。1945年版："……将来的战争的，在将来，"⑩。

1941年版："……建设的流动性、大大……"⑪1945年版："……建设的流动性，大大……"⑫

1941年版："……无后方作战、养精蓄锐……"⑬1945年版："……无后方作战，养精蓄锐……"⑭

1941年版："……破题、承题、与起讲，"⑮。1945年版："……破题、承题、与起讲，"⑯。

1941年版："……都还在后面。往后的……"⑰1945年版："……都还在

---

① 《中国革命战争的战略问题》，八路军军政杂志社1941年版，第51页。
② 《中国革命战争的战略问题》，渤海新华书店1945年版，第53页。
③ 《中国革命战争的战略问题》，八路军军政杂志社1941年版，第51页。
④ 《中国革命战争的战略问题》，渤海新华书店1945年版，第53页。
⑤ 《中国革命战争的战略问题》，八路军军政杂志社1941年版，第51页。
⑥ 《中国革命战争的战略问题》，渤海新华书店1945年版，第54页。
⑦ 《中国革命战争的战略问题》，八路军军政杂志社1941年版，第52页。
⑧ 《中国革命战争的战略问题》，渤海新华书店1945年版，第54页。
⑨ 《中国革命战争的战略问题》，八路军军政杂志社1941年版，第52页。
⑩ 《中国革命战争的战略问题》，渤海新华书店1945年版，第55页。
⑪ 《中国革命战争的战略问题》，八路军军政杂志社1941年版，第52页。
⑫ 《中国革命战争的战略问题》，渤海新华书店1945年版，第55页。
⑬ 《中国革命战争的战略问题》，八路军军政杂志社1941年版，第53页。
⑭ 《中国革命战争的战略问题》，渤海新华书店1945年版，第55页。
⑮ 《中国革命战争的战略问题》，八路军军政杂志社1941年版，第53页。
⑯ 《中国革命战争的战略问题》，渤海新华书店1945年版，第56页。
⑰ 《中国革命战争的战略问题》，八路军军政杂志社1941年版，第53页。

后面，往后的……"①

1941年版："……持久战对待之。有人在……"② 1945年版："……持久战对待之，有人在……"③

1941年版："打他一个，如不能……"④ 1945年版："打他一个、如不能……"⑤

1941年版："……等等条件、务期在内线……"⑥ 1945年版："……等等条件，务期在内线……"⑦

1941年版："四次围剿，我们的方针……"⑧ 1945年版："四次围剿。我们的方针……"⑨

1941年版："然而围剿是打破了。"⑩ 1945年版："然而围剿是打破了，"⑪。

1941年版："……逃去有意义，是对于……"⑫ 1945年版："……逃去有意义、是对于……"⑬

1941年版："……运输队而送来。这是……"⑭ 1945年版："……运输队而送来，这是……"⑮

1941年版："那里的红军最少打胜仗。"⑯ 1945年版："那里的红军最少打胜仗，"⑰。

---

① 《中国革命战争的战略问题》，渤海新华书店1945年版，第56页。
② 《中国革命战争的战略问题》，八路军军政杂志社1941年版，第53页。
③ 《中国革命战争的战略问题》，渤海新华书店1945年版，第56页。
④ 《中国革命战争的战略问题》，八路军军政杂志社1941年版，第53—54页。
⑤ 《中国革命战争的战略问题》，渤海新华书店1945年版，第56页。
⑥ 《中国革命战争的战略问题》，八路军军政杂志社1941年版，第54页。
⑦ 《中国革命战争的战略问题》，渤海新华书店1945年版，第57页。
⑧ 《中国革命战争的战略问题》，八路军军政杂志社1941年版，第55页。
⑨ 《中国革命战争的战略问题》，渤海新华书店1945年版，第58页。
⑩ 《中国革命战争的战略问题》，八路军军政杂志社1941年版，第55页。
⑪ 《中国革命战争的战略问题》，渤海新华书店1945年版，第58页。
⑫ 《中国革命战争的战略问题》，八路军军政杂志社1941年版，第56页。
⑬ 《中国革命战争的战略问题》，渤海新华书店1945年版，第59页。
⑭ 《中国革命战争的战略问题》，八路军军政杂志社1941年版，第56页。
⑮ 《中国革命战争的战略问题》，渤海新华书店1945年版，第59页。
⑯ 《中国革命战争的战略问题》，八路军军政杂志社1941年版，第56页。
⑰ 《中国革命战争的战略问题》，渤海新华书店1945年版，第59页。

1941年版："这样的暴动与战争，主要的……"[1] 1945年版："这样的暴动与战争、主要的……"[2]

……

（2）不改变原意的文字变动

不改变原文意思的文字变动主要有文字的删减、增加和改换等情况。

第一，文字删减。

1941年版："不同地域与民族上的战争的指导规律"[3]。1945年版："不同地域与民族上的战争指导规律"[4]。删除"的"。通过校勘发现，删除"的"还有以下5处：1941年版："主要的决定于双方……"[5] 1945年版："主要决定于双方……"[6] 1941年版："克服农民与小资产阶级的狭隘性"[7]。1945年版："克服农民与小资产阶级狭隘性"[8]。1941年版："将敌军对我军的一个大围剿，"[9]。1945年版："将敌军对我军一个大围剿，"[10]。1941年版："就是战略进攻时也是不对的。"[11] 1945年版："就是战略进攻时也是不对。"[12] 1941年版："惟独中国的战争不能不以最大的忍耐性……"[13] 1945年版："惟独中国战争不能不以最大忍耐性……"[14]

1941年版："就都是决定的东西了。"[15] 1945年版："就都是决定的东西。"[16] 删除"了"。

---

[1]《中国革命战争的战略问题》，八路军军政杂志社1941年版，第56页。
[2]《中国革命战争的战略问题》，渤海新华书店1945年版，第59页。
[3]《中国革命战争的战略问题》，八路军军政杂志社1941年版，第3页。
[4]《中国革命战争的战略问题》，渤海新华书店1945年版，第4页。
[5]《中国革命战争的战略问题》，八路军军政杂志社1941年版，第10页。
[6]《中国革命战争的战略问题》，渤海新华书店1945年版，第11页。
[7]《中国革命战争的战略问题》，八路军军政杂志社1941年版，第11页。
[8]《中国革命战争的战略问题》，渤海新华书店1945年版，第13页。
[9]《中国革命战争的战略问题》，八路军军政杂志社1941年版，第46页。
[10]《中国革命战争的战略问题》，渤海新华书店1945年版，第48页。
[11]《中国革命战争的战略问题》，八路军军政杂志社1941年版，第46页。
[12]《中国革命战争的战略问题》，渤海新华书店1945年版，第48页。
[13]《中国革命战争的战略问题》，八路军军政杂志社1941年版，第53页。
[14]《中国革命战争的战略问题》，渤海新华书店1945年版，第56页。
[15]《中国革命战争的战略问题》，八路军军政杂志社1941年版，第5页。
[16]《中国革命战争的战略问题》，渤海新华书店1945年版，第6页。

1941年版："老干部与新干部"①。1945年版："老干部与新干"②。删除"部"。

1941年版："……建设在一相情愿的基础之上"③。1945年版："……建设在一相情愿的基础上"④。删除"之"。

1941年版："而且继续领导着轰轰烈烈……"⑤ 1945年版："而且继续领导轰轰烈烈……"⑥ 删除"着"。

1941年版："看不见从这些特点发生的……"⑦ 1945年版："看不见这些特点发生的……"⑧ 删除"从"。

1941年版："然而这种错误，往往有……"⑨ 1945年版："然而这错误，往往有……"⑩ 删除"种"。

1941年版："何以战？公曰：衣食所安，"⑪。1945年版："何以战？衣食所安，"⑫ 删除"公曰"。

1941年版："因为苏区人民是最积极地援助红军反对白军的。"⑬ 1945年版："因为苏区人民最积极地援助红军反对白军的。"⑭ 删除"是"。

1941年版："而是属于我军，"⑮。1945年版："而属于我军，"⑯ 删除"是"。

1941年版："五 反攻开始问题"⑰。1945年版："反攻开始问题"⑱。删

---

① 《中国革命战争的战略问题》，八路军军政杂志社1941年版，第6页。
② 《中国革命战争的战略问题》，渤海新华书店1945年版，第7页。
③ 《中国革命战争的战略问题》，八路军军政杂志社1941年版，第8页。
④ 《中国革命战争的战略问题》，渤海新华书店1945年版，第9页。
⑤ 《中国革命战争的战略问题》，八路军军政杂志社1941年版，第12页。
⑥ 《中国革命战争的战略问题》，渤海新华书店1945年版，第14页。
⑦ 《中国革命战争的战略问题》，八路军军政杂志社1941年版，第17页。
⑧ 《中国革命战争的战略问题》，渤海新华书店1945年版，第19页。
⑨ 《中国革命战争的战略问题》，八路军军政杂志社1941年版，第24页。
⑩ 《中国革命战争的战略问题》，渤海新华书店1945年版，第25页。
⑪ 《中国革命战争的战略问题》，八路军军政杂志社1941年版，第28页。
⑫ 《中国革命战争的战略问题》，渤海新华书店1945年版，第30页。
⑬ 《中国革命战争的战略问题》，八路军军政杂志社1941年版，第31页。
⑭ 《中国革命战争的战略问题》，渤海新华书店1945年版，第34页。
⑮ 《中国革命战争的战略问题》，八路军军政杂志社1941年版，第37页。
⑯ 《中国革命战争的战略问题》，渤海新华书店1945年版，第40页。
⑰ 《中国革命战争的战略问题》，八路军军政杂志社1941年版，第38页。
⑱ 《中国革命战争的战略问题》，渤海新华书店1945年版，第42页。

除"五"。

1941年版："使之在战役或战斗上……"① 1945年版："使在战役或战斗上……"② 删除"之"。

1941年版："此时虽已不利于出浙江，"③。1945年版："此时虽不利于出浙江，"④。删除"已"。

……

第二，文字增加。

1941年版："往往选在苏区中部。"⑤ 1945年版："往往选在苏区的中部。"⑥ 增加"的"。通过校勘发现，增加"的"还有以下3处：1941年版："能集中最大兵力。"⑦ 1945年版："能集中最大的兵力。"⑧ 1941年版："主动地位不是空想的，"⑨。1945年版："主动的地位不是空想的，"⑩。1941年版："规定我们长期作战的……"⑪ 1945年版："规定我们的长期作战的……"⑫

1941年版："是拯救人类拯救中国……"⑬ 1945年版："是拯救人类是拯救中国……"⑭ 增加"是"。

1941年版："那就难免要吃亏了"⑮。1945年版："那就要难免要吃亏了"⑯。增加"要"。

1941年版："给养等等，及其总体"⑰。1945年版："给养等等，及其他

---

① 《中国革命战争的战略问题》，八路军军政杂志社1941年版，第46页。
② 《中国革命战争的战略问题》，渤海新华书店1945年版，第48页。
③ 《中国革命战争的战略问题》，八路军军政杂志社1941年版，第55页。
④ 《中国革命战争的战略问题》，渤海新华书店1945年版，第58页。
⑤ 《中国革命战争的战略问题》，八路军军政杂志社1941年版，第32页。
⑥ 《中国革命战争的战略问题》，渤海新华书店1945年版，第34页。
⑦ 《中国革命战争的战略问题》，八路军军政杂志社1941年版，第40页。
⑧ 《中国革命战争的战略问题》，渤海新华书店1945年版，第42页。
⑨ 《中国革命战争的战略问题》，八路军军政杂志社1941年版，第45页。
⑩ 《中国革命战争的战略问题》，渤海新华书店1945年版，第47页。
⑪ 《中国革命战争的战略问题》，八路军军政杂志社1941年版，第53页。
⑫ 《中国革命战争的战略问题》，渤海新华书店1945年版，第56页。
⑬ 《中国革命战争的战略问题》，八路军军政杂志社1941年版，第4页。
⑭ 《中国革命战争的战略问题》，渤海新华书店1945年版，第5页。
⑮ 《中国革命战争的战略问题》，八路军军政杂志社1941年版，第5页。
⑯ 《中国革命战争的战略问题》，渤海新华书店1945年版，第6页。
⑰ 《中国革命战争的战略问题》，八路军军政杂志社1941年版，第9页。

总体"①。增加"他"。

1941年版:"因此他们是革命战争的主力军"②。1945年版:"因此他们是革命战争中的主力军"③。增加"中"。

1941年版:"……战略退却是非常正确的,"④。1945年版:"……战略退却确是非常正确的,"⑤。增加"确"。

1941年版:"我挨次的一仗胜了,"⑥。1945年版:"我挨次的第一仗胜了,"⑦。增加"第"。

1941年版:"进攻阶段时又须计算到……"⑧1945年版:"进攻阶段时又必须计算到……"⑨增加"必"。

……

第三,文字改换。

1941年版:"……许多问题,没有工夫再写了"⑩。1945年版:"……许多问题,没有功夫再写了"⑪。"工夫"改为"功夫"。晋察冀日报社1946年3月《党的政策选集》版(以下简称"1946年版")第160页该变化如1945年版一致,以下在谈到该版本变化时不再赘述。

1941年版:"人类社会的发展终久要把他消灭的"⑫。1945年版:"人类社会的发展终究要把他消灭的"⑬。"终久"改为"终究"。

1941年版:"有的吃了许多败仗之后……"⑭1945年版:"有在吃了许多败仗之后……"⑮"有的"改为"有在"。

---

① 《中国革命战争的战略问题》,渤海新华书店1945年版,第10页。
② 《中国革命战争的战略问题》,八路军军政杂志社1941年版,第11页。
③ 《中国革命战争的战略问题》,渤海新华书店1945年版,第12页。
④ 《中国革命战争的战略问题》,八路军军政杂志社1941年版,第29页。
⑤ 《中国革命战争的战略问题》,渤海新华书店1945年版,第30页。
⑥ 《中国革命战争的战略问题》,八路军军政杂志社1941年版,第44页。
⑦ 《中国革命战争的战略问题》,渤海新华书店1945年版,第45页。
⑧ 《中国革命战争的战略问题》,八路军军政杂志社1941年版,第45页。
⑨ 《中国革命战争的战略问题》,渤海新华书店1945年版,第46页。
⑩ 《中国革命战争的战略问题》,八路军军政杂志社1941年版,第1页。
⑪ 《中国革命战争的战略问题》,渤海新华书店1945年版,第1页。
⑫ 《中国革命战争的战略问题》,八路军军政杂志社1941年版,第4页。
⑬ 《中国革命战争的战略问题》,渤海新华书店1945年版,第4页。
⑭ 《中国革命战争的战略问题》,八路军军政杂志社1941年版,第5页。
⑮ 《中国革命战争的战略问题》,渤海新华书店1945年版,第6页。

1941年版："那末，关键在那里呢？"①1945年版："那么，关键在那里呢？"②"那末"改为"那么"。

1941年版："有比较会办与比较不会办……"③1945年版："有比较会办有比较不会办……"④"与"改为"有"。

1941年版："应该着重地学习他"⑤。1945年版："应该着重的学习他"⑥。"地"改为"的"。通过校勘发现，1945年版将1941年版"地"修改为"的"，有12处以上，没有"的"改为"地"的情况，其中有一处将"得"改为"的"。1941年版："不如我们走得这么厉害罢了"⑦。1945年版："不如我们走的这么厉害罢了"⑧。

其他几处"地"修改为"的"，如：1941年版："……指挥员主观地犯了错误"⑨。1945年版："……指挥员主观的犯了错误"⑩。"地"改为"的"。1941年版："……有步骤地达到彼岸"⑪。1945年版："……有步骤的达到彼岸"⑫。"地"改为"的"。1941年版："是愿意积极地参加革命战争"⑬。1945年版："是愿意积极的参加革命战争"⑭。"地"改为"的"。1941年版："但又必然地有完全新的……"⑮1945年版："但又必然的有完全新的……"⑯。"地"改为"的"。1941年版："都直接地迅速地引起……"⑰1945年版："都直接的迅速的引起……"⑱。"地"改为"的"。1941年版："曾

---

① 《中国革命战争的战略问题》，八路军军政杂志社1941年版，第7页。
② 《中国革命战争的战略问题》，渤海新华书店1945年版，第8页。
③ 《中国革命战争的战略问题》，八路军军政杂志社1941年版，第7页。
④ 《中国革命战争的战略问题》，渤海新华书店1945年版，第9页。
⑤ 《中国革命战争的战略问题》，八路军军政杂志社1941年版，第9页。
⑥ 《中国革命战争的战略问题》，渤海新华书店1945年版，第10页。
⑦ 《中国革命战争的战略问题》，八路军军政杂志社1941年版，第50页。
⑧ 《中国革命战争的战略问题》，渤海新华书店1945年版，第53页。
⑨ 《中国革命战争的战略问题》，八路军军政杂志社1941年版，第7页。
⑩ 《中国革命战争的战略问题》，渤海新华书店1945年版，第8页。
⑪ 《中国革命战争的战略问题》，八路军军政杂志社1941年版，第10页。
⑫ 《中国革命战争的战略问题》，渤海新华书店1945年版，第11页。
⑬ 《中国革命战争的战略问题》，八路军军政杂志社1941年版，第11页。
⑭ 《中国革命战争的战略问题》，渤海新华书店1945年版，第12页。
⑮ 《中国革命战争的战略问题》，八路军军政杂志社1941年版，第37页。
⑯ 《中国革命战争的战略问题》，渤海新华书店1945年版，第40页。
⑰ 《中国革命战争的战略问题》，八路军军政杂志社1941年版，第37页。
⑱ 《中国革命战争的战略问题》，渤海新华书店1945年版，第41页。

经严重地提出了……"①1945年版:"曾经严重的提出了……"②"地"改为"的"。1941年版:"……那个居高临下地阵地,"③。1945年版:"……那个居高临下的阵的,"④。"地"改为"的"。1941年版:"相反地每每分散……"⑤1945年版:"相反的每每分散……"⑥"地"改为"的"。1941年版:"……能够充分地发挥主动权。"⑦1945年版:"……能够充分的发挥主动权。"⑧"地"改为"的"。1941年版:"不但防御时基本地不能……"⑨1945年版:"不但防御时基本的不能……"⑩"地"改为"的"。1941年版:"第三一般地说来,"⑪。1945年版:"第三是一般的说来,"⑫。增加"是","地"改为"的"。

1941年版:"或者叫做没有解决主客观……"⑬1945年版:"或者叫作没有解决主客观……"⑭"叫做"改为"叫作"。

1941年版:"就是要就中国革命战争的十年血战史的经验"⑮。1945年版:"就是要求中国革命战争的十年血战史的经验"⑯。"要就"改为"要求"。

1941年版:"一方面顾到苏区人民的政治觉悟程度及人口情况。"⑰1945年版:"一方面顾到苏区人民政治的觉悟程度及人口情况。"⑱"人民的政治觉悟"改为"人民政治的觉悟"。

---

① 《中国革命战争的战略问题》,八路军军政杂志社1941年版,第38页。
② 《中国革命战争的战略问题》,渤海新华书店1945年版,第42页。
③ 《中国革命战争的战略问题》,八路军军政杂志社1941年版,第44页。
④ 《中国革命战争的战略问题》,渤海新华书店1945年版,第45页。
⑤ 《中国革命战争的战略问题》,八路军军政杂志社1941年版,第45页。
⑥ 《中国革命战争的战略问题》,渤海新华书店1945年版,第46页。
⑦ 《中国革命战争的战略问题》,八路军军政杂志社1941年版,第45页。
⑧ 《中国革命战争的战略问题》,渤海新华书店1945年版,第47页。
⑨ 《中国革命战争的战略问题》,八路军军政杂志社1941年版,第49页。
⑩ 《中国革命战争的战略问题》,渤海新华书店1945年版,第51页。
⑪ 《中国革命战争的战略问题》,八路军军政杂志社1941年版,第51页。
⑫ 《中国革命战争的战略问题》,渤海新华书店1945年版,第53页。
⑬ 《中国革命战争的战略问题》,八路军军政杂志社1941年版,第7页。
⑭ 《中国革命战争的战略问题》,渤海新华书店1945年版,第8页。
⑮ 《中国革命战争的战略问题》,八路军军政杂志社1941年版,第17页。
⑯ 《中国革命战争的战略问题》,渤海新华书店1945年版,第19页。
⑰ 《中国革命战争的战略问题》,八路军军政杂志社1941年版,第26页。
⑱ 《中国革命战争的战略问题》,渤海新华书店1945年版,第28页。

1941年版："大概须在退却阶段中取得下列条件中至少二种以上，"[①]。1945年版："大概须在退却阶段中获得下列条件中至少二种以上，"[②]。"取得"改为"获得"。

1941年版："所以不论在何方说来"[③]。1945年版："所以不论在何方来说"[④]。"说来"改为"来说"。

1941年版："是在敌人防御是应用的。"[⑤]1945年版："是在敌人防御时应用的。"[⑥]"是"改为"时"。

1941年版："一九三〇年十二月廿七日……"[⑦]1945年版："一九三〇年十二月二十七日……"[⑧]"廿七日"改为"二十七日"。

1941年版："一九三一年五月十六日至卅日"[⑨]。1945年版："一九三一年五月十六日至三十日"[⑩]。"卅日"改为"三十日"。

1946年版第209—210页"廿"和"卅"的变化同1945年版一致，下文不再赘述。

1941年版："改为我军对敌军战役或战斗上的优势。"[⑪]1945年版："改为我军对敌军战斗或战役上的优势。"[⑫]"战役或战斗"改为"战斗或战役"。

1941年版："不小的成分是红军自己的……"[⑬]1945年版："不小的成份是红军自己的……"[⑭]"成分"改为"成份"。

1941年版："……仅仅有一枝不大的红军，"[⑮]。1945年版："……仅仅

---

① 《中国革命战争的战略问题》，八路军军政杂志社1941年版，第31页。
② 《中国革命战争的战略问题》，渤海新华书店1945年版，第33页。
③ 《中国革命战争的战略问题》，八路军军政杂志社1941年版，第37页。
④ 《中国革命战争的战略问题》，渤海新华书店1945年版，第41页。
⑤ 《中国革命战争的战略问题》，八路军军政杂志社1941年版，第38页。
⑥ 《中国革命战争的战略问题》，渤海新华书店1945年版，第41页。
⑦ 《中国革命战争的战略问题》，八路军军政杂志社1941年版，第40页。
⑧ 《中国革命战争的战略问题》，渤海新华书店1945年版，第43页。
⑨ 《中国革命战争的战略问题》，八路军军政杂志社1941年版，第40页。
⑩ 《中国革命战争的战略问题》，渤海新华书店1945年版，第43页。
⑪ 《中国革命战争的战略问题》，八路军军政杂志社1941年版，第46页。
⑫ 《中国革命战争的战略问题》，渤海新华书店1945年版，第48页。
⑬ 《中国革命战争的战略问题》，八路军军政杂志社1941年版，第48页。
⑭ 《中国革命战争的战略问题》，渤海新华书店1945年版，第50页。
⑮ 《中国革命战争的战略问题》，八路军军政杂志社1941年版，第49页。

有一支不大的红军，"①。"一枝"改为"一支"。

1941年版："阵地战对于我们是基本上无用的。"②1945年版："阵地战对于我们是基本是无用的，"③。"基本上"改为"基本是"。

1941年版："应给以很好的总结，"④。1945年版："应给一很好的总结，"⑤。"以"改为"一"。

1941年版："胁威敌之根本重地，"⑥。1945年版："威胁敌之根本重地，"⑦。"胁威"改为"威胁"。

……

有些文字改动是失误。如：

1941年版："应该计算到往后多数阶段，"⑧。1945年版："应该计算到往后多数阶途，"⑨。"阶段"改为"阶途"。

1941年版："前途的远景是必要的。"⑩1945年版："前段的远景是必要的。"⑪"前途"改为"前段"。

1941年版："不待说对于反对围剿是有决定意义的，"⑫。1945年版："不待说对与反对围剿是有决定意义的，"⑬。"于"改为"与"。

1941年版："主张御敌与国门之外的意见，"⑭。1945年版："主张御敌于国门之外的意见，"⑮。"与"改为"于"。

1941年版："……战略防御与战略进攻……"⑯1945年版："……战略防

---

① 《中国革命战争的战略问题》，渤海新华书店1945年版，第51页。
② 《中国革命战争的战略问题》，八路军军政杂志社1941年版，第49页。
③ 《中国革命战争的战略问题》，渤海新华书店1945年版，第51页。
④ 《中国革命战争的战略问题》，八路军军政杂志社1941年版，第53页。
⑤ 《中国革命战争的战略问题》，渤海新华书店1945年版，第55页。
⑥ 《中国革命战争的战略问题》，八路军军政杂志社1941年版，第55页。
⑦ 《中国革命战争的战略问题》，渤海新华书店1945年版，第57页。
⑧ 《中国革命战争的战略问题》，八路军军政杂志社1941年版，第44页。
⑨ 《中国革命战争的战略问题》，渤海新华书店1945年版，第46页。
⑩ 《中国革命战争的战略问题》，八路军军政杂志社1941年版，第44页。
⑪ 《中国革命战争的战略问题》，渤海新华书店1945年版，第46页。
⑫ 《中国革命战争的战略问题》，八路军军政杂志社1941年版，第27页。
⑬ 《中国革命战争的战略问题》，渤海新华书店1945年版，第28页。
⑭ 《中国革命战争的战略问题》，八路军军政杂志社1941年版，第34页。
⑮ 《中国革命战争的战略问题》，渤海新华书店1945年版，第37页。
⑯ 《中国革命战争的战略问题》，八路军军政杂志社1941年版，第46页。

御于战略进攻……"①"与"改为"于"。

这些改动应该是失误，或许是编辑、排版失误造成的。

（3）改动原意的文字变动

1941年版："一九二六——一九二七年的北伐战争的经验是最好的"②。1945年版："一九二五——一九二七年的北伐战争的经验是最好的"③。1926年7月9日蒋介石就任国民革命军总司令、举行北伐誓师典礼，标志着北伐战争的开始。1945年版将北伐战争开始时间写为1925年显然为误。

1941年版："我们必须提倡每个红军指挥员变为……"④1945年版："我们必须提倡每个红军指战员变为……"⑤

1941年版："指挥员在战争的大海中游泳"⑥。1945年版："指战员在战争的大海中游泳"⑦。"指挥员"改为"指战员"，"指战员"即指挥员和战斗员的合称，其范围比"指挥员"要大。

1941年版："而战争的利益仅仅属于统治阶级……"⑧1945年版："而战争的利益仅仅属于统治阶层……"⑨"阶级"改为"阶层"，"阶级"和"阶层"是两个不同的概念，阶级是以是否拥有生产资料为划分前提，包含着对抗在内的若干个统治集团和个人。阶层是同一阶级内部以拥有的财富、地位、权利等不同作为划分依据的。从上下文理解，显然1941年版更合理。1946年版第187页此变化同1945年版一致，下文不再赘述。

1941年版："一切战略的防御战，"⑩。1945年版："一切战略的防御，"⑪。"防御战"改为"防御"。

1941年版："证明处于被攻地位以弱敌强的军队，"⑫。1945年版："证

---

① 《中国革命战争的战略问题》，渤海新华书店1945年版，第47页。
② 《中国革命战争的战略问题》，八路军军政杂志社1941年版，第3页。
③ 《中国革命战争的战略问题》，渤海新华书店1945年版，第3页。
④ 《中国革命战争的战略问题》，八路军军政杂志社1941年版，第10页。
⑤ 《中国革命战争的战略问题》，渤海新华书店1945年版，第11页。
⑥ 《中国革命战争的战略问题》，八路军军政杂志社1941年版，第10页。
⑦ 《中国革命战争的战略问题》，渤海新华书店1945年版，第11页。
⑧ 《中国革命战争的战略问题》，八路军军政杂志社1941年版，第24页。
⑨ 《中国革命战争的战略问题》，渤海新华书店1945年版，第26页。
⑩ 《中国革命战争的战略问题》，八路军军政杂志社1941年版，第24页。
⑪ 《中国革命战争的战略问题》，渤海新华书店1945年版，第26页。
⑫ 《中国革命战争的战略问题》，八路军军政杂志社1941年版，第29页。

明处于被攻地位我弱敌强的军队，"①。"以弱敌强"改为"我弱敌强"，"以弱敌强"的"以"和"敌"是动词，是一个动作过程，"我弱敌强"的"我"和"敌"是名词，是一个状态。

1941年版："干部的意见，在没有被说服以前，"②。1945年版："干部的意见，在没有说服以前，"③。删掉"被"。

1941年版："建宁远在福建，地属白区，刘师不一定越入江西。"④ 1945年版："建宁远在福建，地属白区，刘师不一定越江入西。"⑤"越入江西"改为"越江入西"。在今天的福建建宁西部、江西境内东部有一条由南而北流经广昌、南丰和南城的盱江，刘师想要进攻江西境内的红军，必须跨过盱江才能"越江入西"。"越入江西"和"越江入西"实际上所指代的地方是一样的，1945年版的说法有一定的合理性。

1941年版："一举消灭李明陈时骥两个师。"⑥1945年版："一举消灭黎川陈时×（按：原文如此）两个师。"⑦"李明"改为"黎川"。据考证，李明是第四次反"围剿"黄陂战斗中参战的国民党军第五十二师师长。黎川为地名，位于江西宜黄东部。根据"打其西路于宜黄南部地区"⑧可知陈时骥师位于宜黄南部地区，不在宜黄东部的黎川，1945年版显然为误。

1941年版："迫使进攻苏区之敌不得不回援其根本重地，"⑨。1945年版："迫使进攻苏区之敌不得回援其根本重地，"⑩。1945年版缺少"不"字，意思完全相反。

……

1941年版有五幅地图，1945年版删除地图和相应地图说明文字，原文关于地图的说明无变化。

---

① 《中国革命战争的战略问题》，渤海新华书店1945年版，第31页。
② 《中国革命战争的战略问题》，八路军军政杂志社1941年版，第36页。
③ 《中国革命战争的战略问题》，渤海新华书店1945年版，第39页。
④ 《中国革命战争的战略问题》，八路军军政杂志社1941年版，第39页。
⑤ 《中国革命战争的战略问题》，渤海新华书店1945年版，第42页。
⑥ 《中国革命战争的战略问题》，八路军军政杂志社1941年版，第43页。
⑦ 《中国革命战争的战略问题》，渤海新华书店1945年版，第44页。
⑧ 《毛泽东选集》第一卷，人民出版社1951年版，第220页。
⑨ 《中国革命战争的战略问题》，八路军军政杂志社1941年版，第55页。
⑩ 《中国革命战争的战略问题》，渤海新华书店1945年版，第57页。

从上可以看出，1941年版和1945年版之间差异不太大，多是由于排版不同所致。

2. 晋察冀日报社1946年《党的政策选集》版与八路军军政杂志社1941年版异同

晋察冀日报社1946年《党的政策选集》版图片

晋察冀日报社1946年《党的政策选集》版《问题》（以下简称"1946年版"）与1941年版《问题》相校，内容文字基本相同，略有一些标点、文字的不同。

（1）标点符号变动

标点符号的变动主要有删减、增加和改换等情况，共有59处以上。

第一，标点删减。

1941年版："'一个败仗'，与'一个胜仗'"①。1946年版："'一个败仗'与'一个胜仗'"②。

1941年版："作战与休息，集中与分散"③。1946年版："作战与休息集中与分散"④。

1941年版："不相符合，不对头"⑤。1946年版："不相符合不对头"⑥。

---

① 《中国革命战争的战略问题》，八路军军政杂志社1941年版，第5页。
② 《党的政策选集》，晋察冀日报社1946年版，第166页。
③ 《中国革命战争的战略问题》，八路军军政杂志社1941年版，第6页。
④ 《党的政策选集》，晋察冀日报社1946年版，第167页。
⑤ 《中国革命战争的战略问题》，八路军军政杂志社1941年版，第7页。
⑥ 《党的政策选集》，晋察冀日报社1946年版，第168页。

《中国革命战争的战略问题》版本研究

1941年版："……争取战争的胜利。军事家……"① 1946年版："……争取战争的胜利的军事家……"②

1941年版："……把眼睛望着我们。在新的……"③ 1946年版："……把眼睛望着我们在新的……"④

1941年版："……军事家与政治家的意见，陷拿破仑……"⑤ 1946年版："……军事家与政治家的意见陷拿破仑……"⑥

1941年版："在战争或战役的开始阶段中，不得不……"⑦ 1946年版："在战争或战役的开始阶段中不得不……"⑧

1941年版："中央苏区的一、二、四、次战争"⑨。1946年版："中央苏区的一、二、四次战争"⑩。

1941年版："……（共十一个团）打第一仗，胜利……"⑪ 1946年版："……（共十一个团）打第一仗胜利……"⑫

1941年版："同时，将自己战略上的……"⑬ 1946年版："同时将自己战略上的……"⑭

1941年版："……不大的红军，（不是有兵……"⑮ 1946年版："……不大的红军（不是有兵……"⑯

1941年版："计划改变的频繁，是我们……"⑰ 1946年版："计划改变的

---

① 《中国革命战争的战略问题》，八路军军政杂志社1941年版，第10页。
② 《党的政策选集》，晋察冀日报社1946年版，第172页。
③ 《中国革命战争的战略问题》，八路军军政杂志社1941年版，第13页。
④ 《党的政策选集》，晋察冀日报社1946年版，第175页。
⑤ 《中国革命战争的战略问题》，八路军军政杂志社1941年版，第28页。
⑥ 《党的政策选集》，晋察冀日报社1946年版，第192页。
⑦ 《中国革命战争的战略问题》，八路军军政杂志社1941年版，第29页。
⑧ 《党的政策选集》，晋察冀日报社1946年版，第193页。
⑨ 《中国革命战争的战略问题》，八路军军政杂志社1941年版，第35页。
⑩ 《党的政策选集》，晋察冀日报社1946年版，第202页。
⑪ 《中国革命战争的战略问题》，八路军军政杂志社1941年版，第40页。
⑫ 《党的政策选集》，晋察冀日报社1946年版，第210页。
⑬ 《中国革命战争的战略问题》，八路军军政杂志社1941年版，第46页。
⑭ 《党的政策选集》，晋察冀日报社1946年版，第216页。
⑮ 《中国革命战争的战略问题》，八路军军政杂志社1941年版，第49页。
⑯ 《党的政策选集》，晋察冀日报社1946年版，第220页。
⑰ 《中国革命战争的战略问题》，八路军军政杂志社1941年版，第50页。

频繁是我们……"①

1941年版："……比较不流动，才能争取最后的固定"②。1946年版："……比较不流动才能争取最后的固定"③。

……

第二，标点增加。

1941年版："我又乘其退却打了蒋光鼐"④。1946年版："我又乘其退，打了蒋光鼐"⑤。

1941年版："第一是敌人多了不好打。"⑥1946年版："第一。敌人多了不好打。"⑦

……

第三，标点改换。

1941年版："还不止此。一个人指挥战争"⑧。1946年版："还不止此，一个人指挥战争"⑨。

1941年版："一定地方，一定阶段"⑩。1946年版："一定地方、一定阶段"⑪。

1941年版："……情况去规定。必须按照……"⑫1946年版："……情况去规定，必须按照……"⑬

1941年版："……规定教育方针。一个……"⑭1946年版："……规定教育方针，一个……"⑮

---

① 《党的政策选集》，晋察冀日报社1946年版，第221页。
② 《中国革命战争的战略问题》，八路军军政杂志社1941年版，第50页。
③ 《党的政策选集》，晋察冀日报社1946年版，第221页。
④ 《中国革命战争的战略问题》，八路军军政杂志社1941年版，第42页。
⑤ 《党的政策选集》，晋察冀日报社1946年版，第212页。
⑥ 《中国革命战争的战略问题》，八路军军政杂志社1941年版，第51页。
⑦ 《党的政策选集》，晋察冀日报社1946年版，第222页。
⑧ 《中国革命战争的战略问题》，八路军军政杂志社1941年版，第3页。
⑨ 《党的政策选集》，晋察冀日报社1946年版，第163页。
⑩ 《中国革命战争的战略问题》，八路军军政杂志社1941年版，第3页。
⑪ 《党的政策选集》，晋察冀日报社1946年版，第163页。
⑫ 《中国革命战争的战略问题》，八路军军政杂志社1941年版，第6页。
⑬ 《党的政策选集》，晋察冀日报社1946年版，第166页。
⑭ 《中国革命战争的战略问题》，八路军军政杂志社1941年版，第6页。
⑮ 《党的政策选集》，晋察冀日报社1946年版，第166页。

1941年版："找出其行动的规律，并且……"① 1946年版："找出其行动的规律。并且……"②

1941年版："突击因而成功，这叫……"③ 1946年版："突击因而成功。这叫……"④

1941年版："……去粗取精、去伪存真、"⑤。1946年版："……去粗取精，去伪存真、"⑥。

1941年版："由此及彼、由表及里……"⑦ 1946年版："由此及彼，由表及里……"⑧

1941年版："'世上无难事，只怕有心人'。"⑨ 1946年版："'世上无难事，只怕有心人。'"⑩

1941年版："除了我们的头脑以外。"⑪ 1946年版："除了我们的头脑以外，"⑫。

1941年版："中国共产党领导了、"⑬。1946年版："中国共产党领导了，"⑭。

1941年版："……相同的军事指导路线、"⑮。1946年版："……相同的军事指导路线，"⑯。

1941年版："……普遍的独轮车路、只能……"⑰ 1946年版："……普遍

---

① 《中国革命战争的战略问题》，八路军军政杂志社1941年版，第7页。
② 《党的政策选集》，晋察冀日报社1946年版，第168页。
③ 《中国革命战争的战略问题》，八路军军政杂志社1941年版，第7页。
④ 《党的政策选集》，晋察冀日报社1946年版，第169页。
⑤ 《中国革命战争的战略问题》，八路军军政杂志社1941年版，第8页。
⑥ 《党的政策选集》，晋察冀日报社1946年版，第169页。
⑦ 《中国革命战争的战略问题》，八路军军政杂志社1941年版，第8页。
⑧ 《党的政策选集》，晋察冀日报社1946年版，第169页。
⑨ 《中国革命战争的战略问题》，八路军军政杂志社1941年版，第9页。
⑩ 《党的政策选集》，晋察冀日报社1946年版，第171页。
⑪ 《中国革命战争的战略问题》，八路军军政杂志社1941年版，第9页。
⑫ 《党的政策选集》，晋察冀日报社1946年版，第171页。
⑬ 《中国革命战争的战略问题》，八路军军政杂志社1941年版，第12页。
⑭ 《党的政策选集》，晋察冀日报社1946年版，第175页。
⑮ 《中国革命战争的战略问题》，八路军军政杂志社1941年版，第14页。
⑯ 《党的政策选集》，晋察冀日报社1946年版，第176页。
⑰ 《中国革命战争的战略问题》，八路军军政杂志社1941年版，第15页。

的独轮车路，只能……"①

1941年版："……四个主要的特点，从这些……"②1946年版："……四个主要的特点。从这些……"③

1941年版："反对战略方向的两个拳头主义，"④。1946年版："反对战略方向的两个拳头主义；"⑤。

1941年版："……苏维埃的宣传者与组织者，"⑥。1946年版："……苏维埃的宣传者与组织者；"⑦。

1941年版："就是红军打武汉。"⑧1946年版："就是红军打武汉，"⑨。

1941年版："……与保卫中国的口号下，"⑩。1946年版："……与保卫中国的口号下。"⑪

1941年版："……重要地位、如同现在……"⑫1946年版："……重要地位。如同现在……"⑬

1941年版："如同现在一样的战略防御、"⑭。1946年版："如同现在一样的战略防御，"⑮。

1941年版："因此在与敌人准备围剿，"⑯。1946年版："因此在与敌人准备围剿同时，"⑰。

1941年版："何时结束自己的进攻、"⑱。1946年版："何时结束自己的

---

① 《党的政策选集》，晋察冀日报社1946年版，第177页。
② 《中国革命战争的战略问题》，八路军军政杂志社1941年版，第17页。
③ 《党的政策选集》，晋察冀日报社1946年版，第179页。
④ 《中国革命战争的战略问题》，八路军军政杂志社1941年版，第18页。
⑤ 《党的政策选集》，晋察冀日报社1946年版，第180页。
⑥ 《中国革命战争的战略问题》，八路军军政杂志社1941年版，第18页。
⑦ 《党的政策选集》，晋察冀日报社1946年版，第180页。
⑧ 《中国革命战争的战略问题》，八路军军政杂志社1941年版，第21页。
⑨ 《党的政策选集》，晋察冀日报社1946年版，第184页。
⑩ 《中国革命战争的战略问题》，八路军军政杂志社1941年版，第24页。
⑪ 《党的政策选集》，晋察冀日报社1946年版，第187页。
⑫ 《中国革命战争的战略问题》，八路军军政杂志社1941年版，第25页。
⑬ 《党的政策选集》，晋察冀日报社1946年版，第188页。
⑭ 《中国革命战争的战略问题》，八路军军政杂志社1941年版，第25页。
⑮ 《党的政策选集》，晋察冀日报社1946年版，第188页。
⑯ 《中国革命战争的战略问题》，八路军军政杂志社1941年版，第25页。
⑰ 《党的政策选集》，晋察冀日报社1946年版，第188页。
⑱ 《中国革命战争的战略问题》，八路军军政杂志社1941年版，第25页。

进攻，"①。

1941年版："不可夸大敌人过去失败的程度。"② 1946年版："不可夸大敌人过去失败的程度，"③。

1941年版："……告诉红军人员与苏区人民："④。1946年版："……告诉红军人员与苏区人民，"⑤。

1941年版："……保卫苏区而斗争。除开……"⑥ 1946年版："……保卫苏区而斗争，除开……"⑦

1941年版："这即是东普鲁士战役。"⑧ 1946年版："这即是东普鲁士战役，"⑨。

1941年版："乘虚攻入东普鲁士，"⑩。1946年版："乘虚攻入东普鲁士。"⑪

1941年版："南昌暴动广州暴动是失败了。"⑫ 1946年版："南昌暴动广州暴动是失败了，"⑬。

1941年版："……（那里是白色区域），"⑭。1946年版："……（那里是白色区域）。"⑮

1941年版："……全局与全时期有利益的、"⑯。1946年版："……全局与全时期有利益的，"⑰。

---

① 《党的政策选集》，晋察冀日报社1946年版，第189页。
② 《中国革命战争的战略问题》，八路军军政杂志社1941年版，第26页。
③ 《党的政策选集》，晋察冀日报社1946年版，第189页。
④ 《中国革命战争的战略问题》，八路军军政杂志社1941年版，第26页。
⑤ 《党的政策选集》，晋察冀日报社1946年版，第190页。
⑥ 《中国革命战争的战略问题》，八路军军政杂志社1941年版，第26页。
⑦ 《党的政策选集》，晋察冀日报社1946年版，第190页。
⑧ 《中国革命战争的战略问题》，八路军军政杂志社1941年版，第29页。
⑨ 《党的政策选集》，晋察冀日报社1946年版，第193页。
⑩ 《中国革命战争的战略问题》，八路军军政杂志社1941年版，第29页。
⑪ 《党的政策选集》，晋察冀日报社1946年版，第193页。
⑫ 《中国革命战争的战略问题》，八路军军政杂志社1941年版，第29页。
⑬ 《党的政策选集》，晋察冀日报社1946年版，第193页。
⑭ 《中国革命战争的战略问题》，八路军军政杂志社1941年版，第34页。
⑮ 《党的政策选集》，晋察冀日报社1946年版，第200页。
⑯ 《中国革命战争的战略问题》，八路军军政杂志社1941年版，第35页。
⑰ 《党的政策选集》，晋察冀日报社1946年版，第201页。

1941年版："中何应钦，与蒋同驻南昌，右陈铭枢"①。1946年版："中何应钦，与蒋同驻南昌。右陈铭枢"②。

1941年版："蒋鼎文五师、师九团"③。1946年版："蒋鼎文五师，师九团"④。

1941年版："让敌主力深入苏区置于无用之地，"⑤。1946年版："让敌主力深入苏区置于无用之地。"⑥

1941年版："下决心退却了。我又……"⑦1946年版："下决心退却了，我又……"⑧

1941年版："首先占领了黎川。我却……"⑨1946年版："首先占领了黎川，我却……"⑩

1941年版："人民条件，都利于我"⑪。1946年版："人民条件、都利于我"⑫。

1941年版："开始了东黄陂大胜仗。"⑬1946年版："开始了东黄陂大胜仗，"⑭。

1941年版："我们应该准备抛弃游击性，"⑮。1946年版："我们应该准备抛弃游击性。"⑯

1941年版："堡垒、寨子、被我们打开"⑰。1946年版："堡垒、寨子，

---

① 《中国革命战争的战略问题》，八路军军政杂志社1941年版，第40—41页。
② 《党的政策选集》，晋察冀日报社1946年版，第211页。
③ 《中国革命战争的战略问题》，八路军军政杂志社1941年版，第41页。
④ 《党的政策选集》，晋察冀日报社1946年版，第211页。
⑤ 《中国革命战争的战略问题》，八路军军政杂志社1941年版，第41页。
⑥ 《党的政策选集》，晋察冀日报社1946年版，第211页。
⑦ 《中国革命战争的战略问题》，八路军军政杂志社1941年版，第42页。
⑧ 《党的政策选集》，晋察冀日报社1946年版，第212页。
⑨ 《中国革命战争的战略问题》，八路军军政杂志社1941年版，第43页。
⑩ 《党的政策选集》，晋察冀日报社1946年版，第212页。
⑪ 《中国革命战争的战略问题》，八路军军政杂志社1941年版，第44页。
⑫ 《党的政策选集》，晋察冀日报社1946年版，第212页。
⑬ 《中国革命战争的战略问题》，八路军军政杂志社1941年版，第44页。
⑭ 《党的政策选集》，晋察冀日报社1946年版，第213页。
⑮ 《中国革命战争的战略问题》，八路军军政杂志社1941年版，第50页。
⑯ 《党的政策选集》，晋察冀日报社1946年版，第222页。
⑰ 《中国革命战争的战略问题》，八路军军政杂志社1941年版，第51页。

被我们打开"[①]。

1941年版:"连续作战、无后方作战"[②]。1946年版:"连续作战,无后方作战"[③]。

1941年版:"用此以打破围剿,"[④]。1946年版:"用此以打破围剿。"[⑤]

1941年版:"历来都认为是失本生意。"[⑥]1946年版:"历来都认为是失本生意,"[⑦]。

1941年版:"便不能有前者。人民赞助"[⑧]。1946年版:"便不能有前者,人民赞助"[⑨]。

1941年版:"……革命暴动与革命战争所取法。"[⑩]1946年版:"……革命暴动与革命战争所取法,"[⑪]。

……

(2)不改变原意的文字变动

不改变原文意思的文字变动主要有文字的删减、增加和改换等情况,有87处以上。

第一,文字删减。

1941年版:"我们不但要研究一般的战争规律"[⑫]。1946年版:"我们不但研究一般的战争规律"[⑬]。删除"要"。

1941年版:"在我们的十年战争史中……"[⑭]1946年版:"在我们的十年战争中……"[⑮]删除"史"。

[①] 《党的政策选集》,晋察冀日报社1946年版,第223页。
[②] 《中国革命战争的战略问题》,八路军军政杂志社1941年版,第53页。
[③] 《党的政策选集》,晋察冀日报社1946年版,第225页。
[④] 《中国革命战争的战略问题》,八路军军政杂志社1941年版,第55页。
[⑤] 《党的政策选集》,晋察冀日报社1946年版,第228页。
[⑥] 《中国革命战争的战略问题》,八路军军政杂志社1941年版,第55页。
[⑦] 《党的政策选集》,晋察冀日报社1946年版,第229页。
[⑧] 《中国革命战争的战略问题》,八路军军政杂志社1941年版,第55页。
[⑨] 《党的政策选集》,晋察冀日报社1946年版,第229页。
[⑩] 《中国革命战争的战略问题》,八路军军政杂志社1941年版,第56页。
[⑪] 《党的政策选集》,晋察冀日报社1946年版,第230页。
[⑫] 《中国革命战争的战略问题》,八路军军政杂志社1941年版,第1页。
[⑬] 《党的政策选集》,晋察冀日报社1946年版,第161页。
[⑭] 《中国革命战争的战略问题》,八路军军政杂志社1941年版,第14页。
[⑮] 《党的政策选集》,晋察冀日报社1946年版,第176页。

1941年版："指出中国的革命战争有发展与胜利的可能性"①。1946年版："指出中国革命战争有发展与胜利的可能性"②。删除"的"。通过校勘发现，删除"的"还有以下3处：1941年版："是红军的准备退却，政治动员"③。1946年版："是红军准备退却，政治动员"④。1941年版："就是在欧战中，而且与上述西战场的作战同时"⑤。1946年版："就是在欧战中，而且与上述西战场作战同时"⑥。1941年版："据此以修改或发展自己的战略战役计划"⑦。1946年版："据此以修改或发展自己战略战役计划"⑧。

1941年版："承认三次围剿失败后的国民党……"⑨1946年版："承认三次围剿后的国民党……"⑩删除"失败"。

1941年版："有时会因过早准备，变为了等待敌人"⑪。1946年版："有时会因过早准备，变为等待敌人"⑫。删除"了"。

1941年版："……反围剿战役中红军消耗的可能限度"⑬。1946年版："……反围剿红军消耗的可能限度"⑭。删除"战役中"。

1941年版："如果有什么蠢人，不知此理"⑮。1946年版："如果有什么人，不知此理"⑯。删除"蠢"。

1941年版："都是应该承认用阵地战去对付的"⑰。1946年版："都是应该用阵地战去对付的"⑱。删除"承认"。

---

① 《中国革命战争的战略问题》，八路军军政杂志社1941年版，第15页。
② 《党的政策选集》，晋察冀日报社1946年版，第177页。
③ 《中国革命战争的战略问题》，八路军军政杂志社1941年版，第26页。
④ 《党的政策选集》，晋察冀日报社1946年版，第189页。
⑤ 《中国革命战争的战略问题》，八路军军政杂志社1941年版，第29页。
⑥ 《党的政策选集》，晋察冀日报社1946年版，第193页。
⑦ 《中国革命战争的战略问题》，八路军军政杂志社1941年版，第44—45页。
⑧ 《党的政策选集》，晋察冀日报社1946年版，第214页。
⑨ 《中国革命战争的战略问题》，八路军军政杂志社1941年版，第21页。
⑩ 《党的政策选集》，晋察冀日报社1946年版，第183页。
⑪ 《中国革命战争的战略问题》，八路军军政杂志社1941年版，第26页。
⑫ 《党的政策选集》，晋察冀日报社1946年版，第189页。
⑬ 《中国革命战争的战略问题》，八路军军政杂志社1941年版，第27页。
⑭ 《党的政策选集》，晋察冀日报社1946年版，第190页。
⑮ 《中国革命战争的战略问题》，八路军军政杂志社1941年版，第35页。
⑯ 《党的政策选集》，晋察冀日报社1946年版，第201页。
⑰ 《中国革命战争的战略问题》，八路军军政杂志社1941年版，第51页。
⑱ 《党的政策选集》，晋察冀日报社1946年版，第223页。

1941年版："……高级阶段所不必要的游击性"[①]。1946年版："……高级阶段不必要的游击性"[②]。删除"所"。

……

第二，文字增加。

1941年版："减少了他的战斗力"[③]。1946年版："减少了他们的战斗力"[④]。增加"们"。

1941年版："李立三不懂得中国内战的持久性"[⑤]。1946年版："李立三同志不懂得中国内战的持久性"[⑥]。增加"同志"。

1941年版："才算有利于我不利于敌"[⑦]。1946年版："才算是有利于我不利于敌"[⑧]。增加"是"。

1941年版："乃决计莲塘"[⑨]。1946年版："乃决计向莲塘"[⑩]。增加"向"。

1941年版："一个方向受了限制，就得转到另一方向去"[⑪]。1946年版："一个方向受了限制，就得转到另一个方向去"[⑫]。增加"个"。

……

第三，文字改换。

1941年版："连同西战场调回的一部份在内"[⑬]。1946年版："连同西战场调回的一部分在内"[⑭]。"部份"改为"部分"。通过校勘发现，1946年版将1941年版"部份"均修改为"部分"。其他几处如下：1941年版："红军

[①]《中国革命战争的战略问题》，八路军军政杂志社1941年版，第52页。
[②]《党的政策选集》，晋察冀日报社1946年版，第224页。
[③]《中国革命战争的战略问题》，八路军军政杂志社1941年版，第17页。
[④]《党的政策选集》，晋察冀日报社1946年版，第179页。
[⑤]《中国革命战争的战略问题》，八路军军政杂志社1941年版，第20页。
[⑥]《党的政策选集》，晋察冀日报社1946年版，第183页。
[⑦]《中国革命战争的战略问题》，八路军军政杂志社1941年版，第31页。
[⑧]《党的政策选集》，晋察冀日报社1946年版，第196页。
[⑨]《中国革命战争的战略问题》，八路军军政杂志社1941年版，第42页。
[⑩]《党的政策选集》，晋察冀日报社1946年版，第211页。
[⑪]《中国革命战争的战略问题》，八路军军政杂志社1941年版，第49页。
[⑫]《党的政策选集》，晋察冀日报社1946年版，第221页。
[⑬]《中国革命战争的战略问题》，八路军军政杂志社1941年版，第29页。
[⑭]《党的政策选集》，晋察冀日报社1946年版，第193页。

集中全力突然袭击其另一翼之一部份"①。1946年版："红军集中全力突然袭击其另一翼之一部分"②。1941年版："当我袭击其一翼之一部份时"③。1946年版："当我袭击其一翼之一部分时"④。1941年版："仅仅是袭击其一小部份，"⑤。1946年版："仅仅是袭击其一小部分，"⑥。1941年版："而是向株洲长沙与长德，包括湖南的大部份在内"⑦。1946年版："而是向株洲长沙与长德，包括湖南的大部分在内"⑧。

1941年版："马克思说的暴动之后一刻也……"⑨1946年版："马克斯说的暴动之后一刻也……"⑩。"马克思"改为"马克斯"。

1941年版："山里是没有马克斯主义的"⑪。1946年版："山里是没有马克思主义的"⑫。"马克斯"改为"马克思"。

由上可以看出，当时马克思的汉语名字还没有统一。

1941年版："一般的打胜仗的勇敢……"⑬1946年版："一般地打胜仗的勇敢……"⑭"的"改为"地"。通过校勘发现，"的""地"和"得"三字存在混用的情况，如将"的"改为"地"，或"地""得"改为"的"等。具体如下：1941年版："过去却有许多人坚决的反对退却"⑮。1946年版："过去却有许多人坚决地反对退却"⑯。"的"改为"地"。1941年版："不要进攻得太远了，"⑰。1946年版："不要进攻的太远了，"⑱。"得"

---

① 《中国革命战争的战略问题》，八路军军政杂志社1941年版，第49页。
② 《党的政策选集》，晋察冀日报社1946年版，第220页。
③ 《中国革命战争的战略问题》，八路军军政杂志社1941年版，第49页。
④ 《党的政策选集》，晋察冀日报社1946年版，第220页。
⑤ 《中国革命战争的战略问题》，八路军军政杂志社1941年版，第49页。
⑥ 《党的政策选集》，晋察冀日报社1946年版，第220页。
⑦ 《中国革命战争的战略问题》，八路军军政杂志社1941年版，第55页。
⑧ 《党的政策选集》，晋察冀日报社1946年版，第228页。
⑨ 《中国革命战争的战略问题》，八路军军政杂志社1941年版，第25页。
⑩ 《党的政策选集》，晋察冀日报社1946年版，第188页。
⑪ 《中国革命战争的战略问题》，八路军军政杂志社1941年版，第30页。
⑫ 《党的政策选集》，晋察冀日报社1946年版，第195页。
⑬ 《中国革命战争的战略问题》，八路军军政杂志社1941年版，第7页。
⑭ 《党的政策选集》，晋察冀日报社1946年版，第168页。
⑮ 《中国革命战争的战略问题》，八路军军政杂志社1941年版，第31页。
⑯ 《党的政策选集》，晋察冀日报社1946年版，第196页。
⑰ 《中国革命战争的战略问题》，八路军军政杂志社1941年版，第26页。
⑱ 《党的政策选集》，晋察冀日报社1946年版，第189页。

改为"的"。以下四处均为"地"改为"的"。1941年版:"不是自然地平安地产生与……"① 1946年版:"不是自然的平安地产生与……"② 1941年版:"……严重地危害着苏维埃……"③ 1946年版:"……严重的危害着苏维埃……"④ 1941年版:"红军仓卒地绕道集中,"⑤。1946年版:"红军仓卒的绕道集中,"⑥。1941年版:"第三一般地说来,"⑦。1946年版:"第三一般的说来,"⑧。

1941年版:"是在中国特殊的环境之内进行的"⑨。1946年版:"是在中国的特殊环境之内进行的"⑩。"中国特殊的"改为"中国的特殊"。

1941年版:"……颁布的那些条令去做就得了"⑪。1946年版:"……颁布的这些条令去做就得了"⑫。"那些"改为"这些"。

1941年版:"或以大的独立作战方面"⑬。1946年版:"或一大的独立作战方面"⑭。"以"改为"一"。

1941年版:"有的吃了许多败仗之后……"⑮ 1946年版:"有在吃了许多败仗之后……"⑯。"有的"改为"有在"。

1941年版:"照顾全般情况中的特点"⑰。1946年版:"照顾全盘情况中的特点"⑱。"全般"改为"全盘"。

1941年版:"……配置的实在情况相融洽"⑲。1946年版:"……配置的

---

① 《中国革命战争的战略问题》,八路军军政杂志社1941年版,第13页。
② 《党的政策选集》,晋察冀日报社1946年版,第175页。
③ 《中国革命战争的战略问题》,八路军军政杂志社1941年版,第27页。
④ 《党的政策选集》,晋察冀日报社1946年版,第191页。
⑤ 《中国革命战争的战略问题》,八路军军政杂志社1941年版,第36页。
⑥ 《党的政策选集》,晋察冀日报社1946年版,第202页。
⑦ 《中国革命战争的战略问题》,八路军军政杂志社1941年版,第51页。
⑧ 《党的政策选集》,晋察冀日报社1946年版,第222页。
⑨ 《中国革命战争的战略问题》,八路军军政杂志社1941年版,第2页。
⑩ 《党的政策选集》,晋察冀日报社1946年版,第161页。
⑪ 《中国革命战争的战略问题》,八路军军政杂志社1941年版,第2页。
⑫ 《党的政策选集》,晋察冀日报社1946年版,第162页。
⑬ 《中国革命战争的战略问题》,八路军军政杂志社1941年版,第4页。
⑭ 《党的政策选集》,晋察冀日报社1946年版,第165页。
⑮ 《中国革命战争的战略问题》,八路军军政杂志社1941年版,第5页。
⑯ 《党的政策选集》,晋察冀日报社1946年版,第165页。
⑰ 《中国革命战争的战略问题》,八路军军政杂志社1941年版,第6页。
⑱ 《党的政策选集》,晋察冀日报社1946年版,第167页。
⑲ 《中国革命战争的战略问题》,八路军军政杂志社1941年版,第7页。

实在情形相融洽"①。"情况"改为"情形"。

1941年版："是所学的彻底，使用纯熟"②。1946年版："是说学的彻底，使用纯熟"③。"所"改为"说"。

1941年版："……'知己知彼百战百胜'那句话"④。1946年版："……'知己知彼百战百胜'这句话"⑤。"那"改为"这"。

1941年版："……变为乱撞乱碰的鲁莽家"⑥。1946年版："……变为混撞混碰的鲁莽家"⑦。"乱撞乱碰"改为"混撞混碰"。

1941年版："每一天都是为了保护人民……"⑧1946年版："每一天都是为要保护人民……"⑨"为了"改为"为要"。

1941年版："被人民在长期间内考验……"⑩1946年版："被人民在长时间内考验……"⑪"期间"改为"时间"。

1941年版："……不但是放解中国的旗帜"⑫。1946年版："……不但是解放中国的旗帜"⑬。"放解"改为"解放"。

1941年版："……须要有不同的战略战术"⑭。1946年版："……需要有不同的战略战术"⑮。"须要"改为"需要"。

1941年版："却不能使士兵群众及……"⑯1946年版："却不能使兵士群众及……"⑰"士兵"改为"兵士"。

---

① 《党的政策选集》，晋察冀日报社1946年版，第169页。
② 《中国革命战争的战略问题》，八路军军政杂志社1941年版，第9页。
③ 《党的政策选集》，晋察冀日报社1946年版，第171页。
④ 《中国革命战争的战略问题》，八路军军政杂志社1941年版，第9页。
⑤ 《党的政策选集》，晋察冀日报社1946年版，第171页。
⑥ 《中国革命战争的战略问题》，八路军军政杂志社1941年版，第10页。
⑦ 《党的政策选集》，晋察冀日报社1946年版，第172页。
⑧ 《中国革命战争的战略问题》，八路军军政杂志社1941年版，第12页。
⑨ 《党的政策选集》，晋察冀日报社1946年版，第174页。
⑩ 《中国革命战争的战略问题》，八路军军政杂志社1941年版，第12页。
⑪ 《党的政策选集》，晋察冀日报社1946年版，第174页。
⑫ 《中国革命战争的战略问题》，八路军军政杂志社1941年版，第12页。
⑬ 《党的政策选集》，晋察冀日报社1946年版，第175页。
⑭ 《中国革命战争的战略问题》，八路军军政杂志社1941年版，第14页。
⑮ 《党的政策选集》，晋察冀日报社1946年版，第176页。
⑯ 《中国革命战争的战略问题》，八路军军政杂志社1941年版，第17页。
⑰ 《党的政策选集》，晋察冀日报社1946年版，第179页。

1941年版："许多规律都从这个根本……"①1946年版："许多规律就从这个根本……"②"都从"改为"就从"。

1941年版："……反对军事的防御手段"③。1946年版："……反对军事防御的手段"④。"军事的防御手段"改为"军事防御的手段"。

1941年版："从与前者相反的立场发出"⑤。1946年版："从与前者相反的立场出发"⑥。"发出"改为"出发"。

1941年版："包含着怎样打破围剿的……"⑦1946年版："包含着这样打破围剿的……"⑧。"怎样"改为"这样"。

1941年版："又一方面顾到当时红军的……"⑨1946年版："另一方面顾到当时红军的……"⑩。"又"改为"另"。

1941年版："不敢专也，必以分人"⑪。1946年版："不敢专也，必以人分"⑫。"分人"改为"人分"。

1941年版："拿破仑举三十万大兵……"⑬1946年版："拿破仑举三十万大军……"⑭。"大兵"改为"大军"。

1941年版："后来的东西只是他的发展吧了"⑮。1946年版："后来的东西只是他的发展罢了"⑯。"吧了"改为"罢了"。

1941年版："……不知敌之分路各军，"⑰。1946年版："……不知敌人

---

① 《中国革命战争的战略问题》，八路军军政杂志社1941年版，第17页。
② 《党的政策选集》，晋察冀日报社1946年版，第180页。
③ 《中国革命战争的战略问题》，八路军军政杂志社1941年版，第21页。
④ 《党的政策选集》，晋察冀日报社1946年版，第184—185页。
⑤ 《中国革命战争的战略问题》，八路军军政杂志社1941年版，第24页。
⑥ 《党的政策选集》，晋察冀日报社1946年版，第186页。
⑦ 《中国革命战争的战略问题》，八路军军政杂志社1941年版，第25页。
⑧ 《党的政策选集》，晋察冀日报社1946年版，第188页。
⑨ 《中国革命战争的战略问题》，八路军军政杂志社1941年版，第26页。
⑩ 《党的政策选集》，晋察冀日报社1946年版，第190页。
⑪ 《中国革命战争的战略问题》，八路军军政杂志社1941年版，第28页。
⑫ 《党的政策选集》，晋察冀日报社1946年版，第191页。
⑬ 《中国革命战争的战略问题》，八路军军政杂志社1941年版，第28页。
⑭ 《党的政策选集》，晋察冀日报社1946年版，第192页。
⑮ 《中国革命战争的战略问题》，八路军军政杂志社1941年版，第30页。
⑯ 《党的政策选集》，晋察冀日报社1946年版，第194页。
⑰ 《中国革命战争的战略问题》，八路军军政杂志社1941年版，第32页。

分进各军，"①。"敌之分路"改为"敌人分进"。

1941年版："吃尽苏区的苦楚"②。1946年版："吃尽苏区的苦处"③。"苦楚"改为"苦处"。

1941年版："主张御敌与国门之外……"④1946年版："主张御敌于国门之外……"⑤"与"改为"于"。

1941年版："……脱出不利于挽回危局的企图"⑥。1946年版："……脱出不利与挽回危局的企图"⑦。"于"改为"与"。

1941年版："是在敌人防御是应用的"⑧。1946年版："是在敌人防御时应用的"⑨。"是"改为"时"。

1941年版："……诸纵队便被分离为远距之两群"⑩。1946年版："……诸纵队××（按：原文如此）分离为远距之两队"⑪。"两群"改为"两队"。

1941年版："第一天乘夜通过之蒋鼎文师……"⑫1946年版："第一天乘夜通过了蒋鼎文师……"⑬"过之"改为"过了"。

1941年版："皆转旗同东，集中……"⑭1946年版："皆转旗向东，集中……"⑮"同"改为"向"。

1941年版："完全陷于被动地位"⑯。1946年版："完全陷入被动地

---

① 《党的政策选集》，晋察冀日报社1946年版，第197页。
② 《中国革命战争的战略问题》，八路军军政杂志社1941年版，第32页。
③ 《党的政策选集》，晋察冀日报社1946年版，第197—198页。
④ 《中国革命战争的战略问题》，八路军军政杂志社1941年版，第34页。
⑤ 《党的政策选集》，晋察冀日报社1946年版，第200页。
⑥ 《中国革命战争的战略问题》，八路军军政杂志社1941年版，第37页（原版本此页码标注为"47"）。
⑦ 《党的政策选集》，晋察冀日报社1946年版，第205页。
⑧ 《中国革命战争的战略问题》，八路军军政杂志社1941年版，第38页。
⑨ 《党的政策选集》，晋察冀日报社1946年版，第205页。
⑩ 《中国革命战争的战略问题》，八路军军政杂志社1941年版，第40页。
⑪ 《党的政策选集》，晋察冀日报社1946年版，第208页。
⑫ 《中国革命战争的战略问题》，八路军军政杂志社1941年版，第42页。
⑬ 《党的政策选集》，晋察冀日报社1946年版，第211页。
⑭ 《中国革命战争的战略问题》，八路军军政杂志社1941年版，第42页。
⑮ 《党的政策选集》，晋察冀日报社1946年版，第211页。
⑯ 《中国革命战争的战略问题》，八路军军政杂志社1941年版，第43页。

位"①。"陷于"改为"陷入"。

1941年版:"则一这仗虽胜也只算败了"②。1946年版:"则这个仗虽胜也只算败了"③。"则一这仗"改为"则这个仗"。

1941年版:"抛开主力红军而专向苏区,"④。1946年版:"抛开主力红军而转向苏区,"⑤。"专向"改为"转向"。

1941年版:"天下就没有只承认打……"⑥。1946年版:"天下也没有只承认打……"⑦。"就"改为"也"。

1941年版:"为前次所未有"⑧。1946年版:"为前此所未有"⑨。"前次"改为"前此"。

1941年版:"……也反对复活五围剿次以前……"⑩1946年版:"……也反对复活五次围剿以前……"⑪"五围剿次"改为"五次围剿"。

1941年版:"在这上面性急是要吃亏的"⑫。1946年版:"在这上面□(按:"□"无法识别)性是要吃亏的"⑬。

1941年版:"但这些意见如果放在……"⑭1946年版:"但这些意义如果放在……"⑮"意见"改为"意义"。

1941年版:"无疑比较过去有大大增高……"⑯1946年版:"无疑比较过去是大大增高……"⑰"有"改为"是"。

1941年版:"是战略指指的重要原则之一"⑱。1946年版:"是战略指导

---

① 《党的政策选集》,晋察冀日报社1946年版,第212页。
② 《中国革命战争的战略问题》,八路军军政杂志社1941年版,第44页。
③ 《党的政策选集》,晋察冀日报社1946年版,第213页。
④ 《中国革命战争的战略问题》,八路军军政杂志社1941年版,第48页。
⑤ 《党的政策选集》,晋察冀日报社1946年版,第218页。
⑥ 《中国革命战争的战略问题》,八路军军政杂志社1941年版,第50页。
⑦ 《党的政策选集》,晋察冀日报社1946年版,第222页。
⑧ 《中国革命战争的战略问题》,八路军军政杂志社1941年版,第51页。
⑨ 《党的政策选集》,晋察冀日报社1946年版,第223页。
⑩ 《中国革命战争的战略问题》,八路军军政杂志社1941年版,第52页。
⑪ 《党的政策选集》,晋察冀日报社1946年版,第225页。
⑫ 《中国革命战争的战略问题》,八路军军政杂志社1941年版,第53页。
⑬ 《党的政策选集》,晋察冀日报社1946年版,第225页。
⑭ 《中国革命战争的战略问题》,八路军军政杂志社1941年版,第53页。
⑮ 《党的政策选集》,晋察冀日报社1946年版,第226页。
⑯ 《中国革命战争的战略问题》,八路军军政杂志社1941年版,第53页。
⑰ 《党的政策选集》,晋察冀日报社1946年版,第226页。
⑱ 《中国革命战争的战略问题》,八路军军政杂志社1941年版,第53页。

的重要原则之一"①。"指指"改为"指导"。

1941年版："胁威敌之根本重地，"②。1946年版："威胁敌之根本重地，"③。"胁威"改为"威胁"。

有的文字的是误排，如：

1941年版："苏维埃中央政府与……一个大游击与大流动"④。1946年版："苏维埃中央政（按：原文误排，"府"在原竖排文献左侧一列第一个字）……一府个大游击与大流动"⑤。这应是排版失误造成的。

1941年版："集中东韶地区，开始了……"⑥1946年版："集中集韶地区，开始了……"⑦"东韶"改为"集韶"，应为编辑或排版的失误。

1941年版："……在于迅速恢复主动的地位"⑧。1946年版："……在于迅速恢服主动的地位"⑨。"恢复"改为"恢服"，应为编辑或排版的失误。

1941年版："防御战本来容易陷入……"⑩ 1946年版："妨御战本来容易陷入……"⑪ "防御"改为"妨御"，应为编辑或排版的失误。

1941年版："旷日持久总是认为不利的"⑫。1946年版："扩日持久总是认为不利的"⑬。"旷日"改为"扩日"，应为编辑或排版的失误。

1941年版："击溃其十个团不如歼灭……"⑭ 1946年版："击溃及十个团不如歼灭……"⑮ "其"改为"及"，应为编辑或排版的失误。

1941年版："这就是庐山军官训练团……"⑯ 1946年版："就就是庐山军

---

① 《党的政策选集》，晋察冀日报社1946年版，第226页。
② 《中国革命战争的战略问题》，八路军军政杂志社1941年版，第55页。
③ 《党的政策选集》，晋察冀日报社1946年版，第228页。
④ 《中国革命战争的战略问题》，八路军军政杂志社1941年版，第51页。
⑤ 《党的政策选集》，晋察冀日报社1946年版，第223页。
⑥ 《中国革命战争的战略问题》，八路军军政杂志社1941年版，第44页。
⑦ 《党的政策选集》，晋察冀日报社1946年版，第213页。
⑧ 《中国革命战争的战略问题》，八路军军政杂志社1941年版，第45页。
⑨ 《党的政策选集》，晋察冀日报社1946年版，第215页。
⑩ 《中国革命战争的战略问题》，八路军军政杂志社1941年版，第45页。
⑪ 《党的政策选集》，晋察冀日报社1946年版，第215页。
⑫ 《中国革命战争的战略问题》，八路军军政杂志社1941年版，第53页。
⑬ 《党的政策选集》，晋察冀日报社1946年版，第226页。
⑭ 《中国革命战争的战略问题》，八路军军政杂志社1941年版，第55页。
⑮ 《党的政策选集》，晋察冀日报社1946年版，第229页。
⑯ 《中国革命战争的战略问题》，八路军军政杂志社1941年版，第14页。

官训练团……"①"这就"改为"就就",应是编辑或排版的失误。

1941年版:"任何一个独立的游击队或红军的周围"②。1946年版:"任何一个独兵的游击队或红军的周围"③。"独立"改为"独兵",应是编辑或排版的失误。

1941年版:"……丧失了措置裕如的能力"④。1946年版:"……丧失了指置裕如的能力"⑤。"措置裕如"改为"指置裕如",应是编辑或排版的失误。

1941年版:"对于红军是最重要的条件"⑥。1946年版:"对于红军是最重的要条件"⑦。"重要的"改为"重的要",应是编辑或排版的失误。

1941年版:"眼睛看不见,只能用心思……"⑧1946年版:"眼睛看不见,不能用心思……"⑨"只能"改为"不能",应是编辑或排版的失误。

1941年版:"张国焘主义不相信在……"⑩1946年版:"张国涛主义不相信在……"⑪"张国焘"改为"张国涛"。通过校勘发现,1946年版将1941年版"张国焘"均修改为"张国涛"。其他几处如下:1941年版:"……一九三六年张国焘的右倾机会主义"⑫。1946年版:"……一九三六年张国涛的右倾机会主义"⑬。1941年版:"是退却主义的'张国焘路线'"⑭。1946年版:"是退却主义的'张国涛路线'"⑮。1941年版:"五次围剿及张国焘路线……"⑯1946年版:"五次围剿及张国涛路线……"⑰"张国焘"改

---

① 《党的政策选集》,晋察冀日报社1946年版,第176页。
② 《中国革命战争的战略问题》,八路军军政杂志社1941年版,第19页。
③ 《党的政策选集》,晋察冀日报社1946年版,第181页。
④ 《中国革命战争的战略问题》,八路军军政杂志社1941年版,第23页。
⑤ 《党的政策选集》,晋察冀日报社1946年版,第186页。
⑥ 《中国革命战争的战略问题》,八路军军政杂志社1941年版,第31页。
⑦ 《党的政策选集》,晋察冀日报社1946年版,第196页。
⑧ 《中国革命战争的战略问题》,八路军军政杂志社1941年版,第6页。
⑨ 《党的政策选集》,晋察冀日报社1946年版,第167页。
⑩ 《中国革命战争的战略问题》,八路军军政杂志社1941年版,第36页。
⑪ 《党的政策选集》,晋察冀日报社1946年版,第203页。
⑫ 《中国革命战争的战略问题》,八路军军政杂志社1941年版,第12页。
⑬ 《党的政策选集》,晋察冀日报社1946年版,第175页。
⑭ 《中国革命战争的战略问题》,八路军军政杂志社1941年版,第24页。
⑮ 《党的政策选集》,晋察冀日报社1946年版,第187页。
⑯ 《中国革命战争的战略问题》,八路军军政杂志社1941年版,第45页。
⑰ 《党的政策选集》,晋察冀日报社1946年版,第214页。

为"张国涛",大概是编辑或排版的失误。

……

（3）改变原文意思的文字变动

改动原文意思的变化有18处以上，如：

著者识中，1941年版："……作为当时红军大学的教本而写的"[1]。1946年版："……作为当时红军必学的教本而写的"[2]。"红军大学"改为"红军必学"。在当时的条件下，匮乏的物质水平不允许每个红军人手一本《问题》，且绝大部分红军识字水平是比较低的，不一定都读得懂《问题》，只有部分红军领导干部和红军知识分子可以小范围内学习和使用《问题》，所以1946年版"红军必学"的说法在当时条件下不可能实现。

1941年版："一九四一年二月二十三日著者识"[3]。1946年版："一九四一年二月二日著者识"[4]。1946年版日期有误。

1941年版："我们的革命战争是在中国这个半殖民地的政治经济环境里进行的"[5]。1946年版："我们的革命战争是在中国这个半殖民地的半封建的国度里进行的"[6]。半殖民地是从国家的政治地位上看的，半封建是从社会经济结构上看的。1941年版说法是不严谨的，1946年版说法更合理。

1941年版："凡属带有要照顾各方面与各阶级的性质的，都是战争的全局。"[7] 1946年版："凡属带有要照顾各方面与各阶段的性质的，都是战争的全局。"[8] "阶级"改为"阶段"，全局即时间和空间的有机结合。1941年版"各方面与各阶级"不包含时间上的先后，不能充分体现全局，1946年版说法更具科学性。

1941年版："在给养丰富的地方注意力放在不要吃得太饱上面"[9]。1946年版："在给养丰富的地方注意力放在不许吃得太饱上面"[10]。"不要"

---

[1] 《中国革命战争的战略问题》，八路军军政杂志社1941年版，第1页。
[2] 《党的政策选集》，晋察冀日报社1946年版，第160页。
[3] 《中国革命战争的战略问题》，八路军军政杂志社1941年版，第1页。
[4] 《党的政策选集》，晋察冀日报社1946年版，第160页。
[5] 《中国革命战争的战略问题》，八路军军政杂志社1941年版，第1页。
[6] 《党的政策选集》，晋察冀日报社1946年版，第161页。
[7] 《中国革命战争的战略问题》，八路军军政杂志社1941年版，第4页。
[8] 《党的政策选集》，晋察冀日报社1946年版，第165页。
[9] 《中国革命战争的战略问题》，八路军军政杂志社1941年版，第6页。
[10] 《党的政策选集》，晋察冀日报社1946年版，第166页。

改为"不许","不许"有命令的意思,较"不要"更具强制性。

1941年版:"一部分失业群众则准备着无政府思想。"① 1946年版:"一部分失业群众则具备着无政府思想,"②。"准备"改为"具备"。"准备"即还未拥有,"具备"表示客观拥有。失业者失业之后会产生这一种思想,也可能产生那一种思想,但失业者自身局限性一定会产生无政府思想,"具备"较"准备"更合理。

关于"红旗到底打得多久",1941年版:"因为这是一时最基本的问题"③。1946年版:"因为这是一个最基本的问题"④。"一时"改为"一个"。1930年1月5日毛泽东在《星星之火 可以燎原》一文中系统回答了"红旗到底打得多久"的疑问,解决了当时党内存在的悲观主义思想,"红旗到底打得多久"这个"一时"最基本的问题得到了很好的回答。但"红旗到底打得多久"这个问题并不是当时解决了就永远不再提及的问题,特别是1945年日本帝国主义投降之后,国民党对中国共产党虎视眈眈的情况下,再次考虑"红旗到底打得多久"依然有很大的意义,"不答复中国红军能否存在发展的问题,我们就不能前进一步"⑤。人民出版社1951年版《毛泽东选集》第一卷第186页此处坚持了"一个"的提法。

1941年版:"然而这是没有起落的,"⑥。1946年版:"然而不是没有起落的,"⑦。"这是"改为"不是",意思完全相反。

关于"苏联内战"的进行,1941年版:"……在保卫苏维埃的口号下,就是在十年暴动的准备时期"⑧下进行的。1946年版:"……在保卫苏维埃的口号下,就是在十月暴动的准备时期"⑨下进行的。"十年暴动"改为"十月暴动"。根据原著上下文理解,"十年暴动"并非指中国十年内战,应为误印,"十月暴动"更符合史实。

---

① 《中国革命战争的战略问题》,八路军军政杂志社1941年版,第11页。
② 《党的政策选集》,晋察冀日报社1946年版,第173页。
③ 《中国革命战争的战略问题》,八路军军政杂志社1941年版,第15页。
④ 《党的政策选集》,晋察冀日报社1946年版,第177页。
⑤ 《中国革命战争的战略问题》,八路军军政杂志社1941年版,第15页。
⑥ 《中国革命战争的战略问题》,八路军军政杂志社1941年版,第20页。
⑦ 《党的政策选集》,晋察冀日报社1946年版,第182页。
⑧ 《中国革命战争的战略问题》,八路军军政杂志社1941年版,第24页。
⑨ 《党的政策选集》,晋察冀日报社1946年版,第187页。

1941年版："鲁军不待齐军疲惫……"①1946年版："鲁君不待齐军疲惫……"②"鲁军"改为"鲁君"。"鲁君"是"鲁军"的首领，"鲁军"听从"鲁君"的调遣，修改后的意思更加合理。

1941年版："便不得不再退一步，待敌……"③。1946年版："便不得不再退几步，待敌……"④。"退一步"改为"退几步"。"退几步"可以是退一步也可以是退多步，较之"退一步"更加合理。

1941年版："张国焘主义不相信在番人与回人地区不能建立我们的根据地"⑤。1946年版："张国焘主义不相信在番人与回人地区也能建立我们的根据地"⑥。"不能"改为"也能"，修改后的意思完全相反。

1941年版："恐西面张谭公三师集中，不易快胜，不能最后解决问题。"⑦1946年版："恐西面张谭公三师集中，不易决胜，不能最后解决问题。"⑧"快胜"改为"决胜"。"决胜"即决定胜负之意，"能最后解决问题"。"快胜"无此意，"不能最后解决问题"。

1941年版："我乃于蒋蔡韩军与陈罗军之间一个二十里间隙的大山中偷越过去"⑨。1946年版："我乃于蒋韩军与陈罗军之间一个二十里间隙的大山中偷越过去"⑩。"蒋蔡韩"改为"蒋韩"，删掉"蔡"。应为误印。

1941年版："由敌之后方连络线上横扫过去，"⑪。1946年版："向敌之后方连络线上横扫过去，"⑫。"由"改为"向"。"由"有从某地出发之意，"向"有朝着某地出发之意。修改后的意思更加合理。

1941年版："于洵口不预期遭遇战胜利之后（消灭敌一师）"⑬。1946

---

① 《中国革命战争的战略问题》，八路军军政杂志社1941年版，第27页。
② 《党的政策选集》，晋察冀日报社1946年版，第191页。
③ 《中国革命战争的战略问题》，八路军军政杂志社1941年版，第33页。
④ 《党的政策选集》，晋察冀日报社1946年版，第198页。
⑤ 《中国革命战争的战略问题》，八路军军政杂志社1941年版，第36页。
⑥ 《党的政策选集》，晋察冀日报社1946年版，第203页。
⑦ 《中国革命战争的战略问题》，八路军军政杂志社1941年版，第39—40页。
⑧ 《党的政策选集》，晋察冀日报社1946年版，第206页。
⑨ 《中国革命战争的战略问题》，八路军军政杂志社1941年版，第42页。
⑩ 《党的政策选集》，晋察冀日报社1946年版，第211页。
⑪ 《中国革命战争的战略问题》，八路军军政杂志社1941年版，第41页。
⑫ 《党的政策选集》，晋察冀日报社1946年版，第211页。
⑬ 《中国革命战争的战略问题》，八路军军政杂志社1941年版，第44页。

年版："于洵口不预期遭遇胜利之后（消灭敌一师）"[1]。"遭遇战"改为"遭遇"。"遭遇"即碰上或遇到，无交战之意。从"消灭敌一师"可知双方有过交战，"遭遇战"较之"遭遇"更合理一些。

1941年版："第二，是为了改变攻守形势。"[2] 1946年版："第二，为了改变死守形势。"[3] 删掉了"是"，"攻守形势"改为"死守形势"。

1941年版："然而敌人不能取得我们的胜利"[4]。1946年版："然而敌人不能取消我们的胜利"[5]。"取得"改为"取消"。"取得"即得到，"取消"即废止。二者意思不同。

1941年版："'比赛'的玩艺儿，不是龙王向龙王"[6]。1946年版："'比宝'的玩艺儿，不是龙王向龙王"[7]。"比赛"改为"比宝"。

……

从上可以看出，1941年版和1946年版之间的变化较之1941年版和1945年版之间的变化较大，特别是在改变原文意思的变化方面。

（二）1949年10月以后版本校勘与分析

1949年10月及以后各版本之间变化很小，除人民出版社1991年《毛泽东选集》第2版与人民出版社1951年《毛泽东选集》第1版相对变化较大之外，其他版本之间只有小部分标点符号和文字的变化。

---

[1] 《党的政策选集》，晋察冀日报社1946年版，第213页。
[2] 《中国革命战争的战略问题》，八路军军政杂志社1941年版，第46页。
[3] 《党的政策选集》，晋察冀日报社1946年版，第216页。
[4] 《中国革命战争的战略问题》，八路军军政杂志社1941年版，第49页。
[5] 《党的政策选集》，晋察冀日报社1946年版，第220页。
[6] 《中国革命战争的战略问题》，八路军军政杂志社1941年版，第55页。
[7] 《党的政策选集》，晋察冀日报社1946年版，第228页。

1. 人民出版社1952年《毛泽东选集》第一卷第二版和人民出版社1951年《毛泽东选集》第一卷第一版异同

人民出版社1951年《毛泽东选集》第一卷第一版书影

人民出版社1952年《毛泽东选集》第一卷第二版书影

人民出版社1951年《毛泽东选集》第一卷第一版（以下简称"1951年《毛选》第一版"）和人民出版社1952年《毛泽东选集》第一卷第二版（以下简称"1952年《毛选》第二版"）的不同有以下几处。

1951年《毛选》第一版引用列宁的原话"'马克思主义的最本质的东西，马克思主义的活的灵魂，就在于具体地分析具体的情况。'（一○）"有双引号，1952年《毛选》第二版第181页该句无双引号，1951年《毛选》第一版该句话注释"一○"在引号之后，1952年《毛选》第二版在句号之前。人民出版社1967年《毛泽东选集》（袖珍一卷本）第171页该句无双引号①，人民出版社1975年12月第1版《问题》第24页该句话注释"一〇"在引号之后外，其他与1952年《毛选》第二版变化一致，下文不再赘述。

1951年《毛选》第一版："……通过了蒋鼎文师和蒋蔡韩军间……"② 1952年《毛选》第二版："……通过了蒋鼎文师和蒋、蔡、韩军间……"③ "蒋蔡韩"修改为"蒋、蔡、韩"。人民出版社1967年《毛泽东选集》（袖珍一卷本）第203页和人民出版社1975年12月第1版《问题》第66页此变化与1952年《毛选》第二版变化一致，下文不再赘述。

1951年《毛选》第一版："……养精蓄锐之必要，等等"④。1952年《毛选》第二版："……养精蓄锐之必要等等"⑤。人民出版社1975年12月第1版《问题》第84页此变化与1952年《毛选》第二版变化一致，下文不再赘述。

其他一致。

2. 人民出版社1967年《毛泽东选集》（袖珍一卷本）版和人民出版社1951年《毛泽东选集》第一卷版异同

人民出版社1967年《毛泽东选集》（袖珍一卷本）书影

人民出版社1967年《毛泽东选集》（袖珍一卷本）（以下简称"1967年版"）为简体字横排袖珍版，和繁体字竖排版的1951年《毛选》版相校，除注释编号为阿拉伯数字外，其他不同如下。

---

① 《毛泽东选集》（袖珍一卷本），人民出版社1967年版，第171页。
② 《毛泽东选集》第一卷，人民出版社1951年第一版，第219页。
③ 《毛泽东选集》第一卷，人民出版社1952年第二版，第214页。
④ 《毛泽东选集》第一卷，人民出版社1951年第一版，第233页。
⑤ 《毛泽东选集》第一卷，人民出版社1952年第二版，第228页。

1951年《毛选》版："『水浒传』上的洪教头"①。1967年版："《水浒传》上的洪教头"②。"『』"修改为书名号。人民出版社1975年版《问题》第44页和第94页其注释的变化与1967年版变化一致，下文不再赘述。

其他一致。

3. 人民出版社1975年单行本和人民出版社1951年《毛泽东选集》第一卷版异同

人民出版社1975年版单行本书影

人民出版社1975年版《中国革命战争的战略问题》（以下简称"1975年版"）为简体字横排单行本，和繁体字竖排版的1951年《毛选》第一版比较有三处不同（见上文），注释按照单行本的需要做了部分修改。

（1）删除的文字

1975年版删除了1951年《毛选》第一版第12个和第13个注释。

1951年《毛选》第一版关于"陈独秀"的注释："……关于陈独秀的右倾机会主义，请参看《中国社会各阶级的分析》《湖南农民运动考察报告》两文题解，和《〈共产党人〉发刊词》一文。"③1975年版删除该句话，该注释其余无变化。

1951年《毛选》第一版关于1931年至1934年的"左"倾机会主义的注释："……一九四五年四月间党的六届七中全会通过《关于若干历史问题的

---

① 《毛泽东选集》第一卷，人民出版社1951年版，第202页。
② 《毛泽东选集》（袖珍一卷本），人民出版社1967年版，第187页。
③ 《毛泽东选集》第一卷，人民出版社1951年版，第238页。

决议》，对于这个错误路线的各方面，作了详细的总结。"①1975年版删除该句话，该注释其余无变化。

1951年《毛选》第一版关于"南昌起义"的注释："……起义军的一部分后来由朱德、陈毅、林彪等同志率领转战到井冈山……"②1975年版："……起义军的一部分后来由朱德、陈毅等同志率领转战到井冈山……"③删除"林彪"。在南昌起义和湘南起义时，林彪只是连长，不是主要领导者，1951年《毛选》第一版的叙述是不符合历史事实的。"文革"期间，林彪进行反党活动，事情败露后出逃，于1971年9月13日在蒙古温都尔汗坠机身亡。1975年12月人民出版社在出版《问题》单行本时，可能考虑到林彪的反党行为，所以才删去林彪，是自然的。1991年《毛选》版从事实出发删除了林彪，是正确的。

（2）"参看注"的修改

1951年《毛选》第一版关于"一九三五年至一九三六年的张国焘右倾机会主义"④注释为参看注："参看《论反对日本帝国主义的策略》注二〇和注二一。"⑤1975年版具体写出了1951年《毛选》第一版第162—163页《论反对日本帝国主义的策略》注21的内容（具体内容见1951年《毛选》第一版第162—163页《论反对日本帝国主义的策略》注21），无注20的内容。

1951年《毛选》第一版关于"长征"的注释为："指红军由江西到陕北的二万五千华里的长征。见《论反对日本帝国主义的策略》注一九。"⑥1975年版具体写出了1951年《毛选》第一版第162页《论反对日本帝国主义的策略》注19的内容（具体内容见1951年《毛选》第一版第162页《论反对日本帝国主义的策略》注19）。

1951年《毛选》第一版关于"广州起义"的注释为："见《中国的红

---

① 《毛泽东选集》第一卷，人民出版社1951年版，第239页。
② 《毛泽东选集》第一卷，人民出版社1951年版，第242页。
③ 《中国革命战争的战略问题》，人民出版社1975年版，第96页。
④ 《毛泽东选集》第一卷，人民出版社1951年版，第183页。
⑤ 《毛泽东选集》第一卷，人民出版社1951年版，第239页。
⑥ 《毛泽东选集》第一卷，人民出版社1951年版，第240页。

色政权为什么能够存在？》注八。"① 1975年版："一九二七年十二月十一日，广州的工人和士兵在中共广东省委的领导下，举行联合起义，建立了人民的政权，曾和在帝国主义直接援助下的反革命军队进行激烈的战斗；但因力量相差很大，这个人民的起义终于失败了。"② 1975年版该注释较之1951年《毛选》第一版第59—60页的《中国的红色政权为什么能够存在？》注八做了简化修改。

……

（3）引用更详细、规范的修改

1951年《毛选》第一版关于"孙武子"的注释："本文引语见《孙子》第三篇。"③ 1975年版："本文引语见《孙子》卷三《谋攻》篇。"④ 修改后的注释更加详细、规范。

1951年《毛选》第一版关于列宁的一句话："马克思主义的最本质的东西，马克思主义的活的灵魂，就在于具体地分析具体的情况。"⑤ "引自列宁《共产主义》一文，载《列宁全集》第二十五卷。"⑥ 1975年版："见《列宁全集》第二十五卷《共产主义》一文。在该文中列宁批评匈牙利共产党员贝拉·贡说：'他抛开了马克思主义的最本质的东西，马克思主义的活的灵魂：具体地分析具体的情况。'"⑦ 修改后的注释更加详细、规范。

1951年《毛选》第一版关于俄国1906年革命退却的注释："……参看《苏联共产党（布）历史简要读本》第三章第五第六两节。"⑧ 1975年版："……参看《苏联共产党（布）历史简要读本》第三章第五、第六两节。"⑨ "第五第六"修改为"第五、第六"，增加了一个标点。

1951年《毛选》第一版关于名著《水浒传》里面的人物"洪教头"的注释："……相传为公元十四世纪施耐庵所作……"⑩ 1975年版："……相传为

---

① 《毛泽东选集》第一卷，人民出版社1951年版，第242页。
② 《中国革命战争的战略问题》，人民出版社1975年版，第96页。
③ 《毛泽东选集》第一卷，人民出版社1951年版，第238页。
④ 《中国革命战争的战略问题》，人民出版社1975年版，第90页。
⑤ 《毛泽东选集》第一卷，人民出版社1951年版，第185页。
⑥ 《毛泽东选集》第一卷，人民出版社1951年版，第240页。
⑦ 《中国革命战争的战略问题》，人民出版社1975年版，第93页。
⑧ 《毛泽东选集》第一卷，人民出版社1951年版，第240页。
⑨ 《中国革命战争的战略问题》，人民出版社1975年版，第93页。
⑩ 《毛泽东选集》第一卷，人民出版社1951年版，第241页。

公元十四世纪元末明初时人施耐庵所作……"①增加"元末明初时人"。修改后的注释更加准确。

……

通过校勘发现，1949年10月及以后版本之间的变化很少，这些变化主要是标点符号和注释的变化。注释的变化主要集中在单行本内，较之1951年《毛选》第一版的注释，单行本注释更规范、详细和清楚。政治思想性的修改仅限1975年版删除"林彪"的修改。

4. 人民出版社1991年《毛泽东选集》第一卷版与人民出版社1951年《毛泽东选集》第一卷版异同

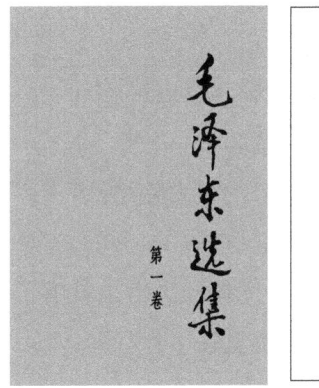

人民出版社1991年《毛泽东选集》第一卷版书影

人民出版社1991年版出版了第二版《毛泽东选集》（横排简体字）（以下简称"1991年《毛选》版"），1991年《毛选》版和1951年《毛选》版的不同如下：

（1）正文修改

第一，标点符号变动有11处。

1951年《毛选》版："'马克思主义的最本质的东西，马克思主义的活的灵魂，就在于具体地分析具体的情况。'（一○）"②。1991年《毛选》版这句话没有双引号，且注释在句号前："马克思主义的最本质的东西，马

---

① 《中国革命战争的战略问题》，人民出版社1975年版，第94页。
② 《毛泽东选集》第一卷，人民出版社1951年版，第185页。

克思主义的活的灵魂，就在于具体地分析具体的情况（11）。"①

1951年《毛选》版："……国民党拼命。官兵之间……"② 1991年《毛选》版："……国民党拼命，官兵之间……"③

1951年《毛选》版："不可避免的现象。何况军事运动？"④ 1991年《毛选》版："不可避免的现象，何况军事运动。"⑤

1951年《毛选》版："敌人进攻危害人民的严重性；"⑥。1991年《毛选》版："敌人进攻危害人民的严重性，"⑦。

1951年《毛选》版："『水浒传』上的洪教头"⑧。1991年《毛选》版："《水浒传》上的洪教头"⑨。

1951年《毛选》版："新生的苏维埃就有夭折的危险（三六）"⑩。1991年《毛选》版此处无注释。

1951年《毛选》版："……蒋鼎文师和蒋蔡韩军间……"⑪1991年《毛选》版："……蒋鼎文师和蒋、蔡、韩军间……"⑫

1951年《毛选》版："应以绝对优势的兵力临之；"⑬。1991年《毛选》版："应以绝对优势的兵力临之，"⑭。

1951年《毛选》版："临之以相对优势的兵力也就够了；"⑮。1991年《毛选》版："临之以相对优势的兵力也就够了，"⑯。

---

① 《毛泽东选集》第一卷，人民出版社1991年版，第187页。
② 《毛泽东选集》第一卷，人民出版社1951年版，第189页。
③ 《毛泽东选集》第一卷，人民出版社1991年版，第191页。
④ 《毛泽东选集》第一卷，人民出版社1951年版，第194页。
⑤ 《毛泽东选集》第一卷，人民出版社1991年版，第196页。
⑥ 《毛泽东选集》第一卷，人民出版社1951年版，第201页。
⑦ 《毛泽东选集》第一卷，人民出版社1991年版，第202页。
⑧ 《毛泽东选集》第一卷，人民出版社1951年版，第202页。
⑨ 《毛泽东选集》第一卷，人民出版社1991年版，第203页。
⑩ 《毛泽东选集》第一卷，人民出版社1951年版，第211页。
⑪ 《毛泽东选集》第一卷，人民出版社1951年版，第219页。
⑫ 《毛泽东选集》第一卷，人民出版社1991年版，第219页。
⑬ 《毛泽东选集》第一卷，人民出版社1951年版，第227页。
⑭ 《毛泽东选集》第一卷，人民出版社1991年版，第227页。
⑮ 《毛泽东选集》第一卷，人民出版社1951年版，第227页。
⑯ 《毛泽东选集》第一卷，人民出版社1991年版，第227页。

1951年《毛选》版："养精蓄锐之必要，等等"①。1991年《毛选》版："养精蓄锐之必要等等"②。

1951年《毛选》版："……三个月；第四次是三星期"③。1991年《毛选》版："……三个月，第四次是三星期"④。

第二，文字变动有16处。

1951年《毛选》版："是客观实际对于我们头脑的反映"⑤。1991年《毛选》版："是客观实际在我们头脑中的反映"⑥。"对于我们头脑的"修改为"在我们头脑中的"。修改后更容易理解。

1951年《毛选》版："除了犯过陈独秀〔四〕右倾机会主义……"⑦1991年《毛选》版："除了犯过陈独秀右倾机会主义（4）……"⑧改变了注释的位置，1951年《毛选》版注释所在位置应是对陈独秀进行解释说明，而实际上是对陈独秀右倾机会主义进行解释说明，修改后纠正过来了。

1951年《毛选》版："这是费了何等大的代价才得来的呵！"⑨1991年《毛选》版："这是费了何等大的代价才得来的啊！"⑩"呵"改为"啊"。

1951年《毛选》版两处："……布尔塞维克……"⑪1991年《毛选》版两处："……布尔什维克……"⑫

1951年《毛选》版："一九三三年反四次'围剿'战役胜利后……"1991年《毛选》版："一九三三年第四次反'围剿'战役胜利后……"⑬"反四次'围剿'"修改为"第四次反'围剿'"。

1951年《毛选》版："'拼消耗'的主张，对于中国红军来说是不识时

---

① 《毛泽东选集》第一卷，人民出版社1951年版，第233页。
② 《毛泽东选集》第一卷，人民出版社1991年版，第233页。
③ 《毛泽东选集》第一卷，人民出版社1951年版，第235页。
④ 《毛泽东选集》第一卷，人民出版社1991年版，第235页。
⑤ 《毛泽东选集》第一卷，人民出版社1951年版，第179页。
⑥ 《毛泽东选集》第一卷，人民出版社1991年版，第181页。
⑦ 《毛泽东选集》第一卷，人民出版社1951年版，第183页。
⑧ 《毛泽东选集》第一卷，人民出版社1991年版，第185页。
⑨ 《毛泽东选集》第一卷，人民出版社1951年版，第204页。
⑩ 《毛泽东选集》第一卷，人民出版社1991年版，第205页。
⑪ 《毛泽东选集》第一卷，人民出版社1951年版，第211页和第212页。
⑫ 《毛泽东选集》第一卷，人民出版社1991年版，第212页。
⑬ 《毛泽东选集》第一卷，人民出版社1991年版，第226页。

宜的。"[1]1991年《毛选》版："'拼消耗'的主张，对于中国红军来说是不适时宜的。"[2]

以上几处修改，《毛泽东选集一至四卷第二版编辑纪实》（中央文献出版社1991年7月第1版）没有给出修改原因，而以下几处都有具体的修改原因（详见中央文献出版社1991年7月第1版《毛泽东选集一至四卷第二版编辑纪实》第45—48页）。

1951年《毛选》版："那时已有湘赣边区的三次'围剿'"[3]。1991年《毛选》版："那时已有湘赣边界的三次'围剿'"[4]。1941年版："那时已有井冈山的三次围剿，"[5]。"井冈山"修改为"湘赣边区"又修改为"湘赣边界"，1930年12月至1931年9月的三次"围剿"是在江西省中部地区进行的，而非在湘赣边界地区的井冈山革命根据地内部，只能算作是井冈山革命根据地的边界地区。实际上"湘赣边"是地区的名称，"湘赣边"的"边"即"边界"的意思。"边"和"区"连接在一起容易让人理解为革命根据地的意思，"湘赣边区"意思应是"湘赣边界地区"，而不是"湘赣革命根据地"的意思，容易让人误解。修改为"湘赣边界"意思更容易区分和理解。

1951年《毛选》版："秋收起义〔三三〕在湘鄂赣边界地区的红军"[6]。1991年《毛选》版："秋收起义（39）在湘鄂赣边界地区的部队"[7]。"红军"修改为"部队"。1941年版："秋收暴动在湘鄂赣边界地区的部队"[8]。1951年《毛选》版把1941年版关于秋收起义的"部队"修改为"红军"，1991年《毛选》版又将1951年《毛选》版的"红军"再次修改为"部队"。秋收起义的时间是1927年9月9日，参加这次起义的武装力量是一部分工农武装和一部分原国民革命军第四集团军第二方面军总指挥部警卫

---

[1] 《毛泽东选集》第一卷，人民出版社1951年版，第237页。
[2] 《毛泽东选集》第一卷，人民出版社1991年版，第236页。
[3] 《毛泽东选集》第一卷，人民出版社1951年版，第193页。
[4] 《毛泽东选集》第一卷，人民出版社1991年版，第195页。
[5] 《中国革命战争的战略问题》，八路军军政杂志社1941年版，第21页。
[6] 《毛泽东选集》第一卷，人民出版社1951年版，第203页。
[7] 《毛泽东选集》第一卷，人民出版社1991年版，第204页。
[8] 《中国革命战争的战略问题》，八路军军政杂志社1941年版，第29页。

团的武装。① 当时称工农革命军第一军第一师，还未称红军。1928年5月25日，中国共产党中央委员会决定将全国各地工农革命军正式定名为红军，以后改称中国工农红军。参加秋收起义的武装力量当时还未称红军，1941年版的提法是当时的提法，1951年《毛选》版是用以后的提法，1991年《毛选》版改回当时的提法，用"部队"来称秋收起义队伍，是符合实际的。

1951年《毛选》版："一九三一年五月二十九日我们结束第二次……"② 1991年《毛选》版："一九三一年五月三十一日我们结束第二次……"③ "二十九日"修改为"三十一日"。

1951年《毛选》版："一九三〇年十二月二十七日至一九三一年一月一日"④。1991年《毛选》版："一九三〇年十二月三十日至一九三一年一月三日"⑤。"二十七日至一九三一年一月一日"修改为"三十日至一九三一年一月三日"。

1951年《毛选》版："朱绍良的第八路军为最强或较强"⑥。1991年《毛选》版："朱绍良的第六路军为最强或较强"⑦。"第八路军"修改为"第六路军"。

1951年《毛选》版："一九三一年五月十六日至三十日"⑧。1991年《毛选》版："一九三一年五月十六日至三十一日"⑨。"三十日"修改为"三十一日"。

1951年《毛选》版："一九三一年八月的江西兴国县……"⑩ 1991年《毛选》版："一九三一年九月的江西兴国县……"⑪ "八月"修改为"九月"。

---

① 《毛泽东选集》第一卷，人民出版社1991年版，第242—243页。
② 《毛泽东选集》第一卷，人民出版社1951年版，第212页。
③ 《毛泽东选集》第一卷，人民出版社1991年版，第213页。
④ 《毛泽东选集》第一卷，人民出版社1951年版，第217页。
⑤ 《毛泽东选集》第一卷，人民出版社1991年版，第217页。
⑥ 《毛泽东选集》第一卷，人民出版社1951年版，第218页。
⑦ 《毛泽东选集》第一卷，人民出版社1991年版，第218页。
⑧ 《毛泽东选集》第一卷，人民出版社1951年版，第218页。
⑨ 《毛泽东选集》第一卷，人民出版社1991年版，第218页。
⑩ 《毛泽东选集》第一卷，人民出版社1951年版，第225页。
⑪ 《毛泽东选集》第一卷，人民出版社1991年版，第225页。

1951年《毛选》版："一九三四年三月江西黎川县……"①1991年《毛选》版："一九三三年十二月江西黎川县……"②"一九三四年三月"修改为"一九三三年十二月"。

1951年《毛选》版："例如一九三一年五月二十九日第二次……"③1991年《毛选》版："例如一九三一年五月三十一日第二次……"④。"二十九日"修改为"三十一日"。

在这16处中有10处在1991年6月第2版《毛选》第一卷书尾页"《毛泽东选集》第一卷正文校订表"中已列出，6处未列出，这6处变化多是行文上的修改，如将"布尔塞维克"修改为"布尔什维克"等。"《毛泽东选集》第一卷正文校订表"列出的10处是在尊重事实的基础上进行修改的。修改原因可参见中央文献出版社1991年7月第1版《毛泽东选集一至四卷第二版编辑纪实》第45—48页。

（2）题解修改

1951年《毛选》版题解："毛泽东同志的这部著作，是为着总结第二次国内革命战争的经验而写的，当时曾在建立在陕北的红军大学作过讲演。据著者说，本书只完成五章，尚有战略进攻、政治工作及其他问题，因为西安事变发生，没有工夫再写，就搁笔了。这是第二次国内革命战争时期党内在军事问题上的一场大争论的结果，是表示一个路线反对另一个路线的意见。对于这个路线上的争论，一九三五年一月党中央的遵义会议作出了结论，肯定了毛泽东同志的意见，而否定了错误路线的意见。在一九三五年十月中央移到陕北以后，毛泽东同志随即在十二月作了'论反对日本帝国主义的策略'的讲演，系统地解决了第二次国内革命战争时期党的政治路线上的问题。第二年，即一九三六年，毛泽东同志又写了本书，系统地说明了有关中国革命战争战略方面的诸问题。"⑤1991年《毛选》版题解："毛泽东的这部著作，是为着总结第二次国内革命战争的经验而写的，当时曾在建立在陕北的红军大学作过讲演。据著者说，这部著作只完成五章，尚有战略进攻、

---

① 《毛泽东选集》第一卷，人民出版社1951年版，第225页。
② 《毛泽东选集》第一卷，人民出版社1991年版，第225页。
③ 《毛泽东选集》第一卷，人民出版社1951年版，第227页。
④ 《毛泽东选集》第一卷，人民出版社1991年版，第227页。
⑤ 《毛泽东选集》第一卷，人民出版社1951年版，第168页。

政治工作及其他问题，因为西安事变发生，没有工夫再写，就搁笔了。这是第二次国内革命战争时期党内在军事问题上的一场大争论的结果，是表示一个路线反对另一个路线的意见。对于这个路线上的争论，一九三五年一月中共中央召开的遵义会议作出了结论，肯定了毛泽东的意见，而否定了错误路线的意见。在一九三五年十月中共中央移到陕北以后，毛泽东随即在十二月作了《论反对日本帝国主义的策略》的报告，系统地解决了第二次国内革命战争时期党的政治路线上的问题。第二年，即一九三六年，毛泽东又写了这部著作，系统地说明了有关中国革命战争战略方面的诸问题。"① 1991年《毛选》版题解较之1951年《毛选》版题解做了一些修改，如将"毛泽东同志"修改为"毛泽东"，"本书"修改为"这部著作"，"党中央的遵义会议"修改为"中共中央召开的遵义会议"，"中央"修改为"中共中央"，"讲演"修改为"报告"，等等。

（3）注释修改

1951年《毛选》版有38条注释，1991年《毛选》版有53条注释，删除了1951年《毛选》版的1条注释，另增加了16条注释，分别是：

1991年《毛选》版增加了5条参见注：关于"一九二八年中国共产党第六次全国代表大会"②（注〔13〕）："见本卷《星星之火，可以燎原》注〔11〕"③、关于"湘赣边界的三次'围剿'"（注〔17〕）："参见本卷《星星之火，可以燎原》注〔7〕"④、关于"堡垒主义"（注〔40〕）："见本卷《关心群众生活，注意工作方法》注〔5〕"⑤、关于"避其锐气，击其惰归"（注〔41〕）："见《孙子·军争》"⑥、关于"将欲取之必先予之"（注〔44〕）："参见《战国策·魏策》。原文是：'将欲败之，必姑辅之；将欲取之，必姑与之。'"⑦

另增加了11条注释，分别是："遵义会议"（注〔7〕），"福建的两次'围

---

① 《毛泽东选集》第一卷，人民出版社1991年版，第170页。
② 《毛泽东选集》第一卷，人民出版社1991年版，第188页。
③ 《毛泽东选集》第一卷，人民出版社1991年版，第239页。
④ 《毛泽东选集》第一卷，人民出版社1991年版，第240页。
⑤ 《毛泽东选集》第一卷，人民出版社1991年版，第243页。
⑥ 《毛泽东选集》第一卷，人民出版社1991年版，第243页。
⑦ 《毛泽东选集》第一卷，人民出版社1991年版，第243页。

剿'"（注〔18〕），"第三次'围剿'"（注〔20〕），"第四次'围剿'"（注〔21〕），"阿比西尼亚"（注〔45〕），"打郭、打孙、打朱、打刘"（注〔47〕），"左路朱绍良，驻南丰"（注〔48〕），"次是蒋光鼐、蔡廷锴、韩德勤三师"（注〔49〕），"三战皆胜，缴枪逾万"（注〔50〕），"前者击溃陈济棠二十个团"（注〔51〕），"灭此朝食"（注〔53〕）。注释的具体内容略。增加的16条注释对于更好理解《问题》内容提供了辅助参考。

1951年《毛选》版的38条注释有些内容不够妥当，1991年《毛选》版除了删除了1951年《毛选》版1条注释［为1951年《毛选》版（注〔三六〕），注释具体内容略］外，对于1951年《毛选》版剩下的37条注释大多进行了修改。

修改的注释有如下几种情况：

如文献出处的注释更详尽，更符合学术规范：

1951年《毛选》版关于列宁的一句话"马克思主义的最本质的东西，马克思主义的活的灵魂，就在于具体地分析具体的情况"[①]："引自列宁《共产主义》一文，载《列宁全集》第二十五卷。"[②] 对应1991年《毛选》版该注释为："参见列宁《共产主义》。在该文中列宁批评匈牙利共产党员库恩·贝拉说：'他忽略了马克思主义的精髓，马克思主义的活的灵魂：对具体情况作具体分析。'（《列宁全集》第39卷，人民出版社1986年版，第128页）"[③]。1991年《毛选》版关于列宁著作引文的修改，更符合学术规范。

1951年《毛选》版关于"马克思说的武装起义之后一刻也不应该停止进攻"[④]的注释为："见马克思致顾格曼论巴黎公社的信。"[⑤] 对应1991年《毛选》版该注释为："见马克思一八七一年四月十二日致库格曼论巴黎公社的信（《马克思恩格斯选集》第4卷，人民出版社1972年版，第392—393页）；参见恩格斯《德国的革命和反革命》第十七节（《马克思恩格斯选集》第一

[①]《毛泽东选集》第一卷，人民出版社1951年版，第185页。
[②]《毛泽东选集》第一卷，人民出版社1951年版，第240页。
[③]《毛泽东选集》第一卷，人民出版社1991年版，第239页。
[④]《毛泽东选集》第一卷，人民出版社1951年版，第198页。
[⑤]《毛泽东选集》第一卷，人民出版社1951年版，第240页。

卷，人民出版社1972年版，第585—586页）。"[①] 1991年《毛选》版征引文献更加规范。

1951年《毛选》版关于俄国1906年革命退却的注释为："指俄国一九〇五年十二月起义失败后，革命由高涨时期转入逐渐退落的时期。参看《苏联共产党（布）历史简要读本》第三章第五第六两节。"[②] 对应1991年《毛选》版该注释为："指俄国一九〇五年革命失败以后，革命由高涨时期转入逐渐低落时期的退却。参见列宁《共产主义运动中的'左派'幼稚病》第三节（《列宁全集》第39卷，人民出版社1986年版，第6—11页）和《联共（布）党史简明教程》第三章第五、第六两节（人民出版社1975年版，第88—105页）。"[③] 1991年《毛选》版征引文献更加详细。

如历史事件等的记述的改变：

1951年《毛选》版关于"一九三一年至一九三四年的'左'倾机会主义"[④]："一九三〇年九月举行的党的六届三中全会，以及其后一时期的党中央，对于停止立三路线作了许多有积极作用的措施。但在六届三中全会以后，党内一部分没有实际革命斗争经验的同志，以陈绍宇（王明）秦邦宪（博古）二同志为首，却起来反抗中央的措施。他们在当时发表的名为《两条路线》又名为《为中共更加布尔塞维克化而斗争》的小册子中，特别强调地宣称当时党内主要的危险不是'左'倾机会主义，而是所谓'右倾机会主义'，把'批评'立三路线的'右'当作其活动的资本。他们提出了一个在新的形态下，继续、恢复或发展立三路线及其他'左'倾思想和'左'倾政策的新的政治纲领，而与毛泽东同志的正确路线相对立。毛泽东同志的《中国革命战争的战略问题》一书，主要地是为批判这个新的'左'倾机会主义路线在军事方面所犯错误而作的。这个新的'左'倾错误路线在党内的统治，是从一九三一年一月间党的六届四中全会起，到一九三五年一月党中央在贵州遵义召集的政治局会议结束这一错误路线的领导而开始了以毛泽东同志为首的中央的新领导时为止。这次'左'倾错误路线在党

[①]《毛泽东选集》第一卷，人民出版社1991年版，第241页。
[②]《毛泽东选集》第一卷，人民出版社1951年版，第240页。
[③]《毛泽东选集》第一卷，人民出版社1991年版，第240页。
[④]《毛泽东选集》第一卷，人民出版社1951年版，第183页。

内统治的时间特别长久（四年），给予党和革命的损失特别重大，其恶果，就是中国共产党、中国红军和红军的根据地都损失了百分之九十左右，使数千万革命根据地的人民受了国民党的摧残，推迟了中国革命的进展。犯过这个'左'倾路线错误的同志，在长期体验中，绝大多数都已经认识了和改正了自己的错误，并且做了许多有益于党和人民的工作。这些同志和其他广大同志在一起，在共同的政治认识的基础上，在毛泽东同志的领导下，互相团结起来了。一九四五年四月间党的六届七中全会通过《关于若干历史问题的决议》，对于这个错误路线的各方面，作了详细的总结。"① 1991年《毛选》版此注释为："一九三一年一月，在中国共产党的六届四中全会上，王明（陈绍禹）等人在共产国际及其代表米夫的支持下，取得了在党中央的领导地位。他们在政治上混淆民主革命和社会主义革命的界限，把反资产阶级和反帝反封建并列；否认九一八事变后国内阶级关系的明显变化，把中间势力当成'最危险的敌人'；继续推行'城市中心论'，主张红军夺取中心城市以实现一省数省首先胜利而形成全国的胜利。在军事上，先是推行冒险主义，后来又变为保守主义和逃跑主义。在组织上，实行宗派主义，对不同意他们错误主张的人，进行'残酷斗争，无情打击'。王明'左'倾冒险主义在党内统治达四年之久，给党和革命事业造成了重大的损失。一九三五年一月，中共中央政治局召开遵义会议，确立了以毛泽东为代表的新的中央的正确领导，从而结束了王明'左'倾冒险主义在党中央的统治。"② 修改后的说明更加简洁。

1951年《毛选》版关于"湘赣边界党的第一次代表大会"③："湘赣边界党的第一次代表大会，即一九二八年五月二十日湘赣边区共产党在宁冈县茅坪召开的第一次代表大会。"④ 对应1991年《毛选》版该注释为："中国共产党湘赣边界第一次代表大会于一九二八年五月在江西省宁冈县茅坪召开。这次大会分析了当时的政治形势，讨论了发展党的组织、深入土地革命、巩固和扩大红军及革命根据地等项任务，初步回答了红军中有些人提出

---

① 《毛泽东选集》第一卷，人民出版社1951年版，第239页。
② 《毛泽东选集》第一卷，人民出版社1991年版，第238—239页。
③ 《毛泽东选集》第一卷，人民出版社1951年版，第186页。
④ 《毛泽东选集》第一卷，人民出版社1951年版，第240页。

的'红旗到底打得多久'的疑问。大会还选出以毛泽东为书记的中共湘赣边界特别委员会。这次会议促进了井冈山革命根据地的发展。"[1] 新注文对这次会议召开的时间作了修改，修改后的会议时间是多天而不是一天。新注文更详细地介绍了这次会议。

1951年《毛选》版关于"长征"的注释为："指红军由江西到陕北的二万五千华里的长征。见《论反对日本帝国主义的策略》注一九。"[2] 对应1991年《毛选》版该注释为："指中央红军（第一方面军）从江西瑞金等地出发转移到陕西北部的长征。参见本卷《论反对日本帝国主义的策略》注〔22〕。"[3] 修改后对长征的主体、出发地和目的地介绍得更加仔细。

1951年《毛选》版关于俄国1918年布列斯特条约的注释为："布雷斯特条约是苏俄在一九一八年三月和德国订立的和约。这是在当时敌人的力量显然超过革命力量的情况下，为了使刚成立而还没有自己军队的苏维埃共和国不受德帝国主义的打击，而采取的暂时退却。这个合约的签订，使苏维埃共和国赢得了时间去巩固无产阶级的政权，调整经济，建立红军；使无产阶级保持了对农民的领导，集聚了力量，得以在一九一八年至一九二〇年击溃白军和英美法日波各国武装干涉者。"[4] 对应1991年《毛选》版该注释为："布列斯特条约是一九一八年三月苏俄在俄国西部布列斯特–里托夫斯克（今布列斯特）同德国、奥匈帝国、保加利亚、土耳其订立的和约。当时，德帝国主义的军队正侵入苏维埃共和国境内，前线的俄国旧军队已经瓦解，新的革命军队还没有组织起来。为了使刚成立的苏维埃共和国避免在德军的打击下夭折，列宁主张暂时退却，接受德帝国主义提出的割地、赔款等条件，立刻签订和约。这个和约的签订，使苏维埃共和国赢得了时间去巩固无产阶级的政权，调整经济，建立红军，使无产阶级保持了对农民的领导，集聚了力量，得以在一九一八年至一九二〇年击溃白军和英、美、法、日、波等国武装干涉者。"[5] 新注文补充了布列斯特条约的具体地点、签订双方的国家等，更进一步解释了布列斯特条约。

---

[1] 《毛泽东选集》第一卷，人民出版社1991年版，第239页。
[2] 《毛泽东选集》第一卷，人民出版社1951年版，第240页。
[3] 《毛泽东选集》第一卷，人民出版社1991年版，第239页。
[4] 《毛泽东选集》第一卷，人民出版社1951年版，第240页。
[5] 《毛泽东选集》第一卷，人民出版社1991年版，第240—241页。

1951年《毛选》版关于1928年"广东海陆丰区域的红军的失败"①的注释为："一九二七年十月三十日，广东海陆丰农民在中国共产党领导之下举行第三次起义，占领海丰陆丰及附近地区，组织红军，建立工农民主政权。后因犯轻敌的错误而失败。"②对应1991年《毛选》版该注释为："一九二七年十月底，广东海陆丰农民在中国共产党领导下决定举行第三次起义。十一月，占领海丰、陆丰和附近地区，组织红军，建立工农民主政权。到一九二八年三月，这个地区的红军因优势敌军的围攻以及领导指挥上的'左'倾盲动而遭到失败。"③修改后的注文根据正文指出了海陆丰区域的红军的失败的具体时间和失败的主客观原因。

1951年《毛选》版关于"红军第四方面军的西路军在黄河以西的失败"④的注释为："一九三六年秋季，红四方面军与红二方面军会合后，从西康东北部出发，作北上的转移。张国焘这时候仍然坚持反党，坚持他一贯的退却主义和取消主义。同年十月，红二、四方面军到达甘肃后，张国焘命令红四方面军的前锋部队二万余人，组织西路军，渡黄河向青海西进。西路军一九三六年十二月在战争中受到打击而基本失败，至一九三七年三月完全失败。"⑤对应1991年《毛选》版该注释为："一九三六年七月，红四方面军和红二方面军会合后，由于中共中央的积极争取，并经过朱德、刘伯承等以及四方面军广大指战员的斗争，张国焘被迫同意与二方面军共同北上，于同年十月到达甘肃会宁。十月下旬，四方面军一部奉中央军委指示西渡黄河，执行宁夏战役计划。十一月上旬根据中共中央和中央军委的决定，过河部队称西路军。他们在极端困难的条件下孤军奋战四个月，歼敌二万余人，终因敌众我寡，于一九三七年三月失败。"⑥新注文对关于西路军的若干史实做了修改，更符合史实。

1951年《毛选》版关于"鲁与齐"的注释为："鲁国和齐国是中国春秋时代（公元前七二二年至前四八一年）的两个封建国家。齐是大国，在今山

---

① 《毛泽东选集》第一卷，人民出版社1951年版，第197页。
② 《毛泽东选集》第一卷，人民出版社1951年版，第240页。
③ 《毛泽东选集》第一卷，人民出版社1991年版，第241页。
④ 《毛泽东选集》第一卷，人民出版社1951年版，第197页。
⑤ 《毛泽东选集》第一卷，人民出版社1951年版，第240页。
⑥ 《毛泽东选集》第一卷，人民出版社1991年版，第241页。

东省的中部；鲁国较小，在今山东省的南部。鲁庄公，公元前六九三年至前六六二年鲁国的国君。"①对应1991年《毛选》版该注释为："鲁和齐是中国春秋时代（公元前七二二—前四八一）的两个国家。齐是大国，在今山东省的中部和东北部；鲁国较小，在今山东省的南部。鲁庄公，公元前六九三年至前六六二年鲁国的国君。"②删除"封建"，修改后更合理。

1951年《毛选》版关于"南昌起义"的注释为："一九二七年八月一日，中国共产党为反对蒋介石汪精卫的反革命，继续一九二四年至一九二七年的革命事业，在江西省城南昌领导了有名的起义。参加这个起义的有三万多人的武装部队，领导人有周恩来、朱德、贺龙、叶挺等同志。起义军于八月五日按原来计划退出南昌，进至广东潮州、汕头时，遭受挫败。起义军的一部分后来由朱德、陈毅、林彪等同志率领转战到井冈山，和毛泽东同志领导的工农革命军第一军第一师会合。"③1991年《毛选》版此注释为："一九二七年八月一日，中国共产党为反对蒋介石、汪精卫的反革命，继续一九二四年至一九二七年的革命事业，在江西南昌发动了武装起义。起义部队在中共前敌委员会书记周恩来和贺龙、叶挺、朱德、刘伯承等领导下，经过激烈战斗，占领了南昌城。这次起义打响了中国人民武装反抗国民党反动派的第一枪。从此，开始了中国共产党独立领导革命武装斗争的新时期。起义部队撤离南昌后南下广东。十月初在潮州、汕头一带遇到优势敌军的围攻而失败。保存下来的起义部队，一部分到达海陆丰地区，继续坚持斗争；另一部分在朱德、陈毅等率领下，转移到湘南，发动了湘南起义，一九二八年四月在井冈山同毛泽东领导的工农革命军会师。"④修改后，略去参加起义的人数和起义军撤离南昌的日期，删去"第一军第一师"，增加了领导人刘伯承。

1951年《毛选》版关于"秋收起义"的注释为："一九二七年九月，湖南江西边界地区修水、萍乡、平江、浏阳等县的人民武装在毛泽东同志领导下，举行著名的秋收起义，成立工农革命军第一军第一师。毛泽东同志率领这支军队到井冈山，在那里建立了湘赣边区革命根据地。"⑤1991年《毛

---

① 《毛泽东选集》第一卷，人民出版社1951年版，第241页。
② 《毛泽东选集》第一卷，人民出版社1991年版，第241页。
③ 《毛泽东选集》第一卷，人民出版社1951年版，第242页。
④ 《毛泽东选集》第一卷，人民出版社1991年版，第242页。
⑤ 《毛泽东选集》第一卷，人民出版社1951年版，第242页。

选》版该注释为："一九二七年革命失败以后，中国共产党在湖南、湖北、江西、广东等省发动秋收起义。其中最著名的是九月间毛泽东在湖南、江西边界的修水、铜鼓、萍乡、醴陵、平江、浏阳等地领导的起义。参加这次起义的工农武装和原国民革命军第四集团军第二方面军总指挥部警卫团，组成了工农革命军第一军第一师。十月间，毛泽东率领这支军队转战到井冈山，在那里建立了第一个农村革命根据地。"① 新注文补充了其他省份的秋收起义，补充了原注文毛泽东领导秋收起义没有列出的地名：铜鼓和醴陵，"人民武装"修改为"工农武装"，修改后更加合理。

1951年《毛选》版关于"楚汉成皋之战"的注释为："成皋故城在今河南省成皋县西北境，为古代军事重地。公元前二〇三年，汉王刘邦和楚王项羽曾相持于此。当时项羽接连攻下荥阳、成皋，刘邦几乎溃不成军。但后来刘邦终于等待到楚军在汜水半渡的时机，大破楚军，复取成皋。"② 1991年《毛选》版该注释为："成皋故城在今河南省荥阳县西北部，为古代军事重地。公元前二〇三年，汉王刘邦和楚王项羽曾相持于此。当时项羽接连攻下荥阳、成皋，刘邦几乎溃不成军。但后来刘邦终于等待到楚军在汜水半渡的时机，大破楚军，复取成皋。"③ 修改后更加合理。

1951年《毛选》版关于"新汉昆阳之战"的注释为："昆阳故城在今河南省叶县境。公元二三年，刘秀（东汉光武帝）在这里击破王莽的军队。这次战争双方军力强弱悬殊：刘秀只有八九千人，而王莽有四十余万人。但刘秀利用王莽的将军王寻、王邑轻敌懈怠，用精兵三千突破王莽军队的中坚，乘锐进击，大破敌军。"④ 1991年《毛选》版该注释为："昆阳故城在今河南省叶县境内。公元二三年，刘秀（后称东汉光武帝）在这里击破王莽（公元八年称帝，定国号为新）的军队。这次战争双方军力强弱悬殊，刘秀只有八九千人，而王莽有四十余万人。但刘秀利用王莽的将军王寻、王邑轻敌懈怠，以精兵三千突破王莽军队的中坚，乘锐进击，大破敌军。"⑤ 修改后更加合理。

---

① 《毛泽东选集》第一卷，人民出版社1991年版，第242—243页。
② 《毛泽东选集》第一卷，人民出版社1951年版，第241页。
③ 《毛泽东选集》第一卷，人民出版社1991年版，第242页。
④ 《毛泽东选集》第一卷，人民出版社1951年版，第241页。
⑤ 《毛泽东选集》第一卷，人民出版社1991年版，第242页。

1951年《毛选》版关于"吴魏赤壁之战"注释为:"吴指孙权方面而言,魏指曹操方面而言。赤壁在湖北省嘉鱼县东北的长江南岸。公元二〇八年,曹操率兵五十余万,号称八十万,进攻孙权。孙权和曹操的敌人刘备联合,出兵三万,利用曹军有疫疾,又不习水战,用火攻烧曹军船只,大破曹军。"① 1991年《毛选》版该注释为:"吴指孙权方面,魏指曹操方面。赤壁在今湖北省蒲圻县西北长江南岸。公元二〇八年,曹操率兵数十万进攻孙权。孙权出兵三万,并且同刘备联合,利用曹军有疫疾,又不习水战,在赤壁一带用火攻烧曹军船只,大破曹军。"② 修改后更加合理。

1951年《毛选》版关于"吴蜀彝陵之战"注释为:"彝陵在今湖北宜昌县东。公元二二二年,吴将陆逊在这里大败蜀汉的刘备。这次战争开始,刘备军连战皆捷,进到彝陵,已入吴境五六百里。陆逊守七八月不战,直待刘备'兵疲意沮,计不复生',利用顺风放火,大破蜀军。"③ 1991年《毛选》版该注释为:"彝陵在今湖北省宜昌县境内。公元二二二年,吴将陆逊在这里大败蜀汉的刘备。这次战争开始,蜀军连战皆捷,进到彝陵,已入吴境五六百里。陆逊守七八月不战,直待刘备'兵疲意沮,计不复生',利用顺风放火,大破蜀军。"④ 修改后更加合理。

1951年《毛选》版关于"秦晋淝水之战"注释为:"公元三八三年,东晋将军谢玄大败秦主苻坚于安徽淝水。当时苻坚有步兵六十余万,骑兵二十七万,卫队三万余骑,东晋只有水陆军八万。在两军隔淝水对峙的时候,晋军将领利用了敌军的骄傲自恃,要求淝水以北的秦军让出一片战场来,以便晋军渡水决战。秦军果然应允,但一退即不可遏止,晋军乘机渡水攻击,大败秦军。"⑤ 1991年《毛选》版此注释为:"公元三八三年,东晋将军谢玄大败秦王苻坚于安徽淝水。当时苻坚有步兵六十余万、骑兵二十七万、卫队三万余骑,东晋只有水陆军八万。在两军隔淝水对峙的时候,晋军将领要求淝水以北的秦军让出一片战场来,以便晋军渡水决战。秦

---

① 《毛泽东选集》第一卷,人民出版社1951年版,第241页。
② 《毛泽东选集》第一卷,人民出版社1991年版,第242页。
③ 《毛泽东选集》第一卷,人民出版社1951年版,第241页。
④ 《毛泽东选集》第一卷,人民出版社1991年版,第242页。
⑤ 《毛泽东选集》第一卷,人民出版社1951年版,第242页。

军应允后撤，但一退即不可遏止，晋军乘机渡水攻击，大败秦军。"[1]修改后更加合理。

如团体、主义等的介绍更加全面、详尽：

1951年《毛选》版关于"蒋介石庐山军官训练团"[2]注释为："庐山军官训练团是蒋介石训练反共军事干部的组织，创办于一九三三年七月，地址在江西省九江县的庐山。该团轮流调集蒋军军官，由德国、意国和美国的军事教官施以法西斯主义的军事的和政治的训练。"[3]对应1991年《毛选》版该注释为："庐山军官训练团是蒋介石训练反共军事干部的组织，创办于一九三三年七月，地址在江西省的庐山。该团对围攻红军的蒋介石嫡系部队的军官进行军事的和政治的训练，以便普遍推行构筑碉堡以及其他进攻红军的办法。到一九三四年，训练的对象扩大到各非嫡系部队的军官，借以加强蒋介石对各地方军阀的控制。"[4]修改后更加科学。

1951年《毛选》版关于"偏师"注释为："'偏师'，即不是主力军，而只是军队的担任侧翼的一部分。"[5]对应1991年《毛选》版该注释为："'偏师'，即不是主力军，只是侧翼的一部分军队。"[6]

1951年《毛选》版关于"AB团"的注释为："AB团是当时国民党潜伏在红色区域的反革命特务组织。AB是英文Anti-Bolshevik（反布尔塞维克）的简写。"[7]1991年《毛选》版此注释为："AB团是一九二六年底在江西南昌成立的以反共为目的的国民党右派组织，存在时间不长。一九三〇年五月起，赣西南苏区内开展了所谓肃清AB团的斗争。斗争不断扩大，严重混淆了敌我矛盾。"[8]修改后的注文对AB的团性质重新做了界定，指出了AB团存在的时间，批评了与AB团的斗争的扩大化。

如历史人物的介绍更规范、详尽：

1951年《毛选》版关于"孙武子"的注释为："孙武子即孙武，公元前

---

[1] 《毛泽东选集》第一卷，人民出版社1991年版，第242页。
[2] 《毛泽东选集》第一卷，人民出版社1951年版，第185页。
[3] 《毛泽东选集》第一卷，人民出版社1951年版，第240页。
[4] 《毛泽东选集》第一卷，人民出版社1991年版，第239页。
[5] 《毛泽东选集》第一卷，人民出版社1951年版，第240页。
[6] 《毛泽东选集》第一卷，人民出版社1991年版，第240页。
[7] 《毛泽东选集》第一卷，人民出版社1951年版，第242页。
[8] 《毛泽东选集》第一卷，人民出版社1991年版，第243页。

五世纪时的中国著名军事学家，著《孙子》十三篇。本文引语见《孙子》第三篇。"①1991年《毛选》版该注释为："孙武子即孙武，中国春秋时代的著名军事学家，著《孙子》十三篇。本文引语见《孙子·谋攻》。"②"公元前五世纪时"修改为"中国春秋时代"，"《孙子》第三篇"修改为"《孙子·谋攻》"，修改后更合理。

1951年《毛选》版关于"陈独秀"的注释为："陈独秀原为北京大学教授，因编辑《新青年》杂志出名。陈独秀是中国共产党的创建人之一，由于他在五四运动时代的声名以及党在初创时期的幼稚，当了党的总书记。在一九二四年至一九二七年革命的最后一个时期，党内以陈独秀为代表的右倾思想，形成了投降主义的路线。当时的'投降主义分子，自愿放弃对于农民群众、城市小资产阶级和中等资产阶级的领导权，尤其是放弃对于武装力量的领导权，使那次革命遭到了失败'（毛泽东：《目前形势和我们的任务》）。一九二七年革命失败后，陈独秀及其他一小部分投降主义者，对于革命前途悲观失望，变成了取消主义者，采取了托洛茨基主义的反动立场，并和托洛茨基分子相结合，成立了反党的小组织，因而在一九二九年十一月被驱逐出党。陈独秀死于一九四二年。关于陈独秀的右倾机会主义，请参看《中国社会各阶级的分析》《湖南农民运动考察报告》两文题解，和《〈共产党人〉发刊词》一文。"③1991年《毛选》版该注释不在"陈独秀"上，而在"陈独秀右倾机会主义"上："陈独秀（一八七九——一九四二），安徽怀宁人。五四新文化运动的主要领导人之一。五四运动后，接受和宣传马克思主义，是中国共产党的主要创建人之一。在党成立后的最初六年中是党的主要领导人。陈独秀右倾机会主义指一九二七年上半年以陈独秀为代表的右倾投降主义错误。当时他放弃对于农民群众、城市小资产阶级和中等资产阶级的领导权，尤其是放弃对于武装力量的领导权，主张一切联合，否认斗争，对国民党右派反共反人民的阴谋活动采取妥协投降的政策，以致当大地主大资产阶级的代表蒋介石、汪精卫先后背叛革命，向人民突然袭击的时候，中国共产党和广大革命人民不能组织有效的抵抗，使第一次国内革命

---

① 《毛泽东选集》第一卷，人民出版社1951年版，第238页。
② 《毛泽东选集》第一卷，人民出版社1991年版，第238页。
③ 《毛泽东选集》第一卷，人民出版社1951年版，第238页。

战争遭到失败。同年八月七日，中共中央在汉口召开紧急会议，总结了大革命失败的经验教训，结束了陈独秀右倾投降主义在党中央的统治。其后，陈独秀对于革命前途悲观失望，接受托派观点，在党内成立小组织，进行反党活动，一九二九年十一月被开除出党。一九三二年十月被国民党政府逮捕，一九三七年八月出狱。一九四二年病故于四川江津。"①1991年《毛选》版该注释补充了陈独秀的主要经历，肯定了陈独秀的历史贡献。对陈独秀右倾机会主义的特点和发展过程作了说明，及其对革命造成的损失作了说明。

1951年《毛选》版关于"李立三"的注释为："李立三'左'倾机会主义，是指一九三〇年六月以后约四个月时间内以当时中国共产党中央主要领导者李立三同志为代表的'左'倾机会路线，统称为'立三路线'。立三路线的特点，就是违反党的第六次全国代表大会的方针，否认革命需要准备群众的力量和革命发展的不平衡，认为毛泽东同志在长时期中用主要注意力创造农村根据地，以农村包围城市，以根据地来推动全国革命高潮的思想，是所谓'极端错误的''农民意识的地方观念与保守观念'，而主张全国各地都要准备马上起义。李立三同志在这种错误路线下定出了立即组织全国各中心城市武装起义的冒险计划。立三路线同时不承认世界革命的不平衡性，认为中国革命的总爆发必将引起世界革命的总爆发，而中国革命又必须在世界革命的总爆发中才能成功；也不承认中国资产阶级民主革命的长期性，认为一省数省首先胜利的开始即是实行社会主义转变的开始，并因此规定了若干不适合时宜的'左'倾冒险政策。毛泽东同志反对这一个错误的路线，全国广大的干部和党员也要求纠正这一个路线。李立三同志本人，在一九三〇年九月党的六届三中全会上承认了当时被指出的错误，接着就离开了中央的领导地位。因为立三同志在长时期中改正了自己的错误观点，所以党的第七次全国代表大会又选他做中央委员。"②1991年《毛选》版该注释不在"李立三"上，而在"李立三'左'倾机会主义"上："李立三（一八九九——一九六七），湖南醴陵人。一九二一年加入中国共产党，是中国工人运动的主要领导人之一。李立三'左'倾机会主义指第二次国内革命战争期间以他为代表的'左'倾冒险主义错误。一九三〇年六月十一日，中共中央政治局

---

① 《毛泽东选集》第一卷，人民出版社1991年版，第238页。
② 《毛泽东选集》第一卷，人民出版社1951年版，第238—239页。

在李立三领导下通过了《新的革命高潮与一省或几省的首先胜利》决议案，主张全国各地都要准备马上起义。不久，订出了组织全国中心城市武装起义和集中全国红军进攻中心城市的冒险计划，随后又将党、青年团、工会的各级领导机关，合并为准备武装起义的各级行动委员会，使一切经常工作陷于停顿。同年九月中共中央召开六届三中全会，纠正了李立三的'左'倾冒险主义错误。后来李立三接受了党对他所犯错误的批评，认识和改正了错误，在中共第七次、第八次全国代表大会上继续被选为中央委员。"① 1951年《毛选》版关于"李立三"的注释虽然在李立三上，但主要在于批判"李立三'左'倾机会主义"，修改后注释移到"李立三'左'倾机会主义"上，对原注文作了部分删减，增加了李立三的身份，修改了部分不合理的地方。

1951年《毛选》版关于名著《水浒传》里面的人物"洪教头"的注释为："'水浒传'是中国描写农民战争的著名小说，相传为公元十四世纪施耐庵所作。林冲、柴进都是书中的英雄人物。洪教头是柴进家里的一个武术教师。"② 对应1991年《毛选》版该注释为："《水浒传》是中国描写农民战争的著名小说，相传为公元十四世纪元末明初人施耐庵所作。林冲、柴进都是书中的英雄人物。洪教头是柴进家里的一个武术教师。关于林冲和洪教头比武的故事，见《水浒传》第九回《柴进门招天下客，林冲棒打洪教头》。"③ 修改后的新注文更加详细。

1951年《毛选》版关于"左丘明"的注释为："左丘明，中国周朝著名编年史《左传》的作者。本文中引的一段文章见《左传》庄公十年。"④ 对应1991年《毛选》版该注释为："左丘明，春秋末期鲁国人，相传是春秋时代著名编年史《左传》的作者。本文引的一段文章见《左传·庄公十年》。"⑤ 修改后的新注文更加合理。

1951年《毛选》版关于"藏人和回人"的注释为："这里所说的藏人、回人，是指西康一带的藏族和甘肃青海新疆等省的回族。"⑥ 1991年《毛

---

① 《毛泽东选集》第一卷，人民出版社1991年版，第238页。
② 《毛泽东选集》第一卷，人民出版社1951年版，第241页。
③ 《毛泽东选集》第一卷，人民出版社1991年版，第241页。
④ 《毛泽东选集》第一卷，人民出版社1951年版，第241页。
⑤ 《毛泽东选集》第一卷，人民出版社1991年版，第241页。
⑥ 《毛泽东选集》第一卷，人民出版社1951年版，第242页。

选》版此注释为:"这里所说的藏人,主要是指西康(现在分属四川和西藏)、甘肃的藏族。这里所说的回人,是指甘肃、青海、新疆的回族。"① 修改后的意思更加清楚明白。

1991年《毛选》版的注释弥补、修正了1951年《毛选》版注释的不足和不当,使解释更准确、详尽,更规范。关于1991年《毛选》版的注释的具体修改,还可参见中共中央文献研究室编《〈毛泽东选集〉一至四卷注释校订本》(中央文献出版社1991年版,第129—156页)。

……

(三)人民出版社1951年《毛选》第一卷版与八路军军政杂志社1941年版校勘与分析

《问题》,1941年版全文约39800字,人民出版社1951年《毛选》第一卷版(以下简称"1951年《毛选》版")全文约40700字(包含题解和注释约47400字)。1951年《毛选》版与1941年版相校有很多不同,这些不同主要有以下几种。

1. 标点符号的修改

标点符号不同共有600处以上,这些不同主要是标点删减、增加和改换等。

(1)标点删减

1941年版:"我们要求在战争过程中,一般……"② 1951年《毛选》版:"我们要求在战争过程中一般……"③

1941年版:"给养等等,及其总体"④。1951年《毛选》版:"给养等等及其总体"⑤。

1941年版:"不愿意也不能,领导……"⑥ 1951年《毛选》版:"不愿意也不能领导……"⑦

1941年版:"……完成的程度,密切连系的,"⑧。1951年《毛选》

---

① 《毛泽东选集》第一卷,人民出版社1991年版,第243页。
② 《中国革命战争的战略问题》,八路军军政杂志社1941年版,第7页。
③ 《毛泽东选集》第一卷,人民出版社1951年版,第176页。
④ 《中国革命战争的战略问题》,八路军军政杂志社1941年版,第9页。
⑤ 《毛泽东选集》第一卷,人民出版社1951年版,第178页。
⑥ 《中国革命战争的战略问题》,八路军军政杂志社1941年版,第11页。
⑦ 《毛泽东选集》第一卷,人民出版社1951年版,第181页。
⑧ 《中国革命战争的战略问题》,八路军军政杂志社1941年版,第27页。

版："……完成的程度密切地联系着的。"①

……

（2）标点增加

1941年版："因此在一般的战争规律之外"②。1951年《毛选》版："因此，在一般的战争规律之外"③。

1941年版："他控制了全中国政治经济交通文化的……"④ 1951年《毛选》版："它控制了全中国的政治、经济、交通、文化的……"⑤

1941年版："最后第三阶段变成逃跑主义。"⑥ 1951年《毛选》版："最后，第三阶段，变成了逃跑主义。"⑦

1941年版："过去中央苏区一二三次围剿时"⑧。1951年《毛选》版："在过去江西反对第一、二、三次'围剿'时"⑨。

……

（3）标点改换

1941年版："……不同历史阶段，各个不同性质，"⑩。1951年《毛选》版："……不同历史阶段、各个不同性质、"⑪。

1941年版："一个地方与许多地方也不相同，"⑫。1951年《毛选》版："一个地方和许多地方也不相同。"⑬

1941年版："为什么学习战争规律，"⑭。1951年《毛选》版："为什么要学习战争规律？"⑮

---

① 《毛泽东选集》第一卷，人民出版社1951年版，第201页。
② 《中国革命战争的战略问题》，八路军军政杂志社1941年版，第2页。
③ 《毛泽东选集》第一卷，人民出版社1951年版，第168页。
④ 《中国革命战争的战略问题》，八路军军政杂志社1941年版，第16页。
⑤ 《毛泽东选集》第一卷，人民出版社1951年版，第188页。
⑥ 《中国革命战争的战略问题》，八路军军政杂志社1941年版，第30页。
⑦ 《毛泽东选集》第一卷，人民出版社1951年版，第204页。
⑧ 《中国革命战争的战略问题》，八路军军政杂志社1941年版，第32页。
⑨ 《毛泽东选集》第一卷，人民出版社1951年版，第207页。
⑩ 《中国革命战争的战略问题》，八路军军政杂志社1941年版，第3页。
⑪ 《毛泽东选集》第一卷，人民出版社1951年版，第170页。
⑫ 《中国革命战争的战略问题》，八路军军政杂志社1941年版，第3页。
⑬ 《毛泽东选集》第一卷，人民出版社1951年版，第170页。
⑭ 《中国革命战争的战略问题》，八路军军政杂志社1941年版，第7页。
⑮ 《毛泽东选集》第一卷，人民出版社1951年版，第175页。

1941年版："速决战，消灭战，"①。1951年《毛选》版："速决战、歼灭战，"②。

……

2. 文字的修改

文字的修改有1950处左右，主要有以下几种。

（1）不改变文义的文字修改

不改变原文意思的文字变动主要有文字的删减、增加和改换等情况。

第一，文字删减。

1941年版："……几万英勇干部的流血牺牲做代价"③。1951年《毛选》版："……几万英勇干部的流血牺牲"④。删除"做代价"。

1941年版："从这个特点出发，不但……"⑤1951年《毛选》版："这个特点，不但……"⑥删除"从""出发"。

1941年版："公将驰之（追击）。"⑦1951年《毛选》版："公将驰之。"⑧删除"（追击）"。

1941年版："也是具体的实例。"⑨1951年《毛选》版："也是实例。"⑩删除"具体的"。

1941年版："才能基本地、最后地、解决两军之间谁胜谁败的问题。"⑪1951年《毛选》版："才能解决两军之间谁胜谁败的问题。"⑫删除"基本地、最后地、"。

1941年版："否则便没有多大意义。"⑬1951年《毛选》版："否则便没

---

① 《中国革命战争的战略问题》，八路军军政杂志社1941年版，第46页。
② 《毛泽东选集》第一卷，人民出版社1951年版，第223页。
③ 《中国革命战争的战略问题》，八路军军政杂志社1941年版，第12页。
④ 《毛泽东选集》第一卷，人民出版社1951年版，第182页。
⑤ 《中国革命战争的战略问题》，八路军军政杂志社1941年版，第15页。
⑥ 《毛泽东选集》第一卷，人民出版社1951年版，第187页。
⑦ 《中国革命战争的战略问题》，八路军军政杂志社1941年版，第28页。
⑧ 《毛泽东选集》第一卷，人民出版社1951年版，第203页。
⑨ 《中国革命战争的战略问题》，八路军军政杂志社1941年版，第36页。
⑩ 《毛泽东选集》第一卷，人民出版社1951年版，第213页。
⑪ 《中国革命战争的战略问题》，八路军军政杂志社1941年版，第37页。
⑫ 《毛泽东选集》第一卷，人民出版社1951年版，第214页。
⑬ 《中国革命战争的战略问题》，八路军军政杂志社1941年版，第55页。

有意义。"① 删除"多大"。

……

第二，文字增加。

1941年版："为什么学习战争规律"②。1951年《毛选》版："为什么要学习战争规律"③。

1941年版："又准备好了参加过革命的民众。"④ 1951年《毛选》版："又准备好了参加过一次革命的民众。"⑤ 增加"一次"。

1941年版："是发生过的。"⑥ 1951年《毛选》版："这样的事是发生过的。"⑦ 增加"这样的事"。

1941年版："七月一日蒋介石就开始了三次围剿"⑧。1951年《毛选》版："七月一日蒋介石就开始了他们的第三次'围剿'"⑨。增加了"他们的第……"

1941年版："密切联系于干部，"⑩。1951年《毛选》版："密切地联系于干部的信任与否，"⑪。增加"地""的信任与否"。

1941年版："前途的远景是必要的。"⑫ 1951年《毛选》版："估计前途的远景是必要的。"⑬ 增加"估计"。

1941年版："这一点我们是秘密的，"⑭。1951年《毛选》版："这一点我们是保守秘密的。"⑮ 增加"保守"。

……

---

① 《毛泽东选集》第一卷，人民出版社1951年版，第237页。
② 《中国革命战争的战略问题》，八路军军政杂志社1941年版，第7页。
③ 《毛泽东选集》第一卷，人民出版社1951年版，第175页。
④ 《中国革命战争的战略问题》，八路军军政杂志社1941年版，第15页。
⑤ 《毛泽东选集》第一卷，人民出版社1951年版，第187页。
⑥ 《中国革命战争的战略问题》，八路军军政杂志社1941年版，第20页。
⑦ 《毛泽东选集》第一卷，人民出版社1951年版，第193页。
⑧ 《中国革命战争的战略问题》，八路军军政杂志社1941年版，第36页。
⑨ 《毛泽东选集》第一卷，人民出版社1951年版，第212页。
⑩ 《中国革命战争的战略问题》，八路军军政杂志社1941年版，第36页。
⑪ 《毛泽东选集》第一卷，人民出版社1951年版，第213页。
⑫ 《中国革命战争的战略问题》，八路军军政杂志社1941年版，第44页。
⑬ 《毛泽东选集》第一卷，人民出版社1951年版，第221页。
⑭ 《中国革命战争的战略问题》，八路军军政杂志社1941年版，第49页。
⑮ 《毛泽东选集》第一卷，人民出版社1951年版，第228页。

第三，文字改换。

1941年版："他的性质，他与以外事情的关联"[1]。1951年《毛选》版："它的性质，它和它以外的事情的关联"[2]。"他"修改为"它"（1941年版中关于物的"他"，1951年《毛选》版大多都改为"它"），"与"修改为"和"，不改变文意（1941年版中的"与"，1951年《毛选》版基本上都改为"和"）。

1941年版："就在于把主观与客观二者之间好好地融洽起来。"[3] 1951年《毛选》版："就在于把主观和客观二者之间好好地符合起来。"[4] "融洽"修改为"符合"。

1941年版："不但见之于军事计划建设之前，"[5]。1951年《毛选》版："不但存在于军事计划建立之前，"[6]。"见之"修改为"存在"，"建设"修改为"建立"。

1941年版："解决了主观与客观的融洽不融洽问题。"[7] 1951年《毛选》版："解决了主观和客观的矛盾的结果。"[8] "融洽不融洽问题"修改为"矛盾的结果"。

1941年版："他们比我们特别强大的原故。"[9] 1951年《毛选》版："他们比我们强大得多的缘故。"[10] "特别强大"修改为"强大得多"，"原故"修改为"缘故"。

1941年版："围剿反复的形式何时结束？照我的意见，"[11]。1951年《毛选》版："'围剿'反复的形式何时结束？据我看来，"[12]。"围剿"加引号，"照我的意见"修改为"据我看来"。

1941年版："但也决不可不估计到敌人营垒间的矛盾，"[13]。1951年《毛

---

[1]《中国革命战争的战略问题》，八路军军政杂志社1941年版，第2页。
[2]《毛泽东选集》第一卷，人民出版社1951年版，第168页。
[3]《中国革命战争的战略问题》，八路军军政杂志社1941年版，第7页。
[4]《毛泽东选集》第一卷，人民出版社1951年版，第176页。
[5]《中国革命战争的战略问题》，八路军军政杂志社1941年版，第8页。
[6]《毛泽东选集》第一卷，人民出版社1951年版，第178页。
[7]《中国革命战争的战略问题》，八路军军政杂志社1941年版，第9页。
[8]《毛泽东选集》第一卷，人民出版社1951年版，第178页。
[9]《中国革命战争的战略问题》，八路军军政杂志社1941年版，第20页。
[10]《毛泽东选集》第一卷，人民出版社1951年版，第193页。
[11]《中国革命战争的战略问题》，八路军军政杂志社1941年版，第22页。
[12]《毛泽东选集》第一卷，人民出版社1951年版，第195页。
[13]《中国革命战争的战略问题》，八路军军政杂志社1941年版，第26页。

选》版："但也决不可不估计到敌人内部的矛盾，"①。"营垒间"修改为"内部"。

1941年版："重要的关节是动员干部。"② 1951年《毛选》版："重要的关节是说服干部。"③"动员"修改为"说服"。

1941年版："'诱敌深入'的原则被提出来了，"④。1951年《毛选》版："'诱敌深入'的方针提出来了，"⑤。"原则"修改为"方针"。

1941年版："兵力疲劳，志气沮丧，"⑥。1951年《毛选》版："兵力疲劳，士气沮丧，"⑦。"志气"修改为"士气"。

1941年版："往往能得出某种程度的均衡，"⑧。1951年《毛选》版："往往能达到某种程度的均衡，"⑨。"得出"修改为"达到"。

1941年版："揿倒一局部一时间的东西死也不放。"⑩ 1951年《毛选》版："捉住一局部一时间的东西死也不放。"⑪"揿倒"修改为"捉住"。

1941年版："不要把干粮袋洒掉了。"⑫ 1951年《毛选》版："不要把干粮袋丢掉了。"⑬"洒"修改为"丢"。

……

（2）使表述更通俗、明白、详细的文字修改

第一，人名修改。

1951年《毛选》版把人名文字统一了，简称改为全称。修改后一看就明白是谁。

1941年版："我们不但需要马克斯主义的正确的政治路线，而且需要

---

① 《毛泽东选集》第一卷，人民出版社1951年版，第200页。
② 《中国革命战争的战略问题》，八路军军政杂志社1941年版，第26页。
③ 《毛泽东选集》第一卷，人民出版社1951年版，第201页。
④ 《中国革命战争的战略问题》，八路军军政杂志社1941年版，第29页。
⑤ 《毛泽东选集》第一卷，人民出版社1951年版，第204页。
⑥ 《中国革命战争的战略问题》，八路军军政杂志社1941年版，第32页。
⑦ 《毛泽东选集》第一卷，人民出版社1951年版，第208页。
⑧ 《中国革命战争的战略问题》，八路军军政杂志社1941年版，第32页。
⑨ 《毛泽东选集》第一卷，人民出版社1951年版，第208页。
⑩ 《中国革命战争的战略问题》，八路军军政杂志社1941年版，第35页。
⑪ 《毛泽东选集》第一卷，人民出版社1951年版，第212页。
⑫ 《中国革命战争的战略问题》，八路军军政杂志社1941年版，第50页。
⑬ 《毛泽东选集》第一卷，人民出版社1951年版，第229页。

马克斯主义的正确的军事路线。"[①]1951年《毛选》版："我们不但需要一个马克思主义的正确的政治路线，而且需要一个马克思主义的正确的军事路线。"[②]"马克斯"修改为"马克思"。1951年《毛选》版将"马克斯主义"均修改为"马克思主义"。修改后的名称更加统一。其他几处如下：

1941年版："新的原则是完全马克斯主义的，"[③]。1951年《毛选》版："新的原则是'完全马克思主义'的，"[④]。1941年版："山里是没有马克斯主义的。"[⑤]1951年《毛选》版："山里是没有马克思主义的。"[⑥]1941年版："是丝毫也没有马克斯主义气味的东西，是反马克斯主义的东西。"[⑦]1951年《毛选》版："是丝毫也没有马克思主义气味的东西，是反马克思主义的东西。"[⑧]1941年版："马克斯主义的方法论就是……"[⑨]1951年《毛选》版："马克思主义的方法就是……"[⑩]

1941年版："且打了毛许再向西打，恐西面张谭公三师集中，"[⑪]。1951年《毛选》版："且打了毛炳文许克祥再向西打，恐西面张辉瓒、谭道源、公秉藩三师集中，"[⑫]。"毛许"修改为"毛炳文许克祥"，"张谭公"修改为"张辉瓒、谭道源、公秉藩"。

1941年版："当打王时，处于蔡郭两敌之间，"[⑬]。1951年《毛选》版："当打王金钰时，处于蔡廷锴、郭华宗两敌之间，"[⑭]。"王"修改为"王金钰"，"蔡郭"修改为"蔡廷锴、郭华宗"。

[①] 《中国革命战争的战略问题》，八路军军政杂志社1941年版，第13页。
[②] 《毛泽东选集》第一卷，人民出版社1951年版，第184页。
[③] 《中国革命战争的战略问题》，八路军军政杂志社1941年版，第30页。
[④] 《毛泽东选集》第一卷，人民出版社1951年版，第205页。
[⑤] 《中国革命战争的战略问题》，八路军军政杂志社1941年版，第30页。
[⑥] 《毛泽东选集》第一卷，人民出版社1951年版，第205页。
[⑦] 《中国革命战争的战略问题》，八路军军政杂志社1941年版，第31页。
[⑧] 《毛泽东选集》第一卷，人民出版社1951年版，第205页。
[⑨] 《中国革命战争的战略问题》，八路军军政杂志社1941年版，第35页。
[⑩] 《毛泽东选集》第一卷，人民出版社1951年版，第212页。
[⑪] 《中国革命战争的战略问题》，八路军军政杂志社1941年版，第39—40页。
[⑫] 《毛泽东选集》第一卷，人民出版社1951年版，第217页。
[⑬] 《中国革命战争的战略问题》，八路军军政杂志社1941年版，第40页。
[⑭] 《毛泽东选集》第一卷，人民出版社1951年版，第218页。

1941年版："其左翼郭郝两路，"①。1951年《毛选》版："其左翼郭华宗、郝梦龄两师，"②。"郭郝"修改为"郭华宗、郝梦龄"。

1941年版："陈罗两师赶至，"③。1951年《毛选》版："陈诚、罗卓英两师赶至。"④"陈罗"修改为"陈诚、罗卓英"。

……

第二，地名修改。

1951年《毛选》版把地名从简称都改为全称，修改后的地名更通俗、明白，一看就明白是什么地方。如：

1941年版："那时已有井冈山的三次围剿，"⑤。1951年《毛选》版："那时已有湘赣边区的三次'围剿'，"⑥。"井冈山"修改为"湘赣边区"。

1941年版："则有一九二八年海陆丰的红军，"⑦。1951年《毛选》版："则有一九二八年广东海陆丰区域的红军的失败〔一八〕，"⑧。"海陆丰"修改为"广东海陆丰区域"。修改后更加清楚。

1941年版："有一九三二年鄂豫皖的红军，"⑨。1951年《毛选》版："以及一九三二年鄂豫皖边区的红军，"⑩。"鄂豫皖"修改为"鄂豫皖边区"。

1941年版："而敌有一路从建、黎、泰进，"⑪。1951年《毛选》版："而敌有一路从闽赣交界的建宁、黎川、泰宁前进，"⑫。"建、黎、泰"修改为"闽赣交界的建宁、黎川、泰宁"。

1941年版："我们也许被迫着退到会、寻、安地区"⑬。1951年《毛选》

---

① 《中国革命战争的战略问题》，八路军军政杂志社1941年版，第40页。
② 《毛泽东选集》第一卷，人民出版社1951年版，第218页。
③ 《中国革命战争的战略问题》，八路军军政杂志社1941年版，第42页。
④ 《毛泽东选集》第一卷，人民出版社1951年版，第219页。
⑤ 《中国革命战争的战略问题》，八路军军政杂志社1941年版，第21页。
⑥ 《毛泽东选集》第一卷，人民出版社1951年版，第193页。
⑦ 《中国革命战争的战略问题》，八路军军政杂志社1941年版，第23页。
⑧ 《毛泽东选集》第一卷，人民出版社1951年版，第197页。
⑨ 《中国革命战争的战略问题》，八路军军政杂志社1941年版，第23页。
⑩ 《毛泽东选集》第一卷，人民出版社1951年版，第197页。
⑪ 《中国革命战争的战略问题》，八路军军政杂志社1941年版，第34页。
⑫ 《毛泽东选集》第一卷，人民出版社1951年版，第210页。
⑬ 《中国革命战争的战略问题》，八路军军政杂志社1941年版，第34页。

版:"我们也许被迫着退到会昌、寻乌、安远地区"[①]。"会、寻、安"修改为"会昌、寻乌、安远"。

1941年版:"可在闽赣交界之建黎泰地区扩大苏区,"[②]。1951年《毛选》版:"可在闽赣交界之建宁、黎川、泰宁地区扩大根据地,"[③]。"建黎泰"修改为"建宁、黎川、泰宁"。

……

第三,地名、方位的修改。

1951年《毛选》版指出某个地方具体位于哪里,或用大地名代替小地名,修改后的地方位置更具体、明白,一看就知道在哪里。

1941年版:"井冈山的同志们中……"[④]1951年《毛选》版:"湖南江西两省边界区域——井冈山的同志们中……"[⑤]指出井冈山位于湖南江西两省边界区域。

1941年版:"转移到井冈山。"[⑥]1951年《毛选》版:"转移到湘赣边界的井冈山地区。"[⑦]指出井冈山位于湘赣边界。

1941年版:"乃决计莲塘、良村、黄陂方向进。"[⑧]1951年《毛选》版:"乃决计向东面兴国县东部之莲塘、永丰县南部之良村、宁都县北部之黄陂方向突进。"[⑨]指出了莲塘、良村和黄陂位于哪里,修改后更加具体明白。

1941年版:"因此我得以先打其西路于东黄陂以西,"[⑩]。1951年《毛选》版:"因此我得以先打其西路于宜黄南部地区,"[⑪]。"东黄陂以西"修改为"宜黄南部"。1941年版:"我又得消灭其一个师于草苔冈。"[⑫]

[①] 《毛泽东选集》第一卷,人民出版社1951年版,第210页。
[②] 《中国革命战争的战略问题》,八路军军政杂志社1941年版,第40页。
[③] 《毛泽东选集》第一卷,人民出版社1951年版,第218页。
[④] 《中国革命战争的战略问题》,八路军军政杂志社1941年版,第15页。
[⑤] 《毛泽东选集》第一卷,人民出版社1951年版,第186页。
[⑥] 《中国革命战争的战略问题》,八路军军政杂志社1941年版,第29页。
[⑦] 《毛泽东选集》第一卷,人民出版社1951年版,第203页。
[⑧] 《中国革命战争的战略问题》,八路军军政杂志社1941年版,第42页。
[⑨] 《毛泽东选集》第一卷,人民出版社1951年版,第219页。
[⑩] 《中国革命战争的战略问题》,八路军军政杂志社1941年版,第43页。
[⑪] 《毛泽东选集》第一卷,人民出版社1951年版,第220页。
[⑫] 《中国革命战争的战略问题》,八路军军政杂志社1941年版,第43页。

1951年《毛选》版："我又得消灭其一个师于宜黄南部地区。"①"草苔冈"修改为"宜黄南部"。1941年版："开始了东黄陂大胜仗。"② 1951年《毛选》版："开始了宜黄南部的大胜仗。"③"东黄陂"修改为"宜黄南部"。"东黄陂以西""东黄陂"和"草苔冈"是今天的宜黄县南部的小地名，"宜黄"则是今天的宜黄县，修改后的地名为更多人所知，也有利于更多人了解。

1941年版："又打其东北之资溪桥，"④。1951年《毛选》版："又打其东南之资溪桥，"⑤。"东北"修改为"东南"。第五次反"围剿"时，敌人首先占领黎川，红军为恢复失地而攻打黎川西北地区的硝石，没有胜利，转而攻打硝石东南地区的资溪桥。硝石位于黎川西北方向，资溪桥位于黎川东北方向和硝石东南方向。1941年版这句话的意思应该是"又打其（指黎川）东北之资溪桥"，1951年《毛选》版这句话的意思应该是"又打其（指硝石）东南之资溪桥"。两句话的"其"所指代的并不是一个地方，如理解为一个地方，则资溪桥位于黎川东南的说法不符合现实。

1941年版："一九三一年一月的宁都东韶打谭道源战役，"⑥。1951年《毛选》版："一九三一年一月的江西宁都县东韶地区打谭道源的作战，"⑦。指出了"宁都东韶"是江西宁都县东韶地区。

1941年版："一九三一年八月的兴国高兴圩打十九路军战役，"⑧。1951年《毛选》版："一九三一年八月的江西兴国县高兴圩地区打十九路军的作战，"⑨。指出了"兴国高兴圩"是江西兴国县高兴圩地区。

1941年版："一九三二年七月南雄水口圩打陈济棠战役，"⑩。1951年《毛选》版："一九三二年七月广东南雄县水口圩地区打陈济棠的作

---

① 《毛泽东选集》第一卷，人民出版社1951年版，第220页。
② 《中国革命战争的战略问题》，八路军军政杂志社1941年版，第44页。
③ 《毛泽东选集》第一卷，人民出版社1951年版，第221页。
④ 《中国革命战争的战略问题》，八路军军政杂志社1941年版，第43页。
⑤ 《毛泽东选集》第一卷，人民出版社1951年版，第220页。
⑥ 《中国革命战争的战略问题》，八路军军政杂志社1941年版，第47页。
⑦ 《毛泽东选集》第一卷，人民出版社1951年版，第225页。
⑧ 《中国革命战争的战略问题》，八路军军政杂志社1941年版，第47页。
⑨ 《毛泽东选集》第一卷，人民出版社1951年版，第225页。
⑩ 《中国革命战争的战略问题》，八路军军政杂志社1941年版，第47页。

战，"[1]。指出了"南雄水口圩"是广东南雄县水口圩地区。

1941年版："一九三四年三月黎川团村打陈诚战役，"[2]。1951年《毛选》版："一九三四年三月江西黎川县团村地区打陈诚的作战，"[3]。指出了"黎川团村"是江西黎川县团村地区。

1941年版："这种心理在一九三二年红军打漳州时，"[4]。1951年《毛选》版："这种心理在一九三二年江西红军远出打福建的漳州时，"[5]。指出了"漳州"是福建漳州，"红军"是江西红军。

1941年版："……苏区西部之兴国集中，"[6]。1951年《毛选》版："……赣南根据地西部之兴国集中，"[7]。1941年版："让敌主力深入苏区……"[8]1951年《毛选》版："让敌主力深入赣南根据地……"[9]修改后地理位置更明白。

1941年版："迫使进攻苏区之敌不得不回援其根本重地，"[10]。1951年《毛选》版："就能迫使进攻江西南部福建西部地区之敌回援其根本重地，"[11]。修改后地理位置更明白。以上关于"苏区"的修改在下文还有分析，此处不再赘述。

……

第四，使表述更详细、更准确。

1941年版："……一九三五年一月中央政治局的遵义会议……"[12] 1951年《毛选》版："……一九三五年一月扩大的中央政治局的遵义会议……"[13]增加"扩大的"，修改后的会议名称更准确。

---

[1] 《毛泽东选集》第一卷，人民出版社1951年版，第225页。
[2] 《中国革命战争的战略问题》，八路军军政杂志社1941年版，第47页。
[3] 《毛泽东选集》第一卷，人民出版社1951年版，第225页。
[4] 《中国革命战争的战略问题》，八路军军政杂志社1941年版，第48页。
[5] 《毛泽东选集》第一卷，人民出版社1951年版，第226页。
[6] 《中国革命战争的战略问题》，八路军军政杂志社1941年版，第41页。
[7] 《毛泽东选集》第一卷，人民出版社1951年版，第219页。
[8] 《中国革命战争的战略问题》，八路军军政杂志社1941年版，第41页。
[9] 《毛泽东选集》第一卷，人民出版社1951年版，第219页。
[10] 《中国革命战争的战略问题》，八路军军政杂志社1941年版，第55页。
[11] 《毛泽东选集》第一卷，人民出版社1951年版，第236页。
[12] 《中国革命战争的战略问题》，八路军军政杂志社1941年版，第12页。
[13] 《毛泽东选集》第一卷，人民出版社1951年版，第183页。

1941年版："……而且打着了张辉瓒主力，"①。1951年《毛选》版："……而且打着了张辉瓒的主力两个旅和一个师部，"②。修改后指出了张辉瓒主力的情况，事实更加具体明白。

1941年版："以十九路军，孙连仲军，朱绍良军为最强，"③。1951年《毛选》版："以蔡廷锴的第十九路军、孙连仲的第二十六路军、朱绍良的第八路军为最强或较强，"④。修改后事实更加具体详细。

1941年版："王金钰北方新到，"⑤。1951年《毛选》版："王金钰的第五路军从北方新到，"⑥。修改后的事实更明白。

……

第五，其他表述更详细、通俗、明白的修改。

1941年版："苏联是革命战争，我们也是革命战争"⑦。1951年《毛选》版："苏联的战争是革命的战争，我们的战争也是革命的战争"⑧。修改后的意思更加通俗。

1941年版："站在火线的最前线。"⑨1951年《毛选》版："站在革命战争的最前线。"⑩"火线"修改为"革命战争"，修改后的意思更加明白。

1941年版："然而等到红军到达一个新地区时，围剿反复又出现了。"⑪1951年《毛选》版："然而等到红军到达一个新的地区时，例如我们由江西等地移到了陕西，'围剿'的反复又出现了。"⑫增加"例如我们由江西等地移到了陕西"，修改后的意思更加明白。

1941年版："为了进攻的防御，为了前进的后退，"⑬。1951年《毛选》

---

① 《中国革命战争的战略问题》，八路军军政杂志社1941年版，第40页。
② 《毛泽东选集》第一卷，人民出版社1951年版，第217页。
③ 《中国革命战争的战略问题》，八路军军政杂志社1941年版，第40页。
④ 《毛泽东选集》第一卷，人民出版社1951年版，第217—218页。
⑤ 《中国革命战争的战略问题》，八路军军政杂志社1941年版，第40页。
⑥ 《毛泽东选集》第一卷，人民出版社1951年版，第218页。
⑦ 《中国革命战争的战略问题》，八路军军政杂志社1941年版，第3页。
⑧ 《毛泽东选集》第一卷，人民出版社1951年版，第169页。
⑨ 《中国革命战争的战略问题》，八路军军政杂志社1941年版，第12页。
⑩ 《毛泽东选集》第一卷，人民出版社1951年版，第182页。
⑪ 《中国革命战争的战略问题》，八路军军政杂志社1941年版，第20页。
⑫ 《毛泽东选集》第一卷，人民出版社1951年版，第192页。
⑬ 《中国革命战争的战略问题》，八路军军政杂志社1941年版，第21页。

版："为了进攻而防御，为了前进而后退，"①。"的"修改为"而"，意思更加通俗。

1941年版："在我们的十年中，"②。1951年《毛选》版："在我们的十年战争中，"③。修改后的意思更加明白。

1941年版："在军事上说来，我们是防御与进攻的反复应用。"④1951年《毛选》版："在军事上说来，我们的战争是防御和进攻的交替的应用。"⑤修改后的意思更加明白。

1941年版："敌人的情况，须从……"⑥1951年《毛选》版："为着了解敌人的情况，须从……"⑦增加"为着了解"，意思更加明白。

1941年版："弱军要战胜强军，是不能不讲求这个条件的。"⑧1951年《毛选》版："弱军要战胜强军，是不能不讲求阵地这个条件的。"⑨增加"阵地"，意思更加明白。

1941年版："特别是中国红军的被围剿环境，"⑩。1951年《毛选》版："特别是处于被'围剿'环境的红军，"⑪。修改后的意思更加明白。

1941年版："然而结果不但都恢复了，"⑫。1951年《毛选》版："然而结果我们的土地不但都恢复了，"⑬。增加"我们的土地"，意思更加明白。

1941年版："在防御时，红军也是主要的吸引力。"⑭1951年《毛选》版："在红军实行防御时，敌人的注意力也还是集中于红军。"⑮修改后的意思更加明白。

---

① 《毛泽东选集》第一卷，人民出版社1951年版，第194页。
② 《中国革命战争的战略问题》，八路军军政杂志社1941年版，第23页。
③ 《毛泽东选集》第一卷，人民出版社1951年版，第196页。
④ 《中国革命战争的战略问题》，八路军军政杂志社1941年版，第25页。
⑤ 《毛泽东选集》第一卷，人民出版社1951年版，第199页。
⑥ 《中国革命战争的战略问题》，八路军军政杂志社1941年版，第26页。
⑦ 《毛泽东选集》第一卷，人民出版社1951年版，第200页。
⑧ 《中国革命战争的战略问题》，八路军军政杂志社1941年版，第32页。
⑨ 《毛泽东选集》第一卷，人民出版社1951年版，第207页。
⑩ 《中国革命战争的战略问题》，八路军军政杂志社1941年版，第46页。
⑪ 《毛泽东选集》第一卷，人民出版社1951年版，第224页。
⑫ 《中国革命战争的战略问题》，八路军军政杂志社1941年版，第48页。
⑬ 《毛泽东选集》第一卷，人民出版社1951年版，第226页。
⑭ 《中国革命战争的战略问题》，八路军军政杂志社1941年版，第48页。
⑮ 《毛泽东选集》第一卷，人民出版社1951年版，第226页。

1941年版:"他们与我们不同的地方,"①。1951年《毛选》版:"苏联军队和我们的军队不同的地方,"②。"他们与我们"修改为"苏联军队和我们的军队",修改后的意思更加明白。

1941年版:"我们是一个国家,"③。1951年《毛选》版:"我们的工农民主共和国是一个国家,"④。具体指出了我们的国家是工农民主共和国。

1941年版:"第一是敌人多了不好打。"⑤1951年《毛选》版:"第一是当面的敌人多了不好打;"⑥。增加了"当面的",意思更加明白。

……

（3）使表述更准确、合理和全面的文字修改

1951年《毛选》版把1941年版中人名、时间和其他的一些表达不准确、不合理和不全面的部分都修改了。

第一,人名表述更准确的修改。

1941年版:"水浒传上的王教头,"⑦。1951年《毛选》版:"《水浒传》上的洪教头,"⑧。"水浒传"修改为"《水浒传》","王教头"修改为"洪教头"。《水浒传》是书名,加书名号是合理的。原著中为"洪教头","王教头"为误,修改为"洪教头"是符合原著的。另一处如下:1941年版:"一脚踢翻了王教头。"⑨1951年《毛选》版:"一脚踢翻了洪教头。"⑩

1941年版:"鲁军不待齐军疲惫就要出战,被他的军师曹刿阻止了,"⑪。1951年《毛选》版:"鲁庄公起初不待齐军疲惫就要出战,后来被曹刿阻止了,"⑫。"鲁军"修改为"鲁庄公"。"鲁庄公"是"鲁军"的首领,"鲁

---

① 《中国革命战争的战略问题》,八路军军政杂志社1941年版,第49页。
② 《毛泽东选集》第一卷,人民出版社1951年版,第229页。
③ 《中国革命战争的战略问题》,八路军军政杂志社1941年版,第50页。
④ 《毛泽东选集》第一卷,人民出版社1951年版,第230页。
⑤ 《中国革命战争的战略问题》,八路军军政杂志社1941年版,第51页。
⑥ 《毛泽东选集》第一卷,人民出版社1951年版,第230页。
⑦ 《中国革命战争的战略问题》,八路军军政杂志社1941年版,第27页。
⑧ 《毛泽东选集》第一卷,人民出版社1951年版,第202页。
⑨ 《中国革命战争的战略问题》,八路军军政杂志社1941年版,第27页。
⑩ 《毛泽东选集》第一卷,人民出版社1951年版,第202页。
⑪ 《中国革命战争的战略问题》,八路军军政杂志社1941年版,第27页。
⑫ 《毛泽东选集》第一卷,人民出版社1951年版,第202页。

军"听从"鲁庄公"的调遣。修改后的意思更加合理。

1941年版："张国焘主义不相信在番人与回人地区不能建立我们的根据地，"①。1951年《毛选》版："张国焘路线不相信在藏人和回人〔三七〕地区不能建立我们的根据地，"②。"番人"修改为"藏人"。"番人"指的是古代中国周边的少数民族（包含外族），并非只指藏人，修改后的指代更加明确。

……

第二，时间表述更准确的修改。

1941年版叙述存在时间不准确，1951年《毛选》版将部分修改过来了。

1941年版："自从一九二五年开始的中国革命战争，"③。1951年《毛选》版："自一九二四年开始的中国革命战争，"④。"一九二五年"修改为"一九二四年"，中国大革命开始于1924年，修改后的时间更加准确。1951年《毛选》版均将1925年修改为1924年，其他两处如下：1941年版："一九二五——一九二七年的革命战争，"⑤。1951年《毛选》版："一九二四年至一九二七年的革命战争，"⑥。1941年版："而又经过了一九二五——一九二七年的大革命。"⑦1951年《毛选》版："而又经过了一九二四年至一九二七年的革命。"⑧

1941年版："即北伐战争阶段与苏维埃战争阶段"⑨。1951年《毛选》版："即一九二四年至一九二七年的阶段和一九二七年至一九三六年的阶段"⑩。

1941年版："是一九三二——一九三五年的左倾机会主义，"⑪。1951年

---

① 《中国革命战争的战略问题》，八路军军政杂志社1941年版，第36页。
② 《毛泽东选集》第一卷，人民出版社1951年版，第213页。
③ 《中国革命战争的战略问题》，八路军军政杂志社1941年版，第11页。
④ 《毛泽东选集》第一卷，人民出版社1951年版，第181页。
⑤ 《中国革命战争的战略问题》，八路军军政杂志社1941年版，第11页。
⑥ 《毛泽东选集》第一卷，人民出版社1951年版，第182页。
⑦ 《中国革命战争的战略问题》，八路军军政杂志社1941年版，第15页。
⑧ 《毛泽东选集》第一卷，人民出版社1951年版，第186页。
⑨ 《中国革命战争的战略问题》，八路军军政杂志社1941年版，第11页。
⑩ 《毛泽东选集》第一卷，人民出版社1951年版，第181页。
⑪ 《中国革命战争的战略问题》，八路军军政杂志社1941年版，第12页。

《毛选》版："是在一九三一年至一九三四年的'左'倾机会主义，"①。"一九三二——一九三五年"修改为"一九三一年至一九三四年"。王明"左"倾机会主义上台是在1931年1月的六届四中全会上，1935年1月遵义会议结束了王明"左"倾机会主义的统治。②1941年版的时间不够准确，修改后的时间更准确。

1941年版："一九三二年的左倾机会主义，"③。1951年《毛选》版："一九三一年至一九三四年的'左'倾机会主义，"④。"一九三二年"修改为"一九三一年至一九三四年"，修改后的时间更加准确。1951年《毛选》版均将"一九三二年"修改为"一九三一年至一九三四年"，另一处如下：1941年版："一九三二年的左倾机会主义，机械地……"⑤1951年《毛选》版："一九三一年至一九三四年的'左'倾机会主义，机械地……"⑥

1941年版："中国第一次民族统一战线失败后，革命进到了深刻的阶级战争，"⑦。1951年《毛选》版："一九二四年至一九二七年的中国第一次民族统一战线失败后，革命成了极深刻极残酷的阶级战争。"⑧修改后的意思更加明白。

1941年版："第二年五月，南昌暴动失败后保存的部队，"⑨。1951年《毛选》版："第二年四月，南昌起义失败后保存的部队，"⑩。"第二年五月"修改为"第二年四月"，1928年4月28日南昌暴动失败后保存的部队转移到井冈山，修改为四月更合理。"暴动"修改为"起义"具体见下文，此处不再赘述。

……

---

① 《毛泽东选集》第一卷，人民出版社1951年版，第183页。
② 具体参见周一平、邹武龙：《〈战争和战略问题〉版本研究》，《党史研究与教学》2018年第3期，第92页。
③ 《中国革命战争的战略问题》，八路军军政杂志社1941年版，第21页。
④ 《毛泽东选集》第一卷，人民出版社1951年版，第194页。
⑤ 《中国革命战争的战略问题》，八路军军政杂志社1941年版，第21页。
⑥ 《毛泽东选集》第一卷，人民出版社1951年版，第195页。
⑦ 《中国革命战争的战略问题》，八路军军政杂志社1941年版，第23页。
⑧ 《毛泽东选集》第一卷，人民出版社1951年版，第196页。
⑨ 《中国革命战争的战略问题》，八路军军政杂志社1941年版，第29页。
⑩ 《毛泽东选集》第一卷，人民出版社1951年版，第203页。

第三，其他表述更准确的修改。

1941年版："中心区与边区"[①]。1951年《毛选》版："中心区和边缘区"[②]。

1941年版："苏区中边区与中心区的分别……"[③]1951年《毛选》版："根据地的边缘区和中心区的分别，"[④]。"边区"修改为"边缘区"。"边区"有革命根据地的意思，修改后的意思更加明白，否则容易与中国共产党建立的根据地相混淆。

1941年版："而且处在世界上反动国家政治上经济上相对稳定的时期。"[⑤]1951年《毛选》版："而且处在世界上反动的资本主义国家在政治上经济上比较稳定的时期。"[⑥]修改后，强调了反动的国家是资本主义国家，而不是别的国家，修改后的意思更加准确。

1941年版："五次围剿之后，因为红军……"[⑦]1951年《毛选》版："第五次'围剿'之后，因为红军……"[⑧]"五次"修改为"第五次"，修改后的意思更加准确。

1941年版："直到党的政治局会议在一九三五年一月举行于贵州的遵义时，"[⑨]。1951年《毛选》版："直到党中央一九三五年一月在贵州的遵义召开扩大的政治局会议的时候，"[⑩]"政治局会议"修改为"扩大的政治局会议"。

……

第四，表述更合理、全面的修改。

1941年版："我们的革命战争是在中国这个半殖民地的政治经济环境里进行的，"[⑪]。1951年《毛选》版："我们的革命战争是在中国这个半殖民地

[①] 《中国革命战争的战略问题》，八路军军政杂志社1941年版，第6页。
[②] 《毛泽东选集》第一卷，人民出版社1951年版，第175页。
[③] 《中国革命战争的战略问题》，八路军军政杂志社1941年版，第32页。
[④] 《毛泽东选集》第一卷，人民出版社1951年版，第207页。
[⑤] 《中国革命战争的战略问题》，八路军军政杂志社1941年版，第16页。
[⑥] 《毛泽东选集》第一卷，人民出版社1951年版，第188页。
[⑦] 《中国革命战争的战略问题》，八路军军政杂志社1941年版，第20页。
[⑧] 《毛泽东选集》第一卷，人民出版社1951年版，第192页。
[⑨] 《中国革命战争的战略问题》，八路军军政杂志社1941年版，第30页。
[⑩] 《毛泽东选集》第一卷，人民出版社1951年版，第204页。
[⑪] 《中国革命战争的战略问题》，八路军军政杂志社1941年版，第1页。

的半封建的国度里进行的。"① 修改后的意思更加合理。

1941年版:"我们不但要研究一般的战争规律"②。1951年《毛选》版:"我们不但要研究一般战争的规律"③。"的"字所在位置不同,意思则不同,修改后强调研究当前战争规律的意思。

1941年版:"我们应该研究一般战争的规律,也应该研究一般革命战争的规律,"④。1951年《毛选》版:"我们应该研究一般战争的规律;也应该研究革命战争的规律;"⑤。删除"一般",就是强调要研究特殊革命战争的规律,即研究中国革命战争的规律。

1941年版:"我们不能要求事实上的常胜将军,这是从古以来就没有的。"⑥ 1951年《毛选》版:"我们不能要求事实上的常胜将军,这是从古以来就很少的。"⑦ "没有"修改为"很少",修改后的意思更加合理。

1941年版:"读书是学习,使用也是学习,而且是最重要的学习。"⑧ 1951年《毛选》版:"读书是学习,使用也是学习,而且是更重要的学习。"⑨ "最重要"修改为"更重要",修改后的意思更加合理。

1941年版:"说学习与使用不容易,是所学的彻底,使用纯熟。"⑩ 1951年《毛选》版:"说学习和使用不容易,是说学得彻底,用得纯熟不容易。"⑪ 修改后的意思更加合理、明白。

1941年版:"一切关于他的规律,都为了争取胜利而使用。"⑫ 1951年《毛选》版:"一切关于战争的规律,都是进行战争的民族、国家、阶级、政治集团为了争取自己的胜利而使用的。"⑬ "他"修改为"战争",增加了争取胜利的主体"进行战争的民族、国家、阶级、政治集团",修改后更加

---

① 《毛泽东选集》第一卷,人民出版社1951年版,第167页。
② 《中国革命战争的战略问题》,八路军军政杂志社1941年版,第1页。
③ 《毛泽东选集》第一卷,人民出版社1951年版,第167页。
④ 《中国革命战争的战略问题》,八路军军政杂志社1941年版,第2页。
⑤ 《毛泽东选集》第一卷,人民出版社1951年版,第169页。
⑥ 《中国革命战争的战略问题》,八路军军政杂志社1941年版,第7页。
⑦ 《毛泽东选集》第一卷,人民出版社1951年版,第176页。
⑧ 《中国革命战争的战略问题》,八路军军政杂志社1941年版,第9页。
⑨ 《毛泽东选集》第一卷,人民出版社1951年版,第179页。
⑩ 《中国革命战争的战略问题》,八路军军政杂志社1941年版,第9页。
⑪ 《毛泽东选集》第一卷,人民出版社1951年版,第179页。
⑫ 《中国革命战争的战略问题》,八路军军政杂志社1941年版,第10页。
⑬ 《毛泽东选集》第一卷,人民出版社1951年版,第180页。

全面、合理。

1941年版："在无产阶级政党已经形成的时代，战争的正确的领导责任，就不得不落到中国共产党的肩上。"[1] 1951年《毛选》版："在无产阶级已经走上政治舞台的时代，中国革命战争的领导责任，就不得不落到中国共产党的肩上。"[2] 修改后的意思更加合理。

1941年版："中国共产党的这一伟大的历史成绩，使得今天处在亡国灭种的紧急关头有了救亡图存的前提条件"[3]。1951年《毛选》版："中国共产党在革命斗争中的伟大的历史成就，使得今天处在民族敌人侵入的紧急关头的中国有了救亡图存的条件"[4]。"处在亡国灭种的紧急关头"修改为"处在民族敌人侵入的紧急关头的中国"。修改前没有说明"亡国"亡谁的国，灭谁的种，修改后指出来了。根据1941年版最后一句"挽救新的亡国危险是不可能的"[5]可知，这个"新的亡国危险"是日本帝国主义的侵略。综上，两处"亡国"的内涵是不一致的，第一个"亡国"的国可能指的是中华苏维埃共和国，而不是民族敌人侵入下的中国。如果第一个"亡国"的国指的是民族敌人侵入下的中国，"新的亡国危险"则无法解释。修改后肯定了中国共产党对土地革命战争的绝对领导。

1941年版："政治的与军事的路线，不是自然地平安地产生与发展起来的"[6]。1951年《毛选》版："正确的政治的和军事的路线，不是自然地平安地产生和发展起来的"[7]。增加了"正确的"，修改后的意思更加合理。

1941年版："微弱的资本主义与严重的半封建经济同时存在，"[8]。1951年《毛选》版："微弱的资本主义经济和严重的半封建经济同时存在，"[9]。"资本主义"和"资本主义经济"是不同的概念，将资本主义和半封建经济并列是不合理的，修改后的意思更加合理。

---

[1] 《中国革命战争的战略问题》，八路军军政杂志社1941年版，第11页。
[2] 《毛泽东选集》第一卷，人民出版社1951年版，第181页。
[3] 《中国革命战争的战略问题》，八路军军政杂志社1941年版，第12页。
[4] 《毛泽东选集》第一卷，人民出版社1951年版，第182—183页。
[5] 《中国革命战争的战略问题》，八路军军政杂志社1941年版，第12页。
[6] 《中国革命战争的战略问题》，八路军军政杂志社1941年版，第13页。
[7] 《毛泽东选集》第一卷，人民出版社1951年版，第184页。
[8] 《中国革命战争的战略问题》，八路军军政杂志社1941年版，第15页。
[9] 《毛泽东选集》第一卷，人民出版社1951年版，第187页。

1941年版："十年来，从游击战争开始的一天起，任何一个独立的游击队或红军的周围"①。1951年《毛选》版："十年以来，从游击战争开始的一天起，任何一个独立的红色游击队或红军的周围"②。"游击队"修改为"红色游击队"，强调了游击队的红色性质，而不是其他游击队，修改后的意思更加合理。

1941年版："革命与革命战争是进攻的——这是正确的说法。"③ 1951年《毛选》版："革命和革命战争是进攻的——这种说法当然有它的正确性。"④ 又说："革命和革命战争是进攻的，但是也有防御和后退——这种说法才是完全正确的。"⑤ 修改后对"革命和革命战争是进攻的"这种认识更加全面了。

1941年版："是任何事物的发展过程中不可避免的现象，"⑥。1951年《毛选》版："是许多事物在发展过程中所不可避免的现象。"⑦ "任何"修改为"许多"，修改后的意思更加合理。

1941年版："能够团结最大多数人民万众一心的作战，"⑧。1951年《毛选》版："我们能够团结最大多数人民万众一心地作战，"⑨。增加"我们"，强调中国共产党能够团结最大多数人民万众一心地作战。

1941年版："主要的是从前的朴素性不见了，"⑩。1951年《毛选》版："主要地是超越了从前的朴素性，"⑪。修改后的意思更加合理。

1941年版："我们同蒋介石是国家与国家作战，"⑫。1951年《毛选》版："我们和蒋介石作战是国家和国家作战，"⑬。修改后的意思更加合理。

1941年版："及时退却，对于到达退却终点以后，整顿队势，以逸转劳

---

① 《中国革命战争的战略问题》，八路军军政杂志社1941年版，第19页。
② 《毛泽东选集》第一卷，人民出版社1951年版，第191页。
③ 《中国革命战争的战略问题》，八路军军政杂志社1941年版，第21页。
④ 《毛泽东选集》第一卷，人民出版社1951年版，第194页。
⑤ 《毛泽东选集》第一卷，人民出版社1951年版，第194页。
⑥ 《中国革命战争的战略问题》，八路军军政杂志社1941年版，第21页。
⑦ 《毛泽东选集》第一卷，人民出版社1951年版，第194页。
⑧ 《中国革命战争的战略问题》，八路军军政杂志社1941年版，第24页。
⑨ 《毛泽东选集》第一卷，人民出版社1951年版，第198页。
⑩ 《中国革命战争的战略问题》，八路军军政杂志社1941年版，第29—30页。
⑪ 《毛泽东选集》第一卷，人民出版社1951年版，第204页。
⑫ 《中国革命战争的战略问题》，八路军军政杂志社1941年版，第30页。
⑬ 《毛泽东选集》第一卷，人民出版社1951年版，第205页。

地转入反攻，是给予着极大的影响。"[①] 1951年《毛选》版："及时退却，使自己完全立于主动地位，这对于到达退却终点以后，整顿队势，以逸待劳地转入反攻，有极大的影响。"[②] 修改后突出了及时退却"使自己完全立于主动地位"。修改后的意思更加合理。

1941年版："再则必要时转向敌人的内线去，"[③]。1951年《毛选》版："再在必要和可能时转向敌人的内线打去，"[④]。修改后的意思更加全面。

1941年版："白军有多个，红军只一个，"[⑤]。1951年《毛选》版："白军有很多支部队，红军只一支部队，"[⑥]。修改后的意思更加合理。

1941年版："对围敌是准备着相当地持久的，"[⑦]。1951年《毛选》版："对围敌作战是准备着相当地持久的，"[⑧]。增加"作战"，修改后的意思更加合理。

1941年版："人民政府也只好倒台。"[⑨] 1951年《毛选》版："福建人民政府也只好倒台。"[⑩] 修改后更容易理解。

1941年版："'拼消耗'的主张，对于红军是不识时宜的。"[⑪] 1951年《毛选》版："'拼消耗'的主张，对于中国红军来说是不识时宜的。"[⑫]"红军"修改为"中国红军"，突出中国红军的特殊性，修改后的意思更加合理。

……

（4）政治性、思想性的文字修改

第一，国民党是"反动"的。

在《问题》中，对于国民党的提法，1951年《毛选》版较之1941年版有

---

① 《中国革命战争的战略问题》，八路军军政杂志社1941年版，第35页。
② 《毛泽东选集》第一卷，人民出版社1951年版，第212页。
③ 《中国革命战争的战略问题》，八路军军政杂志社1941年版，第48页。
④ 《毛泽东选集》第一卷，人民出版社1951年版，第227页。
⑤ 《中国革命战争的战略问题》，八路军军政杂志社1941年版，第53页。
⑥ 《毛泽东选集》第一卷，人民出版社1951年版，第234页。
⑦ 《中国革命战争的战略问题》，八路军军政杂志社1941年版，第54页。
⑧ 《毛泽东选集》第一卷，人民出版社1951年版，第235页。
⑨ 《中国革命战争的战略问题》，八路军军政杂志社1941年版，第55页。
⑩ 《毛泽东选集》第一卷，人民出版社1951年版，第236页。
⑪ 《中国革命战争的战略问题》，八路军军政杂志社1941年版，第55页。
⑫ 《毛泽东选集》第一卷，人民出版社1951年版，第237页。

很大变化。1941年是国共合作抗日的时期，国民党是合作、团结的对象。抗战胜利以后，国民党政府逆历史潮流而动，破坏和平，挑起反共、反人民的内战，成了反动派，最终中国共产党领导中国人民推翻了国民党政府的反动统治。1941年，毛泽东不说国民党是反动派，1951年毛泽东说国民党是反动派，是很自然的，是历史发展决定的。如：以国民党为代表的统治阶级和当权政派是反动的。

1941年版："而战争的利益仅仅属于统治阶级乃至当权政派的那种国家，"①。1951年《毛选》版："而战争的利益仅仅属于反动的统治阶层乃至反动的当权政派的那种国家。"②"统治阶级乃至当权政派"修改为"反动的统治阶层乃至反动的当权政派"。

中国的统治势力是反动的。1941年版："应该不让统治者有保守政权或恢复政权的机会，趁此一瞬间把国内统治势力消灭个彻底，"③。1951年《毛选》版："应该不让反动的统治者有保守政权或恢复政权的机会，趁此一瞬间把国内反动的统治势力打个措手不及，"④。"统治者"修改为"反动的统治者"，"统治势力"修改为"反动的统治势力"。1941年版："因为统治势力的雄厚，"⑤。1951年《毛选》版："因为反动势力的雄厚，"⑥。"统治势力"修改为"反动势力"。1941年版："因为半殖民地中国的统治势力，是许多帝国主义加上国内反革命，国内革命势力没有聚集到足以突破内外敌人的主要阵地以前，国际革命势力没有直接大量援助中国革命以前，我们的革命同战争依然是持久的。"⑦1951年《毛选》版："因为中国的反动势力，是许多帝国主义支持的，国内革命势力没有聚积到足以突破内外敌人的主要阵地以前，国际革命势力没有打破和钳制大部分国际反动势力以前，我们的革命战争依然是持久的。"⑧"半殖民地中国的统治势力"修改为"中国的反动势力"，"国际革命势力没有直接大量援助中国革命以

---

① 《中国革命战争的战略问题》，八路军军政杂志社1941年版，第24页。
② 《毛泽东选集》第一卷，人民出版社1951年版，第198页。
③ 《中国革命战争的战略问题》，八路军军政杂志社1941年版，第25页。
④ 《毛泽东选集》第一卷，人民出版社1951年版，第198页。
⑤ 《中国革命战争的战略问题》，八路军军政杂志社1941年版，第53页。
⑥ 《毛泽东选集》第一卷，人民出版社1951年版，第234页。
⑦ 《中国革命战争的战略问题》，八路军军政杂志社1941年版，第53页。
⑧ 《毛泽东选集》第一卷，人民出版社1951年版，第234页。

前"修改为"国际革命势力没有打破和钳制大部分国际反动势力以前"。

国民党领导的民国政府和军事学校是反动的。1941年版："只要照着中国政府或军事学校颁布的那些条令去做就得了。"① 1951年《毛选》版："只要照着反动的中国政府或反动的中国军事学校出版的那些军事条令去做就得了。"② 在中国政府和军事学校前增加了"反动的"，这里的"中国政府或军事学校"，是国民党政府与其开设的军事学校。

国民党的军事原则是反动的。1941年版："这就是庐山军官训练团及其五次'围剿'新军事原则产生的过程。"③ 1951年《毛选》版："这就是蒋介石庐山军官训练团〔八〕及其在第五次'围剿'中施行的反动的新军事原则〔九〕产生的过程。"④ 增加了"蒋介石"，"新军事原则"修改为"反动的新军事原则"。1941年版："对敌人采用的新原则视若无睹，"⑤。1951年《毛选》版："对敌人采用的反动的新原则视若无睹。"⑥ "新原则"修改为"反动的新原则"。

国民党的将领是反动的。1941年版："首先在国民党军队中提出这个问题的是柳维垣"⑦。1951年《毛选》版："首先在国民党军队中提出在这个问题上的新意见的是国民党的反动将军柳维垣"⑧。修改后的柳维垣是"国民党的反动将军"。

国民党的军队是反动的。1941年版："正规军队与杂牌军队同时存在，"⑨。1951年《毛选》版："反动军队中有隶属蒋介石的所谓中央军和隶属各省军阀的所谓杂牌军这样两部分军队同时存在，"⑩。修改后的"正规军队与杂牌军队"都是反动军队。

第二，对大资产阶级的论述。

1941年版："这三个阶段，已经是而且也不能不是被中国无产阶级及其

---

① 《中国革命战争的战略问题》，八路军军政杂志社1941年版，第2页。
② 《毛泽东选集》第一卷，人民出版社1951年版，第169页。
③ 《中国革命战争的战略问题》，八路军军政杂志社1941年版，第14页。
④ 《毛泽东选集》第一卷，人民出版社1951年版，第185页。
⑤ 《中国革命战争的战略问题》，八路军军政杂志社1941年版，第14页。
⑥ 《毛泽东选集》第一卷，人民出版社1951年版，第186页。
⑦ 《中国革命战争的战略问题》，八路军军政杂志社1941年版，第14页。
⑧ 《毛泽东选集》第一卷，人民出版社1951年版，第185页。
⑨ 《中国革命战争的战略问题》，八路军军政杂志社1941年版，第15页。
⑩ 《毛泽东选集》第一卷，人民出版社1951年版，第187页。

首领中国共产党所领导、或参加了这个领导。因为中国革命战争的主要敌人是帝国主义与封建势力，中国资产阶级，特别是带买办性与封建性的大资产阶级，虽在某种历史时机可以参加这个革命战争，然而由于他们的自私自利性与政治上经济上的软弱性，不愿意也不能，领导中国革命战争走上彻底胜利的道路。"[1] 1951年《毛选》版："这三个阶段的革命战争，都是中国无产阶级及其政党中国共产党所领导的。中国革命战争的主要敌人，是帝国主义和封建势力。中国资产阶级虽然在某种历史时机可以参加革命战争，然而由于它的自私自利性和政治上经济上的缺乏独立性，不愿意也不能领导中国革命战争走上彻底胜利的道路。"[2]

"已经是而且也不能不是"修改为"都是"，修改后更加易懂。三个阶段的革命战争（即北伐战争、土地革命和抗日战争）是"中国无产阶级及其首领中国共产党所领导、或参加了这个领导"修改为"中国无产阶级及其政党中国共产党所领导的"，删除"特别是带买办性与封建性的大资产阶级"，否定了大资产阶级的革命性。修改后更加肯定了中国共产党的地位，对大资产阶级的批判更加深刻。大资产阶级由于缺乏独立性，没有参加革命战争的积极性，更不可能参加革命战争。北伐战争、土地革命和抗日战争完全是在中国共产党的领导下进行的。修改后更加肯定了中国共产党的领导。

第三，对"苏区"的修改。

关于"苏区"或"苏维埃"等的变化，主要有以下几种：

如"苏区"修改为"红色区域""革命根据地""根据地""地方""我区""赣南根据地""江西根据地""江西"或删除等。

1941年版："在苏区，则走漏消息……"[3] 1951年《毛选》版："在红色区域，则走漏消息……"[4] 1941年版："苏区与白区，老苏区与新苏区"[5]。1951年《毛选》版："红色区域和白色区域，老区和新区"[6]。"苏

---

[1] 《中国革命战争的战略问题》，八路军军政杂志社1941年版，第11页。
[2] 《毛泽东选集》第一卷，人民出版社1951年版，第181页。
[3] 《中国革命战争的战略问题》，八路军军政杂志社1941年版，第6页。
[4] 《毛泽东选集》第一卷，人民出版社1951年版，第174页。
[5] 《中国革命战争的战略问题》，八路军军政杂志社1941年版，第6页。
[6] 《毛泽东选集》第一卷，人民出版社1951年版，第175页。

区"修改为"红色区域","白区"修改为"白色区域","老苏区"修改为为"老区","新苏区"修改为"新区"。

1941年版："苏区经济条件与文化条件……"①1951年《毛选》版："革命根据地的经济条件和文化条件……"②1941年版："在保卫苏区与保卫中国的口号下，"③。1951年《毛选》版："在保卫革命根据地和保卫中国的口号下，"④。1941年版："再则苏区的人民，"⑤。1951年《毛选》版："再则革命根据地的人民，"⑥。1941年版："一个苏区的最高……"⑦1951年《毛选》版："一个革命根据地的最高……"⑧1941年版："……围剿与发展苏区。"⑨1951年《毛选》版："……'围剿'和发展革命根据地。"⑩"苏区"修改为"革命根据地"。

1941年版："而且苏区是流动不定的，"⑪。1951年《毛选》版："而且根据地是流动不定的;"⑫。1941年版："或使苏区归于丧失。"⑬1951年《毛选》版："或者是根据地丧失。"⑭1941年版："这就是苏区条件。"⑮1951年《毛选》版："这就是根据地的条件。"⑯1941年版："苏区人民拥护红军。"⑰1951年《毛选》版："根据地人民全部拥护红军。"⑱1941年版："一方面苏区是畏进，"⑲。1951年《毛选》版："一方面根据地使他们畏

---

① 《中国革命战争的战略问题》，八路军军政杂志社1941年版，第16页。
② 《毛泽东选集》第一卷，人民出版社1951年版，第188页。
③ 《中国革命战争的战略问题》，八路军军政杂志社1941年版，第24页。
④ 《毛泽东选集》第一卷，人民出版社1951年版，第198页。
⑤ 《中国革命战争的战略问题》，八路军军政杂志社1941年版，第27页。
⑥ 《毛泽东选集》第一卷，人民出版社1951年版，第201页。
⑦ 《中国革命战争的战略问题》，八路军军政杂志社1941年版，第54页。
⑧ 《毛泽东选集》第一卷，人民出版社1951年版，第235页。
⑨ 《中国革命战争的战略问题》，八路军军政杂志社1941年版，第55页。
⑩ 《毛泽东选集》第一卷，人民出版社1951年版，第237页。
⑪ 《中国革命战争的战略问题》，八路军军政杂志社1941年版，第16页。
⑫ 《毛泽东选集》第一卷，人民出版社1951年版，第188页。
⑬ 《中国革命战争的战略问题》，八路军军政杂志社1941年版，第24页。
⑭ 《毛泽东选集》第一卷，人民出版社1951年版，第197页。
⑮ 《中国革命战争的战略问题》，八路军军政杂志社1941年版，第31页。
⑯ 《毛泽东选集》第一卷，人民出版社1951年版，第206页。
⑰ 《中国革命战争的战略问题》，八路军军政杂志社1941年版，第40页。
⑱ 《毛泽东选集》第一卷，人民出版社1951年版，第218页。
⑲ 《中国革命战争的战略问题》，八路军军政杂志社1941年版，第48页。

进，"①。"苏区"修改为"根据地"，《问题》此修改除此之外还有40处左右。

1941年版："在白区或在苏区白区交界……"② 1951年《毛选》版："在敌区或在我区敌区交界……"③ "苏区"修改为"我区"，"白区"修改为"敌区"。

1941年版："……苏区西部之兴国集中，"④。1951年《毛选》版："……赣南根据地西部之兴国集中，"⑤。1941年版："让敌主力深入苏区……"⑥ 1951年《毛选》版："让敌主力深入赣南根据地……"⑦ "苏区"修改为"赣南根据地"。

1941年版："最后不得不退出苏区。"⑧ 1951年《毛选》版："最后不得不退出江西根据地。"⑨ 1941年版："用这种方法粉碎其向苏区的进攻，"⑩。1951年《毛选》版："粉碎其向江西根据地的进攻，"⑪。"苏区"修改为"江西根据地"。

1941年版："中央苏区的第三次围剿，"⑫。1951年《毛选》版："江西反对第三次'围剿'时，"⑬。1941年版："例如中央苏区第二……"⑭ 1951年《毛选》版："例如江西第二次、"⑮。"中央苏区"修改为"江西"。

---

① 《毛泽东选集》第一卷，人民出版社1951年版，第226页。
② 《中国革命战争的战略问题》，八路军军政杂志社1941年版，第30页。
③ 《毛泽东选集》第一卷，人民出版社1951年版，第204—205页。
④ 《中国革命战争的战略问题》，八路军军政杂志社1941年版，第41页。
⑤ 《毛泽东选集》第一卷，人民出版社1951年版，第219页。
⑥ 《中国革命战争的战略问题》，八路军军政杂志社1941年版，第41页。
⑦ 《毛泽东选集》第一卷，人民出版社1951年版，第219页。
⑧ 《中国革命战争的战略问题》，八路军军政杂志社1941年版，第43页。
⑨ 《毛泽东选集》第一卷，人民出版社1951年版，第220页。
⑩ 《中国革命战争的战略问题》，八路军军政杂志社1941年版，第55页。
⑪ 《毛泽东选集》第一卷，人民出版社1951年版，第236页。
⑫ 《中国革命战争的战略问题》，八路军军政杂志社1941年版，第33页。
⑬ 《毛泽东选集》第一卷，人民出版社1951年版，第208页。
⑭ 《中国革命战争的战略问题》，八路军军政杂志社1941年版，第33页。
⑮ 《毛泽东选集》第一卷，人民出版社1951年版，第209页。

1941年版："红军与苏区优良条件，"①。1951年《毛选》版："红军的优良条件，"②。1941年版："一方面顾到苏区人民……"③1951年《毛选》版："一方面顾到人民……"④1941年版："放弃了许多苏区，"⑤。1951年《毛选》版："放弃了许多地方。"⑥删除"苏区"，《问题》此修改除此之外还有多处。

如"中央苏区"修改为"江西的一些同志""江西中央区""江西中央根据地""江西根据地"和"江西"等。

1941年版："这和中央苏区的号召红军打南昌，"⑦。1951年《毛选》版："这和江西的一些同志号召红军打南昌，"⑧。"中央苏区"修改为"江西的一些同志"。

1941年版："中央苏区反对五次围剿斗争中……"⑨1951年《毛选》版："江西中央区反对第五次'围剿'斗争中……"⑩"中央苏区"修改为"江西中央区"。

1941年版："是五次围剿中的中央苏区，"⑪。1951年《毛选》版："是在反对第五次'围剿'中丧失了江西中央根据地。"⑫"中央苏区"修改为"江西中央根据地"。

1941年版："到了中央苏区第一次围剿时，"⑬。1951年《毛选》版："到了江西根据地第一次反'围剿'时，"⑭。"中央苏区"修改为"江西根据地"。

---

① 《中国革命战争的战略问题》，八路军军政杂志社1941年版，第26页。
② 《毛泽东选集》第一卷，人民出版社1951年版，第201页。
③ 《中国革命战争的战略问题》，八路军军政杂志社1941年版，第26页。
④ 《毛泽东选集》第一卷，人民出版社1951年版，第201页。
⑤ 《中国革命战争的战略问题》，八路军军政杂志社1941年版，第30页。
⑥ 《毛泽东选集》第一卷，人民出版社1951年版，第204页。
⑦ 《中国革命战争的战略问题》，八路军军政杂志社1941年版，第21页。
⑧ 《毛泽东选集》第一卷，人民出版社1951年版，第194页。
⑨ 《中国革命战争的战略问题》，八路军军政杂志社1941年版，第21页。
⑩ 《毛泽东选集》第一卷，人民出版社1951年版，第194页。
⑪ 《中国革命战争的战略问题》，八路军军政杂志社1941年版，第24页。
⑫ 《毛泽东选集》第一卷，人民出版社1951年版，第197页。
⑬ 《中国革命战争的战略问题》，八路军军政杂志社1941年版，第29页。
⑭ 《毛泽东选集》第一卷，人民出版社1951年版，第204页。

1941年版："中央苏区叫做'诱敌深入',"①。1951年《毛选》版："江西叫做'诱敌深入',"②。1941年版："过去中央苏区一二三次围剿时,"③。1951年《毛选》版："在过去江西反对第一、二、三次'围剿'时,"④。"中央苏区"修改为"江西"。

如"苏维埃战争"修改为"土地革命战争""革命战争""我们的战争"和"国内战争"等。

1941年版："一九二七年至现在的苏维埃战争"⑤。1951年《毛选》版："一九二七年至现在的土地革命战争"⑥。"苏维埃战争"修改为"土地革命战争"。

1941年版："干了十年的苏维埃战争,"⑦。1951年《毛选》版："干了十年的革命战争,"⑧。"苏维埃战争"修改为"革命战争"。

1941年版："苏维埃战争吃这种亏……"⑨ 1951年《毛选》版："我们的战争吃这种亏……"⑩ "苏维埃战争"修改为"我们的战争"。

1941年版："这是中国苏维埃战争……"⑪ 1951年《毛选》版："这是国内战争……"⑫ "中国苏维埃战争"修改为"国内战争"。

如"苏维埃运动"修改为"革命运动"等。

1941年版："全国苏维埃运动就有了……"⑬ 1951年《毛选》版："中国革命运动,从此就有了……"⑭

1941年版："全国苏维埃运动就有了正确的理论基础和行动指

---

① 《中国革命战争的战略问题》,八路军军政杂志社1941年版,第31页。
② 《毛泽东选集》第一卷,人民出版社1951年版,第205页。
③ 《中国革命战争的战略问题》,八路军军政杂志社1941年版,第32页。
④ 《毛泽东选集》第一卷,人民出版社1951年版,第207页。
⑤ 《中国革命战争的战略问题》,八路军军政杂志社1941年版,第12页。
⑥ 《毛泽东选集》第一卷,人民出版社1951年版,第182页。
⑦ 《中国革命战争的战略问题》,八路军军政杂志社1941年版,第53页。
⑧ 《毛泽东选集》第一卷,人民出版社1951年版,第234页。
⑨ 《中国革命战争的战略问题》,八路军军政杂志社1941年版,第36页。
⑩ 《毛泽东选集》第一卷,人民出版社1951年版,第213页。
⑪ 《中国革命战争的战略问题》,八路军军政杂志社1941年版,第53页。
⑫ 《毛泽东选集》第一卷,人民出版社1951年版,第233页。
⑬ 《中国革命战争的战略问题》,八路军军政杂志社1941年版,第15页。
⑭ 《毛泽东选集》第一卷,人民出版社1951年版,第186页。

针。"[1] 1951年《毛选》版："中国革命运动，从此就有了正确的理论基础。"[2]

1941年版："给了中国苏维埃运动以很大的损失。"[3] 1951年《毛选》版："给了中国革命以很大的损失。"[4]

如"苏区根据地"修改为"革命根据地"或"根据地"等。

1941年版："任何一个苏维埃根据地……"[5] 1951年《毛选》版："任何一个革命根据地……"[6]"苏维埃根据地"修改为"革命根据地"。

1941年版："苏区根据地也已经建立。"[7] 1951年《毛选》版："包含几百万人口的根据地已经存在。"[8]"苏区根据地"修改为"根据地"。

还有其他的一些修改，如"苏维埃红军"修改为"红军"，1941年版："如果苏维埃红军一旦改变到……"[9] 1951年《毛选》版："如果红军一旦改变到……"[10] 如"苏维埃利益"修改为"革命利益"，1941年版："……拥护苏维埃利益的人员。"[11] 1951年《毛选》版："……拥护革命利益的人员。"[12] 如"苏维埃国家"修改为"我们的国家"，1941年版："现在苏维埃国家成立了，"[13]。1951年《毛选》版："现在我们的国家已成立了，"[14]。如"苏维埃战史"修改为"中国红军的战史"，1941年版："在苏维埃战史中，"[15]。1951年《毛选》版："在中国红军的战史中，"[16]。如删除"苏维埃"，1941年版："苏维埃中央政府……"[17] 1951年《毛选》版："中央政

---

[1]《中国革命战争的战略问题》，八路军军政杂志社1941年版，第15页。
[2]《毛泽东选集》第一卷，人民出版社1951年版，第186页。
[3]《中国革命战争的战略问题》，八路军军政杂志社1941年版，第21页。
[4]《毛泽东选集》第一卷，人民出版社1951年版，第194页。
[5]《中国革命战争的战略问题》，八路军军政杂志社1941年版，第19页。
[6]《毛泽东选集》第一卷，人民出版社1951年版，第191页。
[7]《中国革命战争的战略问题》，八路军军政杂志社1941年版，第51页。
[8]《毛泽东选集》第一卷，人民出版社1951年版，第231页。
[9]《中国革命战争的战略问题》，八路军军政杂志社1941年版，第22页。
[10]《毛泽东选集》第一卷，人民出版社1951年版，第195页。
[11]《中国革命战争的战略问题》，八路军军政杂志社1941年版，第26页。
[12]《毛泽东选集》第一卷，人民出版社1951年版，第201页。
[13]《中国革命战争的战略问题》，八路军军政杂志社1941年版，第30页。
[14]《毛泽东选集》第一卷，人民出版社1951年版，第205页。
[15]《中国革命战争的战略问题》，八路军军政杂志社1941年版，第46页。
[16]《毛泽东选集》第一卷，人民出版社1951年版，第224页。
[17]《中国革命战争的战略问题》，八路军军政杂志社1941年版，第51页。

府……"①等。

通过校勘发现，1951年《毛选》版将1941年版中凡是提到的"苏区""苏维埃"等词都修改了，或删除了。

苏维埃，是俄文COBET的音译，"代表会议或'委员会'"之意，是十月革命之后苏联施行的一项基本政治制度。1931年11月中国共产党成立中华苏维埃共和国临时中央政府，1937年9月正式结束苏维埃国家政权形式。1936年秋毛泽东在写《问题》时，中华苏维埃共和国临时中央政府还存在，所以还有"苏区""苏维埃"的提法。抗日民族统一战线建立后，中华苏维埃共和国临时中央政府取消，加之全面抗日战争、解放战争时期，中国共产党领导的政权形式已与苏维埃的模式不同，中华人民共和国成立后，行政机构等组织形式更与苏维埃的模式不同，不再提"苏区""苏维埃"是从现实出发的，同时也有一些去苏维埃化的意味。

第四，"暴动"改为"起义"等。

1951年《毛选》版将1941年版内关于中国的"暴动"都修改为"武装起义"或"起义"了。

1941年版："命令全国暴动，企图革命迅速胜利，"②。1951年《毛选》版："命令全国举行武装起义，企图使全国革命迅速胜利。"③"暴动"修改为"武装起义"。

1941年版："游击队初起，领导者对于敌我形势看得不正确，看见自己在一地方用突然的暴动胜利了，"④。1951年《毛选》版："革命的游击队初起，领导者对于敌我形势往往看得不正确。他们看见自己在一个地方用突然的武装起义胜利了，"⑤。"游击队"修改为"革命的游击队"，"暴动"修改为"武装起义"。

1941年版："南昌暴动广州暴动是失败了。秋收暴动……"⑥ 1951年《毛选》版："南昌起义〔三一〕、广州起义〔三二〕是失败了，秋收起义

---

① 《毛泽东选集》第一卷，人民出版社1951年版，第231页。
② 《中国革命战争的战略问题》，八路军军政杂志社1941年版，第21页。
③ 《毛泽东选集》第一卷，人民出版社1951年版，第193页。
④ 《中国革命战争的战略问题》，八路军军政杂志社1941年版，第23页。
⑤ 《毛泽东选集》第一卷，人民出版社1951年版，第196页。
⑥ 《中国革命战争的战略问题》，八路军军政杂志社1941年版，第29页。

〔三三〕……"①"暴动"修改为"起义"。

1941年版:"南昌暴动失败后保存的部队,"②。1951年《毛选》版:"南昌起义失败后保存的部队,"③。"暴动"修改为"起义"。

1941年版:"秋收暴动在湘鄂赣边界地区的部队,"④。1951年《毛选》版:"秋收起义〔三三〕在湘鄂赣边界地区的红军,"⑤。"暴动"修改为"起义","部队"修改为"红军"("部队"修改为"红军"见下文分析)。

1951年《毛选》版将1941年版内关于苏联的"十月暴动"和马克思说的"暴动"也都修改为"起义"或"武装起义"了。

1941年版:"就是在十年暴动的准备时期,"⑥。1951年《毛选》版:"就是在十月起义的准备时期,"⑦。"十年"修改为"十月","十年"应是误印。"暴动"修改为"起义"。

1941年版:"马克思说的暴动之后一刻也不应该停止进攻,这是说的乘敌不备而突然暴动起来的群众,"⑧。1951年《毛选》版:"马克思说的武装起义之后一刻也不应该停止进攻〔二〇〕,这是说乘敌不备而突然起义的群众,"⑨。"暴动"修改为"武装起义"或"起义"。

毛泽东著作中"暴动"和"起义"在使用频率上存在差异,1949年以前毛泽东著作版本中,"暴动"使用频率远远高于"起义",中华人民共和国成立后,毛泽东将他著作中"暴动"全部修改为"武装起义"或"起义"。据曹展明的研究,中国共产党人的文献中,1935年以前"暴动"使用频率远远高于"起义",1935年以后"起义"使用频率逐渐高于"暴动",这方面的变化,曹展明认为有多种原因。⑩一般来说,"起义"是褒义词,有"仗义

---

① 《毛泽东选集》第一卷,人民出版社1951年版,第203页。
② 《中国革命战争的战略问题》,八路军军政杂志社1941年版,第29页。
③ 《毛泽东选集》第一卷,人民出版社1951年版,第203页。
④ 《中国革命战争的战略问题》,八路军军政杂志社1941年版,第29页。
⑤ 《毛泽东选集》第一卷,人民出版社1951年版,第203页。
⑥ 《中国革命战争的战略问题》,八路军军政杂志社1941年版,第24页。
⑦ 《毛泽东选集》第一卷,人民出版社1951年版,第198页。
⑧ 《中国革命战争的战略问题》,八路军军政杂志社1941年版,第25页。
⑨ 《毛泽东选集》第一卷,人民出版社1951年版,第198页。
⑩ 参见曹展明:《对民主革命时期中共话语中"暴动"和"起义"称谓使用变迁的考察——基于九种482篇历史文献的统计数据分析》,《中共党史研究》2016年第9期。

起兵"之义。而"暴动"是中性词,有革命的"暴动",也有反革命的"暴动"。但在中国传统文义中,"暴动"是偏贬义的,如1915年版《辞源》中"暴动"条目,释义为:"聚集众人,为非法之举动,如罢市闹散放火劫狱等事,皆是。"① 把中国共产党领导和苏联领导的武装反抗、起兵,以及关于马克思说的话,由"暴动"修改为"武装起义"或"起义",强调了共产党领导的无产阶级武装斗争的正义性、革命性。

第五,对苏联的论述。

中华人民共和国成立初期,采取"一边倒"倒向苏联的政策,1951年《毛选》版中对苏联的肯定就比1941年版更突出了,这是当时现实的需要和反映。

1941年版:"不知道我们应该尊重苏联的经验,而且应该比较历史上的及别国的东西,还要更加尊重些,因为他们的是最近代革命战争的经验。但尤其应该尊重中国革命战争的经验,为的是中国革命与中国红军又有许多特殊的情况。"② 1951年《毛选》版:"他们不知道:我们固然应该特别尊重苏联的战争经验,因为它是最近代的革命战争的经验,是在列宁、斯大林指导之下获得的;但是我们还应该尊重中国革命战争的经验,因为中国革命和中国红军又有许多特殊的情况。"③ 对待苏联经验由"应该尊重"转变为"固然应该特别尊重",对待自己经验从"尤其应该尊重"转变为"还应该尊重"。1941年版是在尊重苏联经验的基础上更要尊重自己的经验,强调自己经验的重要性,有一种去苏联化的要求在里面。1951年《毛选》版特别强调了苏联经验的重要性。

1941年版:"看做与一般战争相同,或与苏联内战相同,因而采用相同的军事指导路线、甚至一切军事原则,这,在我们的十年战争史中已完全证明其不对了。"④ 1951年《毛选》版:"看做和一般战争相同,或和苏联内

---

① 《辞源》(正续编合订本),商务印书馆1947年版,第711页。曹展明:《对民主革命时期中共话语中"暴动"和"起义"称谓使用变迁的考察——基于九种482篇历史文献的统计数据分析》(《中共党史研究》2016年第9期)此引文注的出处为:《辞源乙种本》,商务印书馆1915年版,第辰43页。
② 《中国革命战争的战略问题》,八路军军政杂志社1941年版,第3页。
③ 《毛泽东选集》第一卷,人民出版社1951年版,第169—170页。
④ 《中国革命战争的战略问题》,八路军军政杂志社1941年版,第14页。

战相同。列宁斯大林领导的苏联内战的经验是有世界的意义的。所有的共产党，中国共产党也同样，都是以这个经验和列宁斯大林对这个经验的理论综合作为指南的。但这并不是说，我们应该在我们的条件下机械地运用这个经验。中国革命战争的许多方面都有其自己的不同于苏联内战的特点。不估计到这种特点，或否认这种特点，当然是错误的。这点在我们的十年战争中已经完全证明了。"[①] 修改前对中国革命战争进程中机械应用苏联经验提出了批判，修改后肯定了苏联经验的世界意义，认为苏联经验是世界上其他共产党的指南，然后再说不要机械地套用苏联经验。

1941年版："如果依照俄国左派共产主义的意见，始终拒绝对德和约时，今天的苏联也就没有了。"[②] 1951年《毛选》版："十月革命后，俄国布尔塞维克如果依照'左派共产主义者'的意见拒绝对德和约时，新生的苏维埃就有夭折的危险。"[③] "今天的苏联也就没有了"修改为"新生的苏维埃就有夭折的危险"，在语气上更加委婉。

在1941年版中，中国共产党内部分领导同志把马列主义教条化，用苏联经验代替中国自己的经验，给中国革命战争带来了巨大的损失，但这并不是说马列主义和苏联经验就是坏的。毛泽东此时对待苏联经验的态度更多的是批判中国共产党内某些领导人的教条化。中华人民共和国成立初期采取"一边倒"的外交政策，一边倒向苏联，全面学习苏联，在这样的形势下，特别强调尊重苏联经验是自然的。但这样做，显然是无奈的、违心的。

第六，关于小资产阶级。

1941年版："中国农民群众与小资产阶级，是愿意积极地参加革命战争，并愿意使战争得到彻底胜利的，然而由于他们的小生产性，使他们的政治眼光受到限制，一部分失业群众则准备着无政府思想。因此他们是革命战争的主力军，但不能成为战争的正确的领导者。"[④] 1951年《毛选》版："中国农民群众和城市小资产阶级群众，是愿意积极地参加革命战争，并愿意使战争得到彻底胜利的。他们是革命战争的主力军；然而他们的小生产的

---

① 《毛泽东选集》第一卷，人民出版社1951年版，第184—185页。
② 《中国革命战争的战略问题》，八路军军政杂志社1941年版，第35页。
③ 《毛泽东选集》第一卷，人民出版社1951年版，第211页。
④ 《中国革命战争的战略问题》，八路军军政杂志社1941年版，第11页。

特点，使他们的政治眼光受到限制（一部分失业群众则具有无政府思想），所以他们不能成为战争的正确的领导者。"①"小资产阶级"修改为"城市小资产阶级群众"。

1941年版："只有无产阶级与共产党能够领导农民、小资产阶级、与资产阶级，克服农民与小资产阶级的狭隘性"②。1951年《毛选》版："只有无产阶级和共产党能够领导农民、城市小资产阶级和资产阶级，克服农民和小资产阶级的狭隘性"③。"小资产阶级"修改为"城市小资产阶级"。

农民中有不同的阶层，自耕农是小资产阶级，半自耕农佃农是半无产阶级，雇农是无产阶级。"农民"中包含农村小资产阶级，"中国农民群众和城市小资产阶级群众"，其中的"城市小资产阶级群众"不是指农村小资产阶级群众，而是指城市小资产阶级群众，这一点，1941年版没有表达清楚，1951年《毛选》版表达清楚了。

第七，肯定中国共产党及其领导的论述。

关于研究革命战争规律，1941年版："出发于我们消灭一切战争的志愿。"④1951年《毛选》版在此句后边增加了"这是区别我们共产党人和一切剥削阶级的界线"⑤。表明共产党人和剥削阶级研究战争规律的不同在于是否要求消灭一切战争，追求永久和平。

1941年版："任何的革命战争如果没有或违背无产阶级与共产党的领导，那个战争是一定失败或不能进入彻底胜利的。"⑥1951年《毛选》版："任何的革命战争如果没有或违背无产阶级和共产党的领导，那个战争是一定要失败的。"⑦"战争是一定失败或不能进入彻底胜利的"修改为"战争是一定要失败的"，修改后，更加充分肯定了无产阶级和中国共产党的领导地位，对中国共产党的政策、理论宣传是有必要的，更加肯定了中国共产党的领导。

---

① 《毛泽东选集》第一卷，人民出版社1951年版，第181页。
② 《中国革命战争的战略问题》，八路军军政杂志社1941年版，第11页。
③ 《毛泽东选集》第一卷，人民出版社1951年版，第181—182页。
④ 《中国革命战争的战略问题》，八路军军政杂志社1941年版，第4页。
⑤ 《毛泽东选集》第一卷，人民出版社1951年版，第172页。
⑥ 《中国革命战争的战略问题》，八路军军政杂志社1941年版，第11页。
⑦ 《毛泽东选集》第一卷，人民出版社1951年版，第181页。

关于无产阶级及共产党，1941年版："才是比较最没有狭隘性与自私自利性，比较最有远大的政治眼光与最有组织性，"[①]。1951年《毛选》版："才最没有狭隘性和自私自利性，最有远大的政治眼光和最有组织性，"[②]。"比较最没有"修改为"最没有"，"比较最有"修改为"最有"。修改后，进一步强调了无产阶级和中国共产党的地位，对中国共产党的政策、理论宣传是有必要的，更加肯定了中国共产党的领导。

1941年版："领导战争的，惟一的只有共产党。"[③] 1951年《毛选》版在这句话后边增加"共产党已经形成了对于革命战争的绝对的领导权"[④]。修改后，肯定了中国共产党对土地革命战争的绝对领导。

1941年版："就使得中国革命战争虽处在中国与世界的反动时期，然而红军是能够胜利的，因为他有共产党的领导与农民的援助。"[⑤] 1951年《毛选》版："中国革命战争虽然是处在中国和资本主义世界的反动时期，然而是能够胜利的，因为它有共产党的领导和农民的援助。"[⑥] "世界的反动时期"修改为"资本主义世界的反动时期"，修改前没有说明，修改后说明了。"红军是能够胜利的"修改为中国革命战争能够胜利。中华人民共和国成立后中国共产党所处地位和环境的变化，使得仅提红军的胜利是不全面的。修改后，范围扩大了，但是相对于当时的条件，修改前的是比较合理的。但不论修改前的红军能够胜利还是修改后中国革命战争能够胜利，都是因为中国共产党的领导和农民的援助。

第八，对革命战争的论述。

1941年版："战争——从有阶级社会以来就开始了的"[⑦]。1951年《毛选》版："战争——从有私有财产和有阶级以来就开始了的"[⑧]。增加了"私有财产"。私有财产产生阶级，私有财产和阶级产生战争，1951年《毛选》版对"战争"的理解更加深刻。

[①] 《中国革命战争的战略问题》，八路军军政杂志社1941年版，第11页。
[②] 《毛泽东选集》第一卷，人民出版社1951年版，第181页。
[③] 《中国革命战争的战略问题》，八路军军政杂志社1941年版，第12页。
[④] 《毛泽东选集》第一卷，人民出版社1951年版，第182页。
[⑤] 《中国革命战争的战略问题》，八路军军政杂志社1941年版，第16页。
[⑥] 《毛泽东选集》第一卷，人民出版社1951年版，第189页。
[⑦] 《中国革命战争的战略问题》，八路军军政杂志社1941年版，第2页。
[⑧] 《毛泽东选集》第一卷，人民出版社1951年版，第168页。

1941年版："从地域条件看，各个国家各个民族均有其特点，因而战争规律也有其特点，同样不能呆板移用。"① 1951年《毛选》版："从地域的条件看，各个国家各个民族特别是大国家大民族均有其特点，因而战争规律也各有其特点，同样不能呆板地移用。"② 增加"特别是大国家大民族"。各个国家和民族有其特点，但大国家大民族的特点（主要矛盾）更具有代表性，因而大国家大民族的战争规律也有其特点。应重视这些特点，尤其是大国家大民族的战争规律（主要规律）的特点。

1941年版："历史上的战争，只有革命与反革命的两类，我们是拥护革命战争反对反革命战争的。神圣的战争，仅仅属于革命战争一方面，我们是拥护神圣的民族革命战争与神圣的阶级革命战争的。人类的生活是由三个大时代组成——人类和平生活时代，人类战争生活时代，与再一个人类和平生活时代。我们现在是处在第二个与第三个时代的交点，人类战争生活时代将要由我们之手而结束，我们所做的战争，毫无疑义的是最后一次战争。我们的战争是最后的一次，但毫无疑义又是最大的与最残酷的一次。"③ 1951年《毛选》版："历史上的战争，只有正义的和非正义的两类。我们是拥护正义战争反对非正义战争的。一切反革命战争都是非正义的，一切革命战争都是正义的。人类的战争生活时代将要由我们之手而结束，我们所进行的战争，毫无疑义地是属于最后战争的一部分。但是我们所面临的战争，毫无疑义又是最大的和最残酷的战争的一部分。"④ "革命与反革命"修改为"正义的和非正义"。"拥护革命战争反对反革命战争"修改为"拥护正义战争反对非正义战争"，删除"人类的生活是由三个大时代组成……"修改后，强调了一切革命战争都是正义的。

1941年版："人类革命战争的旗帜是拯救人类的旗帜，中国革命战争的旗帜，是拯救中国的旗帜。"⑤ 1951年《毛选》版："人类正义战争的旗帜是拯救人类的旗帜，中国正义战争的旗帜是拯救中国的旗帜。"⑥ 从宏观上

---

① 《中国革命战争的战略问题》，八路军军政杂志社1941年版，第3页。
② 《毛泽东选集》第一卷，人民出版社1951年版，第170页。
③ 《中国革命战争的战略问题》，八路军军政杂志社1941年版，第4页。
④ 《毛泽东选集》第一卷，人民出版社1951年版，第171页。
⑤ 《中国革命战争的战略问题》，八路军军政杂志社1941年版，第4页。
⑥ 《毛泽东选集》第一卷，人民出版社1951年版，第172页。

看人类战争、中国战争，正义战争战胜非正义战争有普遍意义，而革命战争战胜反革命战争则相对特殊，从宏观上论人类战争、中国战争，用"正义战争"替代"革命战争"，更合理。

1941年版："人类大多数与中国大多数举行的战争，毫无疑义的是神圣战争，是正义战，是拯救人类拯救中国出于毁灭的至高无上的荣誉的事业，是把全历史转到新时代的桥梁，是把全地球翻成新世界的灯塔。"[1] 1951年《毛选》版："人类的大多数和中国人的大多数所举行的战争，毫无疑义地是正义的战争，是拯救人类拯救中国的至高无上的荣誉的事业，是把全世界历史转到新时代的桥梁。人类社会进步到消灭了阶级，消灭了国家，到了那时，什么战争也没有了，反革命战争没有了，革命战争也没有了，非正义战争没有了，正义战争也没有了，这就是人类的永久和平的时代。"[2] 修改后，强调了人类社会发展的方向是消灭战争。

1941年版："长征是第四个阶段，由于否认小游击与小流动，就来了一个大游击与大流动。"[3] 1951年《毛选》版："长征是第四个阶段。由于错误地否认小游击和小流动，就来了一个大游击和大流动。"[4] 修改后，强调了否认小游击和小流动是错误的。

第九，对"左"倾机会主义和右倾机会主义的论述。

1941年版："中国共产党在革命战争中，除了犯过陈独秀主义与李立三主义两个错误之外"[5]。1951年《毛选》版："中国共产党在革命战争中，除了犯过陈独秀右倾机会主义和李立三'左'倾机会主义两个错误之外"[6]。"陈独秀主义"修改为"陈独秀右倾机会主义"，"李立三主义"修改为"李立三'左'倾机会主义"。修改后，标明了两个错误的性质，否则有的读者可能不知道两个错误有什么区别。

1941年版："就向着正确的原则作斗争，"[7]。1951年《毛选》版：

---

[1] 《中国革命战争的战略问题》，八路军军政杂志社1941年版，第4页。
[2] 《毛泽东选集》第一卷，人民出版社1951年版，第172页。
[3] 《中国革命战争的战略问题》，八路军军政杂志社1941年版，第51页。
[4] 《毛泽东选集》第一卷，人民出版社1951年版，第231页。
[5] 《中国革命战争的战略问题》，八路军军政杂志社1941年版，第12页。
[6] 《毛泽东选集》第一卷，人民出版社1951年版，第183页。
[7] 《中国革命战争的战略问题》，八路军军政杂志社1941年版，第30页。

"'左'倾机会主义者就向着正确的原则作斗争，"①。增加"'左'倾机会主义者"。修改后，"左倾机会主义"的"左"加了引号，区分了中国共产党的"左"与"左倾机会主义"的"左"。1951年《毛选》版将1941年版的"左倾机会主义"的"左"均加了引号。左和左倾，在中国革命中出现了两种不同的情况，一种是革命的、革命方向正确的；另一种是貌似革命，行为非常激进，其实是超越客观可能，是盲动、冒险，给革命带来严重损失，实际不是革命的，是错误的。为了区别正确和错误的左和左倾，在1950年代，就给错误的左和左倾加上了引号。即"左"和"左"倾表示是错误的左和左倾，是贬义的。②

1941年版："是一九三五——一九三六年张国焘的右倾机会主义，这个错误发展到破坏了党与红军的纪律，使一部份红军遭受严重的损失"③。1951年《毛选》版："是在一九三五年至一九三六年的张国焘右倾机会主义，这个错误发展到破坏了党和红军的纪律，使一部分红军主力遭受了严重的损失"④。"红军"修改为"红军主力"。1941年版关于张国焘路线："西路军在河西的失败，是这个路线的最后的破产。"⑤1951年《毛选》版："红军第四方面军的西路军在黄河以西的失败〔一九〕，是这个路线的最后的破产。"⑥"西路军"修改为"红军第四方面军的西路军"。修改后，说明了西路军属红四方面军，但不够严谨，西路军并非全部是由红四方面军人员组成，其中还有红一方面军人员。"河西"修改为"黄河以西"，修改后更明白。"红军"修改为"红军主力"，"红军主力三个方面军已经统一指挥"⑦，说明毛泽东一直是承认张国焘所领导的第四方面军是红军的主要组成部分的，也说明了西路军是党的队伍，而不是张国焘个人的队伍，肯定了西路军的地位。

---

① 《毛泽东选集》第一卷，人民出版社1951年版，第204页。
② 贬义的"左"和"左"倾加引号，关于这个问题，1982年2月4日中共中央文献研究室给胡乔木写了请示报告，强调了20世纪50年代以来的通行用法，褒义的左和左倾不打引号，贬义的左和左倾都打引号。胡乔木批示："同意。"详见《党史资料通讯》1982年第8期，第12—13页。
③ 《中国革命战争的战略问题》，八路军军政杂志社1941年版，第12页。
④ 《毛泽东选集》第一卷，人民出版社1951年版，第183页。
⑤ 《中国革命战争的战略问题》，八路军军政杂志社1941年版，第24页。
⑥ 《毛泽东选集》第一卷，人民出版社1951年版，第197页。
⑦ 《毛泽东选集》第一卷，人民出版社1951年版，第231页。

1941年版："立三主义主张废弃人民武装与小的游击战争，"①。1951年《毛选》版："我们主张的集中兵力，并不包括放弃人民的游击战争在内。立三路线主张废弃小的游击战争，"②。修改后，更清楚说明了李立三"左"倾机会主义的错误主张是什么。

1941年版："然而这种错误，往往有一种左倾轻敌的错误为之先行，一九三二年进攻中心城市的军事冒险主义，不能不是后来五次围剿中消极防御路线的根源。"③ 1951年《毛选》版："领导者们畏敌如虎，处处设防，节节抵御，不敢举行本来有利的向敌人后方打去的进攻，也不敢大胆放手诱敌深入，聚而歼之，结果丧失了整个根据地，使红军做了一万二千多公里的长征。然而这种错误，往往有一种'左'倾轻敌的错误为之先行。一九三二年进攻中心城市的军事冒险主义，正是后来在对付敌人第五次'围剿'中采取消极防御路线的根源。"④ 修改后，更清楚说明了王明"左"倾机会主义的错误主张是什么。

第十，其他的一些政治性、思想性修改。

1941年版："轻视国民党军队，对敌人采用的新原则视若无睹，结果是受了历史的惩罚。"⑤ 1951年《毛选》版："轻视帝国主义和国民党的力量，轻视国民党军队的力量，对敌人采用的反动的新原则视若无睹。结果，是丧失了除了陕甘边区以外的一切革命根据地，使红军由三十万人降到了几万人，使中国共产党由三十万党员降到了几万党员，而在国民党区域的党组织几乎全部丧失。总之，是受了一次极大的历史性的惩罚。他们自称为马克思列宁主义者，其实一点马克思列宁主义也没有学到。列宁说：'马克思主义的最本质的东西，马克思主义的活的灵魂，就在于具体地分析具体的情况。'〔一〇〕我们的这些同志恰是忘记了这一点。"⑥ 1951年《毛选》版解释了"历史的惩罚"的具体表现，并解释了遭受"历史的惩罚"的原因是没有理论联系实际，没有从实际出发"具体地分析具体的情况"。这是对王

---

① 《中国革命战争的战略问题》，八路军军政杂志社1941年版，第48页。
② 《毛泽东选集》第一卷，人民出版社1951年版，第227页。
③ 《中国革命战争的战略问题》，八路军军政杂志社1941年版，第24页。
④ 《毛泽东选集》第一卷，人民出版社1951年版，第197页。
⑤ 《中国革命战争的战略问题》，八路军军政杂志社1941年版，第14页。
⑥ 《毛泽东选集》第一卷，人民出版社1951年版，第185—186页。

明等"左"倾机会主义错误的有力批判。

1941年版："因而把行动引向错误的道路，精神上解除了防御的武器，许多游击队因此失败了。"① 1951年《毛选》版："敌强我弱，原是客观地存在的现象，可是人们不愿意想一想，一味只讲进攻，不讲防御和退却，在精神上解除了防御的武装，因而把行动引到错误的方向。许多游击队因此失败了。"② 对游击队失败的原因分析更加透彻。

1941年版："财政粮食问题，不待说对于反对围剿是有决定意义的，"③。1951年《毛选》版："财政和粮食问题，不待说对于反对'围剿'是有重大意义的。"④ "决定意义"修改为"重大意义"，财政和粮食问题地位不再占据决定地位。

1941年版："可是军事冒险主义，则坚决反对此种步骤，他们的主张是御敌于国门之外。对于这种主张，过去曾发生过激烈的争论，而且直到经过长久岁月，证明这种主张是严重地危害着苏维埃战争时，才把他打翻。"⑤ 1951年《毛选》版："可是，军事冒险主义者则坚决反对此种步骤，他们的主张是所谓'御敌于国门之外'。"⑥ 删除"对于这种主张，过去曾发生过激烈的争论，而且直到经过长久岁月，证明这种主张是严重地危害着苏维埃战争时，才把他打翻"。修改后更简明。

关于十六字诀，1941年版："立三路线以前的中央是承认了的，而且发布到了全国。"⑦ 1951年《毛选》版："立三路线以前的中央是承认了的。"⑧ 删除"而且发布到了全国"。

1941年版："这种看起来好像革命的左倾意见，来源于小资产阶级的革命急燥病，"⑨。1951年《毛选》版："这种看起来好像革命的'左'倾意见，来源于小资产阶级知识分子的革命急躁病，"⑩。"左倾意见"修改为

---

① 《中国革命战争的战略问题》，八路军军政杂志社1941年版，第23页。
② 《毛泽东选集》第一卷，人民出版社1951年版，第196页。
③ 《中国革命战争的战略问题》，八路军军政杂志社1941年版，第27页。
④ 《毛泽东选集》第一卷，人民出版社1951年版，第201页。
⑤ 《中国革命战争的战略问题》，八路军军政杂志社1941年版，第27页。
⑥ 《毛泽东选集》第一卷，人民出版社1951年版，第202页。
⑦ 《中国革命战争的战略问题》，八路军军政杂志社1941年版，第29页。
⑧ 《毛泽东选集》第一卷，人民出版社1951年版，第204页。
⑨ 《中国革命战争的战略问题》，八路军军政杂志社1941年版，第35页。
⑩ 《毛泽东选集》第一卷，人民出版社1951年版，第211页。

"'左'倾意见","小资产阶级"修改为"小资产阶级知识分子"。修改后的表述更合理。

1941年版:"战略退却,在没有经验时,说服干部与人民的问题是更加困难的问题。"① 1951年《毛选》版:"战略退却,在干部和人民还没有经验时,在军事领导的权威还没有达到把战略退却的决定权集中到最少数人乃至一个人的手里而为干部所信服的地步时,说服干部和人民的问题是一个十分困难的问题。"② 修改后,强调了干部与人民的经验,以及军事领导的权威对于说服干部和人民的重要性。

1941年版:"游击主义有两方面。一方面是非正规性,就是不集中,不统一,缺乏纪律,简单现象等,"③。1951年《毛选》版:"游击主义有两方面。一方面是非正规性,就是不集中、不统一、纪律不严、工作方法简单化等。"④ "缺乏纪律"修改为"纪律不严",增加"工作方法简单化等",对游击主义的说明更加全面。

1941年版:"击溃其十个团不如歼灭其一个团。"⑤ 1951年《毛选》版:"击溃其十个师不如歼灭其一个师。"⑥ "团"修改为"师",可以更好地说明打歼灭战的意义。

……

(5)1951年《毛选》版删除1941年版的文字

1951年《毛选》版删除1941年版的文字主要包括外国战争例子的删除,地图和地图说明文字的删除以及一些随着环境变化而需要变化的文字删除。这些删除也包括部分政治思想的删除。具体如下。

第一,删除外国战争的一些例子。

删除的外国战争例子主要有法国拿破仑进攻俄国失败的例子、第一次欧战法国战胜德国的例子和同时期德军打胜俄军的例子等。

1941年版:"拿破仑举三十万大兵进攻俄国,俄国政府听从了主张'放

---

① 《中国革命战争的战略问题》,八路军军政杂志社1941年版,第36页。
② 《毛泽东选集》第一卷,人民出版社1951年版,第213页。
③ 《中国革命战争的战略问题》,八路军军政杂志社1941年版,第52页。
④ 《毛泽东选集》第一卷,人民出版社1951年版,第232页。
⑤ 《中国革命战争的战略问题》,八路军军政杂志社1941年版,第55页。
⑥ 《毛泽东选集》第一卷,人民出版社1951年版,第237页。

弃并烧毁莫斯科京城然后再打'的军事家的意见，拒绝了'京城怎么好放弃更怎么好烧毁'的许多庸俗的军事家与政治家的意见，陷拿破仑饥疲困苦、后路被扰乱、军队被包围的绝境，不得不引退，俄军乘机反攻，拿破仑仅剩五万人逃去，成了拿破仑一生中空前的大败仗，也是世界战史上有名的大败仗。"

"一九一四年八月，第一次欧战时，法国开始企图御敌于国门之外，集中大军于德法交界。及见德军不走此路，又仓促转移至法比交界。一战失败后，才断然改变方针，大举向巴黎退却，尽弃北部工业与农业区。然而这个伟大的战略退却是非常正确的，干这件事是要有非常的决心与毅力才行的。虽然德国以仅仅一星期的时间，以近百万的大军，长驱直迫巴黎郊外，然而德军却疲劳了，兵力也减损了，军心也放肆了，战线也延长了。法军则缩了短防线，增加了兵力，激怒了人心。两军强弱的对比，因此起了变化。法国于是集中主力于巴黎西北部，包围德军右翼，一战而胜，把称雄一世的德军打退到法国北部，不得不改取守势，给了整个战争以决定的影响。这是最近代的一个最有名的大战。"

"就是在欧战中，而且与上述西战场的作战同时，还有一个德军打胜俄军的战役，也是鼎鼎有名的大战，这即是东普鲁士战役。当德军悉力于西战场时，俄军以出于德军意料之外的速度，集中了大军，乘虚攻入东普鲁士，长驱直进，柏林震动。兴登堡收集不满十万的军队，连同西战场调回的一部份在内，在优劣悬殊的力量对比之下，当俄军的两个纵队分路锐进之时，且进入了困难的地形条件（池沼地带）之时，集中主力击破其左路，俘虏九万余人，俄军右路仓惶退却，兴登堡以此声震世界。"

"上述古代的、中世的、近代的许多例子，证明处于被攻地位以弱敌强的军队，在战争或战役的开始阶段中，不得不采取战略防御方针，等候有利时机转入反攻。因为只有这种方针，才能取得胜利，不然则是必败之道。"①

1941年版："不但法军在一九一四年八月二十一日开始的退却，是时机决择的恰到好处，成为后来反攻胜利的第一个先决条件，是一个可佩服的英断。"②

1941年版："欧战时强大的德军，同时间的主要作战方向始终只有一

---

① 《中国革命战争的战略问题》，八路军军政杂志社1941年版，第28—29页。
② 《中国革命战争的战略问题》，八路军军政杂志社1941年版，第35页。

个。军事评论家对于一九一四年八九月间因东普鲁士危急抽调西战场少数兵力东援,还有认为错误的。假如西战场的不得手,这个抽调是其主要原因或原因之一的话,那末,这个批评是正确的。"①

以上,1951年《毛选》版都删除了。

1941年版列举了古代的、中世的、近代的一些国内外战争例子,主要是为了说明处于被攻地位、以弱敌强的军队,在战争或战役的开始阶段中,要采取战略防御方针,等候有利时机转入反攻。只有采取这种方针,才能取得胜利,否则是必败之道。1951年《毛选》版只留下了中国的战争例子和少数的苏联等外国战争例子,删除了许多外国的战争例子。这是重视中国战争经验的体现,如果过分重视外国经验,唯外国经验为上,并生搬硬套于中国战争实践,是毫无益处的。在中国的战争实践中,要取得胜利,应重视总结、学习中国战争实践的经验教训并用于指导中国的战争实践。1951年《毛选》版删除外国战争例子是合理的。

第二,删除战役图及其说明文字。

1941年版有五幅战役图和相关战役图说明文字,1951年《毛选》版删除了战役图和相关说明文字。

1941年版:"当时的红军约四万人,集中于黄陂、小布地区,如第一图。"② 1951年《毛选》版删除"如第一图"。

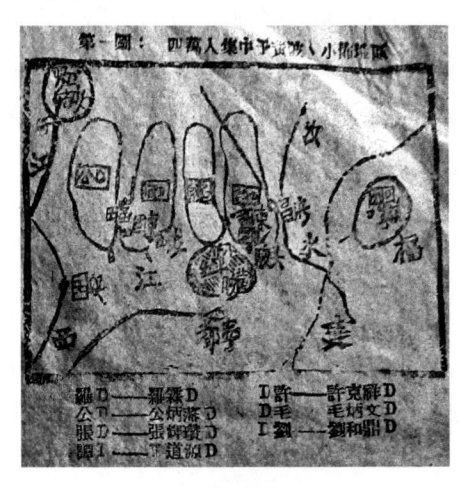

第一图

---

① 《中国革命战争的战略问题》,八路军军政杂志社1941年版,第47页。
② 《中国革命战争的战略问题》,八路军军政杂志社1941年版,第39页。

1941年版第一幅战役图说明："第一图：四万人集中于黄陂、小布地区"①。

1941年版："第二次围剿，敌之进攻与我之集中如第二图"②。1951年《毛选》版将本句删除。

1941年版第二幅战役图说明："第二图：第二次围剿，敌之进攻与我之集中图"③。

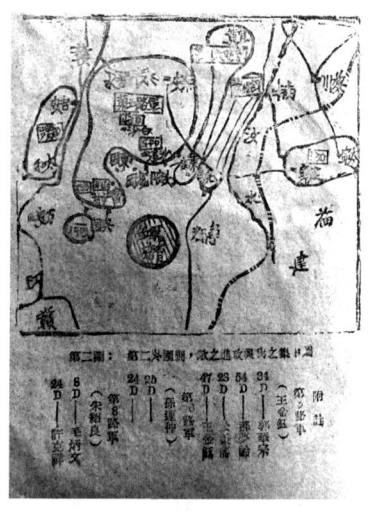

第二图

1941年版："第三次围剿的敌我形势，如第三图。"④ 1951年《毛选》版将本句删除。

1941年版第三幅战役图说明："第三图：第三次围剿良村战役时的敌我形势图"⑤。

---

① 《中国革命战争的战略问题》，八路军军政杂志社1941年版，第38页。
② 《中国革命战争的战略问题》，八路军军政杂志社1941年版，第40页。
③ 《中国革命战争的战略问题》，八路军军政杂志社1941年版，第39页。
④ 《中国革命战争的战略问题》，八路军军政杂志社1941年版，第40页。
⑤ 《中国革命战争的战略问题》，八路军军政杂志社1941年版，第41页。

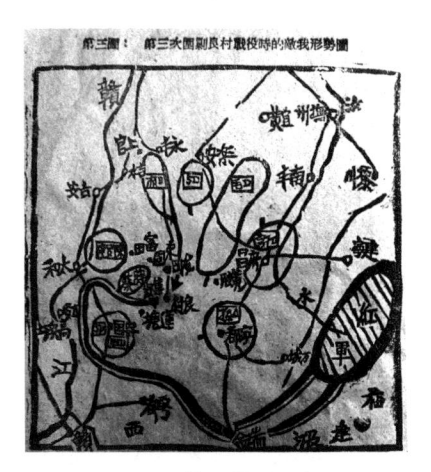

第三图

1941年版："第四次围剿敌我形势，如第四图。"① 1951年《毛选》版将本句删除。

1941年版第四幅战役图说明："第四图：第四次围剿敌我形势图"②。

第四图

1941年版："当时初战的形势如第五图。"③ 1951年《毛选》版将本句删除。

1941年版第五幅战役图说明："第五图：第五次围剿中初期的敌我形

---

① 《中国革命战争的战略问题》，八路军军政杂志社1941年版，第42页。
② 《中国革命战争的战略问题》，八路军军政杂志社1941年版，第42页。
③ 《中国革命战争的战略问题》，八路军军政杂志社1941年版，第43页。

势图"①。

第五图

1941年版有战役图和战役图说明文字,这在一定程度上有助于读者更直观更深刻地理解文章内所列举的战争情况,也有助于战争研究者更深刻地研究战争。1951年《毛选》版删除这些战役图和战役图说明文字,在一定程度上对理解和研究文义是不利的。

第三,其他的一些删除。

关于反攻阶段中的许多问题,1941年版:"在基本性质上,这些问题的原则,应用于反攻或进攻,都是相同的。"②该句意思和此处前一句意思一致,1951年《毛选》版删除。

1951年《毛选》版删除了1941年版关于全线出击的口号:"在革命前进时,当作一个政治口号是对的,但当作军事口号就不对了。"③1941年版认为全线出击的口号在政治上是对的,在军事上是错的。1951年《毛选》版删除了本句话,即否定了全线出击的口号。全线出击即全面出击、四面出击,是王明"左"倾路线上台后于1932年提出的。1935年1月召开的遵义会议结束了王明"左"倾机会主义、冒险主义在军事上的统治。实际上确立了以毛泽东为代表的正确路线的领导。但在政治上,对于土地革命战争时期王明的"左"倾路线还未批判。所以只在军事上否定全线出击的口号,在政治上

---

① 《中国革命战争的战略问题》,八路军军政杂志社1941年版,第43页。
② 《中国革命战争的战略问题》,八路军军政杂志社1941年版,第38页。
③ 《中国革命战争的战略问题》,八路军军政杂志社1941年版,第47页。

还没有否定。1942年整风运动以后，全党上下对王明"左"倾错误路线有了深刻认识。1945年4月20日中共六届七中全会通过的《关于若干历史问题的决议》，彻底否定、批判了王明"左"倾路线。1951年《毛选》版彻底否定全线出击的方针，是自然的，是实事求是的。

1951年《毛选》版删除了1941年版的一些战例："高兴圩，水口圩一类的战役是不足为法的，历来都认为是失本生意。我们的经典是必须有所缴获。"① 以上内容是毛泽东在讲述歼灭战时列举的一个例子，但高兴圩、水口圩战役是失本生意，没有缴获，更谈不上歼灭。且在《问题》第五章第六节《集中兵力问题》中已经深入探讨，此处删除是有一定道理的。

1951年《毛选》版删除了1941年版关于歼灭战的内容："整团整师之敌被歼灭的事，事实上当然是不常见的，但一有可能，我们的计划就应向着他。争取大部歼灭，是我们经常计划的出发点。"② 以上内容是毛泽东在讲述歼灭战的内容。1936年之前的中国共产党领导的红军数量相对较少，而敌人军队的数量极其庞大，红军对敌作战时很少能够整团整师地消灭敌人。经过土地革命和抗日战争，中国共产党领导的军队已经完全可以整团整师地歼灭敌人，特别是在解放战争中，整团整师地歼灭敌人是很常见的，甚至可以全歼以军为单位的敌人。1941年版的提法有点过时。1951年《毛选》版删除这句话是根据实际情况的发展而修改的。

1951年《毛选》版删除了1941年版《问题》全文最后一段："全世界又将有一场大消耗战要到来，第一次帝国主义大战已曾大拼其消耗，然而这不足为从无到有从小到大的革命暴动与革命战争所取法。这样的暴动与战争，主要的依靠进攻与消灭对手而解决自己的问题。"③ 对于从无到有从小到大经历了革命战争、经历了五次反"围剿"和二万五千里长征的有生军力极少的中国共产党来说，不允许打消耗战，更打不起消耗战。但抗日战争，则是一场有目的的消耗战——持久战。1941年版的提法已经过时，也不利于宣传。1951年《毛选》版删除这句话是根据实际情况的发展而修改的。

---

① 《中国革命战争的战略问题》，八路军军政杂志社1941年版，第55页。
② 《中国革命战争的战略问题》，八路军军政杂志社1941年版，第55—56页。
③ 《中国革命战争的战略问题》，八路军军政杂志社1941年版，第56页。

3. 增加了题解、注释

1951年《毛选》版增加了题解，对《问题》的写作背景和写作目的等作了介绍，有助于读者更好地理解文章。1951年《毛选》版加了38条注释，如对书中人物孙武子、洪教头、左丘明等历史人物和对陈独秀、李立三等时代人物进行了注释，对1931年至1934年的"左"倾机会主义、1935年至1936年的张国焘右倾机会主义、流寇主义、土匪主义等进行了注释，对遵义会议、湘赣边界党的第一次代表大会、长征、南昌起义、广州起义、秋收起义等进行了注释，对庐山军官训练团、AB团、布列斯特条约等团体进行了注释，等等（以下谈1991年版对1951年《毛选》版注释的修改，可以具体参见）。这有助于读者更好地理解文义。

六、对《中国革命战争的战略问题》修改的思考

1951年，毛泽东在《毛选》中对1936年12月因西安事变而停笔、经部分修改后的《问题》进行修改。1991年，中共中央文献研究室在1951年《毛选》和研究的基础上再次对《问题》进行了修改，可以从以下几个方面来理解。

（一）修改后的表述、提法更全面、更准确、更科学

如"一脚踢翻了王教头"修改为"一脚踢翻了洪教头"，记述人物更加准确。

如"是一九三二——一九三五年的左倾机会主义"修改为"是在一九三一年至一九三四年的'左'倾机会主义"，修改后的时间更加准确。

如"中心区与边区"修改为"中心区和边缘区"，修改后的表述更加科学。

如"政治的与军事的路线，不是自然地平安地产生与发展起来的"修改为"正确的政治的和军事的路线，不是自然地平安地产生和发展起来的"，修改后的表述更加全面。

1991年《毛选》版对1951年《毛选》版的修改，也体现了科学性。"一九三一年五月二十九日……"修改为"一九三一年五月三十一日……""朱

绍良的第八路军……"修改为"朱绍良的第六路军……"这些都经过了考证，才将错误纠正过来，体现了实事求是的精神。

（二）有的修改强调要了解、研究中国国情

如删除的外国战争例子。删除"不但法军在一九一四年八月二十一日开始的退却，是时机决择的恰到好处，成为后来反攻胜利的第一个先决条件，是一个可佩服的英断。"等等。更加注重中国的实际。

如"'拼消耗'的主张，对于红军是不识时宜的。"修改为"'拼消耗'的主张，对于中国红军来说是不识时宜的。""红军"修改为"中国红军"，突出了中国革命战争的特殊性。

（三）有些修改反映了国际、国内形势变化的影响

国际、国内形势的变化，是毛泽东思想发展的实践依据。毛泽东修改《问题》，是对国际、国内形势变化的反映。

如在对待国民党的态度上："只要照着中国政府或军事学校颁布的那些条令去做就得了。"修改为："只要照着反动的中国政府或反动的中国军事学校出版的那些军事条令去做就得了。""首先在国民党军队中提出这个问题的是柳维垣"修改为"首先在国民党军队中提出在这个问题上的新意见的是国民党的反动将军柳维垣"。以上都增加了"反动的"，突出了国民党的反动性。全面抗日战争时期，从巩固和发展抗日民族统一战线出发，中国共产党对国民党的批评是有限度的，不说国民党政府是反动的。抗日战争胜利后，国民党政府逆历史潮流而动，走上反和平、反人民、反共的道路，成了反革命的反动政府，最终被中国共产党领导全国人民推翻。1951年《毛选》版说国民党政府是"反动"的，是社会和历史发展的反映。

如将"苏区"修改为"红色区域""革命根据地""根据地""地方""我区""赣南根据地""江西根据地""江西"或删除等。"老苏区"修改为"老区"。"中央苏区"修改为"江西的一些同志""江西中央区""江西中央根据地""江西根据地"和"江西"等。"苏维埃道路"修改为"革命道路"。"苏维埃红军"修改为"红军"。"苏维埃人民"修改为"人民"。"苏区人民"修改为"根据地人民"。"全国苏维埃运动"修

改为"中国革命运动"。"苏维埃利益"修改为"革命利益"。"苏维埃国家"修改为"我们的国家"。"苏维埃战争"修改为"我们的战争""国内战争"和"革命战争"等。"苏维埃战史"修改为"中国红军的战史"。"苏区领土"修改为"根据地领土"和"领土"等。"苏区根据地"修改为"根据地"。"苏维埃中央政府"修改为"中央政府"等。"苏区""苏维埃"等改掉,主要是全面抗日战争、解放战争时期,中国共产党领导的政权形式已与苏维埃的模式不同,中华人民共和国成立后,行政机构等组织形式更与苏维埃的模式不同,不再提"苏维埃"是社会和历史的发展决定的。

1941年版:"看做与一般战争相同,或与苏联内战相同,因而采用相同的军事指导路线、甚至一切军事原则,这,在我们的十年战争史中已完全证明其不对了。"[1] 1951年《毛选》版:"看做和一般战争相同,或和苏联内战相同。列宁斯大林领导的苏联内战的经验是有世界的意义的。所有的共产党,中国共产党也同样,都是以这个经验和列宁斯大林对这个经验的理论综合作为指南的。但这并不是说,我们应该在我们的条件下机械地运用这个经验。中国革命战争的许多方面都有其自己的不同于苏联内战的特点。不估计到这种特点,或否认这种特点,当然是错误的。这点在我们的十年战争中已经完全证明了。"[2] 修改前对中国革命战争进程中机械应用苏联经验提出了批判,修改后肯定了苏联经验的世界意义,是世界上其他共产党的指南,然后再说不要机械地运用。中华人民共和国成立初期,采取"一边倒"倒向苏联的政策,1951年《毛选》版中对苏联的肯定更突出了,这是当时形势的需要和反映。

(邹武龙初稿　周一平修改)

---

[1] 《中国革命战争的战略问题》,八路军军政杂志社1941年版,第14页。
[2] 《毛泽东选集》第一卷,人民出版社1951年版,第184—185页。

附录：

人民出版社1951年《毛泽东选集》第一卷版、晋察冀日报社1946年《党的政策选集》版与八路军军政杂志社1941年《中国革命战争的战略问题》版校勘记

凡例

1. 《中国革命战争的战略问题》的各版本简称如下：

八路军军政杂志社1941年《中国革命战争的战略问题》版，简称"1941年版"。

晋察冀日报社1946年《党的政策选集》版，简称"1946年版"。

人民出版社1951年《毛泽东选集》第一卷版，简称"1951年《毛选》版"。

2. 凡1941年版、1946年版与1951年《毛选》版标点、文字、注释等不同之处，均在每栏（每列）相同的位置写出各自的文字。

3. 空行。每栏（列）中的空行，表示上下文字之间有分段，或略去了相同的文字。

4. 各版本中增、删文字的表示：1941年版和1946年版的文字，1951年《毛选》版没有，即删除了，则在1941年版和1946年版栏（列）中列出文字，1951年《毛选》版栏（列）中相应处注"○"。1951年《毛选》版增加的文字，1941年版和1946年版没有，1951年《毛选》版栏（列）中列出文字，1941年版和1946年版栏（列）中相应处注"○"。

5. 1951年《毛选》版增加的题解、注释。"*"表示增加了题解。数字加"〔 〕"，是增加了的注释号，表示增加了注释，注释文字略。例如："……是客观实际〔一〕"，此处"〔一〕"即是增加的注释号。

6. 凡出现"（按：××××）"为校勘需要所加，非原文内容，无"（按：××××）"而有括号的为原文内容。

1941年版	1946年版	1951年《毛选》版
中国革命战争的战略问题 毛泽东 这本小书是一九三六年秋季作为当时红军大学的教本而写的，目的在总结内战的经验。只完成五章，尚有战略进攻，战略转移，政治工作，及其他许多问题，没有工夫再写了。四年来只有油印本，兹应军政杂志社之请，用铅印出版，藉供党内同志们参考。这是一场大争论的结果，是表示一个路线反对另一个路线的意见，对于目前的抗日战争还是有用的。 一九四一年二月二十三日著者识。	中国革命战争的战略问题 毛泽东 这本小书是一九三六年秋季作为当时红军必学的教本而写的，目的在总结内战的经验。只完成五章，尚有战略进攻，战略转移，政治工作，及其他许多问题，没有功夫再写了。四年来只有油印本，兹应军政杂志社之请，用铅印出版，藉供党内同志们参考。这是一场大争论的结果，是表示一个路线反对另一个路线的意见，对于目前的抗日战争还是有用的。 一九四一年二月二日著者识。	中国革命战争的战略问题* （一九三六年十二月） *毛泽东同志的这部著作，是为着总结第二次国内革命战争的经验而写的，当时曾在建立于陕北的红军大学作过讲演。据著者说，本书只完成五章，尚有战略进攻、政治工作及其他问题，因为西安事变发生，没有工夫再写，就搁笔了。这是第二次国内革命战争时期党内在军事问题上的一场大争论的结果，是表示一个路线反对另一个路线的意见。对于这个路线上的争论，一九三五年一月党中央的遵义会议作出了结论，肯定了毛泽东同志的意见，而否定了错误路线的意见。在一九三五年十月中央移到陕北以后，毛泽东同志随即在十二月作了《论反对日本帝国主义的策略》的讲演，系统地解决了第二次国内革命战争时期党的政治路线上的问题。第二年，即一九三六年，毛泽东同志又写了本书，系统地说明了有关中国革命战争战略方面的诸问题。
第一章 如何研究战争 一 战争规律是发展的 战争规律——这是任何指导战争的人不能不研究不能不解决的问题。	第一章 如何研究战争 一 战争规律是发展的 战争规律——这是任何指导战争的人不能不研究不能不解决的问题。	第一章 如何研究战争 第一节 战争规律是发展的 战争的规律——这是任何指导战争的人不能不研究和不能不解决的问题。

（续表）

1941年版	1946年版	1951年《毛选》版
革命战争规律——这是任何指导革命战争的人不能不研究不能不解决的问题。	革命战争规律——这是任何指导革命战争的人不能不研究不能不解决的问题。	革命战争的规律——这是任何指导革命战争的人不能不研究和不能不解决的问题。
中国革命战争规律——这是任何指导中国革命战争的人不能不研究不能不解决的问题。	中国革命战争规律——这是任何指导中国革命战争的人不能不研究不能不解决的问题。	中国革命战争的规律——这是任何指导中国革命战争的人不能不研究和不能不解决的问题。
我们现在是从事战争，我们的战争是革命战争，我们的革命战争是在中国这个半殖民地的政治经济环境里进行的，因此，我们不但要研究一般的战争规律，	我们现在是从事战争，我们的战争是革命战争，我们的革命战争是在中国这个半殖民地的半封建的国度里进行的，因此，我们不但研究一般的战争规律，	我们现在是从事战争，我们的战争是革命战争，我们的革命战争是在中国这个半殖民地的半封建的国度里进行的。因此，我们不但要研究一般战争的规律，
还要研究特殊的革命战争的规律，还要研究更特殊的中国革命战争的规律。	还要研究特殊的革命战争的规律，还要研究更特殊的中国革命战争的规律。	还要研究特殊的革命战争的规律，还要研究更加特殊的中国革命战争的规律。
他的性质，他与以外事情的关联，	他的性质，他与以外事情的关联，	它的性质，它和它以外的事情的关联，
战争——从有阶级社会以来就开始了的、用以解决阶级与阶级、民族与民族、国家与国家、政治集团与政治集团之间、在一定发展阶段上的矛盾之一种最高的斗争形式，不懂得他的情形，他的性质，他同以外事情的关联，	战争——从有阶级社会以来就开始了的、用以解决阶级与阶级、民族与民族、国家与国家、政治集团与政治集团之间、在一定发展阶段上的矛盾之一种最高的斗争形式，不懂得他的情形，他的性质，他同以外事情的关联，	战争——从有私有财产和有阶级以来就开始了的、用以解决阶级和阶级、民族和民族、国家和国家、政治集团和政治集团之间、在一定发展阶段上的矛盾的一种最高的斗争形式。不懂得它的情形，它的性质，它和它以外事情的关联，
革命战争——革命的阶级战争与革命的民族战争，在一般的战争情形与性质之外，有他特殊的情形与性质，	革命战争——革命的阶级战争与革命的民族战争，在一般的战争情形与性质之外，有他特殊的情形与性质，	革命战争——革命的阶级战争和革命的民族战争，在一般战争的情形和性质之外，有它的特殊的情形和性质。
因此在一般的战争规律之外，有他的一些特殊的规律，不懂得这些特殊的情形与性质，不懂得他的特殊的规律，	因此在一般的战争规律之外，有他的一些特殊的规律，不懂得这些特殊的情形与性质，不懂得他的特殊的规律，	因此，在一般的战争规律之外，有它的一些特殊的规律。不懂得这些特殊的情形和性质，不懂得它的特殊的规律，
就不能指导革命战争，就不能在革命战争中打胜仗。	就不能指导革命战争，就不能在革命战争中打胜仗。	就不能指导革命战争，就不能在革命战争中打胜仗。

（续表）

1941年版	1946年版	1951年《毛选》版
中国革命战争——不论是国内战争或民族战争，是在中国特殊的环境之内进行的，比较一般的战争，一般的革命战争，	中国革命战争——不论是国内战争或民族战争，是在中国的特殊环境之内进行的，比较一般的战争，一般的革命战争，	中国革命战争——不论是国内战争或民族战争，是在中国的特殊环境之内进行的，比较一般的战争，一般的革命战争，
又有他的特殊情形与特殊性质，因此在一般战争与一般革命战争的规律之外，又有他的一些特殊的规律，如果不懂得这些，	又有他的特殊情形与特殊性质，因此在一般战争与一般革命战争的规律之外，又有他的一些特殊的规律，如果不懂得这些，	又有它的特殊的情形和特殊的性质。因此，在一般战争和一般革命战争的规律之外，又有它的一些特殊的规律。如果不懂得这些，
所以，我们应该研究一般战争的规律，也应该研究一般革命战争的规律，最后，	所以，我们应该研究一般战争的规律，也应该研究一般革命战争的规律，最后，	所以，我们应该研究一般战争的规律；也应该研究革命战争的规律；最后，
有一种意见是不对的，我们早已批驳了这种意见了，就是说：	有一种意见是不对的，我们早已批驳了这种意见了，就是说：	有一种人的意见是不对的，我们早已批驳了这种意见了；他们说：
具体的说，只要照着中国政府或军事学校颁布的那些条令去做就得了。	具体的说，只要照着中国政府或军事学校颁布的这些条令去做就得了。	具体地说，只要照着反动的中国政府或反动的中国军事学校出版的那些军事条令去做就得了。
如果我们一模一样照抄来用，丝毫也不变更其形式与内容，就一定削足适履，要打败仗。	如果我们一模一样照抄来用，丝毫也不变更其形式与内容，就一定削足适履，要打败仗。	如果我们一模一样地照抄来用，丝毫也不变更其形式和内容，就一定是削足适履，要打败仗。
他们的理由是：过去流过血来的东西，为什么要不得？不知道我们应该尊重过去流血的经验，但还应该尊重自己流血的经验。	他们的理由是：过去流过血来的东西，为什么要不得？不知道我们应该尊重过去流血的经验，但还应该尊重自己流血的经验。	他们的理由是：过去流过血得来的东西，为什么要不得？他们不知道：我们固然应该尊重过去流血的经验，但是还应该尊重自己流血的经验。
又有一种意见也是不对的，我们也早已批驳了这种意见了，就是说：	又有一种意见也是不对的，我们也早已批驳了这种意见了，就是说：	又有一种人的意见也是不对的，我们也早已批驳了这种意见了；他们说：
具体的说，只要照着苏联内战的指导规律及其颁布的条令去做就得了。	具体的说，只要照着苏联内战的指导规律及其颁布的条令去做就得了。	具体地说，只要照着苏联内战的指导规律和苏联军事机关颁布的军事条令去做就得了。

（续表）

1941年版	1946年版	1951年《毛选》版
他们不知道苏联的规律与条令，包含着苏联内战与苏联红军的特殊性，如果我们一模一样抄了来用，不允许任何变更，	他们不知道苏联的规律与条令，包含着苏联内战与苏联红军的特殊性，如果我们一模一样抄了来用，不允许任何变更，	他们不知道：苏联的规律和条令，包含着苏联内战和苏联红军的特殊性，如果我们一模一样地抄了来用，不允许任何的变更，
他们的理由是：苏联是革命战争，我们也是革命战争，	他们的理由是：苏联是革命战争，我们也是革命战争，	这些人的理由是：苏联的战争是革命的战争，我们的战争也是革命的战争，
不知道我们应该尊重苏联的经验，而且应该比较历史上的及别国的东西，还要更加尊重些，因为他们的是最近代革命战争的经验。但尤其应该尊重中国革命战争的经验，为的是中国革命与中国红军又有许多特殊的情况。	不知道我们应该尊重苏联的经验，而且应该比较历史上的及别国的东西，还要更加尊重些，因为他们的是最近代革命战争的经验。但尤其应该尊重中国革命战争的经验，为的是中国革命与中国红军又有许多特殊的情况。	他们不知道：我们固然应该特别尊重苏联的战争经验，因为它是最近代的革命战争的经验，是在列宁、斯大林指导之下获得的；但是我们还应该尊重中国革命战争的经验，因为中国革命和中国红军又有许多特殊的情况。
再有一种意见也是不对的，我们也早就批驳了这种意见了，就是说：一九二六——一九二七年的北伐战争的经验是最好的，我们应该学习他，具体的说，学北伐战争的长驱直进与夺取大城市。	再有一种意见也是不对的，我们也早就批驳了这种意见了，就是说：一九二六——一九二七年的北伐战争的经验是最好的，我们应该学习他，具体的说，学北伐战争的长驱直进与夺取大城市。	再有一种人的意见也是不对的，我们也早就批驳了这种意见了；他们说：一九二六年至一九二七年的北伐战争的经验是最好的，我们应该学习它，具体地说，学北伐战争的长驱直进和夺取大城市。
他们不知道北伐战争的经验是应该学习的，但不能刻板抄用，	他们不知道北伐战争的经验是应该学习的，但不能刻板抄用，	他们不知道：北伐战争的经验是应该学习的，但是不应该刻板地抄用，
决定不同的战争指导规律，有时间地域与性质的差别。	决定不同的战争指导规律，有时间地域与性质的差别。	决定着不同的战争指导规律，有时间、地域和性质的差别。
从时间条件说，战争与战争指导规律都是发展的，	从时间条件说，战争与战争指导规律都是发展的，	从时间的条件说，战争和战争指导规律都是发展的，
因而战争规律也有其特点，不能呆板移用于不同的阶段。	因而战争规律也有其特点，不能呆板移用于不同的阶段。	因而战争规律也各有其特点，不能呆板地移用于不同的阶段。

(续表)

1941年版	1946年版	1951年《毛选》版
从战争的性质看，革命战争与反革命战争，革命的阶级战争与革命的民族战争，各有其不同的特点，因而战争规律也各有其特点，不能呆板互相移用。	从战争的性质看，革命战争与反革命战争，革命的阶级战争与革命的民族战争，各有其不同的特点，因而战争规律也各有其特点，不能呆板互相移用。	从战争的性质看，革命战争和反革命战争，各有其不同的特点，因而战争规律也各有其特点，不能呆板地互相移用。
从地域条件看，各个国家各个民族均有其特点，因而战争规律也有其特点，同样不能呆板移用。	从地域条件看，各个国家各个民族均有其特点，因而战争规律也有其特点，同样不能呆板移用。	从地域的条件看，各个国家各个民族特别是大国家大民族均有其特点，因而战争规律也各有其特点，同样不能呆板地移用。
我们研究在各个不同历史阶段，各个不同性质，不同地域与民族上的战争的指导规律，应该着眼其特点，与着眼其发展，反对战争问题中的机械论。	我们研究在各个不同历史阶段，各个不同性质，不同地域与民族上的战争的指导规律，应该着眼其特点，与着眼其发展，反对战争问题中的机械论。	我们研究在各个不同历史阶段、各个不同性质、不同地域和民族的战争的指导规律，应该着眼其特点和着眼其发展，反对战争问题上的机械论。
还不止此。一个人指挥战争，小兵团的指挥与大兵团的指挥是不相同的，起初会指挥小兵团，后来又会指挥大兵团，这对于他是进步了发展了。	还不止此，一个人指挥战争，小兵团的指挥与大兵团的指挥是不相同的，起初会指挥小兵团，后来又会指挥大兵团，这对于他是进步了发展了。	还不止此。对于一个指挥员来说，起初会指挥小兵团，后来又会指挥大兵团，这对于他是进步了，发展了。
一个地方与许多地方也不相同，起初会在某一熟悉的地方作战，	一个地方与许多地方也不相同，起初会在某一熟悉的地方作战，	一个地方和许多地方也不相同。起初会在某一熟悉的地方作战，
这对于他又是进步了发展了。因敌我双方技术、组织、战术、战略的发展，一个战争中各阶段的情形也不相同，	这对于他又是进步了发展了。因敌我双方技术、组织、战术、战略的发展，一个战争中各阶段的情形也不相同，	这对于一个指挥员又是进步了，发展了。因为敌我双方的技术、战术、战略的发展，一个战争中各阶段的情形也不相同。
这对于他更是进步与发展了。	这对于他更是进步与发展了。	这对于一个指挥员更是进步和发展了。
停顿于某一一定兵团、一定地方，一定阶段，这叫做没有进步与没有发展。	停顿于某一一定兵团、一定地方，一定阶段，这叫做没有进步与没有发展。	只能适用于一定兵团、一定地方和战争发展的一定阶段，这叫做没有进步和没有发展。

（续表）

1941年版	1946年版	1951年《毛选》版
有一种人，抱着一技之长与一孔之见，	有一种人，抱着一技之长与一孔之见，	有一种人，抱着一技之长和一孔之见，
但没有大的作用，我们要求有大的作用的战争指导者。	但没有大的作用，我们要求有大的作用的战争指导者。	但是没有大的作用。我们要求有大的作用的战争指导者。
依照战争的发展而发展，一成不变的东西是没有的。	依照战争的发展而发展，一成不变的东西是没有的。	依照战争的发展而发展；一成不变的东西是没有的。
二 战争的目的在于消灭战争	二 战争的目的在于消灭战争	第二节 战争的目的在于消灭战争
人类社会的发展终久要把他消灭的，而且就在最近的将来会要把他消灭的。但是消灭他的方法只有一个，	人类社会的发展终久要把他消灭的，而且就在最近的将来会要把他消灭的。但是消灭他的方法只有一个，	人类社会的发展终久要把它消灭的，而且就在不远的将来会要把它消灭的。但是消灭它的方法只有一个，
历史上的战争，只有革命与反革命的两类，我们是拥护革命战争反对反革命战争的。神圣的战争，仅仅属于革命战争一方面，我们是拥护神圣的民族革命战争与神圣的阶级革命战争的。人类的生活是由三个大时代组成——人类和平生活时代，人类战争生活时代，与再一个人类和平生活时代。我们现在是处在第二个与第三个时代的交点，人类战争生活时代将要由我们之手而结束，我们所做的战争，毫无疑义的是最后一次战争。	历史上的战争，只有革命与反革命的两类，我们是拥护革命战争反对反革命战争的。神圣的战争，仅仅属于革命战争一方面，我们是拥护神圣的民族革命战争与神圣的阶级革命战争的。人类的生活是由三个大时代组成——人类和平生活时代，人类战争生活时代，与再一个人类和平生活时代。我们现在是处在第二个与第三个时代的交点，人类战争生活时代将要由我们之手而结束，我们所做的战争，毫无疑义的是最后一次战争。	历史上的战争，只有正义的和非正义的两类。我们是拥护正义战争反对非正义战争的。一切反革命战争都是非正义的，一切革命战争都是正义的。人类的战争生活时代将要由我们之手而结束，我们所进行的战争，毫无疑义地是属于最后战争的一部分。
我们的战争是最后的一次，但毫无疑义又是最大的与最残酷的一次。	我们的战争是最后的一次，但毫无疑义又是最大的与最残酷的一次。	但是我们所面临的战争，毫无疑义又是最大的和最残酷的战争的一部分。
最大与最残酷的反革命战争，迫临在我们的头上，我们如果不打起革命战争的旗帜，人类的大多数就要遭到毁灭。	最大与最残酷的反革命战争，迫临在我们的头上，我们如果不打起革命战争的旗帜，人类的大多数就要遭到毁灭。	最大的和最残酷的非正义的反革命的战争，迫临在我们的头上，我们如果不打起正义战争的旗帜，人类的大多数就要遭受摧残。

《中国革命战争的战略问题》版本研究

(续表)

1941年版	1946年版	1951年《毛选》版
人类革命战争的旗帜是拯救人类的旗帜，中国革命战争的旗帜，是拯救中国的旗帜。	人类革命战争的旗帜是拯救人类的旗帜，中国革命战争的旗帜，是拯救中国的旗帜。	人类正义战争的旗帜是拯救人类的旗帜，中国正义战争的旗帜是拯救中国的旗帜。
人类大多数与中国大多数举行的战争，毫无疑义的是神圣战争，是正义战，是拯救人类拯救中国出于毁灭的至高无上的荣誉的事业，是把全历史转到新时代的桥梁，是把全地球翻成新世界的灯塔。	人类大多数与中国大多数举行的战争，毫无疑义的是神圣战争，是正义战，是拯救人类拯救中国出于毁灭的至高无上的荣誉的事业，是把全历史转到新时代的桥梁，是把全地球翻成新世界的灯塔。	人类的大多数和中国人的大多数所举行的战争，毫无疑义地是正义的战争，是拯救人类拯救中国的至高无上的荣誉的事业，是把全世界历史转到新时代的桥梁。人类社会进步到消灭了阶级，消灭了国家，到了那时，什么战争也没有了，反革命战争没有了，革命战争也没有了，非正义战争没有了，正义战争也没有了，这就是人类的永久和平的时代。
我们研究革命战争的规律，出发于我们消灭一切战争的志愿。	我们研究革命战争的规律，出发于我们消灭一切战争的志愿。	我们研究革命战争的规律，出发于我们要求消灭一切战争的志愿，这是区别我们共产党人和一切剥削阶级的界线。
三 战略问题是研究战争全局的规律的东西	三 战略问题是研究战争全局的规律的东西	第三节 战略问题是研究战争全局的规律的东西
世界是战争的一全局，一国是战争的一全局，一独立的游击区，一独立的苏区，或以大的独立作战方面，也是战争的一全局，凡属带有要照顾各方面与各阶级的性质的，都是战争的全局。	世界是战争的一全局，一国是战争的一全局，一独立的游击区，一独立的苏区，或一大的独立作战方面，也是战争的一全局，凡属带有要照顾各方面与各阶段的性质的，都是战争的全局。	只要有战争，就有战争的全局。世界可以是战争的一全局，一国可以是战争的一全局，一个独立的游击区、一个大的独立的作战方面，也可以是战争的一全局。凡属带有要照顾各方面和各阶段的性质的，都是战争的全局。
是战役学与战术学的任务。	是战役学与战术学的任务。	是战役学和战术学的任务。
向着战役指挥员及战术指挥员要求了解某种程度的战略上的规律，何以成为必要呢？	向着战役指挥员及战术指挥员要求了解某种程度的战略上的规律，何以成为必要呢？	要求战役指挥员和战术指挥员了解某种程度的战略上的规律，何以成为必要呢？

(续表)

1941年版	1946年版	1951年《毛选》版
在于懂得了全局性的东西，就更会使用局部性的东西，在于局部性的东西是隶属于全局性的东西的。	在于懂得了全局性的东西，就更会使用局部性的东西，在于局部性的东西是隶属于全局性的东西的。	因为懂得了全局性的东西，就更会使用局部性的东西，因为局部性的东西是隶属于全局性的东西的。
说战略胜利决定于战术胜利的这种意见，我们曾经给他批驳了。因为这种意见没有看见战争的胜败，主要与首先的问题，在对于全局与各阶段之关照得好或关照得不好来决定。	说战略胜利决定于战术胜利的这种意见，我们曾经给他批驳了。因为这种意见没有看见战争的胜败，主要与首先的问题，在对于全局与各阶段之关照得好或关照得不好来决定。	说战略胜利取决于战术胜利的这种意见是错误的，因为这种意见没有看见战争的胜败的主要和首先的问题，是对于全局和各阶段的关照得好或关照得不好。
如果全局与各阶段的关照有了重要的缺点或错误，	如果全局与各阶段的关照有了重要的缺点或错误，	如果全局和各阶段的关照有了重要的缺点或错误，
而不是某种带局部性的即对全局无决定意义的一着。	而不是某种带局部性的即对全局无决定意义的一着。	而不是那种带局部性的即对全局无决定意义的一着。
不能脱离局部性而独立，全局是由他的一切局部构成的，某些局部破坏了或失败了，全局可以不起重大的影响，	不能脱离局部性而独立，全局是由他的一切局部构成的，某些局部破坏了或失败了，全局可以不起重大的影响，	不能脱离局部而独立，全局是由它的一切局部构成的。有的时候，有些局部破坏了或失败了，全局可以不起重大的影响，
就因为这些局部不是对于全局有决定意义的东西。	就因为这些局部不是对于全局有决定意义的东西。	就是因为这些局部不是对于全局有决定意义的东西。
战争中某些战术上或战役上的失败或不成功，	战争中某些战术上或战役上的失败或不成功，	战争中有些战术上或战役上的失败或不成功，
这里说的多数战役与某一二个战役，	这里说的多数战役与某一二个战役，	这里说的多数战役和某一二个战役，
就都是决定的东西了。战争历史中有在连战皆捷之后吃了一个败仗以至全功尽弃的，有的吃了许多败仗之后打了一个胜仗因而开展了新局面的。	就都是决定的东西了。战争历史中有在连战皆捷之后吃了一个败仗以至全功尽弃的，有在吃了许多败仗之后打了一个胜仗因而开展了新局面的。	就都是决定的东西了。战争历史中有在连战皆捷之后吃了一个败仗以至全功尽弃的，有在吃了许多败仗之后打了一个胜仗因而开展了新局面的。
这里说的"连战皆捷"与"许多败仗"都是局部的，对于全局不起决定的东西。这里说的"一个败仗"，与"一个胜仗"，	这里说的"连战皆捷"与"许多败仗"都是局部的，对于全局不起决定的东西。这里说的"一个败仗"与"一个胜仗"，	这里说的"连战皆捷"和"许多败仗"，都是局部性的，对于全局不起决定作用的东西。这里说的"一个败仗"和"一个胜仗"，

《中国革命战争的战略问题》版本研究

（续表）

1941年版	1946年版	1951年《毛选》版
都在说明全局观照的重要性。	都在说明全局观照的重要性。	都在说明关照全局的重要性。
主要的是依据情况，照顾部队与兵团的组成问题，	主要的是依据情况，照顾部队与兵团的组成问题，	主要地是依据情况，照顾部队和兵团的组成问题，
照顾我方全部活动与敌方全部活动之间的关系问题，这些都是最吃力的地方与最吃力的时节。	照顾我方全部活动与敌方全部活动之间的关系问题，这些都是最吃力的地方与最吃力的时节。	照顾我方全部活动和敌方全部活动之间的关系问题，这些都是最吃力的地方，
说到全局与局部的关系，不但战略与战役的关系是如此，战役与战术的关系也是如此。	说到全局与局部的关系，不但战略与战役的关系是如此，战役与战术的关系也是如此。	说到全局和局部的关系，不但战略和战役的关系是如此，战役和战术的关系也是如此。
师的动作与团营动作的关系，连的动作与排班动作的关系，就是实例。	师的动作与团营动作的关系，连的动作与排班动作的关系，就是实例。	师的动作和团营动作的关系，连的动作和排班动作的关系，就是实例。
任何一级首长，他的注意重心，应放在那些对于他所指挥的全局最重要最有决定意义的问题或动作上，而不应以其他的问题或动作放在自己注意的第一位。	任何一级首长，他的注意重心，应放在那些对于他所指挥的全局最重要最有决定意义的问题或动作上，而不应以其他的问题或动作放在自己注意的第一位。	任何一级的首长，应当把自己注意的重心，放在那些对于他所指挥的全局说来最重要最有决定意义的问题或动作上，而不应当放在其他的问题或动作上。
说重要，说有决定意义，不能按照一般的或抽象的情况去规定。必须按照具体的情况去规定。	说重要，说有决定意义，不能按照一般的或抽象的情况去规定，必须按照具体的情况去规定。	说重要，说有决定意义，不能按照一般的或抽象的情况去规定，必须按照具体的情况去规定。
作战时选择突击方向与突击点，要按照当前的敌情地形与自己兵力的情况去规定。	作战时选择突击方向与突击点，要按照当前的敌情地形与自己兵力的情况去规定。	作战时选择突击方向和突击点，要按照当前的敌情、地形和自己兵力的情况去规定。
在给养丰富的地方注意力放在不要吃得太饱上面，给养不足的地方却在于注意不使饿肚。	在给养丰富的地方注意力放在不许吃得太饱上面，给养不足的地方却在于注意不使饿肚。	在给养丰富的地方要注意不使战士吃得太饱，在给养不足的地方却要注意不使战士饿肚。
在白区，可以因为仅仅一个消息的走漏而使尔后的战斗失败。	在白区，可以因为仅仅一个消息的走漏而使尔后的战斗失败。	在白色区域，可以因为仅仅一个消息的走漏而使尔后的战斗失败；

（续表）

1941年版	1946年版	1951年《毛选》版
在苏区，则走漏消息的问题常常不是最重要的。	在苏区，则走漏消息的问题常常不是最重要的。	在红色区域，则走漏消息的问题常常不是最重要的。
是选择校长教员与规定教育方针。一个民众大会，主要应注意动员到会与提出口号的恰当。	是选择校长教员与规定教育方针，一个民众大会，主要应注意动员到会与提出口号的恰当。	是选择校长教员和规定教育方针。一个民众大会，主要应注意动员民众到会和提出恰当的口号。
如此等等。总之一个原则，就是注意于那些有关全局的重要关节。	如此等等。总之一个原则，就是注意于那些有关全局的重要关节。	如此等等。总之，一个原则，就是注意于那些有关全局的重要的关节。
是要用心去想一想才行的，因为这种全局性的东西，眼睛看不见，只能用心思想得到的，	是要用心去想一想才行的，因为这种全局性的东西，眼睛看不见，不能用心思想得到的，	是要用心去想一想才行的。因为这种全局性的东西，眼睛看不见，只能用心思去想一想才能懂得，
照顾各个战役之间各个作战阶段之间的关系，照顾有关全局的（有决定性的）某些部份，照顾全般情况中的特点，照顾前后方之间的关系，照顾消耗与补充，作战与休息，集中与分散，攻击与防御，前进与后退，隐蔽与暴露，主攻方面与助攻方面，突击方面与钳制方面，集中指挥与分散指挥，持久战与速决战，阵地战与运动战，本军与友军，这些兵种与那些兵种，上级与下级，干部与兵员，老兵与新兵，高级干部与低级干部，老干部与新干部，苏区与白区，老苏区与新苏区，中心区与边区，热天与冷天，胜仗与败仗，大兵团与小兵团，正规军与游击队，消灭敌人与争取群众，扩大红军与巩固红军，军事工作与政治工作，军事任务与政治任务，过去的任务与现在的任务，现在的任务与将来的任务，那种情况下的任务与这种情况下的任务，固定战线与非固定战线，国内战争与民族战争，这一历史阶段与那一历史阶段，等等问题的区别与联系，都是看不见的东西，	照顾各个战役之间各个作战阶段之间的关系，照顾有关全局的（有决定性的）某些部份，照顾全盘情况中的特点，照顾前后方之间的关系，照顾消耗与补充，作战与休息集中与分散，攻击与防御，前进与后退，隐蔽与暴露，主攻方面与助攻方面，突击方面与钳制方面，集中指挥与分散指挥，持久战与速决战，阵地战与运动战，本军与友军，这些兵种与那些兵种，上级与下级，干部与兵员，老兵与新兵，高级干部与低级干部，老干部与新干部，苏区与白区，老苏区与新苏区，中心区与边区，热天与冷天，胜仗与败仗，大兵团与小兵团，正规军与游击队，消灭敌人与争取群众，扩大红军与巩固红军，军事工作与政治工作，军事任务与政治任务，过去的任务与现在的任务，现在的任务与将来的任务，那种情况下的任务与这种情况下的任务，固定战线与非固定战线，国内战争与民族战争，这一历史阶段与那一历史阶段，等等问题的区别与联系，都是看不见的东西，	照顾各个战役之间或各个作战阶段之间的关系，照顾有关全局的（有决定意义的）某些部分，照顾全盘情况中的特点，照顾前后方之间的关系，照顾消耗和补充，作战和休息，集中和分散，攻击和防御，前进和后退，隐蔽和暴露，主攻方面和助攻方面，突击方面和钳制方面，集中指挥和分散指挥，持久战和速决战，阵地战和运动战，本军和友军，这些兵种和那些兵种，上级和下级，干部和兵员，老兵和新兵，高级干部和下级干部，老干部和新干部，红色区域和白色区域，老区和新区，中心区和边缘区，热天和冷天，胜仗和败仗，大兵团和小兵团，正规军和游击队，消灭敌人和争取群众，扩大红军和巩固红军，军事工作和政治工作，过去的任务和现在的任务，现在的任务和将来的任务，那种情况下的任务和这种情况下的任务，固定战线和非固定战线，国内战争和民族战争，这一历史阶段和那一历史阶段，等等问题的区别和联系，都是眼睛看不见的东西，

《中国革命战争的战略问题》版本研究

（续表）

1941年版	1946年版	1951年《毛选》版
但若用心去想一想，也就都可以了解，都可以捉住，都可以练习纯熟，都可以指挥如意的。	但若用心去想一想，也就都可以了解，都可以捉住，都可以练习纯熟，都可以指挥如意的。	但若用心去想一想，也就都可以了解，都可以捉住，都可以精通。
这就是说，把战争或作战的一切重要与必要的问题，都提到较高的原则性上去解决，这就是研究战略问题的任务，也就是研究战争全局的规律性的任务。	这就是说，把战争或作战的一切重要与必要的问题，都提到较高的原则性上去解决，这就是研究战略问题的任务，也就是研究战争全局的规律性的任务。	这就是说，能够把战争或作战的一切重要的问题，都提到较高的原则性上去解决。达到这个目的，就是研究战略问题的任务。
四 重要的问题在善于学习	四 重要的问题在善于学习	第四节 重要的问题在善于学习
为什么组织红军？在于使用他战胜敌人。为什么学习战争规律，在于使用这些规律于战争。	为什么组织红军？在于使用他战胜敌人。为什么学习战争规律，在于使用这些规律于战争。	为什么要组织红军？因为要使用它去战胜敌人。为什么要学习战争规律？因为要使用这些规律于战争。
或在书本中，尽管很多人讲得头头是道，打起仗来却有胜负之分，战争史同我们的生活，都证明了这一点。	或在书本中，尽管很多人讲得头头是道，打起仗来却有胜负之分，战争史同我们的生活，都证明了这一点。	或在书本中，很多人尽管讲得一样头头是道，打起仗来却有胜负之分。战争史和我们自己的战争生活，都证明了这一点。
那末，关键在那里呢？	那末，关键在那里呢？	那末，关键在哪里呢？
我们不能要求事实上的常胜将军，这是从古以来就没有的。我们要求在战争过程中，一般的打胜仗的勇敢而明智的将军——智勇双全的将军。要达到这一点，有一种法子是要学的，这就是学与用的方法，学的时候使用这种方法，用的时候也使用这种方法。	我们不能要求事实上的常胜将军，这是从古以来就没有的。我们要求在战争过程中，一般地打胜仗的勇敢而明智的将军——智勇双全的将军。要达到这一点，有一种法子是要学的，这就是学与用的方法，学的时候使用这种方法，用的时候也使用这种方法。	我们不能要求事实上的常胜将军，这是从古以来就很少的。我们要求在战争过程中一般地打胜仗的勇敢而明智的将军——智勇双全的将军。要达到智勇双全这一点，有一种方法是要学的，学习的时候要用这种方法，使用的时候也要用这种方法。
什么方法呢？那就是熟识敌我双方各方面情况，找出其行动的规律，	什么方法呢？那就是熟识敌我双方各方面情况，找出其行动的规律。	什么方法呢？那就是熟识敌我双方各方面的情况，找出其行动的规律，
都有"按照情况活用原则"的指示，	都有"按照情况活用原则"的指示，	都指示了"按照情况活用原则"的必要，

（续表）

1941年版	1946年版	1951年《毛选》版
前一种是不要指挥员因死用原则而主观地犯错误，后一种是当着指挥员主观地犯了错误，或客观情况起了非所预料的与不可抗的变化时，告诉我们怎样去处置。	前一种是不要指挥员因死用原则而主观地犯错误，后一种是当着指挥员主观地犯了错误，或客观情况起了非所预料的与不可抗的变化时，告诉我们怎样去处置。	前者是不要指挥员因死用原则而主观地犯错误；后者是当着指挥员主观地犯了错误，或客观情况起了非所预料的和不可抗的变化时，告诉指挥员怎样去处置。
为什么主观上会犯错误呢？就是战争或战斗的部署与指挥不适合当时当地的情况，主观的指导与客观的实在情况之间不相融洽，不相符合，不对头，或者叫做没有解决主客观之间的矛盾。	为什么主观上会犯错误呢？就是战争或战斗的部署与指挥不适合当时当地的情况，主观的指导与客观的实在情况之间不相融洽，不相符合不对头，或者叫做没有解决主客观之间的矛盾。	为什么主观上会犯错误呢？就是因为战争或战斗的部署和指挥不适合当时当地的情况，主观的指导和客观的实在情况不相符合，不对头，或者叫做没有解决主观和客观之间的矛盾。
有比较会办与比较不会办之分罢了。事要求比较会办，军事上就要求比较多打胜仗，反面的说，要求比较少打败仗。这里的关键，就在于把主观与客观二者之间好好地融洽起来。	有比较会办与比较不会办之分罢了。事要求比较会办，军事上就要求比较多打胜仗，反面的说，要求比较少打败仗。这里的关键，就在于把主观与客观二者之间好好地融洽起来。	有比较地会办和比较地不会办之分罢了。事情要求比较地会办，军事上就要求比较地多打胜仗，反面地说，要求比较地少打败仗。这里的关键，就在于把主观和客观二者之间好好地符合起来。
突击因而成功，这叫做主观与客观相融洽，也就是指挥员的侦察、判断、与决心，同敌人及其配置的实在情况相融洽。如果攻击点选在另一翼或中央，结果正碰在敌人的钉子上，就叫做不相融洽。	突击因而成功。这叫做主观与客观相融洽，也就是指挥员的侦察、判断、与决心，同敌人及其配置的实在情形相融洽。如果攻击点选在另一翼或中央，结果正碰在敌人的钉子上，就叫做不相融洽。	突击因而成功，这叫做主观和客观相符合，也就是指挥员的侦察、判断和决心，和敌人及其配置的实在情形相符合。如果攻击点选在另一翼，或中央，结果正碰在敌人的钉子上，攻不进去，就叫做不相符合。
以及各种战斗处置与战斗动作都利于我不利于敌，便是整个战斗中主观指挥与客观情况通通相融洽。通通相融洽的事，	以及各种战斗处置与战斗动作都利于我不利于敌，便是整个战斗中主观指挥与客观情况通通相融洽。通通相融洽的事，	以及各种战斗处置和战斗动作都利于我不利于敌，便是整个战斗中主观指挥和客观情况统统相符合。统统相符合的事，
这是因为战争或战斗的双方是集团的武装着的活人，而又互相保持秘密的原故，同处置静物或日常事件是大不相同的。然而只要做到大体上适合情况，即在有决定意义的部份相一致，那就是胜利的基础了。	这是因为战争或战斗的双方是集团的武装着的活人，而又互相保持秘密的原故，同处置静物或日常事件是大不相同的。然而只要做到大体上适合情况，即在有决定意义的部份相一致，那就是胜利的基础了。	这是因为战争或战斗的双方是成群的武装着的活人，而又互相保持秘密的缘故，这和处置静物或日常事件是大不相同的。然而只要做到指挥大体上适合情况，即在有决定意义的部分适合情况，那就是胜利的基础了。

（续表）

1941年版	1946年版	1951年《毛选》版
正确的判断来源于周到的与必要的侦察并对各种侦察材料作联贯起来的思索。	正确的判断来源于周到的与必要的侦察并对各种侦察材料作联贯起来的思索。	正确的判断来源于周到的和必要的侦察，和对于各种侦察材料的联贯起来的思索。
这里是敌方情况的各种表现，指挥员使用一切可能的与必要的侦察手段，将侦察得来的材料加以去粗取精、去伪存真、由此及彼、	这里是敌方情况的各种表现，指挥员使用一切可能的与必要的侦察手段，将侦察得来的材料加以去粗取精、去伪存真、由此及彼，	指挥员使用一切可能的和必要的侦察手段，将侦察得来的敌方情况的各种材料加以去粗取精、去伪存真、由此及彼、
对比着看相互的关系，因而构成判断，定下决心，	对比着看相互的关系，因而构成判断，定下决心，	研究双方的对比和相互的关系，因而构成判断，定下决心，
作出计划，这是军事家对于建设每个战略战役或战斗计划之前的一个整个的认识过程。	作出计划，这是军事家对于建设每个战略战役或战斗计划之前的一个整个的认识过程。	作出计划，——这是军事家在作出每一个战略、战役或战斗的计划之前的一个整个的认识情况的过程。
把军事计划建设在一相情愿的基础之上，	把军事计划建设在一相情愿的基础之上，	把军事计划建立在一相情愿的基础之上，
这种计划是空想的，不符合于实际的。鲁莽的专凭热情的军事家之所以不免于受敌人的欺骗，受敌人表面的或片面的情况的引诱，受自己部下不负责任的无真知灼见的建议所鼓动，因而不免于碰壁，	这种计划是空想的，不符合于实际的。鲁莽的专凭热情的军事家之所以不免于受敌人的欺骗，受敌人表面的或片面的情况的引诱，受自己部下不负责任的无真知灼见的建议所鼓动，因而不免于碰壁，	这种计划是空想的，不符合于实际的。鲁莽的专凭热情的军事家之所以不免于受敌人的欺骗，受敌人表面的或片面的情况的引诱，受自己部下不负责任的无真知灼见的建议的鼓动，因而不免于碰壁，
就是因为不知道或不愿意知道任何军事计划，是应该建设于必要的侦察与周密的思索敌我情况及其互相关系之上的原故。	就是因为不知道或不愿意知道任何军事计划，是应该建设于必要的侦察与周密的思索敌我情况及其互相关系之上的原故。	就是因为他们不知道或不愿意知道任何军事计划，是应该建立于必要的侦察和敌我情况及其相互关系的周密思索的基础之上的缘故。
认识情况的过程，不但见之于军事计划建设之前，而且见之于军事计划建设之后。	认识情况的过程，不但见之于军事计划建设之前，而且见之于军事计划建设之后。	认识情况的过程，不但存在于军事计划建立之前，而且存在于军事计划建立之后。
这又是一个过程，一个新的即实行的过程。此时第一个过程中的东西是否符合于实况，发生重新检查的问题。如果计划与情况不符合，或不完全符合，	这又是一个过程，一个新的即实行的过程。此时第一个过程中的东西是否符合于实况，发生重新检查的问题。如果计划与情况不符合，或不完全符合，	这是又一个认识情况的过程，即实行的过程。此时，第一个过程中的东西是否符合于实况，需要重新加以检查。如果计划和情况不符合，或者不完全符合，

（续表）

1941年版	1946年版	1951年《毛选》版
把已定计划加以改变使之适合于新的情况。部份改变的事差不多每一作战都是有的，全部改变也是间或有的。鲁莽家不知改变或不愿改变，只是盲干，结果又非碰壁不可。	把已定计划加以改变使之适合于新的情况。部份改变的事差不多每一作战都是有的，全部改变也是间或有的。鲁莽家不知改变或不愿改变，只是盲干，结果又非碰壁不可。	把已定计划加以改变，使之适合于新的情况。部分地改变的事差不多每一作战都是有的，全部地改变的事也是间或有的。鲁莽家不知改变，或不愿改变，只是一味盲干，结果又非碰壁不可。
上面说的是一个战略行动，或一个战役与战斗行动。	上面说的是一个战略行动，或一个战役与战斗行动。	上面说的是一个战略的行动，或一个战役和战斗的行动。
他摸熟了自己部队（指挥员、战斗员、武器、给养等等及由他们构成的总体）的脾气，又摸熟了敌人部队（同样，指挥员、战斗员、武器、给养等等，及其总体）的脾气，摸熟了一切其他战争环境（政治、经济、地理、气候等等），这样的军人指导战争或作战，就比较有把握，比较能打胜仗。这是在长时间战争中，认识了敌我双方的情况，	他摸熟了自己部队（指挥员、战斗员、武器、给养等等及由他们构成的总体）的脾气，又摸熟了敌人部队（同样，指挥员、战斗员、武器、给养等等，及其总体）的脾气，摸熟了一切其他战争环境（政治、经济、地理、气候等等），这样的军人指导战争或作战，就比较有把握，比较能打胜仗。这是在长时间战争中，认识了敌我双方的情况，	他摸熟了自己的部队（指挥员、战斗员、武器、给养等等及其总体）的脾气，又摸熟了敌人的部队（同样，指挥员、战斗员、武器、给养等等及其总体）的脾气，摸熟了一切和战争有关的其他的条件如政治、经济、地理、气候等等，这样的军人指导战争或作战，就比较地有把握，比较地能打胜仗。这是在长时间内认识了敌我双方的情况，
找出了行动的规律，解决了主观与客观的融洽不融洽问题。这一过程是非常重要的，	找出了行动的规律，解决了主观与客观的融洽不融洽问题。这一过程是非常重要的，	找出了行动的规律，解决了主观和客观的矛盾的结果。这一认识过程是非常重要的，
没有这一种长时间的经验，要了解与把握整个战争的规律是困难的。	没有这一种长时间的经验，要了解与把握整个战争的规律是困难的。	没有这一种长时间的经验，要了解和把握整个战争的规律是困难的。
做一个真正能干的高级指挥员，不是仅仅善于在纸上谈兵或初出茅庐的脚色能够办得到的，	做一个真正能干的高级指挥员，不是仅仅善于在纸上谈兵或初出茅庐的脚色能够办得到的，	做一个真正能干的高级指挥员，不是初出茅庐或仅仅善于在纸上谈兵的角色所能办到的，
一切带原则性的军事规律或军事理论，都是前人或今人做的关于过去战争的总结。这些过去战争留给我们的血的教训，应该着重地学习他，这是一件事。	一切带原则性的军事规律或军事理论，都是前人或今人做的关于过去战争的总结。这些过去战争留给我们的血的教训，应该着重地学习他，这是一件事。	一切带原则性的军事规律，或军事理论，都是前人或今人做的关于过去战争经验的总结。这些过去的战争所留给我们的血的教训，应该着重地学习它。这是一件事。

(续表)

1941年版	1946年版	1951年《毛选》版
创设那些自己所特有的东西。	创设那些自己所特有的东西。	增加那些自己所特有的东西。
读书是学习，使用也是学习，而且是最重要的学习。	读书是学习，使用也是学习，而且是最重要的学习。	读书是学习，使用也是学习，而且是更重要的学习。
从"老百姓"到军人中间有一个距离，但不是万里长城，而是可以迅速消灭的，	从"老百姓"到军人中间有一个距离，但不是万里长城，而是可以迅速消灭的，	从"老百姓"到军人之间有一个距离，但不是万里长城，而是可以迅速地消灭的，
说学习与使用不容易，是所学的彻底，使用纯熟。	说学习与使用不容易，是说学的彻底，使用纯熟。	说学习和使用不容易，是说学得彻底，用得纯熟不容易。
"世上无难事，只怕有心人"。	"世上无难事，只怕有心人。"	"世上无难事，只怕有心人。"
军事的规律，同其他事物的规律一样，	军事的规律，同其他事物的规律一样，	军事的规律，和其他事物的规律一样，
是客观实际对于我们头脑的反映，除了我们的头脑以外。一切都是客观实际的东西。	是客观实际对于我们头脑的反映，除了我们的头脑以外，一切都是客观实际的东西。	是客观实际〔一〕对于我们头脑的反映，除了我们的头脑以外，一切都是客观实际的东西。
因此学习与认识的对象，包括敌我两方面，这两方面都应该把他看成研究的对象，	因此学习与认识的对象，包括敌我两方面，这两方面都应该把他看成研究的对象，	因此，学习和认识的对象，包括敌我两方面，这两方面都应该看成研究的对象，
有一种人明于知己，暗于知彼；又有一种人明于知彼，暗于知己，都是不能解决战争规律的学习与使用的问题的。中国古代大军事学家孙武子书上"知己知彼百战百胜"那句话，是包括学习与使用两个阶段的意义而说的，	有一种人明于知己，暗于知彼；又有一种人明于知彼，暗于知己，都是不能解决战争规律的学习与使用的问题的。中国古代大军事学家孙武子书上"知己知彼百战百胜"这句话，是包括学习与使用两个阶段的意义而说的，	有一种人，明于知己，暗于知彼，又有一种人，明于知彼，暗于知己，他们都是不能解决战争规律的学习和使用的问题的。中国古代大军事学家孙武子〔二〕书上"知彼知己，百战不殆"这句话，是包括学习和使用两个阶段而说的，
包括从认识客观实际中的发展规律，并按照这些规律去决定自己行动克服当前敌人而说的，我们不要看轻这句话。	包括从认识客观实际中的发展规律，并按照这些规律去决定自己行动克服当前敌人而说的，我们不要看轻这句话。	包括从认识客观实际中的发展规律，并按照这些规律去决定自己行动克服当前敌人而说的；我们不要看轻这句话。

（续表）

1941年版	1946年版	1951年《毛选》版
战争——民族与民族、国家与国家、阶级与阶级、政治集团与政治集团之间互相斗争的最高形式，一切关于他的规律，都为了争取胜利而使用。	战争——民族与民族、国家与国家、阶级与阶级、政治集团与政治集团之间互相斗争的最高形式，一切关于他的规律，都为了争取胜利而使用。	战争是民族和民族、国家和国家、阶级和阶级、政治集团和政治集团之间互相斗争的最高形式；一切关于战争的规律，都是进行战争的民族、国家、阶级、政治集团为了争取自己的胜利而使用的。
战争的胜负，主要的决定于双方军事政治经济自然诸条件，这是没有问题的。	战争的胜负，主要的决定于双方军事政治经济自然诸条件，这是没有问题的。	战争的胜负，主要地决定于作战双方的军事、政治、经济、自然诸条件，这是没有问题的。
然而不仅仅如此，还决定于主观指导的能力。	然而不仅仅如此，还决定于主观指导的能力。	然而不仅仅如此，还决定于作战双方主观指导的能力。
军事家不能超过物质条件许可之外企图战争的胜利，然而军事家可以而且必须在物质条件许可之内争取战争的胜利。军事家活动的舞台建筑在客观物质条件许可的上面，	军事家不能超过物质条件许可之外企图战争的胜利，然而军事家可以而且必须在物质条件许可之内争取战争的胜利的军事家活动的舞台建筑在客观物质条件许可的上面，	军事家不能超过物质条件许可的范围外企图战争的胜利，然而军事家可以而且必须在物质条件许可的范围内争取战争的胜利。军事家活动的舞台建筑在客观物质条件许可的上面，
在既定的客观物质基础即军事政治经济自然诸条件之上，红军的指导者，就要发挥他们的威力，提挈全军，去打倒这些民族的与阶级的敌人，改变这个不好的世界。	在既定的客观物质基础即军事政治经济自然诸条件之上，红军的指导者，就要发挥他们的威力，提挈全军，去打倒这些民族的与阶级的敌人，改变这个不好的世界。	因此，我们红军的指导者，在既定的客观物质基础即军事、政治、经济、自然诸条件之上，就必须发挥我们的威力，提挈全军，去打倒那些民族的和阶级的敌人，改变这个不好的世界。
这里就用得着而且必须用我们主观指导的能力。我们不许可任何一个红军指挥员变为乱撞乱碰的鲁莽家，我们必须提倡每个红军指挥员变为勇敢而智明的英雄；他们不但有压倒一切的勇气，	这里就用得着而且必须用我们主观指导的能力。我们不许可任何一个红军指挥员变为混撞混碰的鲁莽家，我们必须提倡每个红军指挥员变为勇敢而智明的英雄；他们不但有压倒一切的勇气，	这里就用得着而且必须用我们的主观指导的能力。我们不许可任何一个红军指挥员变为乱撞乱碰的鲁莽家；我们必须提倡每个红军指挥员变为勇敢而明智的英雄，不但有压倒一切的勇气，
战争指导规律，就是战争的游泳术。 以上是我们的方法论。	战争指导规律，就是战争的游泳术。 以上是我们的方法论。	指导战争的规律，就是战争的游泳术。 以上是我们的方法。

(续表)

1941年版	1946年版	1951年《毛选》版
第二章 中国共产党与中国革命战争	第二章 中国共产党与中国革命战争	第二章 中国共产党和中国革命战争
自从一九二五年开始的中国革命战争，已经过去了两个阶段，即北伐战争阶段与苏维埃战争阶段；今后则是抗日民族革命战争的阶段。	自从一九二五年开始的中国革命战争，已经过去了两个阶段，即北伐战争阶段与苏维埃战争阶段；今后则是抗日民族革命战争的阶段。	自一九二四年开始的中国革命战争，已经过去了两个阶段，即一九二四年至一九二七年的阶段和一九二七年至一九三六年的阶段；今后则是抗日民族革命战争的阶段。
这三个阶段，已经是而且也不能不是被中国无产阶级及其首领中国共产党所领导、或参加了这个领导。因为中国革命战争的主要敌人是帝国主义与封建势力，中国资产阶级，特别是带买办性与封建性的大资产阶级，虽在某种历史时机可以参加这个革命战争，	这三个阶段，已经是而且也不能不是被中国无产阶级及其首领中国共产党所领导、或参加了这个领导。因为中国革命战争的主要敌人是帝国主义与封建势力，中国资产阶级，特别是带买办性与封建性的大资产阶级，虽在某种历史时机可以参加这个革命战争，	这三个阶段的革命战争，都是中国无产阶级及其政党中国共产党所领导的。中国革命战争的主要敌人，是帝国主义和封建势力。中国资产阶级虽然在某种历史时机可以参加革命战争，
然而由于他们的自私自利性与政治上经济上的软弱性，不愿意也不能，领导中国革命战争走上彻底胜利的道路。	然而由于他们的自私自利性与政治上经济上的软弱性，不愿意也不能，领导中国革命战争走上彻底胜利的道路。	然而由于它的自私自利性和政治上经济上的缺乏独立性，不愿意也不能领导中国革命战争走上彻底胜利的道路。
中国农民群众与小资产阶级，是愿意积极地参加革命战争，并愿意使战争得到彻底胜利的，	中国农民群众与小资产阶级，是愿意积极地参加革命战争，并愿意使战争得到彻底胜利的，	中国农民群众和城市小资产阶级群众，是愿意积极地参加革命战争，并愿意使战争得到彻底胜利的。
然而由于他们的小生产性，使他们的政治眼光受到限制，一部分失业群众则准备着无政府思想。因此他们是革命战争的主力军，但不能成为战争的正确的领导者。	然而由于他们的小生产性，使他们的政治眼光受到限制，一部分失业群众则具备着无政府思想，因此他们是革命战争的主力军，但不能成为战争的正确的领导者。	他们是革命战争的主力军；然而他们的小生产的特点，使他们的政治眼光受到限制（一部分失业群众则具有无政府思想），所以他们不能成为战争的正确的领导者。
因此，在无产阶级政党已经形成的时代，战争的正确的领导责任，就不得不落到中国共产党的肩上。	因此，在无产阶级政党已经形成的时代，战争的正确的领导责任，就不得不落到中国共产党的肩上。	因此，在无产阶级已经走上政治舞台的时代，中国革命战争的领导责任，就不得不落到中国共产党的肩上。

(续表)

1941年版	1946年版	1951年《毛选》版
在这种时候，任何的革命战争如果没有或违背无产阶级与共产党的领导，那个战争是一定失败或不能进入彻底胜利的。	在这种时候，任何的革命战争如果没有或违背无产阶级与共产党的领导，那个战争是一定失败或不能进入彻底胜利的。	在这种时候，任何的革命战争如果没有或违背无产阶级和共产党的领导，那个战争是一定要失败的。
因为半殖民地中国的社会各阶层中，只有无产阶级及共产党，才是比较最没有狭隘性与自私自利性，比较最有远大的政治眼光与最有组织性，而且也最能虚心接受世界先进的无产阶级及其政党的经验用之于自己的事业。	因为半殖民地中国的社会各阶层中，只有无产阶级及共产党，才是比较最没有狭隘性与自私自利性，比较最有远大的政治眼光与最有组织性，而且也最能虚心接受世界先进的无产阶级及其政党的经验用之于自己的事业。	因为半殖民地的中国的社会各阶层和各种政治集团中，只有无产阶级和共产党，才最没有狭隘性和自私自利性，最有远大的政治眼光和最有组织性，而且也最能虚心地接受世界上先进的无产阶级及其政党的经验而用之于自己的事业。
因此，只有无产阶级与共产党能够领导农民、小资产阶级、与资产阶级，克服农民与小资产阶级的狭隘性，克服失业者群的破坏性，并且还能够克服资产阶级的动摇与不彻底性（如果共产党的政策不犯错误的话），而使革命与战争走上胜利之路。	因此，只有无产阶级与共产党能够领导农民、小资产阶级、与资产阶级，克服农民与小资产阶级的狭隘性，克服失业者群的破坏性，并且还能够克服资产阶级的动摇与不彻底性（如果共产党的政策不犯错误的话），而使革命与战争走上胜利之路。	因此，只有无产阶级和共产党能够领导农民、城市小资产阶级和资产阶级，克服农民和小资产阶级的狭隘性，克服失业者群的破坏性，并且还能够克服资产阶级的动摇和不彻底性（如果共产党的政策不犯错误的话），而使革命和战争走上胜利的道路。
一九二五——一九二七年的革命战争，基本的说，是在国际与中国无产阶级及其政党对于民族资产阶级及其政党的政治影响与政治合作之下进行的。	一九二五——一九二七年的革命战争，基本的说，是在国际与中国无产阶级及其政党对于民族资产阶级及其政党的政治影响与政治合作之下进行的。	一九二四年至一九二七年的革命战争，基本地说，是在国际无产阶级和中国无产阶级及其政党对于中国民族资产阶级及其政党的政治影响和政治合作之下进行的。
然而当着革命与战争的紧急关头，首先由于大资产阶级的叛变，同时也由于革命队伍中机会主义者的自动放弃领导权，这次革命战争就因而失败了。	然而当着革命与战争的紧急关头，首先由于大资产阶级的叛变，同时也由于革命队伍中机会主义者的自动放弃领导权，这次革命战争就因而失败了。	然而当着革命和战争的紧急关头，首先由于大资产阶级的叛变，同时也由于革命队伍中机会主义者的自动地放弃革命领导权，这次革命战争就失败了。
一九二七年至现在的苏维埃战争，	一九二七年至现在的苏维埃战争，	一九二七年至现在的土地革命战争，
而且是大资产阶级与大地主联盟的统治。	而且是大资产阶级与大地主联盟的统治。	而且是大资产阶级和大地主的联盟。

《中国革命战争的战略问题》版本研究

（续表）

1941年版	1946年版	1951年《毛选》版
领导战争的，惟一只有共产党。	领导战争的，惟一只有共产党。	领导这个革命战争的惟有共产党，共产党已经形成了对于革命战争的绝对的领导权。
是使战争坚持到底的最主要的条件，没有共产党这种绝对的领导，是不能设想战争能有这样的持坚性的。	是使战争坚持到底的最主要的条件，没有共产党这种绝对的领导，是不能设想战争能有这样的坚持性的。	是使革命战争坚持到底的最主要的条件。没有共产党的这种绝对的领导，是不能设想革命战争能有这样的坚持性的。
中国共产党是英勇坚决的领导了中国的革命战争，在十五年的长岁月中，	中国共产党是英勇坚决的领导了中国的革命战争，在十五年的长岁月中，	中国共产党是英勇坚决地领导了中国的革命战争，在十五年的长岁月中〔三〕，
每一天都是为了保护人民的利益，为了人民的自由解放，站在火线的最前线。	每一天都是为要保护人民的利益，为了人民的自由解放，站在火线的最前线。	每一天都是为了保护人民的利益，为了人民的自由解放，站在革命战争的最前线。
以几十万英勇党员与几万英勇干部的流血牺牲做代价，	以几十万英勇党员与几万英勇干部的流血牺牲做代价，	以几十万英勇党员和几万英勇干部的流血牺牲，
中国共产党的这一伟大的历史成绩，使得今天处在亡国灭种的紧急关头有了救亡图存的前提条件——有了一个为大多数人民所信任的，	中国共产党的这一伟大的历史成绩，使得今天处在亡国灭种的紧急关头有了救亡图存的前提条件——有了一个为大多数人民所信任的，	中国共产党在革命斗争中的伟大的历史成就，使得今天处在民族敌人侵入的紧急关头的中国有了救亡图存的条件，这个条件就是有了一个为大多数人民所信任的、
被人民在长期间内考验过因此选中了的政治领导者。现在共产党说的话，比其他任何政党说的话，	被人民在长时间内考验过因此选中了的政治领导者。现在共产党说的话，比其他任何政党说的话，	被人民在长时间内考验过因此选中了的政治领导者。现在共产党说的话，比其他任何政党说的话，
都易于为人民所接受，没有中国共产党过去十五年间的艰苦奋斗，	都易于为人民所接受，没有中国共产党过去十五年间的艰苦奋斗，	都易于为人民所接受。没有中国共产党在过去十五年间的艰苦奋斗，
中国共产党在革命战争中，除了犯过陈独秀主义与李立三主义两个错误之外，	中国共产党在革命战争中，除了犯过陈独秀主义与李立三主义两个错误之外，	中国共产党在革命战争中，除了犯过陈独秀〔四〕右倾机会主义和李立三"左"倾机会主义〔五〕两个错误之外，

185

(续表)

1941年版	1946年版	1951年《毛选》版
还犯过了下述的两个错误：其一，是一九三二——一九三五年的左倾机会主义，这个错误使得苏维埃战争受到严重的损失，产生了五次围剿不能战胜反而丧失了苏区削弱了红军的结果。	还犯过了下述的两个错误：其一，是一九三二——一九三五年的左倾机会主义，这个错误使得苏维埃战争受到严重的损失，产生了五次围剿不能战胜反而丧失了苏区削弱了红军的结果。	还犯过了下述的两个错误：其一，是在一九三一年至一九三四年的"左"倾机会主义〔六〕，这个错误使得土地革命战争受到了极端严重的损失，得到了在第五次反"围剿"中不能战胜敌人反而丧失了根据地削弱了红军的结果。
这个错误是在一九三五年一月中央政治局的遵义会议时纠正过来了。	这个错误是在一九三五年一月中央政治局的遵义会议时纠正过来了。	这个错误是在一九三五年一月扩大的中央政治局的遵义会议时纠正过来了。
其二，是一九三五——一九三六年张国焘的右倾机会主义，这个错误发展到破坏了党与红军的纪律，使一部份红军遭受严重的损失；	其二，是一九三五——一九三六年张国涛的右倾机会主义，这个错误发展到破坏了党与红军的纪律，使一部份红军遭受严重的损失；	其二，是在一九三五年至一九三六年的张国焘右倾机会主义〔七〕，这个错误发展到破坏了党和红军的纪律，使一部分红军主力遭受了严重的损失；
然而由于中央的正确领导，红军中党员与指战员的觉悟，	然而由于中央的正确领导，红军中党员与指战员的觉悟，	然而由于中央的正确领导，红军中党员和指挥员战斗员的觉悟，
所有这些错误对于我们的党，我们的革命与战争，当然是非常不利的，然而我们的党与我们的红军，确从这些错误中锻炼得更加坚强了。	所有这些错误对于我们的党，我们的革命与战争，当然是非常不利的，然而我们的党与我们的红军，确从这些错误中锻炼得更加坚强了。	所有这些错误，对于我们的党，我们的革命和战争，当然是不利的，然而终于被我们克服，我们的党和我们的红军是从这些错误的克服中锻炼得更加坚强了。
中国共产党领导了、而且继续领导着轰轰烈烈光荣胜利的革命战争，	中国共产党领导了，而且继续领导着轰轰烈烈光荣胜利的革命战争，	中国共产党领导了、而且继续领导着轰轰烈烈的光荣的胜利的革命战争。
这个战争不但是放解中国的旗帜，而且是具备着国际革命的意义的，	这个战争不但是解放中国的旗帜，而且是具备着国际革命的意义的，	这个战争不但是解放中国的旗帜，而且是具有国际的革命意义的。
世界的革命人民都把眼睛望着我们。在新的抗日民族革命战争的阶段上，我们将引导到中国革命的完成，也将给东方及世界的革命以深刻的影响。	世界的革命人民都把眼睛望着我们在新的抗日民族革命战争的阶段上，我们将引导到中国革命的完成，也将给东方及世界的革命以深刻的影响。	世界的革命人民的眼睛都望着我们。在新的抗日民族革命战争的阶段上，我们将引导中国革命走向完成，也将给东方和世界的革命以深刻的影响。

《中国革命战争的战略问题》版本研究

（续表）

1941年版	1946年版	1951年《毛选》版
在过去的革命战争中证明，我们不但需要马克斯主义的正确的政治路线，而且需要马克斯主义的正确的军事路线。	在过去的革命战争中证明，我们不但需要马克斯主义的正确的政治路线，而且需要马克斯主义的正确的军事路线。	过去的革命战争证明，我们不但需要一个马克思主义的正确的政治路线，而且需要一个马克思主义的正确的军事路线。
十五年的革命与战争，已经锻炼出来这样的政治路线与军事路线了。	十五年的革命与战争，已经锻炼出来这样的政治路线与军事路线了。	十五年的革命和战争，已经锻炼出来这样一条政治的和军事的路线了。
今后战争的新阶段上，我们相信将使这样的路线根据新的环境，更加发展、充实、与丰富起来，达到战胜民族敌人之目的。	今后战争的新阶段上，我们相信将使这样的路线根据新的环境，更加发展、充实、与丰富起来，达到战胜民族敌人之目的。	今后战争的新阶段，我们相信，将使这样的路线，根据新的环境，更加发展、充实和丰富起来，达到战胜民族敌人之目的。
历史告诉我们，政治的与军事的路线，不是自然地平安地产生与发展起来的，而是从斗争中产生与发展起来的；	历史告诉我们，政治的与军事的路线，不是自然的平安地产生与发展起来的，而是从斗争中产生与发展起来的；	历史告诉我们，正确的政治的和军事的路线，不是自然地平安地产生和发展起来的，而是从斗争中产生和发展起来的。
一方面同左倾机会主义作斗争，另一方面同右倾机会主义作斗争。	一方面同左倾机会主义作斗争，另一方面同右倾机会主义作斗争。	一方面，它要同"左"倾机会主义作斗争，另一方面，它又要同右倾机会主义作斗争。
不同这些危害革命战争的有害倾向作斗争，并且彻底的克服他们，正确路线的建设与革命战争的彻底胜利，是不可能的。	不同这些危害革命战争的有害倾向作斗争，并且彻底的克服他们，正确路线的建设与革命战争的彻底胜利，是不可能的。	不同这些危害革命和革命战争的有害的倾向作斗争，并且彻底地克服它们，正确路线的建设和革命战争的胜利，是不可能的。
第三章 中国革命战争的特点	第三章 中国革命战争的特点	第三章 中国革命战争的特点
一 这个问题的重要性	一 这个问题的重要性	第一节 这个问题的重要性
看做与一般战争相同，或与苏联内战相同，因而采用相同的军事指导路线、甚至一切军事原则，这，在我们的十年战争史中已完全证明其不对了。	看做与一般战争相同，或与苏联内战相同，因而采用相同的军事指导路线，甚至一切军事原则，这，在我们的十年战争中已完全证明其不对了。	看做和一般战争相同，或和苏联内战相同。列宁斯大林领导的苏联内战的经验是有世界的意义的。所有的共产党，中国共产党也同样，都是以这个经验和列宁斯大林对这个经验的理论综合作为指南的。但这并不是说，我们应该在我们的条件下机械地运用这个经验。中国革命战争的许多方面都有其自己的不同于苏联内战的特点。不估计到这种特点，或否认这种特点，当然是错误的。这点在我们的十年战争中已经完全证明了。

187

(续表)

1941年版	1946年版	1951年《毛选》版
在我们的敌人方面，也曾犯过了类似的错误。他们不承认同红军作战须要有不同的战略战术，	在我们的敌人方面，也曾犯过了类似的错误。他们不承认同红军作战需要有不同的战略战术，	我们的敌人也曾犯过类似的错误。他们不承认和红军作战需要有和其他作战不同的战略和战术。
他们倚仗其各方面的优势，轻视我们，固守其老套战法，	他们倚仗其各方面的优势，轻视我们，固守其老套战法，	他们依仗其各方面的优势，轻视我们，固守其老一套的战法。
这是四次"围剿"特别是三次"围剿"以前的情形，其结果就招致了他们历次的失败。	这是四次"围剿"特别是三次"围剿"以前的情形，其结果就招致了他们历次的失败。	这是一九三三年敌人的第四次"围剿"时期及其以前的情形，其结果就是招致了他们的历次失败。
首先在国民党军队中提出这个问题的是柳维垣，后来有戴岳，最后是被蒋介石采纳了，	首先在国民党军队中提出这个问题的是柳维垣，后来有戴岳，最后是被蒋介石采纳了，	首先在国民党军队中提出在这个问题上的新意见的是国民党的反动将军柳维垣，后来有戴岳。最后他们的意见被蒋介石采纳了。
这就是庐山军官训练团及其五次"围剿"新军事原则产生的过程。	这就是庐山军官训练团及其五次"围剿"新军事原则产生的过程。	这就是蒋介石庐山军官训练团〔八〕及其在第五次"围剿"中施行的反动的新军事原则〔九〕产生的过程。
然而当着敌人改变其军事原则使之适合于同红军作战的情况之时，我们队伍中却出现了回到"老套"，回到一般情况，或者回到异地异国情况方面去，	然而当着敌人改变其军事原则使之适合于同红军作战的情况之时，我们队伍中却出现了回到"老套"，回到一般情况，或者回到异地异国情况方面去，	然而当着敌人改变其军事原则使之适合于同红军作战的情况的时候，我们队伍中却出现了回到"老套"的人们。他们主张回到一般情况的方面去，
轻视国民党军队，对敌人采用的新原则视若无睹，结果是受了历史的惩罚。	轻视国民党军队，对敌人采用的新原则视若无睹，结果是受了历史的惩罚。	轻视帝国主义和国民党的力量，轻视国民党军队的力量，对敌人采用的反动的新原则视若无睹。结果，是丧失了除了陕甘边区以外的一切革命根据地，使红军由三十万人降到了几万人，使中国共产党由三十万党员降到了几万党员，而在国民党区域的党组织几乎全部丧失。总之，是受了一次极大的历史性的惩罚。他们自称为马克思列宁主义者，其实一点马克思列宁主义也没有学到。列宁说："马克思主义的最本质的东西，马克思主义的活的灵魂，就在于具体地分析具体的情况。"〔一〇〕我们的这些同志恰是忘记了这一点。

(续表)

1941年版	1946年版	1951年《毛选》版
二 中国革命战争的特点是什么	二 中国革命战争的特点是什么	第二节 中国革命战争的特点是什么
我以为有四个主要的特点：	我以为有四个主要的特点：	我以为有四个主要的特点。
第一个特点，中国是一个政治经济发展不平衡的半殖民地的地大物博的国家，而又经过了一九二五——一九二七年的大革命。	第一个特点；中国是一个政治经济发展不平衡的半殖民地的地大物博的国家，而又经过了一九二五——一九二七年的大革命。	第一个特点，中国是一个政治经济发展不平衡的半殖民地的大国，而又经过了一九二四年至一九二七年的革命。
这个特点，指出中国的革命战争有发展与胜利的可能性。	这个特点，指出中国的革命战争有发展与胜利的可能性。	这个特点，指出中国革命战争有发展和胜利的可能性。
井冈山的同志们中有人提出"红旗到底打得多久"这个疑问的时候，我们就把他指出来了（湘赣边界党的第一次代表会议）。	井冈山的同志们中有人提出"红旗到底打得多久"这个疑问的时候，我们就把他指出来了（湘赣边界党的第一次代表会议）。	湖南江西两省边界区域——井冈山的同志们中有些人提出"红旗到底打得多久"这个疑问的时候，我们就把它指出来了（湘赣边界党的第一次代表大会〔一一〕）。
因为这是一时最基本的问题，不答复中国红军能否存在发展的问题，我们就不能前进一步。	因为这是一个最基本的问题，不答复中国红军能否存在发展的问题，我们就不能前进一步。	因为这是一个最基本的问题，不答复中国革命根据地和中国红军能否存在和发展的问题，我们就不能前进一步。
一九二八年中国共产党第六次全国大会，把这个问题更原则地答复了，全国苏维埃运动就有了正确的理论基础和行动指针。	一九二八年中国共产党第六次全国大会，把这个问题更原则地答复了，全国苏维埃运动就有了正确的理论基础和行动指针。	一九二八年中国共产党第六次全国代表大会，把这个问题又作了一次答复。中国革命运动，从此就有了正确的理论基础。
中国政治经济发展不平衡——微弱的资本主义与严重的半封建经济同时存在，近乎近代式的若干工商业都市与停顿在中世纪式的广大农村同时存在，几百万产业工人与几万万旧制度下的农民同时存在，管理中央政府的大军阀与管理各省的小军阀同时存在，正规军队与杂牌军队同时存在，若干的铁路航路汽车路与普遍的独轮车路、只能用脚走的路与用脚还不好走的路同时存在。	中国政治经济发展不平衡——微弱的资本主义与严重的半封建经济同时存在，近乎近代式的若干工商业都市与停顿在中世纪式的广大农村同时存在，几百万产业工人与几万万旧制度下的农民同时存在，管理中央政府的大军阀与管理各省的小军阀同时存在，正规军队与杂牌军队同时存在，若干的铁路航路汽车路与普遍的独轮车路、只能用脚走的路与用脚还不好走的路同时存在。	中国政治经济发展不平衡——微弱的资本主义经济和严重的半封建经济同时存在，近代式的若干工商业都市和停滞着的广大农村同时存在，几百万产业工人和几万万旧制度统治下的农民和手工业工人同时存在，管理中央政府的大军阀和管理各省的小军阀同时存在，反动军队中有隶属蒋介石的所谓中央军和隶属各省军阀的所谓杂牌军这样两部分军队同时存在，若干的铁路航路汽车路和普遍的独轮车路、只能用脚走的路和用脚还不好走的路同时存在。

(续表)

1941年版	1946年版	1951年《毛选》版
中国是一个半殖民地国家——帝国主义的不统一，影响到中国统治集团间的不统一，数国支配的半殖民地国家与一国支配的殖民地是有区别的。	中国是一个半殖民地国家——帝国主义的不统一，影响到中国统治集团间的不统一，数国支配的半殖民地国家与一国支配的殖民地是有区别的。	中国是一个半殖民地国家——帝国主义的不统一，影响到中国统治集团间的不统一。数国支配的半殖民地国家和一国支配的殖民地是有区别的。
又准备好了参加过革命的民众。	又准备好了参加过革命的民众。	又准备好了参加过一次革命的民众。
所以我们说，中国是一个经过了一次革命的、政治经济发展不平衡的、半殖民地的、地大物博的国家，这是中国革命战争的第一个特点。	所以我们说，中国是一个经过了一次革命的、政治经济发展不平衡的、半殖民地的、地大物博的国家，这是中国革命战争的第一个特点。	所以我们说，中国是一个经过了一次革命的、政治经济发展不平衡的、半殖民地的大国，这是中国革命战争的第一个特点。
从这个特点出发，不但基本地规定了我们政治上的战略与战术，而且也基本地规定了我们军事上的战略与战术。	从这个特点出发，不但基本地规定了我们政治上的战略与战术，而且也基本地规定了我们军事上的战略与战术。	这个特点，不但基本地规定了我们政治上的战略和战术，而且也基本地规定了我们军事上的战略和战术。
红军的敌人国民党，他是怎样一个状况呢？他是夺取了而且相对地稳定了政权的党。	红军的敌人国民党，他是怎样一个状况呢？他是夺取了而且相对地稳定了政权的党。	红军的敌人国民党，它的情况是怎样呢？它是夺取了政权而且相对地稳定了它的政权的党。
他得到了全世界主要反革命国家的援助。	他得到了全世界主要反革命国家的援助。	它得到了全世界主要反革命国家的援助。
他已改造了他的军队——改造得与中国任何一个历史时代都不相同，而和世界现代国家却大体相同，武器与物资供给比起红军来是特别雄厚，而且其数之多超过中国任何一个历史时代，超过世界任何一个国家的常备军。	他已改造了他的军队——改造得与中国任何一个历史时代都不相同，而和世界现代国家却大体相同，武器与物资供给比起红军来是特别雄厚，而且其数之多超过中国任何一个历史时代，超过世界任何一个国家的常备军。	它已改造了它的军队——改造得和中国任何一个历史时代的军队都不相同，而和世界现代国家的军队却大体相同，武器和其他军事物资的供给比起红军来雄厚得多，而且其军队数量之多超过中国任何一个历史时代的军队，超过世界任何一个国家的常备军。
同红军比较起来真有天壤之别。他控制了全中国政治经济交通文化的枢纽或命脉，他是全国性的政权。	同红军比较起来真有天壤之别。他控制了全中国政治经济交通文化的枢纽或命脉，他是全国性的政权。	它的军队和红军比较起来真有天壤之别。它控制了全中国的政治、经济、交通、文化的枢纽或命脉，它的政权是全国性的政权。

（续表）

1941年版	1946年版	1951年《毛选》版
这是中国革命战争的第二个特点，中国红军是处在这样强大的敌人面前。	这是中国革命战争的第二个特点，中国红军是处在这样强大的敌人面前。	中国红军是处在这样强大的敌人的面前。这是中国革命战争的第二个特点。
从这个特点出发，使红军的作战不能不与一般战争，苏联内战，北伐战争都有许多的不同。	从这个特点出发，使红军的作战不能不与一般战争，苏联内战，北伐战争都有许多的不同。	这个特点，使红军的作战不能不和一般战争以及苏联内战、北伐战争都有许多的不同。
中国红军是产生于第一次大革命失败之后，从游击队开始，不但处在中国的反动时期，而且处在世界上反动国家政治上经济上相对稳定的时期。	中国红军是产生于第一次大革命失败之后，从游击队开始，不但处在中国的反动时期，而且处在世界上反动国家政治上经济上相对稳定的时期。	中国红军是产生于第一次大革命失败之后，从游击队开始。不但处在中国的反动时期，而且处在世界上反动的资本主义国家在政治上经济上比较稳定的时期。
苏维埃政权是分散而又孤立的山地或僻地的政权，没有任何的外间援助。	苏维埃政权是分散而又孤立的山地或僻地的政权，没有任何的外间援助。	我们的政权是分散而又孤立的山地或僻地的政权，没有任何的外间援助。
苏区经济条件与文化条件同国民党区域比较是很落后的。	苏区经济条件与文化条件同国民党区域比较是很落后的。	革命根据地的经济条件和文化条件同国民党区域比较是落后的。
其区域开始是非常之小，后来也并不很大。而且苏区是流动不定的，红军没有真正巩固的根据地。	其区域开始是非常之小，后来也并不很大。而且苏区是流动不定的，红军没有真正巩固的根据地。	革命根据地只有乡村和小城市。其区域开始是非常之小，后来也并不很大。而且根据地是流动不定的；红军没有真正巩固的根据地。
这个特点与前一个特点是相反的对比，影响到红军的战略战术，是在这种相反的对比上发生的。	这个特点与前一个特点是相反的对比，影响到红军的战略战术，是在这种相反的对比上发生的。	这个特点和前一个特点是尖锐的对比。红军的战略战术，是在这种尖锐的对比上发生的。
第四个特点是共产党领导与土地革命。	第四个特点是共产党领导与土地革命。	第四个特点是共产党的领导和土地革命。
由于这个特点，一方面，就使得中国革命战争虽处在中国与世界的反动时期，然而红军是能够胜利的，因为他有共产党的领导与农民的援助。就使得苏区虽小却有很大的政治上的威力，屹然与庞大的国民党政权相对立，	由于这个特点，一方面，就使得中国革命战争虽处在中国与世界的反动时期，然而红军是能够胜利的，因为他有共产党的领导与农民的援助。就使得苏区虽小却有很大的政治上的威力，屹然与庞大的国民党政权相对立，	这个特点产生了两方面的情形。在一方面，中国革命战争虽然是处在中国和资本主义世界的反动时期，然而是能够胜利的，因为它有共产党的领导和农民的援助。根据地虽小却有很大的政治上的威力，屹然和庞大的国民党政权相对立，

（续表）

1941年版	1946年版	1951年《毛选》版
军事上给了国民党的进攻以很大的困难，	军事上给了国民党的进攻以很大的困难，	军事上给国民党的进攻以很大的困难，
因为有农民的援助。就使得红军虽小却有强大的战斗力，因为红军人员是从土地革命产生为着自己的利益而战斗的，而且指挥员与战斗员之间在政治上是一致的。	因为有农民的援助。就使得红军虽小却有强大的战斗力，因为红军人员是从土地革命产生为着自己的利益而战斗的，而且指挥员与战斗员之间在政治上是一致的。	因为我们有农民的援助。红军虽小却有强大的战斗力，因为在共产党领导下的红军人员是从土地革命中产生，为着自己的利益而战斗的，而且指挥员和战斗员之间在政治上是一致的。
另一方面，则与国民党成了相反的对比。	另一方面，则与国民党成了相反的对比。	另一方面，则和国民党成了尖锐的对比。
却不能使士兵群众及许多小生产者出身的下级干部自觉地为国民党拼命，官兵之间在政治上是分歧的，减少了他的战斗力。	却不能使兵士群众及许多小生产者出身的下级干部自觉地为国民党拼命，官兵之间在政治上是分歧的，减少了他们的战斗力。	却不能使兵士群众和许多小生产者出身的下级干部自觉地为国民党拼命。官兵之间在政治上是分歧的，这就减少了它的战斗力。
三 由此产生我们的战略战术	三 由此产生我们的战略战术	第三节 由此产生我们的战略战术
经过了一次大革命的政治经济不平衡的半殖民地的大国，强大的敌人，弱小的红军，土地革命——这是中国革命战争四个主要的特点，	经过了一次大革命的政治经济不平衡的半殖民地的大国，强大的敌人，弱小的红军，土地革命——这是中国革命战争四个主要的特点。	经过了一次大革命的政治经济不平衡的半殖民地的大国，强大的敌人，弱小的红军，土地革命——这是中国革命战争四个主要的特点。
从这些特点出发，就规定了中国革命战争的指导路线及其许多战略战术的原则。	从这些特点出发，就规定了中国革命战争的指导路线及其许多战略战术的原则。	这些特点，规定了中国革命战争的指导路线及其许多战略战术的原则。
从第一个特点与第四个特点出发，就给了中国红军以发展与战胜其敌人的可能性。	从第一个特点与第四个特点出发，就给了中国红军以发展与战胜其敌人的可能性。	第一个特点和第四个特点，规定了中国红军的可能发展和可能战胜其敌人。
从第二个特点与第三个特点出发，就给了中国红军以不能很快发展与不能很快战胜其敌人的可能性，即是给了战略持久战的可能性，而且如果弄得不好的话，就有失败的可能性。	从第二个特点与第三个特点出发，就给了中国红军以不能很快发展与不能很快战胜其敌人的可能性，即是给了战略持久战的可能性，而且如果弄得不好的话，就有失败的可能性。	第二个特点和第三个特点，规定了中国红军的不可能很快发展和不可能很快战胜其敌人，即是规定了战争的持久，而且如果弄得不好的话，还可能失败。

（续表）

1941年版	1946年版	1951年《毛选》版
即是说在顺利的条件下又有他的困难条件。	即是说在顺利的条件下又有他的困难条件。	即是说，既有顺利的条件，又有困难的条件。
许多规律都从这个根本的规律发生出来。十年战争史证明了这个规律的正确性。谁要是睁眼看不见这些特点，看不见从这些特点发生的两方面根本性质的规律，	许多规律就从这个根本的规律发生出来。十年战争史证明了这个规律的正确性。谁要是睁眼看不见这些特点，看不见从这些特点发生的两方面根本性质的规律，	许多规律都是从这个根本的规律发生出来的。我们的十年战争史证明了这个规律的正确性。谁要是睁眼看不见这些根本性质的规律，
很明显的，正确的规定战略方向，	很明显的，正确的规定战略方向，	很明显的，正确地规定战略方向，
转移时反对逃跑主义，要反对红军的游击主义，却又要承认红军的游击性；反对战役的持久战与战略的速决战，承认战略的持久战与战役的速决战，	转移时反对逃跑主义，要反对红军的游击主义，却又要承认红军的游击性；反对战役的持久战与战略的速决战，承认战略的持久战与战役的速决战，	转移时反对逃跑主义；反对红军的游击主义，却又承认红军的游击性；反对战役的持久战和战略的速决战，承认战略的持久战和战役的速决战；
承认消灭战；反对战略方向的两个拳头主义，承认一个拳头主义；	承认消灭战；反对战略方向的两个拳头主义；	承认歼灭战；反对战略方向的两个拳头主义，承认一个拳头主义；
反对单纯军事观点与流寇主义，承认红军是苏维埃的宣传者与组织者，	反对单纯军事观点与流寇主义，承认红军是苏维埃的宣传者与组织者；	反对单纯军事观点和流寇主义〔一二〕，承认红军是中国革命的宣传者和组织者；
反对土匪主义，承认有限制的民主生活与有威权的军事纪律；	反对土匪主义，承认有限制的民主生活与有威权的军事纪律；	反对土匪主义〔一三〕，承认有限制的民主生活和有威权的军事纪律；
最后，反把对红军停顿于旧阶段，争取红军发展到新阶段。所有这些原则问题，都从中国革命战争的特点及其根本规律出发而要求正确的解决，或从中国革命战争的特点及其根本规律出发，而有特别值得注意的意义。	最后，反把对红军停顿于旧阶段，争取红军发展到新阶段。所有这些原则问题，都从中国革命战争的特点及其根本规律出发而要求正确的解决，或从中国革命战争的特点及其根本规律出发，而有特别值得注意的意义。	最后，反对把红军停顿于旧阶段，争取红军发展到新阶段——所有这些原则问题，都要求正确的解决。
第四章 围剿与反围剿中国革命战争的主要形式	第四章 围剿与反围剿中国革命战争的主要形式	第四章"围剿"和反"围剿"——中国内战的主要形式

（续表）

1941年版	1946年版	1951年《毛选》版
十年来，从游击战争开始的一天起，任何一个独立的游击队或红军的周围，任何一个苏维埃根据地的周围，经常遇到的是敌人的围剿。	十年来，从游击战争开始的一天起，任何一个独兵的游击队或红军的周围，任何一个苏维埃根据地的周围，经常遇到的是敌人的围剿。	十年以来，从游击战争开始的一天起，任何一个独立的红色游击队或红军的周围，任何一个革命根据地的周围，经常遇到的是敌人的"围剿"。
敌人把红军看作异物，一出现就想把他捕获，敌人总是跟着红军，而且总是把红军围起来。	敌人把红军看作异物，一出现就想把他捕获，敌人总是跟着红军，而且总是把红军围起来。	敌人把红军看作异物，一出现就想把它捕获。敌人总是跟着红军，而且总是把它围起来。
那末，直到敌人变成弱小者红军变成强大者那一天为止，这种形式也不会变化的。	那末，直到敌人变成弱小者红军变成强大者那一天为止，这种形式也不会变化的。	那末，直到敌人变成弱小者、红军变成强大者那一天为止，这种形式也是不会变化的。
红军的活动，是采取了反围剿的形式。所谓胜利，主要的是说反围剿的胜利，这就是战略与战役的胜利。	红军的活动，是采取了反围剿的形式。所谓胜利，主要的是说反围剿的胜利，这就是战略与战役的胜利。	红军的活动，采取了反"围剿"的形式。所谓胜利，主要地是说反"围剿"的胜利，这就是战略和战役的胜利。
反对一次围剿是一个战役，常常由大小数个以至数十个战斗组织而成，在一次围剿没有基本的被打破以前，	反对一次围剿是一个战役，常常由大小数个以至数十个战斗组织而成，在一次围剿没有基本的被打破以前，	反对一次"围剿"是一个战役，常常由大小数个以至数十个战斗组织而成。在一次"围剿"没有基本地打破以前，
十年的红军战争史，就是一部反围剿史。	十年的红军战争史，就是一部反围剿史。	十年的红军战争史，就是一部反"围剿"史。
敌人的围剿与红军的反围剿，互相采用进攻与防御这两种战斗形式，这是同古今中外的战争没有两样的。	敌人的围剿与红军的反围剿，互相采用进攻与防御这两种战斗形式，这是同古今中外的战争没有两样的。	敌人的"围剿"和红军的反"围剿"，互相采用进攻和防御这两种战斗的形式，这是和古今中外的战争没有两样的。
然而中国内战的特点，则在二者长期的反复。在一次围剿中，	然而中国内战的特点，则在二者长期的反复。在一次围剿中，	然而中国内战的特点，则在二者的长期的反复。在一次"围剿"中，
这是反围剿战役的第一个阶段。	这是反围剿战役的第一个阶段。	这是反"围剿"战役的第一个阶段。

《中国革命战争的战略问题》版本研究

(续表)

1941年版	1946年版	1951年《毛选》版
这是反围剿战役的第二个阶段。任何的围剿,都是包括这两个阶段的,而且是长期反复的。	这是反围剿战役的第二个阶段。任何的围剿,都是包括这两个阶段的,而且是长期反复的。	这是反"围剿"战役的第二个阶段。任何的"围剿",都是包括这两个阶段的,而且是长期地反复的。
说长期反复,是说战争及战斗形式的反复,这是事实,任何人一看就知的。	说长期反复,是说战争及战斗形式的反复,这是事实,任何人一看就知的。	说长期反复,是说战争和战斗形式的反复。这是事实,任何人一看就知的。
围剿反"围剿"是战争形式的反复。	围剿反"围剿"是战争形式的反复。	"围剿"和反"围剿",是战争形式的反复。
敌以进攻对我防御,我以防御对敌进攻的第一阶段,与敌以防御对我进攻我以进攻对敌防御的第二阶段,是每一围剿中战斗形式的反复。	敌以进攻对我防御,我以防御对敌进攻的第一阶段,与敌以防御对我进攻我以进攻对敌防御的第二阶段,是每一围剿中战斗形式的反复。	敌以进攻对我防御、我以防御对敌进攻的第一阶段,和敌以防御对我进攻、我以进攻对敌防御的第二阶段,是每一次"围剿"中战斗形式的反复。
至于战争与战斗的内容,则不是简单反复的,而是每次不同的,这也是事实,任何人一看就知的。	至于战争与战斗的内容,则不是简单反复的,而是每次不同的,这也是事实,任何人一看就知的。	至于战争和战斗的内容,则不是简单地反复的,而是每次不同的。这也是事实,任何人一看就知的。
(按:以下原文另起一段)这里的规则,是围剿反围剿的规模一次比一次大,情况一次比一次复杂,战斗一次比一次激烈。	(按:以下原文另起一段)这里的规则,是围剿反围剿的规模一次比一次大,情况一次比一次复杂,战斗一次比一次激烈。	这里的规律,是"围剿"和反"围剿"的规模一次比一次大,情况一次比一次复杂,战斗一次比一次激烈。
然而这是没有起落的,五次围剿之后,因为红军相对地削弱了,根据地的位置移到了西北,也不是处在威胁中国主要敌人的最重要地位了,围剿的规模、情况与战斗,就比较小些,简单些,缓和些了。	然而不是没有起落的,五次围剿之后,因为红军相对地削弱了,根据地的位置移到了西北,也不是处在威胁中国主要敌人的最重要地位了,围剿的规模、情况与战斗,就比较小些,简单些,缓和些了。	然而不是没有起落的。第五次"围剿"之后,因为红军极大地削弱了,南方根据地全部丧失,红军移到了西北,不是如同在南方那样处在威胁国内敌人的最重要的地位了,"围剿"的规模、情况和战斗,就比较小些,简单些,缓和些了。
只有反围剿根本没有成功,才叫做失败,而且也只能叫做局部的与暂时的失败。因为国内战争根本的失败,	只有反围剿根本没有成功,才叫做失败,而且也只能叫做局部的与暂时的失败。因为国内战争根本的失败,	只有反"围剿"根本没有成功,才叫做失败,而且也只能叫做局部的和暂时的失败。因为国内战争的根本的失败,

(续表)

1941年版	1946年版	1951年《毛选》版
就是整个红军的覆灭,然而这样的事实在我们是没有的。苏区的丧失与红军的转移,这是暂时与局部的失败,这种事实,我们把他叫做防御的继续。而把敌人的追击叫做进攻的继续。	就是整个红军的覆灭,然而这样的事实在我们是没有的。苏区的丧失与红军的转移,这是暂时与局部的失败,这种事实,我们把他叫做防御的继续。而把敌人的追击叫做进攻的继续。	就是整个红军的覆灭,然而这样的事实是没有的。广大根据地的丧失和红军的转移,这是暂时的和局部的失败,不是永远的和全部的失败,虽然这个局部是包括了党和军队和根据地的百分之九十。这种事实,我们把它叫做防御的继续,而把敌人的追击叫做进攻的继续。
这就是说,在围剿与反围剿的斗争中,我们没有由防御转到进攻,反被敌人的进攻打破了我们的防御,	这就是说,在围剿与反围剿的斗争中,我们没有由防御转到进攻,反被敌人的进攻打破了我们的防御,	这就是说,在"围剿"和反"围剿"的斗争中,我们没有由防御转到进攻,反而被敌人的进攻打破了我们的防御,
然而等到红军到达一个新地区时,围剿反复又出现了。	然而等到红军到达一个新地区时,围剿反复又出现了。	然而等到红军到达一个新的地区时,例如我们由江西等地移到了陕西,"围剿"的反复又出现了。
所以我们说,红军的战略退却(长征)是红军战略防御的继续,敌人的战略追击是敌人战略进攻的继续。	所以我们说,红军的战略退却(长征)是红军战略防御的继续,敌人的战略追击是敌人战略进攻的继续。	所以我们说,红军的战略退却(长征)是红军战略防御的继续,敌人的战略追击是敌人战略进攻的继续。
中国国内战争同任何古今中外的战争一样,基本的战斗形式只有攻防两种,	中国国内战争同任何古今中外的战争一样,基本的战斗形式只有攻防两种,	中国国内战争和任何古今中外的战争一样,基本的战斗形式只有攻防两种。
中国内战的特点,是围剿反围剿的长期反复,与攻防两种的长期反复,并且包括着伟大的战略转移这一种东西在里面。	中国内战的特点,是围剿反围剿的长期反复,与攻防两种的长期反复,并且包括着伟大的战略转移这一种东西在里面。	中国内战的特点,是"围剿"和反"围剿"的长期地反复和攻防两种战斗形式的长期地反复,并且包括着一次一万多公里的伟大的战略转移(长征)〔一四〕这样一种东西在里面。
就是他们的围剿被我们打破,	就是他们的围剿被我们打破,	就是他们的"围剿"被我们打破,
必须重新组织才有再一次的围剿。敌人没有如同我们所谓战略转移(长征)的那种情形,乃因他们是全国性的统治者,他们比我们特别强大的原故。	必须重新组织才有再一次的围剿。敌人没有如同我们所谓战略转移(长征)的那种情形,乃因他们是全国性的统治者,他们比我们特别强大的原故。	必须重新组织才有再一次的"围剿"。敌人没有如同我们所谓一万多公里的战略转移的那种情形,这是因为他们是全国性的统治者,他们比我们强大得多的缘故。

(续表)

1941年版	1946年版	1951年《毛选》版
然而部份的事情是有过的，若干苏区中的白色据点内被红军围攻的敌人突围而出，	然而部份的事情是有过的，若干苏区中的白色据点内被红军围攻的敌人突围而出，	然而部分的事情是有过的。若干根据地中被红军围攻的白色据点内的敌人突围而出，
是发生过的。如果内战延长，	是发生过的。如果内战延长，	这样的事是发生过的。如果内战延长，
但他们的结果不能同红军相比，因为他们没有人民的援助，官兵之间又不一致，他们如果也学红军的长途转移，那是难保不被消灭的。	但他们的结果不能同红军相比，因为他们没有人民的援助，官兵之间又不一致，他们如果也学红军的长途转移，那是难保不被消灭的。	但是他们的结果不能和红军相比，因为他们没有人民的援助，官兵之间又不一致。他们如果也学红军的长途转移，那是一定会被消灭的。
李立三不懂得中国内战的持久性，因此看不出中国内战发展中围剿又围剿、打破又打破的这种长期反复的规律（那时已有井冈山的三次围剿，福建的两次围剿等），命令红军去打武汉，命令全国暴动，企图革命迅速胜利，犯了左倾机会主义的错误。	李立三同志不懂得中国内战的持久性，因此看不出中国内战发展中围剿又围剿、打破又打破的这种长期反复的规律（那时已有井冈山的三次围剿，福建的两次围剿等），命令红军去打武汉，命令全国暴动，企图革命迅速胜利，犯了左倾机会主义的错误。	在一九三〇年的立三路线时期，李立三同志不懂得中国内战的持久性，因此看不出中国内战发展中"围剿"又"围剿"、打破又打破的这种长期反复的规律（那时已有湘赣边区的三次"围剿"，福建的两次"围剿"等），因此在红军还幼小的时代就命令红军去打武汉，命令全国举行武装起义，企图使全国革命迅速胜利。这就犯了"左"倾机会主义的错误。
一九三二年的左倾机会主义，也不相信围剿反复这一规律。	一九三二年的左倾机会主义，也不相信围剿反复这一规律。	一九三一年至一九三四年的"左"倾机会主义，也不相信"围剿"反复这一规律。
在鄂豫皖则有"偏师"说，承认三次围剿失败后的国民党不过是偏师了，要进攻红军，就是帝国主义亲身担当主力军。	在鄂豫皖则有"偏师"说，承认三次围剿后的国民党不过是偏师了，要进攻红军，就是帝国主义亲身担当主力军。	在鄂豫皖边区根据地则有所谓"偏师"〔一五〕说，那里的一些领导同志认为第三次"围剿"失败后的国民党不过是偏师了，要进攻红军，就得由帝国主义亲身出马担当主力军。
在这个估计之下的战略方针，就是红军打武汉。	在这个估计之下的战略方针，就是红军打武汉，	在这个估计之下的战略方针，就是红军打武汉。

（续表）

1941年版	1946年版	1951年《毛选》版
这和中央苏区的号召红军打南昌，反对苏区联成一片的工作，反对"东北路线"，反对诱敌深入的作战，把一省胜利放在夺取省城与中心城市的基点上，以及认五次围剿是苏维埃道路与国民党道路的决战等等，是原则上一致的。	这和中央苏区的号召红军打南昌，反对苏区联成一片的工作，反对"东北路线"，反对诱敌深入的作战，把一省胜利放在夺取省城与中心城市的基点上，以及认五次围剿是苏维埃道路与国民党道路的决战等等，是原则上一致的。	这和江西的一些同志号召红军打南昌，反对进行使各根据地联成一片的工作，反对诱敌深入的作战，把一省胜利放在夺取省城和中心城市的基点上，以及认为"反对五次'围剿'是革命道路和殖民地道路的决战"等等，是在原则上一致的。
这个左倾机会主义，种下了鄂豫皖反对四次围剿，中央苏区反对五次围剿斗争中错误路线的根苗，在敌人严重的围剿面前不得不处于无能的地位，给了中国苏维埃运动以很大的损失。	这个左倾机会主义，种下了鄂豫皖反对四次围剿，中央苏区反对五次围剿斗争中错误路线的根苗，在敌人严重的围剿面前不得不处于无能的地位，给了中国苏维埃运动以很大的损失。	这个"左"倾机会主义，种下了鄂豫皖边区反对第四次"围剿"、江西中央区反对第五次"围剿"斗争中的错误路线的根苗，使红军在敌人的严重的"围剿"面前不得不处于无能的地位，给了中国革命以很大的损失。
跟否认围剿反复的左倾主义直接联系，	跟否认围剿反复的左倾主义直接联系，	跟否认"围剿"反复的"左"倾机会主义直接联系，
革命与革命战争是进攻的——这是正确的说法。	革命与革命战争是进攻的——这是正确的说法。	革命和革命战争是进攻的——这种说法当然有它的正确性。
革命与革命战争从无到有，从小到大，从发生到发展，从没有政权到夺取政权，从没有红军到创造红军，从没有苏区到创造苏区，是一天也不能保守的，保守主义的倾向是应该反对的。	革命与革命战争从无到有，从小到大，从发生到发展，从没有政权到夺取政权，从没有红军到创造红军，从没有苏区到创造苏区，是一天也不能保守的，保守主义的倾向是应该反对的。	革命和革命战争从发生到发展，从小到大，从没有政权到夺取政权，从没有红军到创造红军，从没有革命根据地到创造革命根据地，总是要进攻的，是不能保守的，保守主义的倾向是应该反对的。
革命与革命战争是进攻的，但也是有防御与后退的——这更是正确的说法。	革命与革命战争是进攻的，但也是有防御与后退的——这更是正确的说法。	革命和革命战争是进攻的，但是也有防御和后退——这种说法才是完全正确的。
为了进攻的防御，为了前进的后退，为了向正面而向侧面，为了走直路而走弯路，是任何事物的发展过程中不可避免的现象，何况军事运动？	为了进攻的防御，为了前进的后退，为了向正面而向侧面，为了走直路而走弯路，是任何事物的发展过程中不可避免的现象，何况军事运动？	为了进攻而防御，为了前进而后退，为了向正面而向侧面，为了走直路而走弯路，是许多事物在发展过程中所不可避免的现象。何况军事运动？

（续表）

1941年版	1946年版	1951年《毛选》版
但前一论断，在政治上说来，是对的，移到军事上就不对了。	但前一论断，在政治上说来，是对的，移到军事上就不对了。	上述两个论断中的前一论断，在政治上说来可以是对的，移到军事上就不对了。
从政治上某一种情况说来（革命前进时）是对的，假如移到另一种情况（革命退却时，全部退却例如俄国一九〇六年，中国一九二七年，局部退却例如俄国一九一八年布列斯特条约时）也就不对了。	从政治上某一种情况说来（革命前进时）是对的，假如移到另一种情况（革命退却时，全部退却例如俄国一九〇六年，中国一九二七年，局部退却例如俄国一九一八年布列斯特条约时）也就不对了。	在政治上，也只是在某一种情况说来（革命前进时）是对的，移到另一种情况（革命退却时：全部退却，例如俄国在一九〇六年〔一六〕、中国在一九二七年；局部退却，例如俄国在一九一八年的布列斯特条约〔一七〕时）也就不对了。
只有后一论断，才是全部正确的真理。一九三二年的左倾机会主义，机械地反对军事的防御手段，仅是一种非常幼稚的思想。	只有后一论断，才是全部正确的真理。一九三二年的左倾机会主义，机械地反对军事防御的手段，仅是一种非常幼稚的思想。	只有后一论断，才是全部地正确的真理。一九三一年至一九三四年的"左"倾机会主义，机械地反对使用军事防御的手段，不过是一种非常幼稚的思想。
围剿反复的形式何时结束？照我的意见，如果内战延长的话，	围剿反复的形式何时结束？照我的意见，如果内战延长的话，	"围剿"反复的形式何时结束？据我看来，如果内战延长的话，
如果苏维埃红军一旦改变到比自己的敌人更为强大时，	如果苏维埃红军一旦改变到比自己的敌人更为强大时，	如果红军一旦改变到比自己的敌人更为强大时，
但政治军事的条件将不允许敌人采取如同红军一样的反围剿的地位。	但政治军事的条件将不允许敌人采取如同红军一样的反围剿的地位。	但是政治和军事的条件将不允许敌人获得如同红军一样的反"围剿"的地位。
那时，围剿反复这种形式，即使不说完全结束，但一般的结束是可以断言的。	那时，围剿反复这种形式，即使不说完全结束，但一般的结束是可以断言的。	那时，"围剿"反复这种形式，即使不说完全结束，但是一般的结束是可以断言的。
第五章 战略防御	第五章 战略防御	第五章 战略防御
（一）积极防御与消极防御；（二）反围剿的准备；	（一）积极防御与消极防御；（二）反围剿的准备；	（一）积极防御和消极防御；（二）反"围剿"的准备；
一 积极防御与消极防御	一 积极防御与消极防御	第一节 积极防御和消极防御

(续表)

1941年版	1946年版	1951年《毛选》版
为什么从防御说起呢？中国第一次民族统一战线失败后，革命进到了深刻的阶级斗争，	为什么从防御说起呢？中国第一次民族统一战线失败后，革命进到了深刻的阶级战争，	为什么从防御说起呢？一九二四年至一九二七年的中国第一次民族统一战线失败后，革命成了极深刻极残酷的阶级战争。
敌人是大政权，我们是小部队，因此我们一开始就是和敌人的围剿奋斗，	敌人是大政权，我们是小部队，因此我们一开始就是和敌人的围剿奋斗，	敌人是全国的统治者，我们只有一点小部队，因此，我们一开始就是和敌人的"围剿"奋斗。
我们的进攻是密切联系于打破围剿，我们发展的命运全看我们能不能打破围剿。	我们的进攻是密切联系于打破围剿，我们发展的命运全看我们能不能打破围剿。	我们的进攻是密切地联系于打破"围剿"的，我们发展的命运全看我们能不能打破"围剿"。
打破围剿的过程往往是迂回曲折的，不是径情直遂的，	打破围剿的过程往往是迂回曲折的，不是径情直遂的，	打破"围剿"的过程往往是迂回曲折的，不是径情直遂的。
首先而且严重的问题，是如何保存力量待机破敌，所以战略防御问题成为红军作战中最复杂最重要的问题。	首先而且严重的问题，是如何保存力量待机破敌，所以战略防御问题成为红军作战中最复杂最重要的问题。	首先而且严重的问题，是如何保存力量，待机破敌。所以，战略防御问题成为红军作战中最复杂和最重要的问题。
在我们的十年中，	在我们的十年中，	在我们的十年战争中，
由于轻视敌人而来的结果，我们看见许多游击队的失败，红军若干次围剿之不能打破。	由于轻视敌人而来的结果，我们看见许多游击队的失败，红军若干次围剿之不能打破。	由于轻视敌人，许多游击队失败了，红军对若干次敌人的"围剿"不能打破。
游击队初起，领导者对于敌我形势看得不正确，看见自己在一地方用突然的暴动胜利了，或从白军中哗变出来了，一时的顺利环境，或对严重环境看不到，往往轻视敌人。	游击队初起，领导者对于敌我形势看得不正确，看见自己在一地方用突然的暴动胜利了，或从白军中哗变出来了，一时的顺利环境，或对严重环境看不到，往往轻视敌人。	革命的游击队初起，领导者对于敌我形势往往看得不正确。他们看见自己在一个地方用突然的武装起义胜利了，或从白军中哗变出来了，一时的环境很顺利，或者虽有严重的环境而看不到，因此往往轻视敌人。
另一方面，对自己的弱点，（没有经验，力量弱小等）也不了解。因而把行动引向错误的道路，精神上解除了防御的武器，许多游击队因此失败了。	另一方面，对自己的弱点，（没有经验，力量弱小等）也不了解。因而把行动引向错误的道路，精神上解除了防御的武器，许多游击队因此失败了。	另一方面，对自己的弱点（没有经验，力量弱小），也不了解。敌强我弱，原是客观地存在的现象，可是人们不愿意想一想，一味只讲进攻，不讲防御和退却，在精神上解除了防御的武装，因而把行动引到错误的方向。许多游击队因此失败了。

(续表)

1941年版	1946年版	1951年《毛选》版
红军因为这种原因不能打破围剿的例子，则有一九二八年海陆丰的红军，因为轻敌而招来了失败。有一九三二年鄂豫皖的红军，在所谓国民党偏师说之下，使得反对四次围剿丧失了措置裕如的能力。	红军因为这种原因不能打破围剿的例子，则有一九二八年海陆丰的红军，因为轻敌而招来了失败。有一九三二年鄂豫皖的红军，在所谓国民党偏师说之下，使得反对四次剿丧失了措置裕如的能力。	红军因为和这同样的原因不能打破"围剿"的例子，则有一九二八年广东海陆丰区域的红军的失败〔一八〕，以及一九三二年鄂豫皖边区的红军，在所谓国民党偏师说的指导之下，使得反对第四次"围剿"丧失了措置裕如的能力的事实。
为敌吓倒而受挫折的例子，是很多的。	为敌吓倒而受挫折的例子，是很多的。	为敌人吓倒而受挫折的例子，是很多的。
从与前者相反的立场发出，太看重了敌人，太看轻了自己，因而采取了非必要的退让政策，精神上同样解除了防御的武器，	从与前者相反的立场出发，太看重了敌人，太看轻了自己，因而采取了非必要的退让政策，精神上同样解除了防御的武器，	和轻敌者相反，人们太看重了敌人，太看轻了自己，因而采取了非必要的退却方针，精神上同样地解除了防御的武装。
结果或使游击队失败，或使红军的某些战役失败，或使苏区归于丧失。	结果或使游击队失败，或使红军的某些战役失败，或使苏区归于丧失。	其结果或者是游击队失败，或者是红军的某些战役失败，或者是根据地丧失。
关于丧失苏区最显著者，是五次围剿中的中央苏区，这里的错误是从右倾的观点产生的。然而这种错误，往往有一种左倾轻敌的错误为之先行，一九三二年进攻中心城市的军事冒险主义，不能不是后来五次围剿中消极防御路线的根源。	关于丧失苏区最显著者，是五次围剿中的中央苏区，这里的错误是从右倾的观点产生的。然而这种错误，往往有一种左倾轻敌的错误为之先行，一九三二年进攻中心城市的军事冒险主义，不能不是后来五次围剿中消极防御路线的根源。	丧失根据地的最显著的例子，是在反对第五次"围剿"中丧失了江西中央根据地。这里的错误是从右倾的观点产生的。领导者们畏敌如虎，处处设防，节节抵御，不敢举行本来有利的向敌人后方打去的进攻，也不敢大胆放手诱敌深入，聚而歼之，结果丧失了整个根据地，使红军做了一万二千多公里的长征。然而这种错误，往往有一种"左"倾轻敌的错误为之先行。一九三二年进攻中心城市的军事冒险主义，正是后来在对付敌人第五次"围剿"中采取消极防御路线的根源。
为敌人吓倒极端的例子，是退却主义的"张国焘路线"，西路军在河西的失败，是这个路线的最后的破产。	为敌人吓倒极端的例子，是退却主义的"张国涛路线"，西路军在河西的失败，是这个路线的最后的破产。	为敌人吓倒的极端的例子，是退却主义的"张国焘路线"。红军第四方面军的西路军在黄河以西的失败〔一九〕，是这个路线的最后的破产。

(续表)

1941年版	1946年版	1951年《毛选》版
才是为了反攻与进攻的防御。据我知道的，	才是为了反攻与进攻的防御。据我知道的，	才是为了反攻和进攻的防御。据我所知，
而且无论古今与中外，无论战略与战术，没有不反对消极防御的。	而且无论古今与中外，无论战略与战术，没有不反对消极防御的。	而且无论古今中外，无论战略战术，没有不反对消极防御的。
然而世上偏有这样的人，做出这样的事，这是战争史中一种过失，是保守主义在军事上的表现，我们是应该根本反对的。	然而世上偏有这样的人，做出这样的事，这是战争史中一种过失，是保守主义在军事上的表现，我们是应该根本反对的。	然而世上偏有这样的人，做出这样的事。这是战争中的过失，是保守主义在军事上的表现，我们应该坚决地反对它。
后起而且发展很快的帝国主义国家，以德日两国为代表的军事家中，积极鼓吹战略进攻的利益，反对战略防御，这个原则，是根本不合于中国苏维埃战争的，也不合于中国的民族战争。	后起而且发展很快的帝国主义国家，以德日两国为代表的军事家中，积极鼓吹战略进攻的利益，反对战略防御，这个原则，是根本不合于中国苏维埃战争的，也不合于中国的民族战争。	后起而且发展得很快的帝国主义国家，即德日两国的军事家中，积极地鼓吹战略进攻的利益，反对战略防御。这种思想，是根本不合于中国革命战争的。
他们指出防御的一个重要弱点是不能振奋人心，反使人心动摇，	他们指出防御的一个重要弱点是不能振奋人心，反使人心动摇，	德日帝国主义的军事家们指出防御的一个重要的弱点是不能振奋人心，反而使人心动摇。
这是说的阶级矛盾剧烈，而战争的利益仅仅属于统治阶级乃至当权政派的那种国家，对于我们的苏维埃战争与民族战争，则是根本相反的。	这是说的阶级矛盾剧烈，而战争的利益仅仅属于统治阶层乃至当权政派的那种国家，对于我们的苏维埃战争与民族战争，则是根本相反的。	这是说的阶级矛盾剧烈，而战争的利益仅仅属于反动的统治阶层乃至反动的当权政派的那种国家。我们的情况不同。
在保卫苏区与保卫中国的口号下，能够团结最大多数人民万众一心的作战，因为我们是被压迫与被侵略者。	在保卫苏区与保卫中国的口号下。能够团结最大多数人民万众一心的作战，因为我们是被压迫与被侵略者。	在保卫革命根据地和保卫中国的口号下，我们能够团结最大多数人民万众一心地作战，因为我们是被压迫者和被侵略者。
苏联内战也是在防御形式之下战胜敌人的，他们不但在帝国主义各国组织白党进攻时，战争的进行是在保卫苏维埃的口号下，就是在十年暴动的准备时期，也是在保卫首都的口号下进行军事动员的。	苏联内战也是在防御形式之下战胜敌人的，他们不但在帝国主义各国组织白党进攻时，战争的进行是在保卫苏维埃的口号下，就是在十年暴动的准备时期，也是在保卫首都的口号下进行军事动员的。	苏联内战时期的红军也是在防御形式之下战胜敌人的。他们的战争不但在帝国主义各国组织白党进攻时，是在保卫苏维埃的口号下进行的，就是在十月起义的准备时期，也是在保卫首都的口号下进行军事动员的。

《中国革命战争的战略问题》版本研究

（续表）

1941年版	1946年版	1951年《毛选》版
一切战略的防御战，不但有麻痹政治上异己份子的作用，主要的是能够动员落后的人民群众加入战争中来。	一切战略的防御战，不但有麻痹政治上异己份子的作用，主要的是能够动员落后的人民群众加入战争中来。	一切正义战争的防御战，不但有麻痹政治上异己分子的作用，而且可以动员落后的人民群众加入到战争中来。
马克思说的暴动之后一刻也不应该停止进攻，这是说的乘敌不备而突然暴动起来的群众，应该不让统治者有保守政权或恢复政权的机会，趁此一瞬间把国内统治势力消灭个彻底，这是完全正确的。	马克斯说的暴动之后一刻也不应该停止进攻，这是说的乘敌不备而突然暴动起来的群众，应该不让统治者有保守政权或恢复政权的机会，趁此一瞬间把国内统治势力消灭个彻底，这是完全正确的。	马克思说的武装起义之后一刻也不应该停止进攻〔二〇〕，这是说乘敌不备而突然起义的群众，应该不让反动的统治者有保守政权或恢复政权的机会，趁此一瞬间把国内反动的统治势力打个措手不及，而不要满足于已得的胜利，轻视敌人，放松对于敌人的进攻，或者畏缩不前，坐失消灭敌人的时机，招致革命的失败。这是正确的。
然而不是说，双方已在军事对抗中，而且敌人是优势者，当受敌人压迫时，不应该采取防御手段。	然而不是说，双方已在军事对抗中，而且敌人是优势者，当受敌人压迫时，不应该采取防御手段。	然而不是说，敌我双方已在军事对抗中，而且敌人是优势，当受敌人压迫时，革命党人也不应该采取防御手段。
我们过去的战争，整个的是向国民党进攻，然而在军事上采取了打破围剿的形式。	我们过去的战争，整个的是向国民党进攻，然而在军事上采取了打破围剿的形式。	我们过去的战争，整个地说来是向国民党进攻，然而在军事上采取了打破"围剿"的形式。
在军事上说来，我们是防御与进攻的反复应用。	在军事上说来，我们是防御与进攻的反复应用。	在军事上说来，我们的战争是防御和进攻的交替的应用。
因为关键在于围剿之打破。围剿没有打破以前是防御，围剿一经打破就开始了进攻，仅仅是一件事情的两个阶段，而一次围剿与又一次围剿是衔接着的。	因为关键在于围剿之打破。围剿没有打破以前是防御，围剿一经打破就开始了进攻，仅仅是一件事情的两个阶段，而一次围剿与又一次围剿是衔接着的。	因为关键在于打破"围剿"。"围剿"没有打破以前是防御，"围剿"一经打破就开始了进攻，仅仅是一件事情的两个阶段，而敌人的一次"围剿"和它的又一次"围剿"是衔接着的。
这两个阶段中，最复杂最重要的阶段，是防御的阶段，包含着怎样打破围剿的许多问题。	这两个阶段中，最复杂最重要的阶段，是防御的阶段，包含着这样打破围剿的许多问题。	这两个阶段中，防御的阶段比进攻的阶段更为复杂，更为重要。这个阶段包含着怎样打破"围剿"的许多问题。

203

（续表）

1941年版	1946年版	1951年《毛选》版
那末一般的就用不着战略防御了，那时的方针基本的只是战略的进攻，这种改变完全依靠于总的敌我力量的变动。防御到了那时，剩下的是局部的防御。总的方针就没有与战略进攻平行、甚至占着比较重要地位、如同现在一样的战略防御、这种东西了。	那末一般的就用不着战略防御了，那时的方针基本的只是战略的进攻，这种改变完全依靠于总的敌我力量的变动。防御到了那时，剩下的是局部的防御。总的方针就没有与战略进攻平行、甚至占着比较重要地位。如同现在一样的战略防御，这种东西了。	那末，一般地就用不着战略防御了。那时的方针只是战略的进攻。这种改变，依靠于敌我力量的总的变动。到了那时，剩下的防御手段，只是局部的东西了。
二 反围剿的准备	二 反围剿的准备	第二节 反"围剿"的准备
对于敌人的一次有计划的围剿，如果我们没有充分的与必要的准备，必然陷入被动地位，	对于敌人的一次有计划的围剿，如果我们没有充分的与必要的准备，必须陷入被动地位，	对于敌人的一次有计划的"围剿"，如果我们没有必要的和充分的准备，必然陷入被动地位。
因此在与敌人准备围剿，同时进行我们的反围剿准备，实有完全的必要，反对准备的意见是幼稚可笑的。	因此在与敌人准备围剿同时，进行我们的反围剿准备，实有完全的必要，反对准备的意见是幼稚可笑的。	因此，在和敌人准备"围剿"同时，进行我们的反"围剿"的准备，实有完全的必要。我们队伍中曾经发生过的反对准备的意见是幼稚可笑的。
这里有一个困难问题，也就容易发生争论。就是，何时结束自己的进攻、转入反围剿的准备阶段呢？因为此时自己是处在胜利的进攻中，敌人处在防御地位，敌人的围剿准备是在秘密地进行的，难于知道他们将在何时开始进攻。	这里有一个困难问题，也就容易发生争论。就是，何时结束自己的进攻，转入反围剿的准备阶段呢？因为此时自己是处在胜利的进攻中，敌人处在防御地位，敌人的围剿准备是在秘密地进行的，难于知道他们将在何时开始进攻。	这里有一个困难问题，容易发生争论。就是，何时结束自己的进攻，转入反"围剿"的准备阶段呢？因为当自己处在胜利的进攻中，敌人处在防御地位时，敌人的"围剿"准备是在秘密地进行的，我们难于知道他们将在何时开始进攻。
我们准备反围剿的工作开始早了，不免减少进攻的利益，而且有时会给红军与苏维埃人民以若干不良的影响。	我们准备反围剿的工作开始早了，不免减少进攻的利益，而且有时会给红军与苏维埃人民以若干不良的影响。	我们准备反"围剿"的工作开始早了，不免减少进攻的利益，而且有时会给予红军和人民以若干不良的影响。
政治上的动员。有时会因过早准备，变为了等待敌人，等了好久而敌人未来，	政治上的动员。有时会因过早准备，变为等待敌人，等了好久而敌人未来，	和为着准备退却的政治上的动员。有时准备过早，会变为等待敌人；等了好久而敌人未来，

《中国革命战争的战略问题》版本研究

（续表）

1941年版	1946年版	1951年《毛选》版
有时或因我们的重新进攻刚在开始，	有时或因我们的重新进攻刚在开始，	有时我们的重新进攻刚在开始，
所以开始准备时机的选择，成为一个重要问题。	所以开始准备时机的选择，成为一个重要问题。	所以开始准备的时机的选择，成为一个重要问题。
断定这种时机，要从敌我双方情况及二者间的关系着眼。	断定这种时机，要从敌我双方情况及二者间的关系着眼。	断定这种时机，要从敌我双方情况和二者间的关系着眼。
敌人的情况，须从敌人方面的政治军事财政及社会舆论等各方面搜集材料。	敌人的情况，须从敌人方面的政治军事财政及社会舆论等各方面搜集材料。	为着了解敌人的情况，须从敌人方面的政治、军事、财政和社会舆论等方面搜集材料。
分析这些材料的时候，要足够的估计敌人的整个力量，	分析这些材料的时候，要足够的估计敌人的整个力量，	分析这些材料的时候，要足够地估计敌人的整个力量，
不可夸大敌人过去失败的程度。但也决不可不估计到敌人营垒间的矛盾，	不可夸大敌人过去失败的程度，但也决不可不估计到敌人营垒间的矛盾，	不可夸大敌人过去失败的程度，但也决不可不估计到敌人内部的矛盾，
自己方面，不可夸大过去胜利的程度，但也决不可不足够的估计到过去胜利及于敌人的影响。	自己方面，不可夸大过去胜利的程度，但也决不可不足够的估计到过去胜利及于敌人的影响。	对自己方面，不可夸大过去胜利的程度，但也决不可不足够地估计到过去胜利的影响。
但开始准备的时机问题，一般说来，与其失之过迟，不如失之过早，	但开始准备的时机问题，一般说来，与其失之过迟，不如失之过早，	但是开始准备的时机问题，一般地说来，与其失之过迟，不如失之过早。
因为后者的损失较之前者为小，而其利益，则在有备无患，根本上立于不败之地。	因为后者的损失较之前者为小，而其利益，则在有备无患，根本上立于不败之地。	因为后者的损失较之前者为小，而其利益，则是有备无患，根本上立于不败之地。
准备阶段中主要的问题，是红军的准备退却，政治动员，扩大红军，财政粮食，政治异己份子的处置等。	准备阶段中主要的问题，是红军准备退却，政治动员，扩大红军，财政粮食，政治异己份子的处置等。	准备阶段中的主要的问题，是红军的准备退却，政治动员，征集新兵，财政和粮食的准备，政治异己分子的处置等。
所谓红军准备退却，	所谓红军准备退却，	所谓红军的准备退却，
不要进攻得太远了，不要使红军过于疲劳。	不要进攻的太远了，不要使红军过于疲劳。	不要进攻得太远了，不要使红军过于疲劳。

205

（续表）

1941年版	1946年版	1951年《毛选》版
这是敌人大举进攻的前夜主力红军的必要的处置。这时候红军的注意力，主要的要放在创造战场，征集资材，扩大自己与训练自己的计划上。	这是敌人大举进攻的前夜主力红军的必要的处置。这时候红军的注意力，主要的要放在创造战场，征集资材，扩大自己与训练自己的计划上。	这是在敌人大举进攻的前夜主力红军的必要的处置。这时红军的注意力，主要地要放在创造战场，征集资材，扩大自己和训练自己的计划上。
政治动员是反围剿斗争中第一个重要问题。这即是说，明确、坚决而充分的告诉红军人员与苏区人民：关于敌人进攻的必然性与迫切性，敌人进攻危害苏维埃与人民的严重性，同时，敌人的弱点，红军与苏区的优良条件，我们一定要胜利的志愿，我们工作的方向等，	政治动员是反围剿斗争中第一个重要问题。这即是说，明确、坚决而充分的告诉红军人员与苏区人民，关于敌人进攻的必然性与迫切性，敌人进攻危害苏维埃与人民的严重性，同时，敌人的弱点，红军与苏区优良条件，我们一定要胜利的志愿，我们工作的方向等，	政治动员是反"围剿"斗争中第一个重要问题。这即是说，明确、坚决而充分地告诉红军人员和根据地的人民，关于敌人进攻的必然性和迫切性，敌人进攻危害人民的严重性；同时，关于敌人的弱点，红军的优良条件，我们一定要胜利的志愿，我们工作的方向等。
号召红军与人民全体为反对围剿保卫苏区而斗争。	号召红军与人民全体为反对围剿保卫苏区而斗争，	号召红军和人民全体为反对"围剿"、保卫根据地而斗争。
除开军事秘密之外，政治动员是必须公开的，而且力求普及于每一个可能拥护苏维埃利益的人员。重要的关节是动员干部。	除开军事秘密外，政治动员是必须公开的，而且力求普及于每一个可能拥护苏维埃利益的人员。重要的关节是动员干部。	除开军事秘密外，政治动员是必须公开的，而且力求普及于每一个可能拥护革命利益的人员。重要的关节是说服干部。
扩大红军须从两方面出发：一方面顾到苏区人民的政治觉悟程度及人口情况。又一方面顾到当时红军的情况及整个反围剿战役中红军消耗的可能限度。	扩大红军须从两方面出发：一方面顾到苏区人民的政治觉悟程度及人口情况。另一方面顾到当时红军的情况及整个反围剿红军消耗的可能限度。	征集新兵须从两方面出发：一方面顾到人民的政治觉悟程度和人口情况；又一方面顾到当时红军的情况和整个反"围剿"战役中红军消耗的可能限度。
财政粮食问题，不待说对于反对围剿是有决定意义的，要顾及围剿时间的可能延长。	财政粮食问题，不待说对于反对围剿是有决定意义的，要顾及围剿时间的可能延长。	财政和粮食问题，不待说对于反对"围剿"是有重大意义的。要顾及"围剿"时间的可能延长。
主要的是红军，再则苏区的人民，在整个反围剿斗争中物质需要的最低限度。	主要的是红军，再则苏区的人民，在整个反围剿斗争中物质需要的最低限度。	应当计算，主要的是红军，再则革命根据地的人民，在整个反"围剿"斗争中物资需要的最低限度。

《中国革命战争的战略问题》版本研究

（续表）

1941年版	1946年版	1951年《毛选》版
对待政治异己份子，不可对他们不警戒。但也不可过于恐惧他们的叛变，而采取过分的警戒手段。	对待政治异己份子，不可对他们不警戒。但也不可过于恐惧他们的叛变，而采取过分的警戒手段。	对待政治异己分子，不可对他们不警戒；但也不可过于恐惧他们的叛变，而采取过分的警戒手段。
对地主、商人、富农之间是应该有分别的，主要的是政治上向他们说明，争取他们的中立，民众监视他们。	对地主、商人、富农之间是应该有分别的，主要的是政治上向他们说明，争取他们的中立，民众监视他们。	对地主、商人、富农之间是应该有分别的，主要地是政治上向他们说明，争取他们中立，并且组织民众监视他们。
只有极少数最带危险性的份子，才可以采用严峻手段，例如逮捕等。	只有极少数最带危险性的份子，才可以采用严峻手段，例如逮捕等。	只有对极少数最带危险性的分子，才可以采用严峻手段，例如逮捕等。
反围剿斗争胜利的程度，是与准备阶段中任务完成的程度，密切连系的，	反围剿斗争胜利的程度，是与准备阶段中任务完成的程度，密切连系的，	反"围剿"斗争胜利的程度，是和准备阶段中任务完成的程度密切地联系着的。
由轻敌而发生的对于准备的放松，与由吓倒于敌人进攻而发生的惊惶失措，	由轻敌而发生的对于准备的放松，与由吓倒于敌人进攻而发生的惊惶失措，	由轻敌而发生的对于准备的放松，和由被敌人进攻所吓倒而发生的惊惶失措，
三 战略退却	三 战略退却	第三节 战略退却
战略退却，是劣势军队处在优势军队进攻面前、因为顾及到不能立即击破其进攻、为了保存军力待机破敌、而采取的一个有计划的战略步骤。	战略退却，是劣势军队处在优势军队进攻面前、因为顾及到不能立即击破其进攻、为了保存军力待机破敌、而采取的一个有计划的战略步骤。	战略退却，是劣势军队处在优势军队进攻面前，因为顾到不能迅速地击破其进攻，为了保存军力，待机破敌，而采取的一个有计划的战略步骤。
可是军事冒险主义，则坚决反对此种步骤，他们的主张是御敌于国门之外。对于这种主张，过去曾发生过激烈的争论，而且直到经过长久岁月，证明这种主张是严重地危害着苏维埃战争时，才把他打翻。	可是军事冒险主义，则坚决反对此种步骤，他们的主张是御敌于国门之外。对于这种主张，过去曾发生过激烈的争论，而且直到经过长久岁月，证明这种主张是严重的危害着苏维埃战争时，才把他打翻。	可是，军事冒险主义者则坚决反对此种步骤，他们的主张是所谓"御敌于国门之外"。
开头就使出全副本领，结果往往退却者打倒其势汹汹者。	开头就使出全副本领，结果往往退却者打倒其势汹汹者。	开头就使出全副本领，结果却往往被退让者打倒。

（续表）

1941年版	1946年版	1951年《毛选》版
水浒传上的王教头，在柴进家中要打林冲，连唤几个"来""来""来"，	水浒传上的王教头，在柴进家中要打林冲，连唤几个"来""来""来"，	《水浒传》上的洪教头，在柴进家中要打林冲，连唤几个"来""来""来"，
结果是退让的林冲看出王教头破绽，一脚踢翻了王教头。	结果是退却的林冲看出王教头破绽，一脚踢翻了王教头。	结果是退让的林冲看出洪教头的破绽，一脚踢翻了洪教头〔二一〕。
春秋时候，鲁与齐战，鲁军不待齐军疲弊就要出战，被他的军师曹刿阻止了，	春秋时候，鲁与齐战，鲁军不待齐军疲惫就要出战，被他的军师曹刿阻止了，	春秋时候，鲁与齐〔二二〕战，鲁庄公起初不待齐军疲惫就要出战，后来被曹刿阻止了，
打胜了齐军，成了中国战史中弱者对强者作战的有名的实证。今将左丘明叙述那个战役的文章全部抄在下面：	打胜了齐军，成了中国战史中弱者对强者作战的有名的实证。今将左丘明叙述那个战役的文章全部抄在下面：	打胜了齐军，造成了中国战史中弱军战胜强军的有名的战例。请看历史家左丘明〔二三〕的叙述：
"春，齐师伐我（鲁国），公（鲁庄公）将战，曹刿请见。	"春，齐师讨伐（鲁国），公（鲁庄公）将战，曹刿请见。	"春，齐师伐我。公将战。曹刿请见。
不能远谋。遂入见。问：何以战？公曰：衣食所安，不敢专也，必以分人。对曰：小惠未遍，民勿从也。	不能远谋。遂入见。问：何以战？公曰：衣食所安，不敢专也，必以人分。对曰：小惠未遍，民勿从也。	未能远谋。乃入见。问：何以战？公曰：衣食所安，弗敢专也，必以分人。对曰：小惠未遍，民弗从也。
神勿福也。公曰：大小之狱，虽不能察，必以信。对曰：忠之属也，可以一战，	神勿福也。公曰：大小之狱，虽不能察，必以信。对曰：忠之属也，可以一战，	神弗福也。公曰：小大之狱，虽不能察，必以情。对曰：忠之属也。可以一战。
公将鼓之（古人鸣鼓进军）。	公将鼓之（古人鸣鼓进军）。	公将鼓之。
公将驰之（追击）。	公将驰之（追击）。	公将驰之。
对曰：夫战勇气也，一鼓作气，再而衰，三而竭，	对曰：夫战勇气也，一鼓作气，再而衰，三而竭，	对曰：夫战，勇气也。一鼓作气，再而衰，三而竭。
夫大国难测也，惧有伏焉，吾视其辙乱，望其旗靡，故克之。"	夫大国难测也，惧有伏焉，吾视其辙乱，望其旗靡，故克之。"	夫大国难测也，惧有伏焉。吾视其辙乱，望其旗靡，故逐之。"〔二四〕
当时的情况是大国进攻小国。	当时的情况是大国进攻小国。	当时的情况是弱国抵抗强国。

《中国革命战争的战略问题》版本研究

(续表)

1941年版	1946年版	1951年《毛选》版
中国战史中合此原则因而取胜的实例是非常之多的，楚汉成皋之战，新汉昆阳之战，袁曹官渡之战，吴魏赤壁之战，吴蜀彝陵之战，秦晋淝水之战，等等有名的大战，不胜枚举，都是强弱不牟，	中国战史中合此原则因而取胜的实例是非常之多的，楚汉成皋之战，新汉昆阳之战，袁曹官渡之战，吴魏赤壁之战，吴蜀彝陵之战，秦晋淝水之战，等等有名的大战，不胜枚举，都是强弱不牟，	中国战史中合此原则而取胜的实例是非常之多的。楚汉成皋之战〔二五〕、新汉昆阳之战〔二六〕、袁曹官渡之战〔二七〕、吴魏赤壁之战〔二八〕、吴蜀彝陵之战〔二九〕、秦晋淝水之战〔三○〕等等有名的大战，都是双方强弱不同，
拿破仑举三十万大兵进攻俄国，俄国政府听从了主张"放弃并烧毁莫斯科京城然后再打"的军事家的意见，拒绝了"京城怎么好放弃更怎么好烧毁"的许多庸俗的军事家与政治家的意见，陷拿破仑于饥疲困苦、后路被扰乱、军队被包围的绝境，不得不引退，俄军乘机反攻，拿破仑仅剩五万人逃去，成了拿破仑一生中空前的大败仗，也是世界战史上有名的大败仗。	拿破仑举三十万大军进攻俄国，俄国政府听从了主张"放弃并烧毁莫斯科京城然后再打"的军事家的意见，拒绝了"京城怎么好放弃更怎么好烧毁"的许多庸俗的军事家与政治家的意见陷拿破仑饥疲困苦、后路被扰乱、军队被包围的绝境，不得不引退，俄军乘机反攻，拿破仑仅剩五万人逃去，成了拿破仑一生中空前的大败仗，也是世界战史上有名的大败仗。	○
一九一四年八月，第一次欧战时，法国开始企图御敌于国门之外，集中大军于德法交界。及见德军不走此路，又仓促转移至法比交界。一战失败后，才断然改变方针，大举向巴黎退却，尽弃北部工业与农业区。然而这个伟大的战略退却是非常正确的，干这件事是要有非常的决心与毅力才行。虽然德国以仅仅一星期的时间，以近百万的大军，长驱直迫巴黎郊外，然而德军却疲劳了，兵力也减损了，军心也放肆了，战线也延长了。法军则缩了短防线，增加了兵力，激怒了人心。两军强弱的对比，因此起了变化。法国于是集中主力于巴黎西北部，包围德军右翼，一战而胜，把称雄一世的德军打退到法国北部，不得不改取守势，给了整个战争以决定的影响。这是最近代的一个最有名的大战。	一九一四年八月，第一次欧战时，法国开始企图御敌于国门之外，集中大军于德法交界。及见德军不走此路，又仓促转移至法比交界。一战失败后，才断然改变方针，大举向巴黎退却，尽弃北部工业与农业区。然而这个伟大的战略退却是非常正确的，干这件事是要有非常的决心与毅力才行。虽然德国以仅仅一星期的时间，以近百万的大军，长驱直迫巴黎郊外，然而德军却疲劳了，兵力也减损了，军心也放肆了，战线也延长了。法军则缩了短防线，增加了兵力，激怒了人心。两军强弱的对比，因此起了变化。法国于是集中主力于巴黎西北部，包围德军右翼，一战而胜，把称雄一世的德军打退到法国北部，不得不改取守势，给了整个战争以决定的影响。这是最近代的一个最有名的大战。	○

（续表）

1941年版	1946年版	1951年《毛选》版
就是在欧战中，而且与上述西战场的作战同时，还有一个德军打胜俄军的战役，也是鼎鼎有名的大战，这即是东普鲁士战役。当德军悉力于西战场时，俄军以出于德国意料之外的速度，集中了大军，乘虚攻入东普鲁士，长驱直进，柏林震动。与登堡收集不满十万的军队，连同西战场调回的一部份在内，在优劣悬殊的力量对比之下，当俄军的两个纵队分路锐进之时，且进入了困难的地形条件（池沼地带）之时，集中主力击破其左路，俘虏九万余人，俄军右路仓惶退却，与登堡以此声震世界。	就是在欧战中，而且与上述西战场作战同时，还有一个德军打胜俄军的战役，也是鼎鼎有名的大战，这即是东普鲁士战役。当德军致力于西战场时，俄军以出于德军意料之外的速度，集中了大军，乘虚攻入东普鲁士。长驱直进，柏林震动。与登堡收集不满十万的军队，连同西战场调回的一部分在内，在优劣悬殊的力量对比之下，当俄军的两个纵队分路锐进之时，，（按：原版本两个逗号）且进入了困难的地形条件（池沼地带）之时，集中主力击破其左路，俘虏九万余人，俄军右路仓惶退却，与登堡以此声震世界。	○
上述古代的、中世的、近代的许多例子，证明处于被攻地位以弱敌强的军队，在战争或战役的开始阶段中，不得不采取战略防御方针，等候有利时机转入反攻。因为只有这种方针，才能取得胜利，不然则是必败之道。	上述古代的、中世的、近代的许多例子，证明处于被攻地位以弱敌强的军队，在战争或战役的开始阶段中不得不采取战略防御方针，等候有利时机转入反攻。因为只有这种方针，才能取得胜利，不然则是必败之道。	○
南昌暴动广州暴动是失败了。秋收暴动在湘鄂赣边界地区的部队，也打了几个败仗，转移到井冈山。	南昌暴动广州暴动是失败了，秋收暴动在湘鄂赣边界地区的部队，也打了几个败仗，转移到井冈山。	南昌起义〔三一〕、广州起义〔三二〕是失败了，秋收起义〔三三〕在湘鄂赣边界地区的红军，也打了几个败仗，转移到湘赣边界的井冈山地区。
第二年五月，南昌暴动失败后保存的部队，经过湘南游击战争也转到了井冈山。	第二年五月，南昌暴动失败后保存的部队，经过湘南游击战争也转到了井冈山。	第二年四月，南昌起义失败后保存的部队，经过湘南也转到了井冈山。
适应当时情况的带着朴素性的游击战争基本原则，	适应当时情况的带着朴素性的游击战争基本原则，	适应当时情况的带着朴素性质的游击战争基本原则，
敌据我扰，	敌据我扰，	敌驻我扰，

(续表)

1941年版	1946年版	1951年《毛选》版
立三路线以前的中央是承认了的，而且发布到了全国。	立三路线以前的中央是承认了的，而且发布到了全国。	立三路线以前的中央是承认了的。
后来我们有了进一步的发展，到了中央苏区第一次围剿时，"诱敌深入"的原则被提出来了，而且应用成功了。等到战胜敌人的第三次围剿，	后来我们有了进一步的发展，到了中央苏区第一次围剿时，"诱敌深入"的原则被提出来了，而且应用成功了。等到战胜敌人的第三次围剿，	后来我们的作战原则有了进一步的发展。到了江西根据地第一次反"围剿"时，"诱敌深入"的方针提出来了，而且应用成功了。等到战胜敌人的第三次"围剿"，
主要的是从前的朴素性不见了，	主要的是从前的朴素性不见了，	主要地是超越了从前的朴素性，
十六字诀包举了反围剿的基本原则，包举了战略防御与战略进攻的两个阶段，在防御时又包举了战略退却与战略反攻的两个阶段。后来的东西只是他的发展吧了。	十六字诀包举了反围剿的基本原则，包举了战略防御与战略进攻的两个阶段，在防御时又包举了战略退却与战略反攻的两个阶段。后来的东西只是他的发展罢了。	十六字诀包举了反"围剿"的基本原则，包举了战略防御和战略进攻的两个阶段，在防御时又包举了战略退却和战略反攻的两个阶段。后来的东西只是它的发展罢了。
然而从一九三二年一月开始，在党的"三次围剿被粉碎后争取一省几省首先胜利"那个包含着严重原则错误的决议案发布之后，就向着正确的原则作斗争，最后是撤消了这个正确原则，成立了一整套与此相反的所谓"新原则"，或"正规原则"。	然而从一九三二年一月开始，在党的"三次围剿被粉碎后争取一省几省首先胜利"那个包含着严重原则错误的决议案发布之后，就向着正确的原则作斗争，最后是撤消了这个正确原则，成立了一整套与此相反的所谓"新原则"，或"正规原则"。	然而从一九三二年一月开始，在党的"三次'围剿'被粉碎后争取一省数省首先胜利"那个包含着严重原则错误的决议发布之后，"左"倾机会主义者就向着正确的原则作斗争，最后是撤消了一套正确原则，成立了另一整套和这相反的所谓"新原则"，或"正规原则"。
其第一阶段，是军事冒险主义，第二阶段转到军事保守主义，最后第三阶段变成逃跑主义。	其第一阶段，是军事冒险主义，第二阶段转到军事保守主义，最后第三阶段变成逃跑主义。	其第一阶段是军事冒险主义，第二阶段转到军事保守主义，最后，第三阶段，变成了逃跑主义。
直到党的政治局会议在一九三五年一月举行于贵州的遵义时，才宣告这个错误原则的破产，重新承认过去原则的正确性。这是费了很大的代价得来的。	直到党的政治局会议在一九三五年一月举行于贵州的遵义时，才宣告这个错误原则的破产，重新承认过去原则的正确性。这是费了很大的代价得来的。	直到党中央一九三五年一月在贵州的遵义召开扩大的政治局会议的时候，才宣告这个错误路线的破产，重新承认过去路线的正确性。这是费了何等大的代价才得来的呵！

(续表)

1941年版	1946年版	1951年《毛选》版
反游击主义者说：诱敌深入是不对的，放弃了许多苏区，	反游击主义者说：诱敌深入是不对的，放弃了许多苏区，	起劲地反对"游击主义"的同志们说：诱敌深入是不对的，放弃了许多地方。
过去虽然打过胜仗，然而现在不是不同了吗？并且不放弃土地又能打胜敌人不更好吗？在白区或在苏区白区交界去打胜敌人不更好吗？	过去虽然打过胜仗，然而现在不是不同了吗？并且不放弃土地又能打胜敌人不更好吗？在白区或在苏区白区交界地方去打胜敌人不更好吗？	过去虽然打过胜仗，然而现在不是已经和过去不同了吗？并且不放弃土地又能打胜敌人不是更好些吗？在敌区或在我区敌区交界地方去打胜敌人不是更好些吗？
这里没有任何的正规性，只是游击队使用的办法，现在苏维埃国家成立了，我们的红军正规化了。	这里没有任何的正规性，只是游击队使用的办法，现在苏维埃国家成立了，我们的红军正规化了。	过去的东西没有任何的正规性，只是游击队使用的办法。现在我们的国家已成立了，我们的红军已正规化了。
我们同蒋介石是国家与国家作战，大军与大军作战，历史不应重复，游击主义的东西是应该全部抛弃的了。	我们同蒋介石是国家与国家作战，大军与大军作战，历史不应重复，游击主义的东西是应该全部抛弃的了。	我们和蒋介石作战是国家和国家作战，大军和大军作战。历史不应重复，"游击主义"的东西是应该全部抛弃的了。
新的原则是完全马克斯主义的，过去的东西是游击队在山里产生的，山里是没有马克斯主义的。	新的原则是完全马克斯主义的，过去的东西是游击队在山里产生的，山里是没有马克思主义的。	新的原则是"完全马克思主义"的，过去的东西是游击队在山里产生的，而山里是没有马克思主义的。
新原则与此相反："以一当十，以十当百，勇猛果敢，乘胜直追""全线出击""夺取中心城市""两个拳头打人"。	新原则与此相反："以一当十，以十当百，勇猛果敢，乘胜直追""全线出击""夺取中心城市""两个拳头打人"。	新原则和这相反："以一当十，以十当百，勇猛果敢，乘胜直追"，"全线出击"，"夺取中心城市"，"两个拳头打人"。
敌人进攻时，对付的办法，是"御敌于国门之外"，是"先发制人"，	敌人进攻时，对付的办法，是"御敌于国门之外"，是"先发制人"，	敌人进攻时，对付的办法是"御敌于国门之外"，"先发制人"，
"六路分兵"，"反对五次围剿是苏维埃道路与殖民地道路的决战"，是"堡垒战"，是"消耗战"，是"持久战"，是"大后方主义"，是"绝对集中指挥"，是"短促突击"，最后，则是大规模"搬家"，并且谁不承认这些新原则，就给他以惩办主义，加之以机会主义头衔，如此等等。	"六路分兵"，"反对五次围剿是苏维埃道路与殖民地道路的决战"，是"堡垒战"，是"消耗战"，是"持久战"，是"大后方主义"，是"绝对集中指挥"，是"短促突击"，最后，则是大规模"搬家"，并且谁不承认这些新原则，就给他以惩办主义，加之以机会主义头衔，如此等等。	"六路分兵"；是"革命道路和殖民地道路的决战"；是短促突击，是堡垒战，是消耗战，是"持久战"；是大后方主义，是绝对的集中指挥；最后，则是大规模搬家。并且谁不承认这些，就给以惩办，加之以机会主义的头衔，如此等等。

（续表）

1941年版	1946年版	1951年《毛选》版
无疑的，这全部的理论都是错了的。这是机械论，这是环境顺利时小资产阶级革命狂热与革命急性病的表现，环境困难时，则依照情况的变化以次变为拚命主义，保守主义，与逃跑主义，是鲁莽家与门外汉的理论与实际，是丝毫也没有马克斯主义气味的东西，是反马克斯主义的东西。	无疑的，这全部的理论都是错了的。这是机械论，这是环境顺利时小资产阶级革命狂热与革命急性病的表现，环境困难时，则依照情况的变化以次变为拚命主义，保守主义，与逃跑主义，是鲁莽家与门外汉的理论与实际，是丝毫也没有马克斯主义气味的东西，是反马克斯主义的东西。	无疑地，这全部的理论和实际都是错了的。这是主观主义。这是环境顺利时小资产阶级的革命狂热和革命急性病的表现；环境困难时，则依照情况的变化以次变为拚命主义、保守主义和逃跑主义。这是鲁莽家和门外汉的理论和实际，是丝毫也没有马克思主义气味的东西，是反马克思主义的东西。
这里单说战略退却。中央苏区叫做"诱敌深入"，四川苏区叫做"收紧阵地"，从前的军事理论家与实际家也无不承认这是弱军对于强军作战、在战争开始阶段必须采取的原则。	这里单说战略退却。中央苏区叫做"诱敌深入"，四川苏区叫做"收紧阵地"，从前的军事理论家与实际家也无不承认这是弱军对于强军作战、在战争开始阶段必须采取的原则。	这里单说战略退却，江西叫做"诱敌深入"，四川叫做"收紧阵地"。从前的军事理论家和实际家也无不承认这是弱军对强军作战时在战争开始阶段必须采取的方针。
欧美日本的军事家就这样说："战略守势之作战，大都先避不利之决战，使至有利之情况始求决战"。这是完全正确的，我们对此也没有任何的增加。	欧美日本的军事家就这样说："战略守势之作战，大都先避不利之决战，使至有利之情况始求决战"。这是完全正确的，我们对此也没有任何的增加。	外国的军事家就曾这样说："战略守势的作战，大都先避不利的决战，使至有利的情况始求决战。"这是完全正确的，我们对此也没有任何的增加。
战略退却之目的是为了保存军力，准备反攻。保存军力之所以必要，	战略退却之目的是为了保存军力，准备反攻。保存军力之所以必要，	战略退却的目的是为了保存军力，准备反攻。退却之所以必要，
则必危及军力之保存。	则必危及军力之保存。	则必危及军力的保存。
过去却有许多人坚决的反对退却，	过去却有许多人坚决地反对退却，	过去却有许多人坚决地反对退却，
认为这是"机会主义的单纯防御路线"，我们的历史业已证明这个反对是完全错误的了。	认为这是"机会主义的单纯防御路线"，我们的历史业已证明这个反对是完全错误的了。	认为这是"机会主义的单纯防御路线"。我们的历史已经证明这个反对是完全错误的了。
准备反攻，须选择及造成有利于我不利于敌的若干条件，	准备反攻，须选择及造成有利于我不利于敌的若干条件，	准备反攻，须选择和造成有利于我不利于敌的若干条件，

（续表）

1941年版	1946年版	1951年《毛选》版
大概须在退却阶段中取得下列条件中至少二种以上，	大概须在退却阶段中取得下列条件中至少二种以上，	大概须在退却阶段中取得下列诸种条件中至少二种以上，
才算有利于我不利于敌，才好使自己转入反攻。这些条件是：	才算是有利于我不利于敌，才好使自己转入反攻。这些条件是：	才算是有利于我不利于敌，才好使自己转入反攻。这些条件是：
（二）作战有利的阵地；	（二）作战有利的阵地；	（二）有利作战的阵地；
（四）发现敌人的薄弱部份；	（四）发现敌人的薄弱部份；	（四）发现敌人的薄弱部分；
人民条件，对于红军是最重要的要条件，这就是苏区条件。并且由于这个条件，使第四，第五，第六等条件也容易造成或发现。	人民条件，对于红军是最重要的要条件，这就是苏区条件。并且由于这个条件，使第四，第五，第六等条件也容易造成或发现。	人民这个条件，对于红军是最重要的条件。这就是根据地的条件。并且由于这个条件，使第四、第五、第六等条件也容易造成或发现。
红军总是从白区退却到苏区来，因为苏区人民是最积极地援助红军反对白军的。苏区中边区与中心区，也有区别，	红军总是从白区退却到苏区来，因为苏区人民是最积极地援助红军反对白军的。苏区中边区与中心区，也有区别，	红军总是从白区退却到根据地来，因为根据地的人民是最积极地援助红军反对白军的。根据地的边缘区和中心区，也有区别；
中心区的人民比较边区为好。所以"退却终点"之选择，过去中央苏区一二三次围剿时，都选在人民最好或较好的地区。	中心区的人民比较边区为好。所以"退却终点"之选择，过去中央苏区一二三次围剿时，都选在人民最好或较好的地区。	中心区的人民比较边缘区为好。所以"退却终点"，在过去江西反对第一、二、三次"围剿"时，都选在人民条件最好或较好的地区。
由于苏区这个特点，使红军作战比一般作战起了很大的变化，是使后来敌人不得不采取堡垒主义的主要原因。	由于苏区这个特点，使红军作战比一般作战起了很大的变化，是使后来敌人不得不采取堡垒主义的主要原因。	根据地这个特点，使红军的作战比较一般作战起了很大的变化，也是使后来敌人不得不采取堡垒主义的主要原因。
退却的军队能够选择自己所欲之有利阵地，使进攻军队不得不就我范围，这是内线作战的一个优良条件，弱军要战胜强军，是不能不讲求这个条件的。	退却的军队能够选择自己所欲之有利阵地，使进攻军队不得不就我范围，这是内线作战的一个优良条件，弱军要战胜强军，是不能不讲求这个条件的。	退却的军队能够选择自己所欲的有利阵地，使进攻的军队不得不就我范围，这是内线作战的一个优良条件。弱军要战胜强军，是不能不讲求阵地这个条件的。

（续表）

1941年版	1946年版	1951年《毛选》版
但是单有这个条件还不够，还要求别的条件与之配合，首先是人民条件。	但是单有这个条件还不够，还要求别的条件与之配合，首先是人民条件。	但是单有这个条件还不够，还要求别的条件和它配合，首先是人民的条件。
再则还要求好打之敌，例如敌人疲劳了，或者发生过失，或者该路前进之军比较缺乏战斗力。	再则还要求好打之敌，例如敌人疲劳了，或者发生过失，或者该路前进之军比较缺乏战斗力。	再则还要求好打的敌人，例如敌人疲劳了，或者发生了过失，或者该路前进的敌人比较地缺乏战斗力。
以就自己所欲之条件。白区未尝无优良之阵地，但无优良之人民条件，	以就自己所欲之条件。白区未尝无优良之阵地，但无优良之人民条件，	以就自己所欲的条件。白区未尝无优良的阵地，但无优良的人民条件。
便不得不向苏区退却。苏区中边区与中心区的分别也大体是如此。	便不得不向苏区退却。苏区中边区与中心区的分别也大体是如此。	红军便不得不向根据地退却。根据地的边缘区和中心区的分别，也大体是如此。
除地方部队与钳制兵力外，	除地方部队与钳制兵力外，	除地方部队和钳制兵力外，
然而当着我们向战略上取守势的敌人进攻时，	然而当着我们向战略上取守势的敌人进攻时，	当着我们向战略上取守势的敌人进攻时，
红军采取所谓"求心退却"，退却的终点，往往选在苏区中部。但有时也在前部，有时则在后部，这是依照情况来决定的。	红军采取所谓"求心退却"，退却的终点，往往选在苏区中部。但有时也在前部，有时则在后部，这是依照情况来决定的。	红军就实行所谓"求心退却"。退却的终点，往往选在根据地中部；但有时也在前部，有时则在后部，依照情况来决定。
弱军对于强军作战再一个必要条件，	弱军对于强军作战再一个必要条件，	弱军对于强军作战的再一个必要条件，
往往不知敌之分路各军，何部最强，	往往不知敌人分进各军，何部最强，	我们往往不知敌之分进各军何部最强，
战略退却之所以必要，这也是一个理由。	战略退却之所以必要，这也是一个理由。	战略退却的所以必要，这也是一个理由。
如果进攻之敌数量与强度都超过我军甚远，要求强弱的对比发生变化，便只有使之深入苏区，吃尽苏区的苦楚，	如果进攻之敌数量与强度都超过我军甚远，要求强弱的对比发生变化，便只有使之深入苏区，吃尽苏区的苦处，	如果进攻之敌在数量和强度上都超过我军甚远，我们要求强弱的对比发生变化，便只有等到敌人深入根据地，吃尽根据地的苦楚，

（续表）

1941年版	1946年版	1951年《毛选》版
如同第三次围剿时蒋介石某旅参谋长所说的："肥的拖瘦，瘦的拖死"，又如围剿军西路总司令陈铭枢所说的："国军处处黑暗，红军处处明亮"之时，	如同第三次围剿时蒋介石某旅参谋长所说的："肥的拖瘦，瘦的拖死"，又如围剿军西路总司令陈铭枢所说的："国军处处黑暗，红军处处明亮"之时，	如同第三次"围剿"时蒋介石某旅参谋长所说的"肥的拖瘦，瘦的拖死"，又如"围剿"军西路总司令陈铭枢所说的"国军处处黑暗，红军处处明亮"之时，
也大大减弱了，兵力疲劳，志气沮丧，许多弱点暴露出来。	也大大减弱了，兵力疲劳，志气沮丧，许多弱点暴露出来。	也大大减弱了；兵力疲劳，士气沮丧，许多弱点都暴露出来。
往往能得出某种程度的均衡，	往往能得出某种程度的均衡，	往往能达到某种程度的均衡，
甚至有使敌军劣于我军，而我军反优于敌军的事情。	甚至有使敌军劣于我军，而我军反优于敌军的事情。	甚至有敌军劣于我军，而我军反优于敌军的事情。
中央苏区的第三次围剿，红军是一种极端的退却（红军集中于苏区后部），然而非此是不能战胜敌人的，因为当时的围剿军超过红军十倍以上。	中央苏区的第三次围剿，红军是一种极端的退却（红军集中于苏区后部），然而非此是不能战胜敌人的，因为当时的围剿军超过红军十倍以上。	江西反对第三次"围剿"时，红军实行了一种极端的退却（红军集中于根据地后部），然而非此是不能战胜敌人的，因为当时的"围剿"军超过红军十倍以上。
退却以求有利形势的最后一个要求条件，是造成及发现敌人的过失。	退却以求有利形势的最后一个要求条件，是造成及发现敌人的过失。	退却的最后一个要求，是造成和发现敌人的过失。
求不发生一点过失，是不可能的，乘敌之隙之可能性，是存在的。	求不发生一点过失，是不可能的，乘敌之隙之可能性，是存在的。	要不发生一点过失，是不可能的，因此我们乘敌之隙的可能性，总是存在的。
正如我们自己有时也弄错，有时也授敌以可乘之隙，是一样的。而且我们可以人工地造成敌军之过失，	正如我们自己有时也弄错，有时也授敌以可乘之隙，是一样的。而且我们可以人工地造成敌军之过失，	敌人会犯错误，正如我们自己有时也弄错，有时也授敌以可乘之隙一样。而且我们可以人工地造成敌军的过失，
不能限定于某地区，有时退到该地区还无隙可乘，便不得不再退一步，待敌发生可乘之"隙"。	不能限定于某地区，有时退到该地区还无隙可乘，便不得不再退几步，待敌发生可乘之"隙"。	就不能限定于某一地区。有时退到该地区还无隙可乘，便不得不再退几步，待敌发生可乘之"隙"。
退却以求有利条件，大致如上所述。	退却以求有利条件，大致如上所述。	退却所求的有利条件，大致如上所述。

（续表）

1941年版	1946年版	1951年《毛选》版
然而不是说，须待这些条件完全具备方能举行反攻， 而且也是不必要的。 是强弱悬殊的内线作战军队所应该注意的，在这上面发生反对的意见是不正确的。 在局部形势看来有利于我转入反攻的，据此决定退却终点，如果不同时也于全体形势有利时，则是不正确的。 有时退却终点应该选在苏区的前部，例如中央苏区第二第四次围剿，陕甘第三次围剿时。 有时须在苏区的中部，例如中区第一次围剿时。 有时则在苏区的后部，例如中区第三次围剿。 中区第五次围剿，我军全然不讲退却，原因在于对局部形势与整个形势都不注意， 形势是由条件造成的，观察局部形势与整个形势的联系，应从当时敌我双方所具条件之见于局部者与见于全体者，是否在一定之限度上利于我之开始反攻以为断。 退却终点，在苏区可以大体上分为前部中部后部三种。	然而不是说，须待这些条件完全具备方能举行反攻， 而且也是不必要的。 是强弱悬殊的内线作战军队所应该注意的，在这上面发生反对的意见是不正确的。 在局部形势看来有利于我转入反攻的，据此决定退却终点，如果不同时也于全体形势有利时，则是不正确的。 有时退却终点应该选在苏区的前部，例如中央苏区第二第四次围剿，陕甘第三次围剿时。 有时须在苏区的中部，例如中区第一次围剿时。 有时则在苏区的后部，例如中区第三次围剿。 中区第五次围剿，我军全然不讲退却，原因在于对局部形势与整个形势都不注意， 形势是由条件造成的，观察局部形势与整个形势的联系，应从当时敌我双方所具条件之见于局部者与见于全体者，是否在一定之限度上利于我之开始反攻以为断。 退却终点，在苏区可以大体上分为前部中部后部三种。	然而不是说，须待这些条件完全具备方能举行反攻， 而且也不必要。 是以弱敌强的内线作战军队所应该注意的，在这上面的反对的意见是不正确的。 在局部形势看来有利于我转入反攻，如果不是同时在全体形势看来也对我有利时，则据此决定退却终点，就是不正确的。 有时退却终点应该选在根据地的前部，例如江西第二次、第四次反"围剿"，陕甘第三次反"围剿"时。 有时须在根据地的中部，例如江西第一次反"围剿"时。 有时则在根据地的后部，例如江西第三次反"围剿"时。 江西第五次反"围剿"，我军全然不讲退却，原因在于对局部形势和整个形势都不注意， 形势是由条件造成的；观察局部形势和整个形势的联系，应从当时敌我双方所具条件之见于局部的和见于全体的，是否在一定的限度上利于我之开始反攻以为断。 退却终点，在根据地可以大体上分为前部、中部、后部三种。

217

(续表)

1941年版	1946年版	1951年《毛选》版
仅仅指的对付敌军大规模围剿,敌我强弱不平,在保存军力待机破敌的原则下,主张向苏区退却,主张诱敌深入,因为只有这样才能造成或发现利于反攻的条件。	仅仅指的对付敌军大规模围剿,敌我强弱不牟,在保存军力待机破敌的原则下,主张向苏区退却,主张诱敌深入,因为只有这样才能造成或发现利于反攻的条件。	仅仅指的对付敌军大规模"围剿"。敌我强弱悬殊,我们在保存军力待机破敌的原则下,才主张向根据地退却,主张诱敌深入,因为只有这样做才能造成或发现利于反攻的条件。
结果情况并不这样严重,或者情况的严重性简直使红军连在苏区也无法开始反攻,	结果情况并不那样严重,或者情况的严重性简直使红军连在苏区也无法开始反攻,	如果情况并不这样严重,或者情况的严重性简直使红军连在根据地也无法开始反攻,
至少是理论上应该承认的,	至少是理论上应该承认的,	至少在理论上是应该承认的,
白区退却终点大体上也可分为三种,第一是在苏区前面,第二在苏区侧面,第三在苏区后面。	白区退却终点大体上也可分为三种,第一是在苏区前面,第二在苏区侧面,第三在苏区后面。	白区退却终点大体上也可分为三种:第一是在根据地前面,第二在根据地侧面,第三在根据地后面。
第一种终点,例如中区第一次围剿时,如果红军没有内部不统一与地方党的分裂,即立三路线与AB团两个困难问题存在,是可以设想在吉安南丰樟树三点之间集中兵力举行反攻的。	第一种终点,例如中区第一次围剿时,如果红军没有内部不统一与地方党的分裂,即立三路线与AB团两个困难问题存在,是可以设想在吉安南丰樟树三点之间集中兵力举行反攻的。	第一种终点,例如江西第一次反"围剿"时,如果红军没有内部不统一和地方党的分裂,即立三路线和AB团〔三四〕两个困难问题存在,是可以设想在吉安、南丰、樟树三点之间集中兵力举行反攻的。
因为当时从赣抚两河间前进的敌人军力,比起红军来优势并不很大(十万对四万),人民条件虽不如苏区,但阵地条件是有的,而且是可以乘敌分路前进去各个把他击破的。	因为当时从赣抚两河间前进的敌人军力,比起红军来优势并不很大(十万对四万),人民条件虽不如苏区,但阵地条件是有的,而且是可以乘敌分路前进去各个把他击破的。	因为当时从赣抚两河间〔三五〕前进的敌人军力,比起红军来优势并不很大(十万对四万)。人民条件虽不如根据地,但阵地条件是有的,而且是可以乘敌分路前进时各个把他击破的。
第二种终点,例如中区第三次围剿时,假如当时敌人进攻的规模没有那样大,而敌有一路从建、黎、泰进,这一路在其力量上又适合于我们打他时,	第二种终点,例如中区第三次围剿时,假如当时敌人进攻的规模没有那样大,而敌有一路从建、黎、泰进,这一路在其力量上又适合于我们打他时,	第二种终点,例如江西第三次反"围剿"时,假如当时敌人进攻的规模没有那样大,而敌有一路从闽赣交界的建宁、黎川、泰宁前进,这一路的力量又适合于我们的攻击时,

《中国革命战争的战略问题》版本研究

(续表)

1941年版	1946年版	1951年《毛选》版
第三种终点，同样例如上述中区第三次围剿时，假如敌之主力不是向西而是向南，我们也许被迫着退到会、寻、安地区（那里是白色区域），引敌更向南进，然后红军由南而北向苏区内部打去，这时北面苏区内部敌之军力当不是很多的了。	第三种终点，同样例如上述中区第三次围剿时，假如敌之主力不是向西而是向南，我们也许被迫着退到会、寻、安地区（那里是白色区域）。引敌更向南进，然后红军由南而北向苏区内部打去，这时北面苏区内部敌之军力当不是很多的了。	第三种终点，同样例如上述江西第三次反"围剿"时，假如敌之主力不是向西而是向南，我们也许被迫着退到会昌、寻乌、安远地区（那里是白色区域），引敌更向南进，然后红军由南而北根据地内部打去，这时北面根据地内部的敌军当不是很多的了。
对于我们，当敌举行大规模围剿时，一般的原则是诱敌深入，是退却到苏区作战，因为这是使我们最有把握地打破敌人的进攻的。	对于我们，当敌举行大规模围剿时，一般的原则是诱敌深入，是退却到苏区作战，因为这是使我们最有把握地打破敌人的进攻的。	对于我们，当敌举行大规模"围剿"时，一般的原则是诱敌深入，是退却到根据地作战，因为这是使我们最有把握地打破敌人进攻的办法。
主张御敌与国门之外的意见，	主张御敌于国门之外的意见，	主张"御敌于国门之外"的人们，
在五次围剿中，	在五次围剿中，	在第五次反"围剿"中，
苏区日蹙而无法恢复，	苏区日蹙而无法恢复，	根据地日蹙而无法恢复。
那末在堡垒主义的五次围剿是无用的，对付五次围剿，只能分兵抵御与短促突击。	那末在堡垒主义的五次围剿是无用的，对付五次围剿，只能分兵抵御与短促突击。	那末在堡垒主义的第五次"围剿"是无用的。对付第五次"围剿"，只能用分兵抵御和短促突击的方法。
关于丧失土地问题，是只有丧失才能不丧失，	关于丧失土地问题，是只有丧失才能不丧失，	关于丧失土地的问题，常有这样的情形，就是只有丧失才能不丧失，
如果我们的丧失是土地，而其取得是战胜敌人，	如果我们的丧失是土地，而其取得是战胜敌人，	如果我们丧失的是土地，而取得的是战胜敌人，
就不能取得货物，卖者如果不丧失货物，也不能取得金钱。革命运动的丧失是破坏，而其取得是进步的建设。	就不能取得货物，卖者如果不丧失货物，也不能取得金钱。革命运动的丧失是破坏，而其取得是进步的建设。	就不能取得货物；卖者如果不丧失货物，也不能取得金钱。革命运动所造成的丧失是破坏，而其取得是进步的建设。
睡眠与休息的丧失是时间，而其取得是明天工作的精力。如果有什么蠢人，	睡眠与休息的丧失是时间，而其取得是明天工作的精力。如果有什么人，	睡眠和休息丧失了时间，却取得了明天工作的精力。如果有什么蠢人，

219

（续表）

1941年版	1946年版	1951年《毛选》版
这乃是失本生意。五次围剿的失本正在这一点，不愿意丧失一部份土地，结果丧失了全部土地。	这乃是失本生意。五次围剿的失本正在这一点，不愿意丧失一部份土地，结果丧失了全部土地。	这是蚀本生意。我们在敌人第五次"围剿"时期的蚀本正因为这一点。不愿意丧失一部分土地，结果丧失了全部土地。
亚比西尼亚的打硬仗，也得到丧失全国的结果，虽然该国失败的原因不仅仅这一点。	亚比西尼亚的打硬仗，也得到丧失全国的结果，虽然该国失败的原因不仅仅这一点。	阿比西尼亚的打硬仗，也得到丧失全国的结果，虽然阿国失败的原因不仅仅这一点。
危害人民的问题同此道理，不在一部份人民家中一时的打烂些坛坛罐罐，就要使全体人民永远的打烂坛坛罐罐。	危害人民的问题同此道理，不在一部份人民家中一时的打烂些坛坛罐罐，就要使全体人民永远的打烂坛坛罐罐。	危害人民的问题同此道理。不在一部分人民家中一时地打烂些坛坛罐罐，就要使全体人民长期地打烂坛坛罐罐。
惧怕一时的不良政治影响，就要以永久的不良影响做代价。	惧怕一时的不良政治影响，就要以永久的不良影响做代价。	惧怕一时的不良的政治影响，就要以长期的不良影响做代价。
如果依照俄国左派共产主义的意见，始终拒绝对德和约时，今天的苏联也就没有了。	如果依照俄国左派共产主义的意见，始终拒绝对德和约时，今天的苏联也就没有了。	十月革命后，俄国布尔塞维克如果依照"左派共产主义者"的意见拒绝对德和约时，新生的苏维埃就有夭折的危险〔三六〕。
这种看起来好像革命的左倾意见，来源于小资产阶级的革命急燥病，同时也是农民小生产者的局部保守性。	这种看起来好像革命的左倾意见，来源于小资产阶级的革命急燥病，同时也是农民小生产者的局部保守性。	这种看起来好像革命的"左"倾意见，来源于小资产阶级知识分子的革命急躁病，同时也来源于农民小生产者的局部保守性。
不愿把今天的利益同明天的利益相联结，把部份利益与全体利益相联结，揿倒一局部一时间的东西死也不放。	不愿把今天的利益同明天的利益相联结，把部份利益与全体利益相联结，揿倒一局部一时间的东西死也不放。	不愿把今天的利益和明天的利益相联结，把部分利益和全体利益相联结，捉住一局部一时间的东西死也不放。
对的，一切依照当时具体情况看来对于当时的全局与全时期有利益的、尤其是有决定意义的一局部与一时间，是应该揿倒不放的，不然我们就变成自流主义或放任主义。	对的，一切依照当时具体情况看来对于当时的全局与全时期有利益的，尤其是有决定意义的一局部与一时间，是应该揿倒不放的，不然我们就变成自流主义或放任主义。	对的，一切依照当时具体情况看来对于当时的全局和全时期有利益的、尤其是有决定意义的一局部和一时间，是应该捉住不放的，不然我们就变成自流主义，或放任主义。

(续表)

1941年版	1946年版	1951年《毛选》版
然而这绝不是小生产者的近视病,我们是应该学习布尔什维克的聪明的。	然而这绝不是小生产者的近视病,我们是应该学习布尔什维克的聪明的。	然而这绝不能依靠小生产者的近视。我们应该学习的是布尔塞维克的聪明。
我们的眼力不够,应该借助于望远镜与显微镜,马克斯主义的方法论就是政治上军事上的望远镜与显微镜。	我们的眼力不够,应该借助于望远镜与显微镜,马克斯主义的方法论就是政治上军事上的望远镜与显微镜。	我们的眼力不够,应该借助于望远镜和显微镜。马克思主义的方法就是政治上军事上的望远镜和显微镜。
当然,战略退却是有困难的,退却开始时机的选择,退却终点的选择,政治上说服干部与人民,都是困难问题,而必须给予解决的。	当然,战略退却是有困难的,退却开始时机的选择,退却终点的选择,政治上说服干部与人民,都是困难问题,而必须给予解决的。	当然,战略退却是有困难的。退却开始时机的选择,退却终点的选择,政治上对干部和人民的说服,都是困难问题,都必须给予解决。
不但法军在一九一四年八月二十一日开始的退却,是时机决择的恰到好处,成为后来反攻胜利的第一个先决条件,是一个可佩服的英断。	不但法军在一九一四年八月二十一日开始的退却,是时机决择的恰到好处,成为后来反攻胜利的第一个先决条件,是一个可佩服的英断。	○
就是我们中央苏区第一次围剿时的退却,如果不恰在那种时机,即是说如果再迟时,那我们胜利的程度至少是要受到影响的。	就是我们中央苏区第一次围剿时的退却,如果不恰在那种时机,即是说如果再迟时,那我们胜利的程度至少是要受到影响的。	我们在江西第一次反"围剿"时的退却,如果不恰在那种时机,即是说如果再迟,那至少我们胜利的程度是要受到影响的。
退却过早与过迟,当然都有损失。但一般说来,过迟的损失是较之过早为大。	退却过早与过迟,当然都有损失。但一般说来,过迟的损失是较之过早为大。	退却过早和过迟,当然都有损失。但是一般地说来,过迟的损失较之过早为大。
及时退却,对于到达退却终点以后,整顿队势,以逸转劳地转入反攻,是给予着极大的影响。	及时退却,对于到达退却终点以后,整顿队势,以逸转劳地转入反攻,是给予着极大的影响。	及时退却,使自己完全立于主动地位,这对于到达退却终点以后,整顿队势,以逸待劳地转入反攻,有极大的影响。
中央苏区的一、二、四、次战争,都从容不迫地对付了敌人。	中央苏区的一、二、四次战争,都从容不迫地对付了敌人。	江西粉碎敌人第一次、第二次、第四次"围剿"的战役,都从容不迫地对付了敌人。
惟独第三次战争,因为不料敌人经过第二次战争那么惨败之后,新的进攻来得那么快(一九三一年五月二十九日我们结束二次围剿,七月一日蒋介石就开始了三次围剿),红军仓卒地绕道集中,就弄得十分疲劳。	惟独第三次战争,因为不料敌人经过第二次战争那么惨败之后,新的进攻来得那么快(一九三一年五月二十九日我们结束二次围剿,七月一日蒋介石就开始了三次围剿),红军仓卒的绕道集中,就弄得十分疲劳。	惟独第三次战役,因为不料敌人经过第二次战役那么惨败之后,新的进攻来得那么快(一九三一年五月二十九日我们结束第二次反"围剿"的作战,七月一日蒋介石就开始了他们的第三次"围剿"),红军仓卒地绕道集中,就弄得十分疲劳。

（续表）

1941年版	1946年版	1951年《毛选》版
和前面说过的选择准备阶段的开始时机所用的方法是一样的。	和前面说过的选择准备阶段的开始时机所用的方法是一样的。	和前面说过的选择准备阶段的开始时机所用的方法一样。
战略退却，在没有经验时，说服干部与人民的问题是更加困难的问题。	战略退却，在没有经验时，说服干部与人民的问题是更加困难的问题。	战略退却，在干部和人民还没有经验时，在军事领导的权威还没有达到把战略退却的决定权集中到最少数人乃至一个人的手里而为干部所信服的地步时，说服干部和人民的问题是一个十分困难的问题。
当军事的领导还没有达到对战略退却这样的问题可以而且应该集中到最少数人乃至一个人的手里而为干部所承认时，困难问题就发生了。	当军事的领导还没有达到对战略退却这样的问题可以而且应该集中到最少数人乃至一个人的手里而为干部所承认时，困难问题就发生了。	○
由于干部没有经验，对于战略退却的不相信，在第一次还有第四次围剿的初期，第五次围剿的整期，都遭遇了很大的困难。第一次围剿是立三路线的影响，	由于干部没有经验，对于战略退却的不相信，在第一次还有第四次围剿的初期，第五次围剿的整期，都遭遇了很大的困难。第一次围剿是立三路线的影响，	由于干部没有经验，对于战略退却不相信，在第一次和第四次反"围剿"的初期，第五次反"围剿"的整期，在这个问题上都遭遇了很大的困难。第一次反"围剿"时，由于立三路线的影响，
第四次围剿是军事冒险主义的影响，干部的意见是反对准备。	第四次围剿是军事冒险主义的影响，干部的意见是反对准备。	第四次反"围剿"时，由于军事冒险主义的影响，干部的意见是反对准备。
第五次围剿开头是继续冒险主义反对诱敌深入的观点，后来是变成了保守主义。	第五次围剿开头是继续冒险主义反对诱敌深入的观点，后来是变成了保守主义。	第五次反"围剿"时，干部的意见开头是继续军事冒险主义反对诱敌深入的观点，后来是变成了军事保守主义。
张国焘主义不相信在番人与回人地区不能建立我们的根据地，直待碰壁以后方才相信，也是具体的实例。	张国涛主义不相信番人与回人地区也能建立我们的根据地，直待碰壁以后方才相信，也是具体的实例。	张国焘路线不相信在藏人和回人〔三七〕地区不能建立我们的根据地，直待碰壁以后方才相信，也是实例。
经验对于干部是必须的，失败确实是成功之母。但虚心接受自己以前的别人的经验也属必须，如果样样要待自己经验，否则固执己见拒不接受，这是十足的"狭隘经验论"，苏维埃战争吃这种亏是不少的。	经验对于干部是必须的，失败确实是成功之母。但虚心接受自己以前的别人的经验也属必须，如果样样要待自己经验，否则固执己见拒不接受，这是十足的"狭隘经验论"，苏维埃战争吃这种亏是不少的。	经验对于干部是必需的，失败确是成功之母。但是虚心接受别人的经验也属必需，如果样样要待自己经验，否则固执己见拒不接受，这就是十足的"狭隘经验论"。我们的战争吃这种亏是不少的。

（续表）

1941年版	1946年版	1951年《毛选》版
由于人民没有经验而不相信战略退却之必要，莫过于中区第一次围剿之时，当时吉安兴国永丰等县的地方党及人民群众无不反对红军的退却。	由于人民没有经验而不相信战略退却之必要，莫过于中区第一次围剿之时，当时吉安兴国永丰等县的地方党及人民群众无不反对红军的退却。	人民由于没有经验而不相信战略退却的必要，莫过于江西第一次反对"围剿"的时候。当时吉安、兴国、永丰等县的地方党组织和人民群众无不反对红军的退却。
但在有了这一次经验之后，在后来的几次大围剿时，就完全没有这个问题了。	但在有了这一次经验之后，在后来的几次大围剿时，就完全没有这个问题了。	但是在有了这一次经验之后，在后来的几次反对"围剿"时，就完全没有这个问题了。
大家相信，苏区的损失，人民的吃苦，是暂时的，大家都有了红军能够打破围剿的信心。	大家相信，苏区的损失，人民的吃苦，是暂时的，大家都有了红军能够打破围剿的信心。	大家相信，根据地的损失，人民的吃苦，是暂时的，大家都有了红军能够打破"围剿"的信心。
然而人民的信任与否，密切联系于干部，因此主要的与首先的问题，在于说服干部。	然而人民的信任与否，密切联系于干部，因此主要的与首先的问题，在于说服干部。	然而人民的信任与否，密切地联系于干部的信任与否，因此主要的和首先的任务，是说服干部。
战略退却全部的作用，在于转入反攻，战略退却仅是战略防御的第一阶段。随之而来，而且是全战略的决定关键，在于反攻阶段之能不能取胜。	战略退却全部的作用，在于转入反攻，战略退却仅是战略防御的第一阶段。随之而来，而且是全战略的决定关键，在于反攻阶段之能不能取胜。	战略退却的全部作用，在于转入反攻，战略退却仅是战略防御的第一阶段。全战略的决定关键，在于随之而来的反攻阶段之能不能取胜。
四 战略反攻	四 战略反攻	第四节 战略反攻
而这种形势是由各种条件造成的，前面已经说过了。	而这种形势是由各种条件造成的，前面已经说过了。	而这种形势是由各种条件造成的。这在前面已经说过了。
然而有利于我不利于敌的条件与形势之存在，还没有使敌人失败。	然而有利于我不利于敌的条件与形势之存在，还没有使敌人失败。	然而有利于我不利于敌的条件和形势的存在，还没有使敌人失败。
这种条件与形势，带着若干决定胜负的性质，但还不是基本地决定胜负的东西。基本地决定胜负的东西，在于两军的决战。	这种条件与形势，带着若干决定胜负的性质，但还不是基本地决定胜负的东西。基本地决定胜负的东西，在于两军的决战。	这种条件和形势，具备着决定胜负的可能性，但还不是胜败的现实性，还没有实现两军的胜负。实现这个胜负，依靠两军的决战。

（续表）

1941年版	1946年版	1951年《毛选》版
只有决战、才能基本地、最后地、解决两军之间谁胜谁败的问题。	只有决战、才能基本地、最后地、解决两军之间谁胜谁败的问题。	只有决战，才能解决两军之间谁胜谁败的问题。
所谓积极防御，主要的就是指的这种带决战性的战略的反攻。	所谓积极防御，主要的就是指的这种带决战性的战略的反攻。	所谓积极防御，主要地就是指的这种带决战性的战略的反攻。
条件与形势，不仅仅是在战略退却阶段中造成与形成的，反攻阶段中继续地造成与形成着。	条件与形势，不仅仅是在战略退却阶段中造成与形成的，反攻阶段中继续地造成与形成着。	条件和形势，不仅仅在战略退却阶段中造成，在反攻阶段中继续地造成着。
这时的条件与形势，不完全和前一阶段中的属于同一形式与同一性质。	这时的条件与形势，不完全和前一阶段中的属于同一形式与同一性质。	这时的条件和形势，不完全和前一阶段中的条件和形势属于同一形式和同一性质。
可以是属于同一形式与同一性质的，例如此时敌军的更加疲劳与减员，不过是前一阶段中疲劳与减员的继续。	可以是属于同一形式与同一性质的，例如此时敌军的更加疲劳与减员，不过是前一阶段中疲劳与减员的继续。	可以是属于同一形式和同一性质的，例如，此时敌军的更加疲劳和减员，不过是前一阶段中疲劳和减员的继续。
但又必然地有完全新的条件与形势出现，例如敌军打了一个或数个败仗，此时的条件，所谓有利于我不利于敌者，就不仅敌军疲劳等等，而是增加了敌军打败仗这个新的条件了。形势也起了新的变化，	但又必然地有完全新的条件与形势出现，例如敌军打了一个或数个败仗，此时的条件，所谓有利于我不利于敌者，就不仅敌军疲劳等等，而是增加了敌军打败仗这个新的条件了。形势也起了新的变化，	但又必然地有完全新的条件和形势出现。例如，敌军打了一个或几个败仗，这时的有利于我不利于敌的条件，就不仅敌军疲劳等等，而是增加了敌军打败仗这个新的条件了。形势也起了新的变化。
假使一个至数个败仗不是属于敌军，而是属于我军，那末，条件与形势的有利与否，	假使一个至数个败仗不是属于敌军，而是属于我军，那末，条件与形势的有利与否，	假使一个到几个败仗不是属于敌军，而是属于我军，那末，条件和形势的有利与否，
以至扩大起来，这又是完全新的不同于前的东西。	以至扩大起来，这又是完全新的不同于前的东西。	以至扩大起来。这又是完全新的不同于前的东西。
无论何方失败，都直接地迅速地引起失败者方面之一种新的努力，就是企图挽救危局的努力，使自己脱出这种新出现的不利于我有利于敌的条件与形势，而重新创造出有利于我不利于敌的条件与形势去压迫对方。	无论何方失败，都直接地迅速地引起失败者方面之一种新的努力，就是企图挽救危局的努力，使自己脱出这种新出现的不利于我有利于敌的条件与形势，而重新创造出有利于我不利于敌的条件与形势去压迫对方。	无论何方失败，都直接地、迅速地引起失败者方面的一种新的努力，就是企图挽救危局的努力，使自己脱出这种新出现的不利于我有利于敌的条件和形势，而重新创造出有利于我不利于敌的条件和形势去压迫对方。

(续表)

1941年版	1946年版	1951年《毛选》版
胜利者方面的努力与此相反，力图发展自己的胜利，加敌以更大的损害，务增加或发展有利于我的条件与形势，而务不让其对方完成其脱出不利于挽回危局的企图。	胜利者方面的努力与此相反，力图发展自己的胜利，加敌以更大的损害，务增加或发展有利于我的条件与形势，而务不让其对方完成其脱出不利与挽回危局的企图。	胜利者方面的努力和这相反，力图发展自己的胜利，给敌人更大的损害，务求增加或发展有利于我的条件和形势，而务求不让对方完成其脱出不利和挽回危局的企图。
所以不论在何方说来，	所以不论在何方说来，	所以，不论在何方说来，
主要的如反攻开始问题，集中兵力问题，运动战问题，速决战问题，消灭战问题等。	主要的如反攻开始问题，集中兵力问题，运动战问题，速决战问题，消灭战问题等。	主要的如反攻开始问题、集中兵力问题、运动战问题、速决战问题、歼灭战问题等。
在基本性质上，这些问题的原则，应用于反攻或进攻，都是相同的。	在基本性质上，这些问题的原则，应用于反攻或进攻，都是相同的。	○
进攻原则，是在敌人防御是应用的。在这个意义上，又都有若干的区别了。	进攻原则，是在敌人防御时应用的。在这个意义上，又都有若干的区别了。	进攻原则，是在敌人防御时应用的。在这个意义上，又都有若干的区别了。
为此理由，我虽然把作战的许多问题统统说在战略防御的反攻部门中，	为此理由，我虽然把作战的许多问题统统说在战略防御的反攻部门中，	因为这个理由，虽然这里把作战的许多问题统统说在战略防御的反攻部门中，
我们应用时，却不可忽略其相同点，也不可忽略其差异点。为避重复，这里来说了的，在战略进攻部门就不去说他了。	我们应用时，却不可忽略其相同点，也不可忽略其差异点。为避重复，这里说了的，在战略进攻部门就不去说他了。	以避重复，但我们应用时，却不可忽略其相同点，也不可忽略其差异点。
五 反攻开始问题	五 反攻开始问题	第五节 反攻开始问题
许多军事家都主张慎重初战，	许多军事家都主张慎重初战，	许多资产阶级军事家都主张慎重初战，
曾经严重地提出了这个问题，中区的一至五次围剿给了我们以丰富的经验，	曾经严重地提出了这个问题，中区的一至五次围剿给了我们以丰富的经验，	也曾经严重地提出了这个问题。江西反对敌人第一次至第五次"围剿"的作战给了我们以丰富的经验，
第一次围剿是敌人以约十万人之众，由北向南，从吉安建宁之线，分八个纵队向苏区进攻。当时的红军约四万人，集中于黄陂、小布地区，如第一图。（按：地图详见此版本第38页："第一图：四万人集中于黄陂、小布地区"）	第一次围剿是敌人以约十万人之众，由北向南，从吉安建宁之线，分八个纵队向苏区进攻。当时的红军约四万人，集中于黄陂、小布地区，如第一图。（按：地图详见此版本第206页："第一图：四万人集中于黄陂、小布地区"）	第一次"围剿"时，敌人以约十万人之众，由北向南，从吉安、建宁之线，分八个纵队向红军根据地进攻。当时的红军约四万人，集中于江西省宁都县的黄陂、小布地区。

（续表）

1941年版	1946年版	1951年《毛选》版
当时的情况是：（一）吉安隔在赣江之西，罗师是防卫吉安的。	当时的情况是：（一）吉安隔在赣江之西，罗师是防卫吉安的。	当时的情况是：（一）"进剿"军不过十万人，且均非蒋之嫡系，总的形势不十分严重。
（二）富田、东固一带人民受AB团欺骗一时不信任红军，并与红军相对立。	（二）富田、东固一带人民受AB团欺骗一时不信任红军，并与红军相对立。	（二）敌军罗霖师防卫吉安，隔在赣江之西。
（三）建宁远在福建，地属白区，刘师不一定越入江西。	（三）建宁远在福建，地属白区，刘师不一定越入江西。	（三）敌军公秉藩、张辉瓒、谭道源三师进占吉安东南、广昌宁都西北的富田、东固、龙冈、源头一带。张师主力在龙冈，谭师主力在源头。富田、东固两地因人民受AB团欺骗一时不信任红军，并和红军对立，不宜选作战场。
（四）头陂是白区，东韶有AB团问题，易走漏消息。且打了毛许再向西打，恐西面张谭公三师集中，不易快胜，不能最后解决问题。	（四）头陂是白区，东韶有AB团问题，易走漏消息。且打了毛许再向西打，恐西面张谭公三师集中，不易决胜，不能最后解决问题。	（四）敌军刘和鼎师远在福建白区的建宁，不一定越入江西。
（五）张谭两师是围剿军主力，围剿军总司令江西主席鲁涤平的嫡系，张又是前敌总指挥，消灭此两师，围剿就基本上打破了。两师各约一万四千人，我一次打一个师是绝对优势，张师又分置两处。	（五）张谭两师是围剿军主力，围剿军总司令江西主席鲁涤平的嫡系，张又是前敌总指挥，消灭此两师，围剿就基本上打破了。两师各约一万四千人，我一次打一个师是绝对优势，张师又分置两处。	（五）敌军毛炳文、许克祥两师进至广昌宁都之间的头陂、洛口、东韶一带。头陂是白区，洛口是游击区，东韶有AB团，易走漏消息。且打了毛炳文许克祥再向西打，恐西面张辉瓒、谭道源、公秉藩三师集中，不易决胜，不能最后解决问题。
（六）整个进剿军不过十万人，总的形势不十分严重。	（六）整个进剿军不过十万人，总的形势不十分严重。	（六）张、谭两师是"围剿"主力军，"围剿"军总司令江西主席鲁涤平的嫡系部队，张又是前线总指挥。消灭此两师，"围剿"就基本上打破了。两师各约一万四千人，张师又分置两处，我一次打一个师是绝对优势。

《中国革命战争的战略问题》版本研究

（续表）

1941年版	1946年版	1951年《毛选》版
（七）龙冈源头一带人民条件好，又能荫蔽接近。	（七）龙冈源头一带人民条件好，又能荫蔽接近。	（七）张、谭两师主力所在的龙冈、源头一带接近我之集中地，且人民条件好，能荫蔽接近。
（八）龙冈有利于我之阵地，源头不好打，如敌攻小布就我，则阵地亦好。	（八）龙冈有利于我之阵地，源头不好打，如敌攻小布就我，则阵地亦好。	（八）龙冈有优良阵地。源头不好打。如敌攻小布就我，则阵地亦好。
（九）张谭接近我之集中地。	（九）张谭接近我之集中地。	（九）我在龙冈方向能集中最大兵力。龙冈西南数十里之兴国，尚有一个千余人的独立师，亦可迂回于敌后。
（十）中间突破打一缺口后，敌之东西诸纵队便被分离为远距之两群。（十一）我在龙冈西南数十里之兴国有一个千余人之独立师，可迂回于敌后，能集中最大兵力。基上理由，我们的第一仗就决定了而且打着了张辉瓒主力，连师长在内全部九千人一齐俘获不漏一人一马。一战胜利，谭师向东韶跑，许师向头陂跑，我军又追及谭师消灭他一半。五天内打两个仗（一九三〇年十二月廿七日至翌年一月一日），于是富田、东固、头陂诸敌畏打纷纷撤退，第一次围剿就结束了。	（十）中间突破打一缺口后，敌之东西诸纵队××（按：原文如此）分离为远距之两队。（十一）我在龙冈西南数十里之兴国有一个千余人之独立师，可迂回于敌后，能集中最大兵力。基上理由，我们的第一仗就决定了而且打着了张辉瓒主力，连师长在内全部九千人一齐俘获不漏一人一马。一战胜利，谭师向东韶跑，许师向头陂跑，我军又追及谭师消灭他一半。五天内打两个仗（一九三〇年十二月廿七日至翌年一月一日），于是富田、东固、头陂诸敌畏打纷纷撤退，第一次围剿就结束了。	（一〇）我军实行中间突破，将敌人的阵线打开一缺口后，敌之东西诸纵队便被分离为远距之两群。基于以上理由，我们的第一仗就决定打而且打着了张辉瓒的主力两个旅和一个师部，连师长在内九千人全部俘获，不漏一人一马。一战胜利，吓得谭师向东韶跑，许师向头陂跑。我军又追击谭师消灭它一半。五天内打两仗（一九三〇年十二月二十七日至一九三一年一月一日），于是富田、东固、头陂诸敌畏打纷纷撤退，第一次"围剿"就结束了。
第二次围剿，敌之进攻与我之集中如第二图（按：地图详见此版本第39页："第二图：第二次围剿，敌之进攻与我之集中图"）：当时的情况是：（一）进剿军二十万人，何应钦为总司令驻南昌。	第二次围剿，敌之进攻与我之集中如第二图（按：地图详见此版本第207页："第二图：第二次围剿，敌之进攻与我之集中图"）：当时的情况是：（一）围剿军二十万人，何应钦为总司令驻南昌。	第二次"围剿"时的情况是：（一）"进剿"军二十万人，何应钦为总司令，驻南昌。

（续表）

1941年版	1946年版	1951年《毛选》版
（二）同第一次围剿时一样，全部是蒋之非嫡系部队，以十九路军，孙连仲军，朱绍良军为最强，其余较弱。	（二）同第一次围剿时一样，全部是蒋之非嫡系部队，以十九路军，孙连仲军，朱绍良军为最强，其余较弱。	（二）和第一次"围剿"时一样，全部是蒋之非嫡系部队。以蔡廷锴的第十九路军、孙连仲的第二十六路军、朱绍良的第八路军为最强或较强，其余均较弱。
（三）AB团肃清，苏区人民拥护红军。	（三）AB团肃清，苏区人民拥护红军。	（三）AB团肃清，根据地人民全部拥护红军。
（四）王金钰北方新到，表示恐惧，其左翼郭郝两路，大体略同。	（四）王金钰北方新到，表示恐惧，其左翼郭郝两路，大体略同。	（四）王金钰的第五路军从北方新到，表示恐惧，其左翼郭华宗、郝梦龄两师，大体相同。
（五）从富田打起，向东横扫，可在闽赣交界之建黎泰地区扩大苏区，征集资材，便于打破下一次围剿。	（五）从富田打起，向东横扫，可在闽赣交界之建黎泰地区扩大苏区，征集资材，便于打破下一次围剿。	（五）我军从富田打起，向东横扫，可在闽赣交界之建宁、黎川、泰宁地区扩大根据地，征集资材，便于打破下一次"围剿"。
（六）我军人数虽略减（三万余），然有四个月的养精蓄锐。基上理由，乃决找王金钰公秉藩（共十一个团）打第一仗，	（六）我军人数虽略减（三万余），然有四个月的养精蓄锐。基上理由，乃决找王金钰公秉藩（共十一个团）打第一仗（按：原文无标点）	（六）我军人数较上次战役时虽略减（三万余），然有四个月的养精蓄锐。基于以上理由，乃决富田地区的王金钰、公秉藩（共十一个团）打第一仗。
胜利后打郭，打孙，打朱，打刘，十五天中（一九三一年五月十六日至卅日），走七百里，打五个仗，缴枪二万余，痛快淋漓地打破了围剿。	胜利后打郭，打孙，打朱，打刘，十五天中（一九三一年五月十六日至三十日），走七百里，打五个仗，缴枪二万余，痛快淋漓地打破了围剿。	胜利后，接着打郭、打孙、打朱、打刘。十五天中（一九三一年五月十六日至三十日），走七百里，打五个仗，缴枪二万余，痛快淋漓地打破了"围剿"。
当打王时，处于蔡郭两敌之间，距郭十余里，距蔡四十余里，人谓我们为"钻牛角"，但终究钻通了，主要因为苏区条件，	当打王时，处于蔡郭两敌之间，距郭十余里，距蔡四十余里，人谓我们为"钻牛角"，但终究钻通了，主要因为苏区条件，	当打王金钰时，处于蔡廷锴、郭华宗两敌之间，距郭十余里，距蔡四十余里，有人谓我们"钻牛角"，但终究钻通了。主要因为根据地条件，
第三次围剿的敌我形势，如第三图。（按：地图详见此版本第41页："第三次围剿良村战役时的敌我形势图"）	第三次围剿的敌我形势，如第三图。（按：第三图没有具体指出，笔者推测为此版本第208页："第三次围剿良村战役时的敌我形势图"）	○

（续表）

1941年版	1946年版	1951年《毛选》版
当时的情况是：（一）蒋介石亲自出马任总司令，下分左右中三个总司令。中何应钦，与蒋同驻南昌，右陈铭枢，驻吉安，左朱绍良，驻南丰。	当时的情况是：（一）蒋介石亲自出马任总司令，下分左右中三个总司令。中何应钦，与蒋同驻南昌。右陈铭枢，驻吉安，左朱绍良，驻南丰。	第三次"围剿"时的情况是：（一）蒋介石亲身出马任总司令，下分左右中三路总司令。中路何应钦，与蒋同驻南昌；右路陈铭枢，驻吉安；左路朱绍良，驻南丰。
（二）进剿军三十万人。	（二）进剿军三十万人。	（二）"进剿"军三十万人。
蒋鼎文五师、师九团，约十万人。次是蒋光鼐、蔡廷楷、韩德勤三师，四万人。	蒋鼎文五师，师九团，约十万人。次是蒋光鼐、蔡廷楷、韩德勤三师，四万人。	蒋鼎文等五个师，每师九团，共约十万人。次是蒋光鼐、蔡廷锴、韩德勤三师，四万人。
（三）进剿战略是"长驱直入"，大不同于第二次围剿之"步步为营"，	（三）进剿战略是"长驱直入"，大不同于第二次围剿之"步步为营"，	（三）"进剿"战略是"长驱直入"，大不同于第二次"围剿"之"步步为营"，
（四）第二次围剿结束至第三次围剿开始，为时仅一个月，	（四）第二次围剿结束至第三次围剿开始，为时仅一个月，	（四）第二次"围剿"结束至第三次"围剿"开始，为时仅一个月。
又绕道千里回到苏区西部之兴国集中，	又绕道千里回到苏区西部之兴国集中，	又绕道千里回到赣南根据地西部之兴国集中，
由敌之后方连络线上横扫过去，让敌主力深入苏区置于无用之地，	向敌之后方连络线上横扫过去，让敌主力深入苏区置于无用之地。	向敌之后方联络线上横扫过去，让敌主力深入赣南根据地置于无用之地，
但部队向富田开进之时，被敌发觉，陈罗两师赶至，	但部队向富田开进之际，被敌发觉，陈罗两师赶至，	但我军向富田开进之际，被敌发觉，陈诚、罗卓英两师赶至。
此时仅剩此一个圩场及其附近地区容我集中了一天，乃决计莲塘、良村、黄陂方向进。	此时仅剩此一个圩场及其附近地区容我集中了一天，乃决计向莲塘、良村、黄陂方向进。	此时仅剩此一个圩场及其附近地区几十个方里容许我军集中。集中一天后，乃决计向东面兴国县东部之莲塘、永丰县南部之良村、宁都县北部之黄陂方向突进。
第一天乘夜通过之蒋鼎文师与蒋蔡韩军间之四十里空隙地，转到莲塘。第二天与上官云相军（上官指挥本师及郝师）前哨接触。第三天打上官师为第一仗，第四天打郝梦麟师为第二仗，	第一天乘夜通过了蒋鼎文师与蒋蔡韩军间之四十里空隙地，转到莲塘。第二天与上官云相军（上官指挥本师及郝师）前哨接触。第三天打上官师为第一仗，第四天打郝梦麟师为第二仗，	第一天乘夜通过了蒋鼎文师和蒋蔡韩军间之四十华里空隙地带，转到莲塘。第二天和上官云相军（上官指挥他自己的一个师及郝梦龄师）前哨接触。第三天打上官师为第一仗，第四天打郝梦龄师为第二仗，

（续表）

1941年版	1946年版	1951年《毛选》版
皆转旗同东，集中视线于黄陂，猛烈并进，找我求战，取密集的阵地大包围姿势接近了我军。我乃于蒋蔡韩军与陈罗军之间一个二十里间隙的大山中偷越过去，回到西面之兴国境内集中。	皆转旗向东，集中视线于黄陂，猛烈并进，找我求战，取密集的阵地大包围姿势接近了我军。我乃于蒋韩军与陈罗军之间一个二十里间隙的大山中偷越过去，回到西面之兴国境内集中。	皆转旗向东，集中视线于黄陂，猛力并进，找我作战，取密集的大包围姿势接近了我军。我军乃于蒋、蔡、韩军和陈、罗军之间一个二十华里间隙的大山中偷越过去，由东面回到西面之兴国境内集中。
下决心退却了。我又乘其退却打了蒋光鼐，蔡廷锴，蒋鼎文，韩德勤，消灭蒋鼎文一个旅，韩德勤一个师。蒋光鼐蔡廷楷两师，则打成对峙，让其逃去了。	下决心退却了，我又乘其退，打了蒋光鼐，蔡廷锴，蒋鼎文，韩德勤，消灭蒋鼎文一个旅，韩德勤一个师。蒋光鼐蔡廷楷两师，则打成对峙，让其逃去了。	下决心退却了。我又乘其退却打了蒋光鼐、蔡廷锴、蒋鼎文、韩德勤，消灭蒋鼎文一个旅、韩德勤一个师。对蒋光鼐、蔡廷锴两师，则打成对峙，让其逃去了。
第四次围剿敌我形势，如第四图。（按：地图详见此版本第42页："第四图：第四次围剿敌我形势图"）	第四次围剿敌我形势。如第四图。（按：地图详见此版本第209页："第四图：第四次围剿敌我形势图"）	○
当时情况是：	当时情况是：	第四次"围剿"时的情况是：
因此我得以先打其西路于东黄陂以西，一举消灭李明陈时骥两个师。	因此我得以先打其西路于东黄陂以西，一举消灭李明陈时骥两个师。	因此我得以先打其西路于宜黄南部地区，一举消灭李明、陈时骥两个师。
我又得消灭其一个师于草苔冈。两役缴枪万余，这个围剿就基本打破了。	我又得消灭其一个师于草苔冈。两役缴枪万余，这个围剿就基本打破了。	我又得消灭其一个师于宜黄南部地区。两役缴枪万余，这个"围剿"就基本地打破了。
第五次围剿，敌以堡垒主义的新战略前进，首先占领了黎川。我却企图恢复黎川，御敌于苏区之外，去打黎川以北敌之巩固阵地兼是白区之硝石，	第五次围剿，敌以堡垒主义的新战略前进，首先占领了黎川，我却企图恢复黎川，御敌于苏区之外，去打黎川以北敌之巩固阵地兼是白区之硝石，	第五次"围剿"，敌以堡垒主义的新战略前进，首先占领了黎川。我却企图恢复黎川，御敌于根据地之外，去打黎川以北敌之巩固阵地兼是白区之硝石。
一战不胜。又打其东北之资溪桥，也是巩固阵地与白区，又不胜。尔后辗转寻战于敌之主力与堡垒之间，完全陷于被动地位，	一战不胜。又打其东北之资溪桥，也是巩固阵地与白区，又不胜。尔后辗转寻战于敌之主力与堡垒之间，完全陷入被动地位，	一战不胜，又打其东南之资溪桥，也是敌之巩固阵地和白区，又不胜。尔后辗转寻战于敌之主力和堡垒之间，完全陷入被动地位。

（续表）

1941年版	1946年版	1951年《毛选》版
终五次围剿一年之久，绝无自主活跃之概。最后不得不退出苏区。当时初战的形势如第五图。（按：地图详见此版本第43页："第五图：第五次围剿中初期的敌我形势图"）	终五次围剿一年之久，绝无自主活跃之概。最后不得不退出苏区。当时初战的形势如第五图。（按：地图详见此版本第210页："第五图：第五次围剿中初期的敌我形势图"）	终第五次反"围剿"战争一年之久，绝无自主活跃之概。最后不得不退出江西根据地。
上述一至五次围剿的经验，证明处在防御地位的红军，欲打破强大的进剿军，	上述一至五次围剿的经验，证明处在防御地位的红军，欲打破强大的进剿军，	上述第一次至第五次反"围剿"时期我军作战的经验，证明处在防御地位的红军，欲打破强大的"进剿"军，
乃至贯澈到最后的一个战斗，因此得出下述的结论：	乃至贯澈到最后的一个战斗，因此得出下述的结论：	乃至一直影响到最后的一个战斗。因此得出下述的结论：
第一，必须打胜。必须敌情、地形、人民条件，都利于我，	第一，必须打胜。必须敌情、地形、人民条件，都利于我，	第一，必须打胜。必须敌情、地形、人民等条件，都利于我，
持重待机，机会总是有的，不可率尔应战。第一次围剿先想打谭道源，	持重待机，机会总是有的，不可率尔应战。第一次围剿先想打谭道源，	持重待机。机会总是有的，不可率尔应战。第一次反"围剿"时先想打谭道源，
却两度按耐撤回，过了几天找到了好打的张辉瓒。第二次围剿，	却两度按耐撤回，过了几天找到了好打的张辉瓒。第二次围剿，	却两度忍耐撤回，过了几天找到了好打的张辉瓒。第二次反"围剿"时，
拒绝一切性急快打之建议，	拒绝一切性急快打之建议，	拒绝一切性急快打的建议，
第三次围剿那样急风暴雨的局面，	第三次围剿那样急风暴雨的局面，	第三次反"围剿"虽是那样急风暴雨的局面，
忍耐折回，改用中间突破，	忍耐折回，改用中间突破，	但我们仍忍耐折回，改用中间突破，
第四次围剿攻南丰不克，	第四次围剿攻南丰不克，	第四次反"围剿"时攻南丰不克，
集中东韶地区，开始了东黄陂大胜仗。只有五次围剿全不知初战关系之大，震惊于黎川一城之得失，从企图挽救的观点出发，于洵口不预期遭遇战胜利之后（消灭敌一师），却不把此战看作第一战及其必然引起的变化，而贸然进攻不可必胜的硝石，	集中集（按：应为误印）韶地区，开始了东黄陂大胜仗，只有五次围剿全不知初战关系之大，震惊于黎川一城之得失，从企图挽救的观点出发，于洵口不预期遭遇胜利之后（消灭敌一师），却不把此战看作第一战及其必然引起的变化，而贸然进攻不可必胜的硝石，	集中东韶地区，开始了宜黄南部的大胜仗。只有第五次反"围剿"时全不知初战关系之大，震惊于黎川一城之失，从挽救的企图出发，北上就敌，于洵口不预期遭遇战胜利（消灭敌一个师）之后，却不把此战看作第一战，不看此战所必然引起的变化，而贸然进攻不可必胜的硝石。

（续表）

1941年版	1946年版	1951年《毛选》版
第二，慎重初战的再一个理由，在于初战的计划必须是全战役计划的有机的序幕，没有好的全战役计划，	第二，慎重初战的再一个理由，在于初战的计划必须是全战役计划的有机的序幕，没有好的全战役计划，	第二，初战的计划必须是全战役计划的有机的序幕。没有好的全战役计划，
则一这仗虽胜也只算败了（如五次围剿的洵口战役）。	则这个仗虽胜也只算败了（如五次围剿的洵口战役）。	则这个仗虽胜也只算败了（例如第五次"围剿"时的洵口战斗）。
因此在打第一仗之先，必须想到第二第三第四以至最后一仗的大体上如何打法，	因此在打第一仗之先，必须想到第二第三第四以至最后一仗的大体上如何打法，	因此在打第一仗之先，必须想到第二、第三、第四以至最后一仗大体上如何打法，
假若败了，又起如何变化。	假若败了，又起如何变化。	假若败了，又将起如何变化。
至少也应计算到下一阶段。尽管往后变化难测，愈远看愈渺茫，	至少也应计算到下一阶段。尽管往后变化难测，愈远看、愈渺愈茫，	至少也应计算到下一个阶段。尽管往后变化难测，愈远看愈渺茫，
前途的远景是必要的。	前途的远景是必要的。	估计前途的远景是必要的。
据此以修改或发展自己的战略战役计划，不这样做，就会弄出冒险直冲的错误。	据此以修改或发展自己战略战役计划，不这样做，就会弄出冒险直冲的错误。	据此以修改或发展自己战略战役计划，不这样做，就会弄出冒险直冲的错误。
是决不可少的，	是决不可少的，	是决不可少的。
须知敌人的最高指挥，是具有远大战略眼光的。	须知敌人的最高指挥，是具有远大战略眼光的。	须知敌人的统帅部，是具有某种战略眼光的。
五次围剿及张国焘路线的战略指导之所以错误，主要的就在于这一点。因此，	五次围剿及张国涛路线的战略指导之所以错误，主要的就在于这一点。因此，	在敌人第五次"围剿"时期"左"倾机会主义路线和张国焘路线的战略指导之所以错误，主要地就在于没有作到这一点。总之，
对于战争是十分不利的。	对于战争是十分不利的。	就是失败之道。
必须打胜，必须照顾全战役计划，必须照顾下一战略阶段，这是反攻开始、即打第一仗时、不可忘记的三个原则。	必须打胜，必须照顾全战役计划，必须照顾下一战略阶段，这是反攻开始、即打第一仗时、不可忘记的三个原则。	必须打胜；必须照顾全战役计划；必须照顾下一战略阶段：这是反攻开始，即打第一仗时，不可忘记的三个原则。

（续表）

1941年版	1946年版	1951年《毛选》版
六 集中兵力问题	六 集中兵力问题	第六节 集中兵力问题
这个问题看来容易，实行颇难。	这个问题看来容易，实行颇难。	集中兵力看来容易，实行颇难。
原因就在于缺乏战略头脑，为复杂的环境所迷惑，因而被支配于环境，失掉自主能力，采取了应付主义。	原因就在于缺乏战略头脑，为复杂的环境所迷惑，因而被支配于环境，失掉自主能力，采取了应付主义。	原因就在于指导者缺乏战略头脑，为复杂的环境所迷惑，因而被环境所支配，失掉自主能力，采取了应付主义。
无论怎样复杂、严重、惨苦的环境，军事指导者的头脑，首先需要的是独立自主地组织与使用自己的力量。	无论怎样复杂、严重、惨苦的环境，军事指导者的头脑，首先需要的是独立自主地组织与使用自己的力量。	无论处于怎样复杂、严重、惨苦的环境，军事指导者首先需要的是独立自主地组织和使用自己的力量。
重要的在于迅速恢复主动的地位，如果不能恢复到这种地位，下文就是必然的失败。	重要的在于迅速恢服（按：应为误印）主动的地位，如果不能恢复到这种地位，下文就是必然的失败。	重要的是要迅速地恢复主动地位。如果不能恢复到这种地位，下文就是失败。
主动地位不是空想的，而是具体的物质的，	主动地位不是空想的，而是具体的物质的，	主动地位不是空想的，而是具体的，物质的。
防御战本来容易陷入被动地位，	妨（按：应为误印）御战本来容易陷入被动地位，	防御战本来容易陷入被动地位，
然而防御战是能够从被动的形式纳入主动的内容的，	然而防御战是能够从被动的形式纳入主动的内容的，	然而防御战是能够在被动的形式中具有主动的内容的，
在内容上是保存军力待机破敌，是诱敌深入准备反攻。	在内容上是保存军力待机破敌，是诱敌深入准备反攻。	在内容上是保存军力，待机破敌，是诱敌深入，准备反攻。
只有不肯退却，仓卒应战（例如硝石战役），表面上似在力争主动，	只有不肯退却，仓卒应战（例如硝石战役），表面上似在力争主动，	只有不肯退却，仓卒应战（例如硝石战斗），表面上似乎在力争主动，
形式上也放弃了退却的被动姿势。对于敌人，反攻是我军强迫他放弃主动权，同时即授与以被动地位的努力。	形式上也放弃了退却的被动姿势。对于敌人，反攻是我军强迫他放弃主动权，同时即授与以被动地位的努力。	形式上也放弃了退却时的被动姿态。对于敌军说来，反攻是我军强迫它放弃主动权，同时即给以被动地位的努力。

(续表)

1941年版	1946年版	1951年《毛选》版
要完全达到这种目的，集中兵力，运动战，速决战，消灭战，都是必要的条件。而集中兵力，是首先的与主要的。	要完全达到这种目的，集中兵力，运动战，速决战，消灭战，都是必要的条件。而集中兵力，是首先的与主要的。	要完全达到这种目的，集中兵力、运动战、速决战、歼灭战，都是必要的条件。而集中兵力，是首先的和主要的。
集中兵力之所以必要，是为了改变敌我形势。第一，是为了改变进退形势。	集中兵力之所以必要，是为了改变敌我形势。第一，是为了改变进退形势。	集中兵力之所以必要，是为了改变敌我的形势。第一，是为了改变进退的形势。
也给与影响于全战役。	也给与影响于全战役。	也给予影响于全战役。
第二，是为了改变攻守形势。	第二，为了改变死守形势。	第二，是为了改变攻守的形势。
然而反攻与退却相较，不但形势上，而且本质上，是起了变化的东西。反攻是战略防御与战略进攻之间的过渡的东西，	然而反攻与退却相较，不但形式上，而且本质上，是起了变化的东西。反攻是战略防御与战略进攻之间的过渡的东西，	然而反攻和退却相较，不但形式上，而且内容上，是起了变化的东西。反攻是战略防御和战略进攻之间的过渡的东西，
第三，是为了改变内外线形势。	第三，是为了改变内外线形势。	第三，是为了改变内外线的形势。
特别是中国红军的被围剿环境，蒙受着许多的不利。	特别是中国红军的被围剿环境，蒙受着许多的不利。	特别是处于被"围剿"环境的红军，蒙受着许多的不利。
但我们可以而且完全应该、在战役或战斗上，把他改变过来。	但我们可以而且完全应该、在战役或战斗上，把他改变过来。	但我们可以而且完全应该在战役或战斗上，把它改变过来。
将敌军对我军的一个大围剿，	将敌军对我军的一个大围剿，	将敌军对我军的一个大"围剿"，
将敌军对我军战略上的分进合击，改为我军对敌军战役或战斗上的分进合击。	将敌军对我军战略上的分进合击，改为我军对敌军战役或战斗上的分进合击。	将敌军对我军的战略上的分进合击，改为我军对敌军的战役或战斗上的分进合击。
将敌军对我军战略上的优势，改为我军对敌军战役或战斗上的优势。	将敌军对我军战略上的优势，改为我军对敌军战役或战斗上的优势。	将敌军对我军的战略上的优势，改为我军对敌军的战役或战斗上的优势。
使之在战役或战斗上处于弱者地位。同时，将自己战略上的弱者地位，	使之在战役或战斗上处于弱者地位。同时将自己战略上的弱者地位，	使之在战役或战斗上处于弱者的地位。同时，将自己战略上的弱者地位，

(续表)

1941年版	1946年版	1951年《毛选》版
使之改变为战役上或战斗上的强者地位。这即是所谓内线作战中的外线作战，围剿中的围剿，	使之改变为战役上或战斗上的强者地位。这即是所谓内线作战中的外线作战，围剿中的围剿，	使之改变为战役上或战斗上的强者的地位。这即是所谓内线作战中的外线作战，"围剿"中的围剿，
在苏维埃战史中，	在苏维埃战史中，	在中国红军的战史中，
不待兵力完全集中就实行开进与攻击，	不待兵力完全集中就实行开进与攻击，	不待兵力完全集中就实行开进和攻击，
要求苏区东西南北四面出击，这不但在战略防御时不对，就是战略进攻时也是不对的。	要求苏区东西南北四面出击，这不但在战略防御时不对，就是战略进攻时也是不对的。	要求从根据地的东西南北四面出击。这不但在战略防御时不对，就是在战略进攻时也是不对的。
无论什么时候，也无论战略或战术，都有防御与进攻，钳制与突击的两方面，事实上绝少所谓"全线出击"。	无论什么时候，也无论战略或战术，都有防御与进攻，钳制与突击的两方面，事实上绝少所谓"全线出击"。	在整个敌我对比的形势没有根本改变的时候，无论战略或战术，都有防御和进攻、钳制和突击的两方面，事实上绝少所谓"全线出击"。
全线出击的口号，是伴着军事冒险主义而来的军事平均主义。	全线出击的口号，是伴着军事冒险主义而来的军事平均主义。	全线出击的口号，是伴随军事冒险主义而来的军事平均主义。
在革命前进时，当作一个政治口号是对的，但当作军事口号就不对了。	在革命前进时，当作一个政治口号是对的，但当作军事口号就不对了。	○
军事平均主义到一九三三年，	军事平均主义到一九三三年，	军事平均主义者到一九三三年，
照我的意见，不论一万兵一百万兵或一千万兵，	照我的意见，不论一万兵一百万兵或一千万兵，	照我的意见，在有强大敌军存在的条件下，无论自己有多少军队，在一个时间内，
我不反对作战方向有二个或二个以上，但主要方向、在同时间内，只应有一个。	我不反对作战方向有二个或二个以上，但主要方向、在同时间内，只应有一个。	我不反对作战方向有两个或两个以上，但主要的方向，在同一个时间内，只应有一个。
欧战时强大的德军，同时间的主要作战方向始终只有一个。军事评论家对于一九一四年八九月间因东普鲁士危急抽调西战场少数兵力东援，还有认为错误的。假如西战场的不得手，这个抽调是其主要原因或原因之一的话，那末，这个批评是正确的。	欧战时强大的德军，同时间的主要作战方向始终只有一个。军事评论家对于一九一四年八九月间因东普鲁士危急抽调西战场少数兵力东援，还有认为错误的。假如西战场的不得手，这个抽调是其主要原因或原因之一的话，那末，这个批评是正确的。	○

（续表）

1941年版	1946年版	1951年《毛选》版
中国红军以弱小的姿态出现于内战的战场，其迭挫强敌震惊世界的战绩，原因于兵力集中使用者甚大。	中国红军以弱小的姿态出现于内战的战场，其迭挫强敌震惊世界的战绩，原因于兵力集中使用者甚大。	中国红军以弱小者的姿态出现于内战的战场，其迭挫强敌震惊世界的战绩，依赖于兵力集中使用者甚大。
是对整个战争整个敌我对比而言的，在这个意义上，我们确是如此。	是对整个战争整个敌我对比而言的，在这个意义上，我们确是如此。	是对整个战争整个敌我对比而言的；在这个意义上，我们确实是如此。
不是对战役与战术而言的，在这个意义上，我们决不能如此。	不是对战役与战术而言的，在这个意义上，我们决不能如此。	不是对战役和战术而言的；在这个意义上，我们决不应如此。
一九三一年一月的宁都东韶打谭道源战役，一九三一年八月的兴国高兴圩打十九路军战役，一九三二年七月南雄水口圩打陈济棠战役，一九三四年三月黎川团村打陈诚战役，都吃了兵力不集中的亏。	一九三一年一月的宁都东韶打谭道源战役，一九三一年八月的兴国高兴圩打十九路军战役，一九三二年七月南雄水口圩打陈济棠战役，一九三四年三月黎川团村打陈诚战役，都吃了兵力不集中的亏。	一九三一年一月的江西宁都县东韶地区打谭道源的作战，一九三一年八月的江西兴国县高兴圩地区打十九路军的作战，一九三二年七月广东南雄县水口圩地区打陈济棠的作战，一九三四年三月江西黎川县团村地区打陈诚的作战，都吃了兵力不集中的亏。
如像水口圩与团村这一类的仗，本来一般算作胜仗，而且还算作大胜仗的，（前者击溃陈济棠二十个团，后者击溃陈诚十二个团，）	如像水口圩与团村这一类的仗，本来一般算作胜仗，而且还算作大胜仗的，（前者击溃陈济棠二十个团，后者击溃陈诚十二个团，）	如像水口圩和团村这一类的仗，本来一般算作胜仗，而且还算作大胜仗的（前者击溃陈济棠二十个团，后者击溃陈诚十二个团），
在某种意义上简直还可以说他们是败仗。	在某种意义上简直还可以说他们是败仗。	在某种意义上简直还可以说它是败仗。
这个相反相成的道理，是我们制胜敌人的法则之一。	这个相反相成的道理，是我们制胜敌人的法则之一。	这是我们制胜敌人的根本法则之一。
军事平均主义，到一九三四年五次围剿时，发展到了极点。	军事平均主义，到一九三四年五次围剿时，发展到了极点。	军事平均主义，到一九三四年第五次反"围剿"时，发展到了极点。
一二三四次围剿都遭受了土地的损失，特别在三次围剿时苏区几于全失，然而结果不但都恢复了，而且扩大了土地。	一二三四次围剿都遭受了土地的损失，特别在三次围剿时苏区几于全失，然而结果不但都恢复了，而且扩大了土地。	敌人的第一、二、三、四次"围剿"都使我们遭受了土地的损失，特别是在敌人第三次"围剿"时江西红军根据地几乎全部丧失了，然而结果我们的土地不但都恢复了，而且还扩大了。

（续表）

1941年版	1946年版	1951年《毛选》版
由于看不见苏区人民的力量，发生惧怕红军远离苏区的错误心理。	由于看不见苏区人民的力量，发生惧怕红军远离苏区的错误心理。	由于看不见根据地人民的力量，常常发生惧怕红军远离根据地的错误心理。
这种心理在一九三二年红军打漳州时，一九三三年四次围剿胜利后红军转向福建进攻时，都曾发生过。	这种心理在一九三二年红军打漳州时，一九三三年四次围剿胜利后红军转向福建进攻时，都曾发生过。	这种心理在一九三二年江西红军远出于福建的漳州时，一九三三年反四次"围剿"战役胜利后红军转向福建进攻时，都曾发生过。
前者惧怕整个苏区被占，后者惧怕苏区一部被占，而主张分兵把守，结果都证明不对了。	前者惧怕整个苏区被占，后者惧怕苏区一部被占，而主张分兵把守，结果都证明不对了。	前者惧怕整个根据地被占，后者惧怕根据地的一部被占，而反对集中兵力，主张分兵把守，结果都证明不对。
在敌人看来，一方面苏区是畏进，一方面打到白区去的红军是他们主张的危险物，	在敌人看来，一方面苏区是畏进，一方面打到白区去的红军是他们主要的危险物，	在敌人看来，一方面根据地使他们畏进，一方面打到白区去的红军是他们的主要的危险物。
所以敌军的注意力总是向着主力红军的所在地，抛开主力红军而专向苏区，是很少这种事情的。	所以敌军的注意力总是向着主力红军的所在地，抛开主力红军而转向苏区，是很少这种事情的。	敌军的注意力总是向着主力红军所在地，抛开主力红军不顾而专向根据地，是很少这种事情的。
在防御时，红军也是主要的吸引力。缩小苏区的计划是敌人整个计划的一部分；	在防御时，红军也是主要的吸引力。缩小苏区的计划是敌人整个计划的一部分；	在红军实行防御时，敌人的注意力也还是集中于红军。缩小根据地的计划是敌人整个计划的一部分；
但如果红军集中主力消灭其一路，敌人就不得不把注意力与军力更大的向着红军。	但如果红军集中主力消灭其一路，敌人就不得不把注意力与军力更大的向着红军。	但是如果红军集中主力消灭其一路，敌军统帅部就不得不把他们的注意力和他们的军力更大地向着红军。
所以敌人缩小苏区的计划，也是能够被破坏的。	所以敌人缩小苏区的计划，也是能够被破坏的。	所以，敌人缩小根据地的计划，也是能够破坏的。
"堡垒主义的五次围剿不能集中作战，只能分兵防御从事短促突击"的这种办法，也是不对的。	"堡垒主义的五次围剿不能集中作战，只能分兵防御从事短促突击"的这种办法，也是不对的。	"堡垒主义的五次'围剿'时期我们不能集中作战，只能分兵防御从事短促突击"，这种说法也是不对的。
三五里一进十里八里一推的堡垒主义作战法，不小的成分是红军自己的节节抗御促成的。	三五里一进十里八里一推的堡垒主义作战法，不小的成分是红军自己的节节抗御促成的。	敌人三里五里一进、十里八里一推的堡垒主义作战法，完全是红军自己的节节抗御促成的。

（续表）

1941年版	1946年版	1951年《毛选》版
如果在内线放弃节节抗御的战法，再则必要时转向敌人的内线去，	如果在内线放弃节节抗御的战法，再则必要时转向敌人的内线去，	如果我军在内线放弃节节抗御的战法，再在必要和可能时转向敌人的内线打去，
立三主义主张废弃人民武装与小的游击战争，	立三主义主张废弃人民武装与小的游击战争，	我们主张的集中兵力，并不包括放弃人民的游击战争在内。立三路线主张废弃小的游击战争，
人民武装与小的游击战争，在苏维埃战争看来，是和主力红军同为一个人的两只手，只有主力红军而无人民武装与小的游击战争，仅仅是一个独臂将军。	人民武装与小的游击战争，在苏维埃战争看来，是和主力红军同为一个人的两只手，只有主力红军而无人民武装与小的游击战争，仅仅是一个独臂将军。	人民的游击战争，从整个革命战争的观点看来，和主力红军是互为左右手，只有主力红军而无人民的游击战争，就像一个独臂将军。
苏区的人民条件，具体说来，特别对于作战说来，就是武装起来了的人民。敌人视为畏途，主要的也在这一点。	苏区的人民条件，具体说来，特别对于作战说来，就是武装起来了的人民。敌人视为畏途，主要的也在这一点。	根据地的人民条件，具体地说来，特别是对于作战说来，就是有武装起来了的人民。敌人视为畏途，主要地也在这一点。
我们主张的集中兵力，并不包括放弃人民武装与小的游击战争在内。	我们主张的集中兵力，并不包括放弃人民武装与小的游击战争在内。	○
置红军的支队于次要的作战方向是必要的，	置红军的支队于次要的作战方向是必要的，	置红军的支队于次要的作战方向也是必要的，
应以绝对优势兵力临之，例如一九三〇年十二月三十日，	应以绝对优势兵力临之，例如一九三〇年十二月三十日，	应以绝对优势的兵力临之；例如一九三〇年十二月三十日第一次反"围剿"的第一仗，
临之以相对优势的兵力也就够了，例如一九三一年五月二十九日第二次围剿的最后一战——向建宁打七千人的刘和鼎，红军只以一万多人去打他。	临之以相对优势的兵力也就够了，例如一九三一年五月二十九日第二次围剿的最后一战——向建宁打七千人的刘和鼎，红军只以一万多人去打他。	临之以相对优势的兵力也就够了；例如一九三一年五月二十九日第二次反"围剿"的最后一战，向建宁打七千人的刘和鼎师，红军只用了一万多人。
也不是说每次都要优势兵力，在某种情况下也可以相对劣势或绝对劣势兵力出现于战场。	也不是说每次都要优势兵力，在某种情况下也可以相对劣势或绝对劣势兵力出现于战场。	也不是说每次都要优势兵力。在某种情况下，也可以用相对劣势或绝对劣势兵力出现于战场。

(续表)

1941年版	1946年版	1951年《毛选》版
前者例如某一区域仅仅有一枝不大的红军，（不是有兵而不集中），当某一优势敌人进攻，在人民地形或天候等条件能给我们以大的援助时，	前者例如某一区域仅仅有一枝不大的红军（不是有兵而不集中），当某一优势敌人进攻，在人民地形或天候等条件能给我们以大的援助时，	相对劣势，例如某一区域仅仅有一支不大的红军（不是有兵而不集中），为着打破某一优势敌人的进攻，在人民、地形或天候等条件能给我们以大的援助时，
红军集中全力突然袭击其另一翼之一部份，	红军集中全力突然袭击其另一翼之一部分，	红军集中全力突然袭击其另一翼的一部分，
当我袭击其一翼之一部份时，兵力的对比仍适用以优势对劣势，以多胜少的原则。后者（绝对劣势）例如游击队袭击白军大队伍，仅仅是袭击其一小部份，同样适用上述的原则。	当我袭击其一翼之一部分时，兵力的对比仍适用以优势对劣势，以多胜少的原则。后者（绝对劣势）例如游击队袭击白军大队伍，仅仅是袭击其一小部分，同样适用上述的原则。	当我袭击其一翼的一部分时，兵力的对比仍适用以优势对劣势、以多胜少的原则。绝对劣势，例如游击队袭击白军大队伍，仅仅是袭击其一小部分，同样适用上述的原则。
集中大军于一战场作战，受限制于地形、道路、给养、居处等的说法，也应该分别的去看。	集中大军于一战场作战，受限制于地形、道路、给养、居处等的说法，也应该分别的去看。	集中大军于一个战场作战，受限制于地形、道路、给养、驻处等的说法，也应分别情形去看。
这些限制，对于红军与白军是有程度上的区别的，	这些限制，对于红军与白军是有程度上的区别的，	这些限制，对于红军和白军是有程度上的区别的，
我们又是以多胜少的——我们向战场上作战的敌人这样说。	我们又是以多胜少的——我们向战场上作战的敌人这样说。	我们又是以多胜少的——我们向战场上作战的各个局部的敌人这样说。
这件事情已经不是秘密，敌人一般都摸熟了我们的脾气了。	这件事情已经不是秘密，敌人一般都摸熟了我们的脾气了。	这件事情已经不是什么秘密，敌人一般地都摸熟我们的脾气了。
然而敌人不能取得我们的胜利，也不能避免他们的损失，因为何时何地我们这样打他们，他们不晓得。这一点我们是秘密的，红军的作战一般是奇袭。	然而敌人不能取消我们的胜利，也不能避免他们的损失，因为何时何地我们这样打他们，他们不晓得。这一点我们是秘密的，红军的作战一般是奇袭。	然而敌人不能取消我们的胜利，也不能避免他们的损失，因为何时何地我们这样做，他们不晓得。这一点我们是保守秘密的。红军的作战一般是奇袭。
七 运动战	七 运动战	第七节 运动战
运动战还是阵地战？	运动战还是阵地战？	运动战，还是阵地战？

（续表）

1941年版	1946年版	1951年《毛选》版
在没有优势兵力，没有弹药补充，每一个苏区中打来打去仅只一个红军的条件下，	在没有优势兵力，没有弹药补充，每一个苏区中打来打去仅只一个红军的条件下，	在没有广大兵力，没有弹药补充，每一个根据地打来打去仅只有一支红军的条件下，
不但防御时基本地不能用他，	不但防御时基本地不能用他，	不但防御时基本地不能用它，
由于敌人强大与红军技术贫弱所发生的红军作战的显著特点之一，就是没有固定的作战线。	由于敌人强大与红军技术贫弱所发生的红军作战的显著特点之一，就是没有固定的作战线。	由于敌人强大和红军技术贫弱所发生的红军作战的显著特点之一，就是没有固定的作战线。
红军的作战线，服从于红军的作战方向，	红军的作战线，服从于红军的作战方向，	红军的作战线，服从于红军的作战方向。
就得转到另一方向去。	就得转到另一个方向去。	就得转到另一个方向去。
他们与我们不同的地方，在于不固定程度不如我们之甚。	他们与我们不同的地方，在于不固定程度不如我们之甚。	苏联军队和我们的军队不同的地方，在于其不固定的程度不如我们之甚。
但相对固定的作战线往往见之于一般的战争。	但相对固定的作战线往往见之于一般的战争。	但是相对固定的作战线往往见之于一般的战争。
作战线的不固定，影响到苏区领土的不固定，	作战线的不固定，影响到苏区领土的不固定，	作战线的不固定，影响到根据地领土的不固定。
这种苏区领土的流动性，完全来源于战争的流动性。	这种苏区领土的流动性，完全来源于战争的流动性。	这种领土的流动性，完全是来源于战争的流动性。
战争与苏区领土的流动性，影响到苏维埃建设也发生流动性。	战争与苏区领土的流动性，影响到苏维埃建设也发生流动性。	战争和领土的流动性，影响到根据地各种建设工作也发生流动性。
若干年月的建设计划是不能设想的，计划改变的频繁，是我们家常便饭的事情。	若干年月的建设计划是不能设想的，计划改变的频繁是我们家常便饭的事情。	若干年月的建设计划是不能设想的。计划改变的频繁，是我们家常便饭的事情。
不要震惊于苏区领土与军事政治后方的暂时流动，	不要震惊于苏区领土与军事政治后方的暂时流动，	不要震惊于领土和军事后方的暂时的流动，
不要把干粮袋洒掉了。只有从现在的流动生活中才能争取将来的比较不流动，才能争取最后的固定。	不要把干粮袋洒掉了。只有从现在的流动生活中才能争取将来的比较不流动才能争取最后的固定。	不要把干粮袋丢掉了。只有在现在的流动生活中努力，才能争取将来的比较地不流动，才能争取最后的稳定。

（续表）

1941年版	1946年版	1951年《毛选》版
统治于五次围剿时期的所谓"正规战争"的战略方针，否认这种流动性，反对所谓"游击主义"，当作一个大国家的统治者来办事，结果是得到了一个异乎寻常的大流动——二万五千里长征。	统治于五次围剿时期的所谓"正规战争"的战略方针，否认这种流动性，反对所谓"游击主义"，当作一个大国家的统治者来办事，结果是得到了一个异乎寻常的大流动——二万五千里长征。	统治着第五次反"围剿"时期的所谓"正规战争"的战略方针，否认这种流动性，反对所谓"游击主义"。反对流动的同志们要装作一个大国家的统治者来办事，结果是得到了一个异乎寻常的大流动——二万五千华里的长征。
我们是一个国家，但今天我们还是一个不完全的国家，	我们是一个国家，但今天我们还是一个不完全的国家，	我们的工农民主共和国是一个国家，但是今天还是一个不完全的国家。
今天我们还处在内战的第一时期，距离完全国家还很远，我们军队的数量与技术较之敌人还差得远，	今天我们还处在内战的第一时期，距离完全国家还很远，我们军队的数量与技术较之敌人还差得远，	今天我们还处在内战的战略防御时期，我们的政权距离一个完全的国家形态还很远，我们军队的数量和技术较之敌人还差得远，
从这个上面建设我们的方针，不是一般的反对游击主义，而是老老实实的承认红军的游击性。在这里怕羞是没有用的，	从这个上面建设我们的方针，不是一般的反对游击主义，而是老老实实的承认红军的游击性。在这里怕羞是没有用的，	从这个上面规定我们的方针，不是一般地反对游击主义，而是老老实实地承认红军的游击性。在这里怕羞是没有用的。
我们应该准备抛弃游击性，但今天还不能抛弃。	我们应该准备抛弃游击性，但今天还不能抛弃。	我们应该准备抛弃游击性，但是今天还不能抛弃。
游击性在将来一定是可羞的与必须抛弃的东西，但在今天却是宝贵的与必须坚持的东西。	游击性在将来一定是可羞的与必须抛弃的东西，但在今天却是宝贵的与必须坚持的东西。	游击性在将来一定是可羞的和必须抛弃的东西，但在今天却是宝贵的和必须坚持的东西。
"打得赢就打，打不赢就走"，这就是今天运动战的通俗的解释。	"打得赢就打，打不赢就走"，这就是今天运动战的通俗的解释。	"打得赢就打，打不赢就走"，这就是今天我们的运动战的通俗的解释。
天下就没有只承认打不承认走的军事家，不过不如我们走得这么厉害罢了。	天下也没有只承认打不承认走的军事家，不过不如我们走得这么厉害罢了。	天下也没有只承认打不承认走的军事家，不过不如我们走得这么厉害罢了。
对于我们，走路的时间通常多于作战，平均每月打得一个大仗就算好的。	对于我们，走路的时间通常多于作战，平均每月打得一个大仗就算好的。	对于我们，走路的时间通常多于作战的时间，平均每月打得一个大仗就算是好的。

(续表)

1941年版	1946年版	1951年《毛选》版
一切的"走"都为着"打"，我们的一切战略战役方针都建立在"打"的一个基本点上。	一切的"走"，都为着"打"，我们的一切战略战役方针都建之在"打"的一个基本点上。	一切的"走"都是为着"打"，我们的一切战略战役方针都是建立在"打"的一个基本点上。
第一是敌人多了不好打。第二是敌人虽不多，但与其邻近敌人十分密接，也有时不好打。第三一般地说来，凡不孤立而占有十分巩固阵地之敌都不好打。	第一。敌人多了不好打。第二是敌人虽不多，但与其邻近敌人十分密接，也有时不好打。第三一般的说来，凡不孤立而占有十分巩固阵地之敌都不好打。	第一是当面的敌人多了不好打；第二是当面敌人虽不多，但它和邻近敌人十分密接，也有时不好打；第三，一般地说来，凡不孤立而占有十分巩固阵地之敌都不好打；
是在首先承认必须的打的条件之下的，红军运动战的基本特点，就在这里。	是在首先承认必须的打的条件之下的，红军运动战的基本特点，就在这里。	是在首先承认必须的打的条件之下。红军的运动战的基本特点，就在这里。
基本的是运动战，并不是拒绝一切阵地战。	基本的是运动战，并不是拒绝一切阵地战。	基本的是运动战，并不是拒绝必要的和可能的阵地战。
战略防御时，钳制方面某些支点的固守，战略进攻时孤立无援之敌，都是应该承认用阵地战去对付的。	战略防御时，钳制方面某些支点的固守，战略进攻时孤立无援之敌，都是应该用阵地战去对付的。	战略防御时，我们钳制方面某些支点的固守，战略进攻时遇着孤立无援之敌，都是应该承认用阵地战去对付的。
我们过去已经不少，很多的城市、堡垒、寨子、被我们打开，某种程度的敌人野战阵地被我们突破。	我们过去已经不少，很多的城市、堡垒、寨子、被我们打开，某种程度的敌人野战阵地被我们突破。	我们过去已经不少；很多的城市、堡垒、寨子、被我们打开，某种程度的敌人野战阵地被我们突破。
以后还要增加这一方面的努力，补足我们这一方面的弱点。	以后还要增加这一方面的努力；补足我们这一方面的弱点。	以后还要增加这一方面的努力，补足我们这一方面的弱点。
我们完全应该提倡那种在情况需要而且许可下的阵地攻击与阵地防御。	我们完全应该提倡那种在情况需要而且许可下的阵地攻击与阵地防御。	我们完全应该提倡那种在情况需要而且许可下的阵地攻击和阵地防御。
我们反对的，仅仅是在今天采取一般的阵地战，或把阵地战与运动战平等看待，这些才是不能许可的。	我们反对的，仅仅是在今天采取一般的阵地战，或把阵地战与运动战平等看待，这些才是不能许可的。	我们所反对的，仅仅是在今天采取一般的阵地战，或者把阵地战和运动战平等看待，这些才是不能许可的。

(续表)

1941年版	1946年版	1951年《毛选》版
苏区的流动性，苏维埃建设的流动性，十年战争中一点也没有变化吗？是有变化的。	苏区的流动性，苏维埃建设的流动性，十年战争中一点也没有变化吗？是有变化的。	根据地的流动性，根据地建设工作的流动性，十年战争中一点也没有变化吗？有变化的。
从井冈山到一次围剿为第一个阶段，这个阶段中游击性与流动性是很大的，红军还在幼年时代，苏区还是游击区。	从井冈山到一次围剿为第一个阶段，这个阶段中游击性与流动性是很大的，红军还在幼年时代，苏区还是游击区。	从井冈山到江西第一次反"围剿"前为第一个阶段，这个阶段中游击性和流动性是很大的，红军还在幼年时代，根据地还是游击区。
从一次围剿到三次围剿为第二阶段，这个阶段中游击性与流动性就缩小了许多，方面军已经建立，苏区根据地也已经建立。	从一次围剿到三次围剿为第二阶段，这个阶段中游击性与流动性就缩小了许多，方面军已经建立，苏区根据地也已经建立。	从第一次反"围剿"到第三次反"围剿"为第二个阶段，这个阶段中游击性和流动性就缩小了许多，方面军已经建立，包含几百万人口的根据地已经存在。
从三次围剿至五次围剿为第三阶段，游击性流动性更缩小了，	从三次围剿至五次围剿为第三阶段，游击性流动性更缩小了，	从第三次反"围剿"后至第五次反"围剿"为第三个阶段，游击性流动性更缩小了。
苏维埃中央政府与革命军事委员会已经建立。长征是第四个阶段，由于否认小游击与小流动，就来了一个大游击与大流动。	苏维埃中央政（按：原文误排，"府"在其左侧一列第一个字）与革命军事委员会已经建立。长征是第四个阶段，由于否认小游击与小流动，就来了一府个大游击与大流动。	中央政府与革命军事委员会已经建立。长征是第四个阶段。由于错误地否认小游击和小流动，就来了一个大游击和大流动。
目前是第五个阶段，由于没有战胜五次围剿与大流动的结果，红军与苏区均相对的缩小了，但又已经在西北建立了根据地，红军主力三个方面军已经统一指挥，为前次所未有。	目前是第五个阶段，由于没有战胜五次围剿与大流动的结果，红军与苏区均相对的缩小了，但又已经在西北建立了根据地，红军主力三个方面军已经统一指挥，为前此所未有。	目前是第五个阶段。由于没有战胜第五次"围剿"和大流动，红军和根据地都大大地缩小了，但又已经在西北立住了脚根，巩固了并发展了陕甘宁边区根据地。红军主力三个方面军已经统一指挥，此事为前此所未有。
依战略的性质说，也可以说井冈山至第四次围剿为一阶段，五次围剿为又一阶段，长征至今为第三阶段。	依战略的性质说，也可以说井冈山至第四次围剿为一阶段，五次围剿为又一阶段，长征至今为第三阶段。	依战略的性质说，也可以说井冈山时期至第四次反"围剿"时期为一阶段，第五次反"围剿"时期为又一阶段，长征至今为第三阶段。

（续表）

1941年版	1946年版	1951年《毛选》版
五次围剿时否认了以前的方针，我们今天又否认了五次围剿的方针，复活了从前的方针。	五次围剿时否认了以前的方针，我们今天又否认了五次围剿的方针，复活了从前的方针。	第五次反"围剿"时人们错误地否定了以前本来是正确的方针，我们今天又正确地否定了第五次反"围剿"时人们的错误方针，复活了从前的正确方针。
然而不是否认五次围剿时的一切，也不是复活从前的一切，复活的是从前优良的东西，否认的是五次围剿时错误的东西。	然而不是否认五次围剿时的一切，也不是复活从前的一切，复活的是从前优良的东西，否认的是五次围剿时错误的东西。	然而不是否定第五次反"围剿"时的一切，也不是复活从前的一切。复活的是从前优良的东西，否定的是第五次反"围剿"时的错误的东西。
游击主义有两方面。一方面是非正规性，就是不集中，不统一，缺乏纪律，简单现象等，	游击主义有两方面。一方面是非正规性，就是不集中，不统一，缺乏纪律，简单现象等，	游击主义有两方面。一方面是非正规性，就是不集中、不统一、纪律不严、工作方法简单化等。
然而到了高级阶段，必须逐渐地自觉地去掉他，使之更集中些，更统一些，更有纪律些，更复杂化些，就是使之更带正规性。	然而到了高级阶段，必须逐渐地自觉地去掉他，使之更集中些，更统一些，更有纪律些，更复杂化些，就是使之更带正规性。	然而到了红军的高级阶段，必须逐渐地自觉地去掉它们，使红军更集中些，更统一些，更有纪律些，工作更周密些，就是说使之更带正规性。
在作战指挥上，也应逐渐地自觉地减少那些在高级阶段所不必要的游击性。	在作战指挥上，也应逐渐地自觉地减少那些在高级阶段不必要的游击性。	在作战指挥上，也应逐渐地自觉地减少那些在高级阶段所不必要的游击性。
另一方面是运动战，是现在还需要的战略与战役作战的游击性，是无法阻止的苏区流动性，是苏维埃建设计划的灵活变更性，是红军建设不要不适时宜的正规化。	另一方面是运动战，是现在还需要的战略与战役作战的游击性，是无法阻止的苏区流动性，是苏维埃建设计划的灵活变更性，是红军建设不要不适时宜的正规化。	另一方面是运动战的方针，是现在还需要的战略和战役作战的游击性，是无法阻止的根据地的流动性，是根据地建设计划的灵活变更性，是在红军建设上的不要不适时宜的正规化。
在这一方面拒绝历史，反对保留有用东西，	在这一方面拒绝历史，反对保留有用东西，	在这一方面拒绝历史事实，反对保留有用的东西，
在当前没有现实意义的、所谓"新阶段"，	在当前没有现实意义的、所谓"新阶段"，	在当前没有现实意义的所谓"新阶段"，

(续表)

1941年版	1946年版	1951年《毛选》版
我们现在是处在红军技术与组织的下一新阶段的前夜，我们应该准备转变到新阶段去。	我们现在是处在红军技术与组织的下一新阶段的前夜，我们应该准备转变到新阶段去。	我们现在是处在红军技术和组织的下一新阶段的前夜。我们应该准备转变到新阶段去。
在将来，红军的技术与组织条件改变了，红军建设提到了新阶段，红军的作战方向与作战线之比较固定就出现了，阵地战增加了，战争的流动性、苏维埃领土与建设的流动性、大大减少了。	在将来，红军的技术与组织条件改变了，红军建设提到了新阶段，红军的作战方向与作战线之比较固定是出现了，阵地战增加了，战争的流动性、苏维埃领土与建设的流动性、大大减少了。	在将来，红军的技术和组织条件改变了，红军建设进到了新阶段，红军的作战方向和作战线的比较固定就出现了；阵地战增加了；战争的流动性、领土和建设的流动性，大大减少了，
到最后，也就会消灭了。现时所受的限制，如像优势的敌人，巩固的阵地等等，就有法子克服了。	到最后，也就会消灭了。现在所受的限制，如像优势的敌人，巩固的阵地等等，就有法子克服了。	到最后，也就会消灭了；现在限制着我们的东西，如像优势的敌人及其据守的巩固阵地，就不能限制我们了。
我们现在一方面反对五次围剿时的错误的与过早的办法，另一方面也反对复活五围剿次以前红军幼年时代的一切非正规性。但是我们坚决地恢复红军一路来用以打胜仗的许多可宝贵的战略战术的原则。	我们现在一方面反对五次围剿时的错误的与过早的办法，另一方面也反对复活五次围剿以前红军幼年时代的一切非正规性。但是我们坚决地恢复红军一路来用以打胜仗的许多可宝贵的战略战术的原则。	我们现在一方面反对"左"倾机会主义统治时期的错误的办法，另一方面也反对复活红军幼年时代的许多在现时不需要的非正规性。但是我们要坚决地恢复红军一路来用以打胜仗的许多可宝贵的建军原则和战略战术原则。
同时也吸收五次围剿斗争中关于红军建设方面与作战方面某些优良的与有益的经验。并且把所有一切过去优良的东西都总结起来，成为有系统的更发展的更丰富的军事路线或战略路线，争取在今天战胜我们的敌人，并且准备着转变到新阶段去。	同时也吸收五次围剿斗争中关于红军建设方面与作战方面某些优良的与有益的经验。并且把所有一切过去优良的东西都总结起来，成为有系统的更发展的更丰富的军事路线或战略路线，争取在今天战胜我们的敌人，并且准备着转变到新阶段去。	我们要把所有一切过去的优良的东西都总结起来，成为有系统的更发展的更丰富的军事路线，以便争取在今天战胜敌人，并且准备在将来转变到新阶段去。
如侦察、判断、决心、战斗部署、指挥、荫蔽、迅速、集中、	如侦察、判断、决心、战斗部署、指挥、荫蔽、迅速、集中、	例如侦察、判断、决心、战斗部署、指挥、荫蔽、集中、
连续作战、无后方作战、养精蓄锐之必要等等，这些问题在红军作战史中都表现许多的特点，战役学中将有条理的叙述及之，应给以很好的总结，我在这里不赘述了。	连续作战、无后方作战、养精蓄锐之必要等等，这些问题在红军作战史中都表现许多的特点，战役学中将有条理的叙述及之，应给以很好的总结，我在这里不赘述了。	连续作战、无后方作战、养精蓄锐之必要，等等。这些问题在红军战史中都表现了许多的特点，战役学中应当有条理地叙述到，应当给以总结，我在这里就不说了。

（续表）

1941年版	1946年版	1951年《毛选》版
八 速决战	八 速决战	第八节 速决战
战争的持久战，战役与战斗的速决战，	战争的持久战，战役与战斗的速决战，	战略的持久战，战役和战斗的速决战，
这是一件事的两方面，这是中国苏维埃战争的两个同时并重的原则，也可以适用于反对帝国主义的民族战争。	这是一件事的两方面，这是中国苏维埃战争的两个同时并重的原则，也可以适用于反对帝国主义的民族战争。	这是一件事的两方面，这是国内战争的两个同时并重的原则，也可以适用于反对帝国主义的战争。
因为统治势力的雄厚，革命势力是逐渐生长的，就规定了战争的持久性，在这上面性急是要吃亏的，	因为统治势力的雄厚，革命势力是逐渐生长的，是规定了战争的持久性，在这上面□（按："□"无法识别）性是要吃亏的，	因为反动势力的雄厚，革命势力是逐渐地生长的，这就规定了战争的持久性。在这上面性急是要吃亏的，
干了十年的苏维埃战争，	干了十年的苏维埃战争，	干了十年的革命战争，
对于我们却好似八股文章还只作了破题、承题、与起讲，	对于我们却好似八股文章还只作了破题、承题、与起讲，	对于我们却好似八股文章还只作了破题、承题和起讲〔三八〕，
无疑比较过去有大大增高速度之可能，因为国际与国内环境已经起了变化，而且会有更大的变化在后边，可以说我们已经脱离了过去的那种慢慢发展孤军作战的景况。	无疑比较过去是大大增高速度之可能，因为国际与国内环境已经起了变化，而且会有更大的变化在后边，可以说我们已经脱离了过去的这种慢慢发展孤军作战的景况。	无疑地将比过去有大大地增高速度的可能。因为国际和国内的环境已经起了变化，而且会有更大的变化要到来，可以说我们已经脱离了过去的那种慢慢发展的孤军作战的景况。
因为半殖民地中国的统治势力，是许多帝国主义加上国内反革命，国内革命势力没有聚集到足以突破内外敌人的主要阵地以前，国际革命势力没有直接大量援助中国革命以前，我们的革命同战争依然是持久的。	因为半殖民地中国的统治势力，是许多帝国主义加上国内反革命，国内革命势力没有聚集到足以突破内外敌人的主要阵地以前，国际革命势力没有直接大量援助中国革命以前，我们的革命同战争依然是持久的。	因为中国的反动势力，是许多帝国主义支持的，国内革命势力没有聚积到足以突破内外敌人的主要阵地以前，国际革命势力没有打破和钳制大部分国际反动势力以前，我们的革命战争依然是持久的。
是战略指指的重要原则之一。	是战略指导的重要原则之一。	是战略指导的重要方针之一。
战役与战斗的原则与此相反，不是持久而是速决。在这个上面争取速决，古今中外都是相同的。	战役与战斗的原则与此相反，不是持久而是速决。在这个上面争取速决，古今中外都是相同的。	战役和战斗的原则与此相反，不是持久而是速决。在战役和战斗上面争取速决，古今中外都是相同的。

(续表)

1941年版	1946年版	1951年《毛选》版
在战争问题，古今中外都无不求速决，旷日持久总是认为不利的。	在战争问题，古今中外都无不求速决，扩（按：应为误印）日持久总是认为不利的。	在战争问题上，古今中外也都无不要求速决，旷日持久总是认为不利。
有人在立三路线时讥笑我们的"打拳战术"（说的是打过来打过去才能夺取大城市），讥笑我们要待白发才能看见革命的胜利，这种表现革命急性病的情绪，早已证明是不对了。	有人在立三路线时讥笑我们的"打拳战术"（说的是打过来打过去才能夺取大城市），讥笑我们要待白发才能看见革命的胜利，这种表现革命急性病的情绪，早已证明是不对了。	有人在立三路线时期讥笑我们的做法为"打拳战术"（说的是打过来打过去才能夺取大城市），讥笑我们要待头发白了才能看见革命的胜利。这种表现急性病的情绪，早已证明是不对了。
但这些意见如果放在战役与战斗上面去说，则是非常之对的。	但这些意义如果放在战役与战斗上面去说，则是非常之对的。	但是他们的批评意见如果不是放在战略问题上而是放在战役和战斗的问题上，则是非常之对的。
原因在于：第一，红军的武器尤其弹药没有来源；第二，白军有多个，红军只一个，打破一次围剿要准备迅速的连续战；	原因在于：第一，红军的武器尤其弹药没有来源；第二，白军有多个，红军只一个，打破一次围剿要准备迅速的连续战；	原因在于：第一，红军的武器尤其是弹药没有来源；第二，白军有很多支部队，红军只一支部队，打破一次"围剿"要准备迅速的连续的作战；
第三，白军各个虽分进，然多是比较的密集，打他一个，如不能迅速解决战斗，其余各个就都来了。	第三，白军各个虽分进，然多是比较的密集，打他一个，如不能迅速解决战斗，其余各个就都来了。	第三，白军各个虽然分进，但多是比较地密集，打它们中间的一个如果不能迅速地解决战斗，其余各个就都来了。
为了这些理由，不能不采取速决战。对于我们，几小时、一天、或两天解决一个战斗是经常的。	为了这些理由，不能不采取速决战。对于我们，几小时、一天、或两天解决一个战斗是经常的。	为了这些理由，不能不实行速决战。对于我们，几小时、一天或两天解决一个战斗是经常的。
对围敌是准备着相当地持久的，	对围敌是准备着相当地持久的，	对围敌作战是准备着相当地持久的，
消灭苏区中的白色据点，这些时候也常常给与战役战斗的持久方针。	消灭苏区中的白色据点，这些时候也常常给与战役战斗的持久方针。	消灭根据地中的白色据点，这些时候也常常给予战役或战斗以持久方针。
然而这些持久战，只有帮助而并不妨碍主力红军的速决战。	然而这些持久战，只有帮助而并不妨碍主力红军的速决战。	然而这些持久战，只是帮助而并不妨碍主力红军的速决战。

247

(续表)

1941年版	1946年版	1951年《毛选》版
速决战不但是心里想要如此就成功的（心里想要当然是首先重要的），还须加上许多具体的条件，主要的是准备充足，	速决战不但是心里想要如此就成功的（心里想要当然是首先重要的），还须加上许多具体的条件，主要的是准备充足，	速决战不是心里想要如此做就做得成功的，还须加上许多具体的条件。主要的条件是准备充足，
打运动中之敌或驻止中而阵地不巩固之敌。	打运动中之敌或驻止中而阵地不巩固之敌。	打运动中之敌，或打驻止而阵地尚不巩固之敌。
不解决这些条件，而求战役或战斗速决，是不可能的。	不解决这些条件，而求战役或战斗速决，是不可能的。	不解决这些条件，而求战役或战斗的速决，是不可能的。
打破一次围剿属于一个大战役，依然适用速决原则，而不是持久原则，因为苏区的人民财力军力条件都不许可持久。	打破一次围剿属于一个大战役，依然适用速决原则，而不是持久原则，因为苏区的人民财力军力条件都不许可持久。	打破一次"围剿"属于一个大战役，依然适用速决原则，而不是持久原则。因为根据地的人力、财力、军力等项条件都不许可持久。
但在一般速决原则之下，反对不正当的急燥性是必要的。	但在一般速决原则之下，反对不正当的急燥性是必要的。	但在一般的速决原则之下，反对不正当的急躁性是必要的。
一个苏区的最高军事政治领导机关，估计到苏区的这些条件，	一个苏区的最高军事政治领导机关，估计到苏区的这些条件，	一个革命根据地的最高军事政治领导机关，估计到根据地的这些条件，
给予必要的耐心与持久，是完全必要的。	给予必要的耐心与持久，是完全必要的。	给予必要的耐心和持久，是完全必要的。
中央苏区打破第一次围剿，从初战到结束只有一星期，第二次围剿只有半个月，第三次围剿就熬上三个月，第四次是三星期，惟独第五次熬了整整的一年。	中央苏区打破第一次围剿，从初战到结束只有一星期，第二次围剿只有半个月，第三次围剿就熬上三个月，第四次是三星期，惟独第五次熬了整整的一年。	江西打破第一次"围剿"，从初战到结束只有一星期，打破第二次"围剿"只有半个月，打破第三次"围剿"就熬上了三个月；第四次是三星期，第五次就熬了整整的一年。
第五次围剿最后突围还表现了仓卒，依情况还可熬上二三个月用以休息训练红军，	第五次围剿最后突围还表现了仓卒，依情况还可熬上二三个月用以休息训练红军，	但是第五次没有打破"围剿"而被迫突围时，还表现了不应有的仓卒从事。依情况还可以熬上两三个月，用以休整军队。

(续表)

1941年版	1946年版	1951年《毛选》版
虽然如此，仍不破坏力争缩短全战役时间的原则。	虽然如此，仍不破坏力争缩短全战役时间的原则。	虽然如此，仍然不破坏我们所说的力争缩短全战役时间的原则。
除了战役战斗计划力争集中兵力与运动战等等条件、务期在内线（在苏区）消灭敌之有生力量、迅速解决围剿以外，当围剿已经证明无法在内线解决时，	除了战役战斗计划力争集中兵力与运动战争等等条件、务期在内线（在苏区）消灭敌之有生力量、迅速解决围剿以外，当围剿已经证明无法在内线解决时，	除了战役战斗计划力争集中兵力和运动战等等条件、务期在内线（在根据地）消灭敌之有生力量、迅速解决"围剿"以外，当"围剿"已经证明无法在内线解决时，
转入我之外线敌之内线去解决这个问题。	转入我之外线敌之内线去解决这个问题。	转入我之外线即敌之内线去解决这个问题。
五次围剿进行两个月之后，当福建事变出现之时，红军主力无疑应该转到以浙江为中心的苏浙皖赣地区去，纵横驰骋于杭州苏州南京芜湖南昌福州之间，将战略防御转变为战略进攻，胁威敌之根本重地，向广大无堡垒地带寻求作战，	五次围剿进行两个月之后，当福建事变出现之时，红军主力无疑应该转到以浙江为中心的苏浙皖赣地区去，纵横驰骋于杭州苏州南京芜湖南昌福州之间，将战略防御转变为战略进攻，威胁敌之根本重地，向广大无堡垒地带寻求作战，	第五次反"围剿"进行两个月之后，当福建事变出现之时，红军主力无疑地应该突进到以浙江为中心的苏浙皖赣地区去，纵横驰骋于杭州、苏州、南京、芜湖、南昌、福州之间，将战略防御转变为战略进攻，威胁敌之根本重地，向广大无堡垒地带寻求作战。
迫使进攻苏区之敌不得不回援其根本重地，用这种方法粉碎其向苏区的进攻，并用这种方法援助福建人民政府，而且确定地援助了他。	迫使进攻苏区之敌不得不回援其根本重地，用这种方法粉碎其向苏区的进攻，并用这种方法援助福建人民政府，而且确定地援助了他。	用这种方法，就能迫使进攻江西南部福建西部地区之敌回援其根本重地，粉碎其向江西根据地的进攻，并援助福建人民政府，——这种方法是必能确定地援助它的。
此计不用、五次围剿就不能打破、人民政府也只好倒台。	此计不用、五次围剿就不能打破、人民政府也只好倒台。	此计不用，第五次"围剿"就不能打破，福建人民政府也只好倒台。
当着打了一年之时，此时虽已不利于出浙江，但可以向另一方改取战略进攻，	当着打了一年之时，此时虽已不利于出浙江，但可以向另一方改取战略进攻，	到打了一年之久的时候，虽已不利于出浙江，但还可以向另一方向改取战略进攻，
而是向株洲长沙与长德，包括湖南的大部份在内，作为自己的战略活动地带，调动江西敌人至湖南而消灭之，用此以打破围剿，保卫苏区。	而是向株洲长沙与长德，包括湖南的大部分在内，作为自己的战略活动地带，调动江西敌人至湖南而消灭之，用此以打破围剿，保卫苏区。	而是向湖南中部前进，调动江西敌人至湖南而消灭之。

(续表)

1941年版	1946年版	1951年《毛选》版
此计又不用，打破五次围剿的希望就最后断绝，剩下长征一条路了。	此计又不用、打破五次围剿的希望就最后断绝，剩下长征一条路了。	此计又不用，打破第五次"围剿"的希望就最后断绝，剩下长征一条路了。
九 歼灭战	九 歼灭战	第九节 歼灭战
"拼消耗"的主张，对于红军是不识时宜的。	"拼消耗"的主张，对于红军是不识时宜的。	"拼消耗"的主张，对于中国红军来说是不识时宜的。
"比赛"的玩艺儿，不是龙王向龙王，而是乞丐向龙王，未免有点滑稽。	"比宝"的玩艺儿，不是龙王向龙王，而是乞丐向龙王，未免有点滑稽。	"比宝"不是龙王向龙王比，而是乞丐向龙王比，未免滑稽。
对于自己一无所有一切取给敌方的红军，基本的方针是歼灭战。	对于自己一无所有一切取给敌方的红军，基本的方针是歼灭战。	对于几乎一切都取给于敌方的红军，基本的方针是歼灭战。
只有歼灭敌人有生力量才能解决围剿与发展苏区。	只有歼灭敌人有生力量才能解决围剿与发展苏区。	只有歼灭敌人的有生力量才能打破"围剿"和发展革命根据地。
否则便没有多大意义。	否则便没有多大意义。	否则便没有意义。
这是市场交易法则应用于战争。	这是市场交易法则应用于战争。	这样就不但抵偿了我军的消耗，而且增加了我军的力量。
击溃战对雄厚之敌不是基本上决定胜负的东西，	击溃战对雄厚之敌不是基本上决定胜负的东西，	击溃战，对于雄厚之敌不是基本上决定胜负的东西。
歼灭战对任何敌人都立即起了决定的影响。	歼灭战对任何敌人都立即起了决定的影响。	歼灭战，则对任何敌人都立即起了重大的影响。
对于人，伤其十指不如断其一指。对于敌，击溃其十个团不如歼灭其一个团。	对于人，伤其十指不如断其一指。对于敌，击溃及（按：应为误印）十个团不如歼灭其一个团。	对于人，伤其十指不如断其一指；对于敌，击溃其十个师不如歼灭其一个师。
对一、二、三、四次围剿，我们的方针都是歼灭战，	对一、二、三、四次围剿，我们的方针都是歼灭战，	对于第一、二、三、四次"围剿"，我们的方针都是歼灭战。
每次歼灭的敌人对于全敌不过一部份，然而围剿是打破了。	每次歼灭的敌人对于全敌不过一部份，然而围剿是打破了。	每次歼灭的敌人对于全敌不过是一部分，然而"围剿"是打破了。

《中国革命战争的战略问题》版本研究

(续表)

1941年版	1946年版	1951年《毛选》版
五次围剿，我们的方针反其道而行之，实际上帮助敌人达到了目的。	五次围剿，我们的方针反其道而行之，实际上帮助敌人达到了目的。	第五次反"围剿"时，采取了相反的方针，实际上是帮助敌人达到了他们的目的。
高兴圩，水口圩一类的战役是不足为法的，历来都认为是失本生意。我们的经典是必须有所缴获。	高兴圩，水口圩一类的战役是不足为法的，历来都认为是失本生意。我们的经典是必须有所缴获。	○
歼灭战与集中优势兵力及采取包围迂回战术，同一意义，没有后者，便不能有前者。人民赞助，良好阵地，好打之敌，出其不意等条件，都是达到歼灭战不可少的。整团整师之敌被歼灭的事，事实上当然是不常见的，但一有可能，我们的计划就应向着他。争取大部歼灭，是我们经常计划的出发点。	歼灭战与集中优势兵力及采取包围迂回战术，同一意义，没有后者，便不能有前者。人民赞助，良好阵地，好打之敌，出其不意等条件，都是达到歼灭战不可少的。整团整师之敌被歼灭的事，事实上当然是不常见的，但一有可能，我们的计划就应向着他。争取大部歼灭，是我们经常计划的出发点。	歼灭战和集中优势兵力、采取包围迂回战术，同一意义。没有后者，就没有前者。人民赞助、良好阵地、好打之敌、出其不意等条件，都是达到歼灭目的所不可缺少的。
是对于全战斗或全战役中我军主力对确定之敌举行歼灭战而发生的，	是对于全战斗或全战役中我军主力对确定之敌举行歼灭战而发生的，	只是对于全战斗或全战役中我军主力对确定之敌举行歼灭性的作战而说的，
苏区建立军事工业，须使之不助长依赖性。我们的基本方针应该依赖帝国主义与国内敌人的军事工业，伦敦与汉阳的兵工厂我们是有权利的，并且经过敌人的运输队而送来。这是真理，不是笑话。某处地方红军曾经不知此真理，那里的兵工厂（虽然不大）出品最优，那里的红军最少打胜仗。	苏区建立军事工业，须使之不助长依赖性。我们的基本方针应该依赖帝国主义与国内敌人的军事工业，伦敦与汉阳的兵工厂我们是有权利的，并且经过敌人的运输队而送来。这是真理，不是笑话。某处地方红军曾经不知此真理，那里的兵工厂（虽然不大）出品最优，那里的红军最少打胜仗。	我们建立军事工业，须使之不助长依赖性。我们的基本方针是依赖帝国主义和国内敌人的军事工业。伦敦和汉阳的兵工厂，我们是有权利的，并且经过敌人的运输队送来。这是真理，并不是笑话。
全世界又将有一场大消耗战要到来，第一次帝国主义大战已曾大拼其消耗，然而这不足为从无到有从小到大的革命暴动与革命战争所取法。这样的暴动与战争，主要的依靠进攻与消灭对手而解决自己的问题。	全世界又将有一场大消耗战要到来，第一次帝国主义大战已曾大拼其消耗，然而这不足为从无到有从小到大的革命暴动与革命战争所取法。这样的暴动与战争，主要的依靠进攻与消灭对手而解决自己的问题。	○

两个版本地图对比

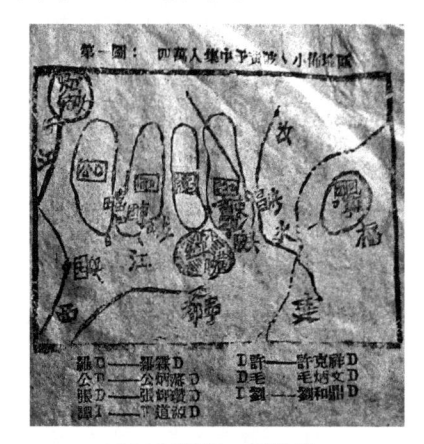

1941年版第一幅地图 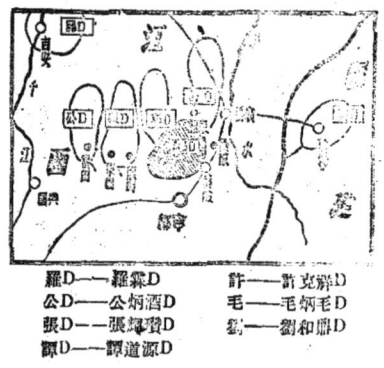　　　　　1946年版第一幅地图

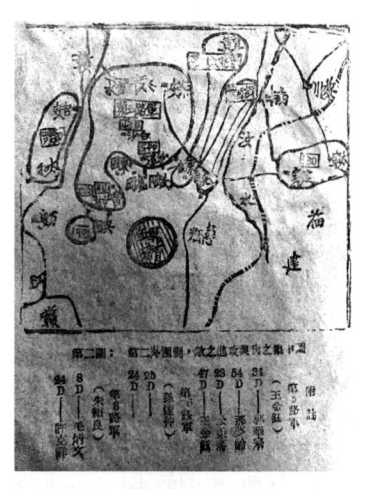

1941年版第二幅地图 　　　　　1946年版第二幅地图

1941年版第三幅地图 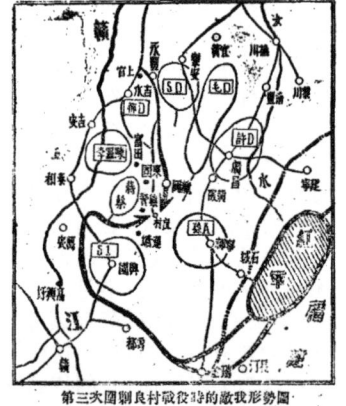　　　　　1946年版第三幅地图

《中国革命战争的战略问题》版本研究

1941年版第四幅地图 　　　　1946年版第四幅地图

1941年版第五幅地图 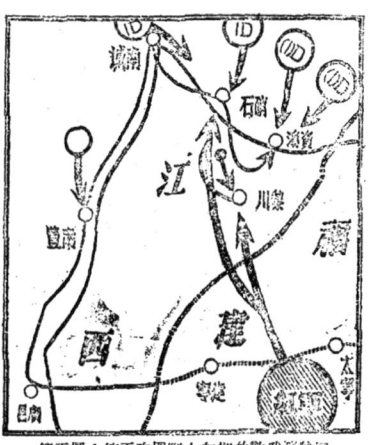　　　　1946年版第五幅地图

参考文献

一、史料

（一）中文版本

1. 红军大学印发毛泽东《中国革命战争的战略问题》讲演稿。
2. 《中国革命战争的战略问题》，油印本，1937年5月。
3. 《中国革命战争的战略问题》，八路军军政杂志社1941年版。
4. 《中国革命战争的战略问题》，1941年2月（出版社不详）。
5. 《中国革命战争的战略问题》，1941年9月（出版社不详）。
6. 《六大以来——党内秘密文件》（下），中共中央书记处1941年编印。
7. 《六大以来选集——党内秘密文件》（下），中共中央书记处1941年编印。
8. 《中国革命战争的战略问题》，太岳新华书店1941年8月初版。
9. 《中国革命战争的战略问题》，晋冀鲁豫军区司令部翻印（按：封面题"高干学习文件"。出版时间不详）。
10. 《军事文献》（一），中共中央革命军事委员会1942年编印。
11. 《中国革命战争的战略问题》，胶东联合社1942年印。
12. 《中国革命战争的战略问题》，八路军军政杂志社1943年再版。
13. 《两条路线》（上），中共中央书记处1943年编印。
14. 《党的路线问题选集》第一册，中共山东分局印1944年编印。
15. 《党的政策选集》，中央党校教务处1945年2月28日编印。
16. 《中国革命战争的战略问题》，中共苏中区委宣传部1945年10月印。
17. 《中国革命战争的战略问题》，新四军司令部1945年10月翻印。
18. 《中国革命战争的战略问题》，山东新华书店1945年10月再版。
19. 《中国革命战争的战略问题》，渤海新华书店1945年版。

20．《党的政策选集》，延安解放社1945年版。

21．《中国革命战争的战略问题》，山东新华书店1945年版。

22．《党的政策选集》，晋察冀日报社1946年版。

23．《党的政策选集》，冀南书店1946年版。

24．《党的政策选集》，光明出版社1946年4月翻印。

25．《中国革命战争的战略问题》，太岳军区司令部1946年翻印。

26．《中国革命战争的战略问题》，辽东军区政治部1946年翻印。

27．《中国革命战争的战略问题》，华北新华书店1946年12月版。

28．《中国革命战争的战略问题》，华东军大训练部1946年12月印。

29．《中国革命战争的战略问题》，晋绥军区司令部1947年3月印。

30．《论革命战争 论党的建设》（干部教育丛书），东北民主联军总政部1947年8月编印。

31．《中国革命战争的战略问题》，香港正报社图书部1947年12月再版。

32．《中国革命战争的战略问题》，香港新民主出版社1947年12月再版。

33．《中国革命战争的战略问题》，华北新华书店1947年12月版。

34．《中国革命战争的战略问题》，东北书店1947年版。

35．《毛泽东选集·中国革命战争的战略问题》，香港新民主出版社1947年版。

36．《中国革命战争的战略问题》，1947年翻印（出版社不详）。

37．《中国革命战争的战略问题》，冀鲁豫书店1948年1月初版。

38．《中国革命战争的战略问题》，晋冀鲁豫军区司令部1948年1月印。

39．《中国革命战争的战略问题》，华北新华书店1948年1月版。

40．《中国革命战争的战略问题》，香港新民主出版社1948年1月初版。

41．《中国革命战争的战略问题》，华中新华书店1948年2月版。

42．《中国革命战争的战略问题》，山东新华书店总店1948年2月版。

43．《中国革命战争的战略问题》，东北书店1948年2月版。

44．《中国革命战争的战略问题》，国民党军官训练团1948年3月翻印。

45．《毛泽东选集》卷四，东北书店1948年5月版。

46.《中国革命战争的战略问题》，大连大众书店1948年7月初版。

47.《中国革命战争的战略问题》，太岳新华书店1948年8月版。

48.《中国革命战争的战略问题》，东北书店1948年8月初版。

49.《中国革命战争的战略问题》，东北书店1948年12月再版。

50.《中国革命战争的战略问题》，华中新华书店总店1948年12月再版。

51.《毛泽东选集》（上册），中共晋冀鲁豫中央局1948年编印。

52.《中国革命战争的战略问题》，华东新华书店1948年版。

53.《中国革命战争的战略问题》，华中新华书店1948年再版。

54.《中国革命战争的战略问题》，晋冀鲁豫军区司令部1948年印。

55.《中国革命战争的战略问题》，冀鲁豫书店1948年版。

56.《中国革命战争的战略问题》，上海华东新华书店1949年第2版。

57.《中国革命战争的战略问题》，中原新华书店1949年版。

58.《中国革命战争的战略问题》，苏北新华书店1949年版。

59.《中国革命战争的战略问题》，华东新华书店渤海分店1949年2月版。

60.《中国革命战争的战略问题》，中原新华书店1949年3月版。

61.《中国革命战争的战略问题》，华东新华书店1949年4月版。

62.《中国革命战争的战略问题》，香港新民主出版社1949年6月再版。

63.《中国革命战争的战略问题》，苏北新华书店1949年7月版。

64.《中国革命战争的战略问题》，新华书店1949年7月版。

65.《中国革命战争的战略问题》，新华书店1949年7月再版。

66.《中国革命战争的战略问题》，"中华民国革命实践研究院"1949年10月印。

67.《中国革命战争的战略问题》，福建新华书店1949年11月版。

68.《中国革命战争的战略问题》，香港正报社图书部1949年12月再版。

69.《中国革命战争的战略问题》，中原新华书店1949年再版。

70.《中国革命战争的战略问题》，华东新华书店1949年版。

71.《中国革命战争的战略问题》，人民出版社1950年1月版。

72．《中国革命战争的战略问题》，新华书店发行1950年1月初版。

73．《中国革命战争的战略问题》，贵阳新华书店1950年初版。

74．《中国革命战争的战略问题》，新疆军区司令部1950年12月翻印。

75．《中国革命战争的战略问题》，中央人民政府人民革命军事委员会军训部军事出版局1951年4月版。

76．《中国革命战争的战略问题》，西南军区司令部军训处1951年10月翻印。

77．《毛泽东选集》第一卷，人民出版社1951年版。

78．《中国革命战争的战略问题》，人民出版社1952年3月第1版。

79．《中国革命战争的战略问题》，人民出版社1952年7月第1版。

80．《毛泽东选集》第一卷，人民出版社1952年7月第2版。

81．《中国革命战争的战略问题》，全国民兵代表会议1960年印。

82．中国人民解放军军事科学院编：《毛泽东军事文选》，中国人民解放军总参谋部出版部1961年12月版。

83．《中国革命战争的战略问题》，人民出版社，根据1952年7月《毛泽东选集》第一卷北京第1版第4次印刷（重排本）排印，1964年3月南京第4次印刷。

84．中国人民解放军总政治部编：《毛泽东著作选读》，中国人民解放军总参谋部出版局1964年1月第1版。

85．《毛泽东选集》（一卷本），人民出版社1964年4月第1版（1967年11月改横排袖珍本）。

86．《毛泽东选集》第一卷（线装本），人民出版社1964年版。

87．中国人民解放军总政治部编：《毛泽东著作选读》，中国人民解放军总参谋部出版局1965年3月第2版。

88．《毛泽东选集》第一卷（线装本），人民出版社1965年版（据1964年版线装本缩印）。

89．中国人民解放军总政治部编：《毛泽东著作选读》，中国人民解放军总参谋部出版局1966年3月第3版。

90．《毛泽东选集》（一卷本、竖排），人民出版社1966年3月版。

91．《毛泽东选集》（一卷本、横排），人民出版社1966年7月版。

92．《毛泽东选集》（一卷本、横排、军内发行），战士出版社1966年7月翻印。

93．《毛泽东选集》（普及本）第一卷，人民出版社1966年9月版。

94．《中国革命战争的战略问题》，人民出版社1967年2月版（1967年12月济南第1次印刷）。

95．《毛泽东选集》（袖珍一卷本），人民出版社1967年版。

96．《毛泽东选集》第一卷，中国人民解放军战士出版社1967年版。

97．《毛泽东选集》（一卷本），中国科学院革命委员会根据人民出版社纸型翻印，1968年6月版（皮包式塑套装）。

98．《毛泽东选集》（一卷本），香港三联书店1968年7月版。

99．《毛泽东选集》（一卷本），人民出版社，中国金属材料公司北京市公司革命委员会1968年8月翻印。

100．《毛泽东选集》（一卷本），中华人民共和国粮食部革命委员会1968年10月版。

101．《毛泽东选集》（一卷本），外文印刷厂革命委员会1968年10月版。

102．《毛泽东选集》（袖珍一卷本），人民出版社1968年版。

103．《毛泽东选集》（袖珍一卷本），中国人民解放军战士出版社1968年版。

104．《毛泽东选集》第一卷，中国人民解放军战士出版社1968年版。

105．《毛泽东选集》（一卷本），人民出版社1969年3月版。

106．《毛泽东选集》（16开大字本）第一卷，人民出版社1969年版。

107．《毛泽东选集》（25开大字本）第一卷，人民出版社1969年版。

108．《毛泽东选集》（一卷本），国防工业出版社1969年7月版。

109．《马克思、恩格斯、列宁、斯大林、毛主席哲学著作选读》上，1974年1月版。

110．《认真学习毛主席著作》（二），湖北人民出版社1975年7月版。

111．《中国革命战争的战略问题》，人民出版社1975年12月版。

112．《中国革命战争的战略问题》，人民出版社1976年6月版。

113．《毛泽东著作选读　战士读本》，中国人民解放军战士出版社1978

年10月版。

114．《毛泽东著作选读　战士读本》，中国人民解放军战士出版社1983年1月版。

115．徐昶蠙等编：《哲学指导实践的典范　毛泽东八篇著作学习辅导》，黑龙江人民出版社1982年10月版。

116．《毛泽东著作选读》（上），人民出版社1986年版。

117．《毛泽东著作选读》（上），解放军出版社1986年版。

118．《马克思主义哲学著作选读》，中共云南省委宣传部编，云南民族出版社1989年12月版。

119．《马克思主义哲学原著选读》，中共广西壮族自治区委员会宣传部编，广西人民出版社1990年3月版。

120．《马克思主义哲学著作选读》，黑龙江省委宣传部黑龙江省委讲师团1990年4月编印。

121．《马克思主义哲学原著精选》，湖南轻工业专科学校1990年6月编印。

122．《〈马克思主义哲学学习纲要〉阅读文献》，中共中央党校出版社1990年6月版。

123．石训主编：《马克思主义哲学著作选读与提示》乙种本，河南人民出版社1990年7月版。

124．《毛泽东选集》第一卷，人民出版社1991年版。

125．《马克思主义著作选编　哲学》，中共中央党校出版社1992年2月版。

126．《毛泽东思想经典文选》，中共中央党校函授学院1993年5月编印。

127．《毛泽东军事文集》第一卷，军事科学出版社、中央文献出版社1993年版。

128．罗正楷主编：《中国人民解放军大典》，光明日报出版社1997年4月版。

129．《毛泽东选集手抄本》第一卷，西苑出版社2001年版。

130．《毛泽东著作选编》，中共中央党校出版社2002年2月版。

131．何云坤主编：《马克思主义理论课经典著作选读》，湖南人民出版社2002年8月版。

132．杨大明主编：《马克思主义著作选读》，甘肃人民出版社2002年1月版。

133．中共中央文献研究室、中国井冈山干部学院编：《毛泽东在江西革命斗争时期的著作选编》，中央文献出版社2010年8月版。

134．中共中央文献研究室、中央档案馆编：《建党以来重要文献选编》第十三册，中央文献出版社2011年6月版。

135．李文芬等编：《〈中国近现代史纲要〉参考文献选编》，线装书局2011年7月版。

136．张迪杰主编：《毛泽东全集》第10卷，润东出版社2013年版。

137．陈先初编著：《湖湘文化名著读本·军事卷》，湖南大学出版社2013年4月版。

138．陈洪主编：《"中国近现代史纲要"阅读文献汇编与导读》，重庆大学出版社2014年2月版。

（二）少数民族版本

1．《中国革命战争的战略问题》（维吾尔文），新疆人民出版社翻译，1952年8月迪化第1版（根据1951年10月人民出版社《毛泽东选集》第一卷第1版译出）。

2．《中国革命战争的战略问题》（蒙古文），中央民族事务委员会1952年12月初版。

3．《中国革命战争的战略问题》（蒙古文），中共内蒙古自治区委《毛泽东选集》蒙古文版翻译出版委员会译，内蒙古人民出版社1952年12月版。

4．《中国革命战争的战略问题》（哈萨克文），新疆人民出版社1953年1月迪化第1版（根据1952年10月人民出版社《毛泽东选集》第一卷第1版译出）。

5．《中国革命战争的战略问题》（藏文），民族出版社1959年4月第1版。

6．《中国革命战争的战略问题》（朝鲜文），民族出版社1960年5月第1版。

7．《中国革命战争的战略问题》（藏文），民族出版社1960年7月第

2版。

8．《中国革命战争的战略问题》（蒙古文），民族出版社1966年1月版。

9．《中国革命战争的战略问题》（维吾尔文），民族出版社1966年5月第1版。

10．《中国革命战争的战略问题》（藏文），民族出版社1966年10月第2版。

11．《中国革命战争的战略问题》（托忒蒙古文），新疆人民出版社1974年8月版。

12．《中国革命战争的战略问题》（朝鲜文），民族出版社1977年8月版（根据民族出版社1970年1月出版的朝鲜文《毛泽东选集》第一卷第3版第1次印刷本排印）。

13．《中国革命战争的战略问题》（蒙古文），民族出版社1977年11月版（根据民族出版社1970年6月出版的蒙古文《毛泽东选集》第一卷第3版第1次印刷本出版）。

（三）外文版本

1．全澈翻译：《中国革命战争的战略问题》（朝鲜文），延边教育出版社1949年8月版（竖排本）。

2．《中国革命战争的战略问题》（匈牙利文），匈牙利火花出版社1949年版。

3．《中国革命战争的战略问题》（英文），东北新华书店1949年9月初版。

4．《中国革命战争的战略问题》（英文），香港《中国文摘》（China Digest，1946—1950），1949年5—9月（分别在《中国文摘》第6卷第3—5期和第7—12期上连载）。

5．《中国革命战争的战略问题》（缅甸文），缅甸叫林书店1949年版、1951年版（有3种版本）。

6．《中国革命战争的战略问题》（荷兰文），荷兰毕加索书店1950年版。

7．《中国革命战争的战略问题》（日文），三一书房1950年版。

8．《中国革命战争的战略问题》（英文），印度孟买人民出版社1951年版。

9．《中国革命战争的战略问题》（法文），法国社会教育出版社1951年版。

10．《中国革命战争的战略问题》（荷兰文），荷兰图书与知识出版社1951年版。

11．《中国革命战争的战略问题》（越南文），越南真理出版社1951年版。

12．《中国革命战争的战略问题》（印尼文），印尼革新出版社1952年版。

13．《中国革命战争的战略问题》（朝鲜文），朝鲜劳动党出版社1953年版。

14．《中国革命战争的战略问题》（荷兰文），荷兰图书与知识出版社1954年版。

15．《中国革命战争的战略问题》（英文），外文出版社1954年第1版。

16．《中国革命战争的战略问题》（德文），德意志民主共和国迪茨出版社1955年版。

17．《毛泽东军事著作选集》（俄文），苏联1958年版（出版社不详）。

18．《中国革命战争的战略问题》（法文），外文出版社1958年2月第1版。

19．《中国革命战争的战略问题》（西班牙文），哥伦比亚波哥大1960年版。

20．《中国革命战争的战略问题》（法文），外文出版社1960年11月第3版。

21．《毛泽东军事著作选集》，波兰国防部出版社1960年版。

22．《中国革命战争的战略问题》（马尔加什文），马尔加什马中友协1962年版。

23．《中国革命战争的战略问题》（英文），外文出版社1963年袖珍本第1版。

24．《中国革命战争的战略问题》（缅甸文），外文出版社1963年版。

25．《中国革命战争的战略问题》（越南文），外文出版社1964年版。

26．《中国革命战争的战略问题》（法文），外文出版社1964年袖珍本第1版。

27．《中国革命战争的战略问题》（缅甸文），外文出版社1965年版。

28．《毛泽东选集》第一卷（英文），外文出版社1965年8月第1版。

29．《中国革命战争的战略问题》（英文），外文出版社1965年第2版。

30．《中国革命战争的战略问题》（希腊文），希腊历史出版社1966年版。

31．《中国革命战争的战略问题》（葡萄牙文），外文出版社1966年袖珍本第1版。

32．《中国革命战争的战略问题》（西班牙文），外文出版社1966年第1版。

33．《中国革命战争的战略问题》（法文），外文出版社1966年第5版。

34．《中国革命战争的战略问题》（波斯文），外文出版社1967年袖珍本第1版。

35．《中国革命战争的战略问题》（西班牙文），外文出版社1967年袖珍本第1版。

36．《中国革命战争的战略问题》（西班牙文），外文出版社1967年袖珍本第2版。

37．《中国革命战争的战略问题》（西班牙文），外文出版社1968年第2版。

38．《中国革命战争的战略问题》（越南文），外文出版社1968年版。

39．《中国革命战争的战略问题》（印尼文），外文出版社1968年袖珍本第1版。

40．《中国革命战争的战略问题》（日文），外文出版社1968年版。

41．《中国革命战争的战略问题》（俄文），外文出版社1968年袖珍本第1版。

42．《中国革命战争的战略问题》（缅甸文），外文出版社1968年袖珍本第1版。

43．《中国革命战争的战略问题》（德文），外文出版社1968年袖珍本第1版。

44．《中国革命战争的战略问题》（乌尔都文），外文出版社1968年版。

45．《中国革命战争的战略问题》（俄文），外文出版社1968年袖珍本第1版。

46．《中国革命战争的战略问题》（意大利文），外文出版社1968年第1版。

47．《中国革命战争的战略问题》（阿拉伯文），外文出版社1968年版。

48．《中国革命战争的战略问题》（日文），外交出版社1968年初版。

49．《中国革命战争的战略问题》（泰文），外文出版社1969年版。

50．《中国革命战争的战略问题》（世界语），外文出版社1969年第1版。

51．《中国革命战争的战略问题》（葡萄牙文），外文出版社1969年版。

52．《中国革命战争的战略问题》（印地文），外文出版社1970年版。

53．《中国革命战争的战略问题》（孟加拉文），外文出版社1970年版。

54．《中国革命战争的战略问题》（豪萨文），外文出版社1970年版。

55．《中国革命战争的战略问题》（波斯文），外文出版社1970年第1版。

56．《中国革命战争的战略问题》（蒙古文），外文出版社1972年版。

57．《中国革命战争的战略问题》（斯瓦西里文），外文出版社1975年第1版。

58．《中国革命战争的战略问题》（保加利亚文），保加利亚共产党出版社（出版时间不详）。

59．〔英〕巴塞尔·利德尔·哈特、阿德里安·利德尔·哈特选编：《剑与笔——世界最伟大的军事名著文摘》，军事科学院外国军事研究部译（根据美国托马斯·Y.克伦威尔公司1976年版译出），军事科学出版社1990

年5月第1版。

60.《中国革命战争的战略问题》（西班牙文），哥伦比亚（出版社和出版年月不详）。

61.《中国革命战争的战略问题》（波斯文），外文出版社1976年版。

62.《中国革命战争的战略问题》（阿拉伯文），伊朗（出版社和出版年月不详）。

63.《中国革命战争的战略问题》（阿拉伯文），伊拉克明天书店巴格达出版社、莫丹那出版社（出版年月不详）。

64.《中国革命战争的战略问题》（意大利文），意大利（出版社和出版年月不详）。

（四）其他版本

1.《中国革命战争的战略问题》（盲文），北京盲文印刷厂1974年11月版。

2.《中国革命战争的战略问题》（盲文），北京盲文印刷厂1977年1月译印（本书根据人民出版社1975年12月汉文版译印）。

二、著作

1.《邓小平文选》（1975—1982年），人民出版社1983年7月版。

2. 逢先知等：《毛泽东选集一至四卷第二版编辑纪实》，中央文献出版社1991年7月版。

3. 中共中央文献研究室编：《毛泽东选集一至四卷注释校订本》，中央文献出版社1991年7月版。

4. 袁竞主编：《毛泽东著作大辞典》，中国国际广播出版社1991年12月版。

5. 张惠芝等编：《毛泽东生平著作研究目录大全》，河北教育出版社1993年9月版。

6. 廖盖隆等主编《毛泽东百科全书》（光明日报出报社1993年版，2003年修订版）。

7. 中共中央文献研究室等编：《毛泽东重要著作和思想形成始末》，人民出版社1993年12月版。

8. 施金炎主编：《毛泽东著作版本述录与考订》，海南国际新闻出版中心1995年5月版。

9. 中共中央文献研究室编，金冲及主编：《毛泽东传（1893—1949）》，中央文献出版社1996年8月版。

10. 张静如主编：《毛泽东研究全书》，长春出版社1998年版。

11. 《毛泽东文集》第八卷，人民出版社1999年6月版。

12. 刘跃进：《毛泽东著作版本导论》，北京燕山出版社1999年1月版。

13. 中央文献研究室科研部图书馆编：《毛泽东著作是怎样编辑出版的》，中国青年出版社2003年12月版。

14. 中共中央研究室：《党的文献是怎样编辑出版的？》，中央文献出版社2006年3月版。

15. 柏钦水主编：《毛泽东著作版本鉴赏》，山东人民出版社2009年9月版。

16. 中共中央文献研究室、中国人民解放军军事科学院编：《建国以来毛泽东军事文稿》（下），军事科学出版社、中央文献出版社2010年1月版。

17. 中共中央文献研究室编：《毛泽东思想年编（一九二一——一九七五）》，中央文献出版社2011年6月版。

18. 张曼玲编著：《毛泽东早期著作版本精品图录》，湖南人民出版社2011年12月版。

19. 李捷主编：《毛泽东著作辞典》，浙江人民出版社2011年12月版。

20. 刘金田等编：《尘封：〈毛泽东选集〉出版的前前后后》，台海出版社2012年5月版。

21. 蒋建农等：《毛泽东著作版本编年纪事》（一册），湖南人民出版社2013年第2版。

22. 中共中央文献研究室：《毛泽东传》，中央文献出版社2013年12月第3版。

23. 首都图书馆编：《首都图书馆藏革命历史文献书目提要》，北京图书馆出版社2013年6月版。

24. 周一平：《日版〈毛泽东集〉〈毛泽东集补卷〉校勘与研究》，中国国际文化出版社2013年6月版。

25．张鹏等：《毛泽东情感实录》，红旗出版社2013年9月版。

26．中共中央文献研究室编：《毛泽东年谱 1893—1949》（修订本）上卷，中央文献出版社2013年12月版。

27．陈晋：《毛泽东阅读史》，生活·读书·新知三联书店2014年1月版。

28．张子申：《毛泽东和杨成武》，解放军文艺出版社2014年1月版。

29．孙宝义等编著：《毛泽东的读书人生》，中共党史出版社2014年1月版。

30．《杨成武年谱》编写组编：《杨成武年谱》（1914年—2004年），解放军出版社2014年7月版。

三、论文

（一）报刊论文

1．双云：《马克思主义的军事路线——读毛泽东〈中国革命战争的战略问题〉笔记》，《学习》1950年第2卷第10期。

2．关梦觉：《读〈中国革命战争的战略问题〉》，载郑昌等编，新建设杂志社1952年1月20日初版《学习〈毛泽东选集〉第一卷》。

3．陈元晖：《读〈中国革命战争的战略问题〉》，《新建设》1952年第1期。

4．陈受谦：《对毛泽东思想的一些体会——读〈中国革命战争的战略问题〉笔记》，《教工通报》1953年第3卷第4期。

5．康明：《战争指导上的主观和客观——学习〈中国革命战争的战略问题〉的笔记》，《解放军报》1958年9月14日。

6．王松龄：《集中优势兵力各个歼灭敌人——学习〈中国革命战争的战略问题〉笔记》，《读书》1958年第12期。

7．喻祺：《论"全局在胸"——〈中国革命战争的战略问题〉学习笔记》，《思想政治教育》1959年第4期。

8．张云晓：《读书有方法——试谈如何精读〈中国革命战争的战略问题〉》，《解放军报》1959年6月18日。

9. 李学良：《集中优势兵力主攻农业战线——学习毛主席〈中国革命战争的战略问题〉学习笔记》，《新湖南报》1960年7月19日。

10. 李瑞环：《用毛主席的战略思想打生产仗（读〈中国革命战争的战略问题〉）》，《中国工人》1960年第9期。

11. 卢之超：《认识规律，运用规律——学习〈中国革命战争的战略问题〉的笔记》，《红旗》1961年第13期。

12. 周舍鲁：《谈主动和被动——读〈中国革命战争的战略问题〉的一点体会》，《人民日报》1963年11月5日。

13. 龙大忠：《以毛泽东思想指导我们消防工作——读〈中国革命战争的战略问题〉》，《黑龙江日报》1964年4月30日。

14. 刘志强：《学习〈重要的问题在善于学习〉（〈中国革命战争的战略问题〉一文中一节）（学习辅导）》，《北京日报》1965年10月26日。

15. 张恒：《学习〈重要的问题在善于学习〉》，《工人日报》1965年12月16日。

16. 《学习〈战争的目的在于消灭战争〉——〈中国革命战争的战略问题〉中的一节》，《解放军报》1966年2月7日。

17. 《学习〈重要的问题在善于学习〉——〈中国革命战争的战略问题〉中的一节》，《解放军报》1966年2月14日。

18. 《学习〈战争的目的在于消灭战争〉——〈中国革命战争的战略问题〉中的一节（学习辅导）》，《河北日报》1966年3月31日。

19. 《学习〈重要的问题在善于学习〉》，《江汉学报》1966年第5期。

20. 《学习〈重要的问题在善于学习〉（〈中国革命战争的战略问题〉中的一节）（学习毛主席著作辅导）》，湖北人民出版社1966年6月。

21. 《学习〈战争的目的在于消灭战争〉——〈中国革命战争的战略问题〉中的一节（学习毛主席著作辅导）》，湖北人民出版社1966年7月。

22. 《学习〈中国革命战争的战略问题〉》，《解放军报》1966年12月29日。

23. 《学习〈中国革命战争的战略问题〉的辅导材料》，上海人民出版社1967年3月。

24. 金灿：《中国革命战争的根本指针——学习〈中国革命战争的战略

问题〉》，《红旗》1972年第9期。

25．彭顺良：《从实际出发研究战争指导战争》，《解放军报》1973年11月15日。

26．《认真学习毛泽东军事著作——学习〈中国革命战争的战略问题〉》，《解放军报》1973年11月15日。

27．史生：《重要的问题在善于学习——学习〈中国革命战争的战略问题〉》，《教育实践》1974年第1期（试刊）。

28．张明：《集中优势兵力打歼灭战——学习〈中国革命战争的战略问题〉的一点体会》，《历史研究》1974年第1期。

29．沈勤卫：《军事路线服务于政治路线——学习〈中国革命战争的战略问题〉的一点体会》，《沈阳日报》1974年9月19日。

30．向金栓：《努力学习毛主席的战略战术原则——读〈中国革命战争的战略问题〉》，《河南日报》1974年9月21日。

31．唐实：《对机会主义军事路线的一次彻底批判——学习〈中国革命战争的战略问题〉》，《西藏日报》1974年10月24日。

32．《在航运中学习和掌握毛主席的军事思想——上海市内河航运工人学习〈中国革命战争的战略问题〉体会选刊》，《解放日报》1974年11月1日。

33．景军：《集中兵力是制胜敌人的根本法则——学习〈中国革命战争的战略问题〉》，《人民日报》1974年12月3日。

34．思文：《坚持局部服从全局——学习〈中国革命战争的战略问题〉》，《新华日报》1974年12月8日。

35．湟中县第一中学理论学习小组：《必须照顾战争的全局——学习〈中国革命战争的战略问题〉》，《青海日报》1974年12月22日。

36．纪平：《坚持理论和实际的统一——学习〈中国革命战争的战略问题〉》，《红旗》1975年第1期。

37．陈刚民：《一招棋牵着全盘棋——学习〈中国革命战争的战略问题〉》，《青海日报》1975年1月10日。

38．芦万园等：《"六个战术原则"是对毛主席军事辩证法的反动——学习〈中国革命战争的战略问题〉》，《山西日报》1975年1月16日。

39．张醒等：《毛主席的军事辩证法是批判林彪"六个战术原则"的锐利武器——学习〈中国革命战争的战略问题〉的体会》，《重庆日报》1975年1月。

40．陆林：《坚持唯物主义路线，反对唯心主义路线——学习〈中国革命战争的战略问题〉》，《宁夏日报》1975年2月24日。

41．《学习〈中国革命战争的战略问题〉》，1976年4月辽一师院政教系编《学习毛主席著作体会》。

42．勤文：《人民战争的光辉思想——学习〈中国革命战争的战略问题〉、〈论持久战〉等的体会》，《解放日报》1976年10月4日。

43．詹立波：《毛主席的无产阶级革命路线是我军的生命线——学习〈中国革命战争的战略问题〉》，《历史研究》1976年第6期。

44．中国人民解放军军政大学理论组：《唯物论辩证法的光辉照征程——纪念〈中国革命战争的战略问题〉发表四十周年》，《红旗》1976年第12期。

45．《学习〈中国革命战争的战略问题〉》，《学习〈毛泽东选集〉第一卷 参考材料》，黑龙江大学哲学系1977年编。

46．徐震欧：《学习〈中国革命战争的战略问题〉》，甘肃人民出版社1978年2月《毛主席著作介绍 第一集》。

47．李茂：《掌握和运用客观规律的光辉范例——重读〈中国革命战争的战略问题〉》，《中州学刊》1981年第3期。

48．张弓长等：《研究事物及其规律应该着眼其特点——学习〈中国革命战争的战略问题〉》，《学习与研究》1981年第4期。

49．侯礼文：《重视研究事物的特殊规律——学习〈中国革命战争的战略问题〉》，《北京日报》1981年5月18日。

50．姜子华：《重要的问题在善于学习——学习〈中国革命战争的战略问题〉的一点体会》，《云南日报》1981年7月17日。

51．徐志刚：《尊重客观规律，发挥主观能动性——学习〈中国革命战争的战略问题〉的体会》，《河南日报》1981年10月16日。

52．李华文：《主观指导必须符合客观实际（读〈中国革命战争的战略问题〉）》，《大众日报》1981年11月21日。

53．王益和：《努力掌握和运用客观规律——学习〈中国革命战争的战略问题〉的一点体会》，《宁夏日报》1981年12月10日。

54．肖德洲：《要重视发挥主观能动作用——重读毛泽东同志的〈中国革命战争的战略问题〉的一点体会》，《长江日报》1981年12月26日。

55．陈柏灵：《实事求是的光辉篇章——学习〈中国革命战争的战略问题〉》，《哲学研究》1981年第12期。

56．齐振海：《要在研究事物的特殊规律上下功夫——学习〈中国革命战争的战略问题〉札记》，《中国青年》1981年第14期。

57．陈葆华等：《〈中国革命战争的战略问题〉一文哲学思想介绍》，《理论研究资料》1981年第65期。

58．裴增寿：《学习〈中国革命战争的战略问题〉的哲学思想》，《晋中社联》1981年增刊。

59．阳作华：《在军事辩证法的海洋中学会战争游泳术——学习〈中国革命战争的战略问题〉一书的哲学思想》，《黄石师院学报（哲社）》1982年第1期。

60．于冀波：《学习〈中国革命战争的战略问题〉一书的哲学思想》，《奋斗》1982年第1期。

61．王育倩：《认识事物应着眼其特点和发展——学习〈中国革命战争的战略问题〉》，《贵阳师院学报（社科）》1982年第2期。

62．王仁清：《具体情况具体分析的光辉范例——学习〈中国革命战争的战略问题〉和〈论持久战〉中哲学思想的体会》，《通化师院学报（社科）》1982年第2期。

63．王培智：《〈实践论〉光辉思想的初萌——学习〈中国革命战争的战略问题〉》，《东岳论丛》1982年第2期。

64．徐金龙：《对毛泽东同志两篇著作中的系统方法论思想初探》，《江西社会科学》1982年第2期。

65．勇格等：《〈中国革命战争的战略问题〉学习资料》，《奋斗》1982年第2期。

66．齐振海：《探索事物发展规律的锐利武器——学习〈中国革命战争的战略问题〉的体会》，中共中央党校出版社1982年3月版《学习毛泽东哲学思想》。

67. 王秀芝：《学习革命辩证法　搞好四化建设——读〈中国革命战争的战略问题〉》，《福建师大学报（哲社）》1982年第3期。

68. 王建铨：《要掌握全局和局部的辩证法——学习〈中国革命战争的战略问题〉》，《学习与研究》1982年第3期。

69. 罗宝厚：《〈中国革命战争的战略问题〉中的哲学思想》，《中共山西省委党校学报》1982年第S3期。

70. 聂有行：《革命经验的哲学概括——学习〈中国革命战争的战略问题〉》，《江西社会科学》1982年第4期。

71. 胡金鉴：《两种世界观和方法论的根本对立和分歧——学习〈中国革命战争的战略问题〉中的哲学思想》，《实事求是（新疆）》1982年第5期。

72. 梁学强等：《实现主观与客观统一的方法、途径——学习〈中国革命战争的战略问题〉中的哲学思想》，《学术论坛》1982年第5期。

73. 王贵秀等：《"按照现实情况规定我们自己的东西"——〈中国革命战争的战略问题〉简介》，《理论与实践》1982年第5期。

74. 陈柏灵：《认识和运用事物规律的典范——学习〈中国革命战争的战略问题〉》，《学习与研究》1982年第6期。

75. 《学习〈中国革命战争的战略问题〉中的哲学思想》，《唯实》1982年第S1期。

76. 吉林大学哲学系：《学习〈中国革命战争的战略问题〉（提示）》，《新长征》1982年第6期。

77. 陈柏灵：《实事求是的光辉篇章（学习〈中国革命战争的战略问题〉）》，《学习与研究》1982年第6期。

78. 张鹏远等：《学习〈中国革命战争的战略问题〉中的几个哲学思想》，《理论与实践》1982年第6期。

79. 姜思毅：《学习〈中国革命战争的战略问题〉，掌握马克思主义世界观方法论》，《理论学习参考资料（西藏）》1982年第8期。

80. 张培林：《积极防御战略的辩证法——学习〈中国革命战争的战略问题〉的体会》，《南高教学》1982年第8期。

81. 陈葆华等：《战争中的辩证法——学习〈中国革命战争的战略问

题〉的一点体会》，载《全国毛泽东哲学思想讨论会论文选》，广西人民出版社1982年8月版。后载于石仲泉主编、全国毛泽东哲学思想研究会编，《毛泽东哲学思想研究三十年》，中央文献出版社2011年12月版。

82．梁木等：《认识规律和应用规律的科学方法（〈中国革命战争的战略问题〉）》，《学术研究》1983年第1期。

83．李鹏飞：《学习军事辩证法思想，推动四化建设——读〈中国革命战争的战略问题〉》，载辽宁省自然辩证法研究会编：《自然辩证法文选》（1982年年会）1983年1月版。

84．林琍珍：《对〈中国革命战争的战略问题〉中认识过程两次飞跃的探索》，《芜湖师专学报（哲社）》1983年第2期。

85．梁陆臣：《读〈中国革命战争的战略问题〉》，载甘肃省哲学学会编：《学习毛泽东哲学思想文选》，甘肃人民出版社1983年3月版。

86．刘歌德：《中国革命战争的战略问题》，《衡阳师专学报（社科）》1983年第3、4期。

87．《学习〈中国革命战争的战略问题〉中的哲学思想》，《内参资料（湖大）》1983年第10期。

88．卢培琪：《学习〈中国革命战争的战略问题〉》，载吴玉黎主编：《学习毛泽东同志八篇著作的哲学思想》，山东人民出版社1983年5月版。

89．杨永德：《〈中国革命战争的战略问题〉中的系统方法初探》，《延边大学学报（社科）》1984年第1期。

90．周晓光：《毛泽东同志的系统思想和方法初探——读〈中国革命战争的战略问题〉》，《人文杂志》1984年第1期。

91．张铁：《理论联系实际的光辉范例——学习毛泽东〈中国革命战争的战略问题〉》，《河南财经学院学报》1984年第1期。

92．方辉锦：《〈中国革命战争的战略问题〉在毛泽东哲学思想发展史上的地位》，《安徽大学学报（哲社）》1984年第2期。

93．刘继贤：《军事辩证法的光辉篇章——学习〈中国革命战争的战略问题〉》，《毛泽东思想研究》1984年第4期。

94．雷鸣：《〈中国革命战争的战略问题〉的辩证法思想研究情况概述》，《毛泽东邓小平理论研究》1984年第6期。

95．徐和声：《试论全局和局部的辩证法——学习〈中国革命战争的战略问题〉的体会》，载贵州省哲学学会编：《毛泽东哲学思想研究》，贵州人民出版社1985年6月版。

96．杨焕章：《〈中国革命战争的战略问题〉的基本内容和主要哲学问题》，《自修大学》1985年第6期。

97．黄建权：《马克思主义战争观与方法论的创造性运用和发展——学习毛泽东同志〈中国革命战争的战略问题〉等论著的体会》，《广西民族学院学报（哲学社会科学院）》1985年第4期）。

98．王春芳：《光辉的战略思想，珍贵的历史文献 学习毛泽东〈中国革命战争的战略问题〉的几点体会》，《军事史林》1986年第5期。

99．张前程：《〈中国革命战争的战略问题〉与毛泽东认识论体系的形成》，载《军事哲学研究》编写组编：《军事哲学研究》，陕西师范大学出版社1986年12月版。

100．郭涤：《运用哲学观点研究战争的典范——读〈中国革命战争的战略问题〉》，载《军事哲学研究》，陕西师范大学出版社1986年12月版。

101．王芙晨等：《毛泽东军事哲学思想的奠基之作——纪念〈中国革命战争的战略问题〉发表五十周年》，《毛泽东邓小平理论研究》1987年1期。

102．王正谟：《论〈中国革命战争的战略问题〉的军事哲学思想》，《军事历史研究》1987年第4期。

103．《〈中国革命战争的战略问题〉中的军事哲学思想》，载黄楠森等主编《马克思主义哲学史》（第6卷 修订版），北京出版社1989年11月版。

104．翟志宏：《〈中国革命战争的战略问题〉简介》，《理论导刊》1990年第8期。

105．胡林森：《在实践中运用和发展唯物辩证法的光辉范例——读〈中国革命战争的战略问题〉》，《安徽省委党校学报》1990年第1期。

106．康祥生等编：《学习〈中国革命战争的战略问题〉（节选）》，载《马克思主义哲学原著教程》，江西高校出版社1990年4月版。

107．卢冀宁：《杰出的兵书 光辉的哲理——学习〈中国革命战争的战略问题〉的哲学思想》，《毛泽东邓小平理论研究》1990年第6期。

108．潘宝卿主编：《学习〈中国革命战争的战略问题〉》，载《毛泽东邓小平著作哲学思想学习辅导》，中国国际广播出版社1990年8月版。

109．韩荣璋主编：《中国人民革命战争的伟大军事纲领——读〈中国革命战争的战略问题〉》，载中国毛泽东思想理论与实践研究会编：《新版〈毛泽东选集〉学习辅导》，改革出版社1991年6月版。

110．杨春贵等：《学习和运用毛泽东的战略思想——学习〈中国革命战争的战略问题〉》，载朱贵玉等编：《毛泽东著作研究文集》，中国经济出版社1991年11月版。

111．赵永成：《〈中国革命战争的战略问题〉与〈矛盾论〉》，《毛泽东邓小平理论研究》1992年第5期。

112．袁国青：《〈中国革命战争的战略问题〉的光辉》，《延边大学学报（哲学社会科学版）》1993年第4期。

113．胡岳岷：《毛泽东思想与现代商战——学习〈中国革命战争的战略问题〉札记》，《〈资本论〉与当代经济》1993年第4期。

114．王建铨：《创造性地运用全局与局部辩证法的光辉典范——〈中国革命战争的战略问题〉价值评价》，《长白学刊》1993年第5期。

115．杨超：《思想的精华　理论的高峰——〈中国革命战争的战略问题〉与〈论持久战〉之比较研究》，《天府新论》1994年第1期。

116．夏征难：《军事辩证法奠基作的华章——读〈中国革命战争的战略问题〉开篇章札记》，《毛泽东思想研究》1995年第1期。

117．黄希贤：《实践中运用和发展认识论和辩证法的范例——学习〈中国革命战争的战略问题〉》，《贵州大学学报（社会科学版）》1995年第3期。

118．刘胜康：《唯物辩证法的光辉典范——重读毛泽东〈中国革命战争的战略问题〉》，《贵州民族学院学报（社会科学版）》1996年第1期。

119．夏征难：《军事辩证法由胚胎孕育成熟——〈军事辩证法〉与〈中国革命战争的战略问题〉之比较》，《毛泽东思想论坛》1996年第3期。

120．吴伟华：《论毛泽东分析战争问题的哲学思维方式——读〈中国革命战争的战略问题〉》，《军事历史研究》1996年第4期。

121．徐红枫：《纪念中国工农红军长征胜利暨〈中国革命战争的战略问题〉发表60周年学术研讨会在徐州召开》，《军事历史》1996年第6期。

122．夏征难：《毛泽东〈军事辩证法〉、〈中国革命战争的战略问题〉之比较》，《军事历史》1997年第3期。

123．王建铨：《〈中国革命战争的战略问题〉与战略思维》，《新视野》2000年第5期。

124．卢冀宁：《杰出的兵书　光辉的哲理——〈中国革命战争的战略问题〉中的哲学思想》，《高校理论战线》2003年第12期。

125．盖世金：《马克思主义军事理论中国化的奠基之作——纪念〈中国革命战争的战略问题〉发表七十周年》，《西安政治学院学报》2006年第6期。

126．徐金刚：《浅谈〈中国革命战争的战略问题〉及其战略防御思想》，《经济研究导刊》2011年第9期。

127．徐焰：《中国革命战争走向胜利的理论奠基——毛泽东与〈中国革命战争的战略问题〉》，载朱成虎编：《军事学名著导读》，学习出版社2012年9月版。

128．孙悦等：《读〈中国革命的战争和战略问题〉——战略和战争问题在当下的现实意义》，《剑南文学》（经典教苑）2013年第2期。

129．朱志清：《党史中"一个难解的斯芬克斯之谜"——〈中国革命战争的战略问题〉中西路军失败断语的形成过程考察》，《西南科技大学学报（哲学社会科学版）》2013年第3期。

130．刘小凡：《〈中国革命战争的战略问题〉在毛泽东哲学思想发展中的地位》，《传承》2013年第13期。

131．高九江：《延安时期中国化马克思主义哲学的雏形——〈中国革命战争的战略问题〉对马克思主义哲学中国化的贡献》，《延安大学学报（社会科学版）》2014年第2期。

132．王学荣：《多重二元性经济结构在当代中国的新形态——兼及〈中国革命战争的战略问题〉的文本源流》，《山东工商学院学报》2014年第4期。

133．吴玉才编著：《毛泽东思想文献解读》第57页《懂得中国革命战争的战略问题，方能用兵如神——〈中国革命战争的战略问题〉》，安徽师范大学出版社2015年5月版。

134. 郭士民：《毛泽东军事思想中蕴含的复杂性理论观点探析——读毛泽东〈中国革命战争的战略问题〉》，《胜利油田党校学报》2015年第1期。

135. 王建国：《关于〈中国革命战争的战略问题〉的几个问题》，《党的文献》2015年第4期。

136. 廖扬：《纪念毛泽东〈中国革命战争的战略问题〉一文发表八十周年》，《法制与社会》2016年第8期。

137. 眭磊：《浅谈〈中国革命战争的战略问题〉的辩证思想》，《世纪桥》2016年第8期。

138. 张岚岚等：《毛泽东对红军"血战史经验"的总结——以〈中国革命战争的战略问题〉为中心的解读》，《党的文献》2017年第4期。

139. 杨奎松：《毛泽东为什么要写〈论持久战〉》，《抗日战争研究》2018年第3期。

140. 曹应旺：《罗荣桓学习〈中国革命战争的战略问题〉》，《当代贵州》2020年第Z1期。

141. 魏驰：《浅析毛泽东坚持问题导向的分析方法及现实意义——以〈中国革命战争的战略问题〉一文为例》，《世纪桥》2020年第1期。

142. 曹应旺：《罗荣桓学习〈中国革命战争的战略问题〉》，《当代贵州》2020年第Z1期。

143. 杨信礼：《在研究和指导中国革命战争中建构和发展中国化马克思主义哲学——读毛泽东的〈中国革命战争的战略问题〉》，《马克思主义哲学》2021年第2期。

144. 谢茂松：《〈中国革命战争的战略问题〉：战略思维的典范》，《湘潮》2021年第7期。

145. 邹武龙：《从授课讲义到经典文献——毛泽东〈中国革命战争的战略问题〉在传播过程中的修改》，《中国国家博物馆馆刊》2024年第1期。

（二）博硕论文

1. 黄保红：《毛泽东战略思维研究》，2003年中共中央党校博士论文。

2. 苏丽娜：《〈毛泽东选集〉与中国古典文献关系初探》，2010年北方工业大学硕士论文。

3．王明：《延安时期的马克思主义中国化研究》，2011年陕西师范大学博士论文。

4．艾跃进：《毛泽东军事思想的历史地位和当代价值》，2012年南开大学博士论文。

5．尹艳辉：《抗战时期国共两党军事思想研究》，2013年东北师范大学博士论文。

6．王一雯：《论抗日战争时期毛泽东的全局观念》，2014年华东师范大学硕士论文。

7．董静：《毛泽东军事思想的主要内容及当代价值的研究》，2014年西华大学硕士论文。

8．李可心：《延安时期毛泽东的马克思主义理论教育思想及其当代启示》，2016年新疆大学博士论文。

9．陈中付：《抗战时期中国共产党军事战略研究》，2016年广西民族大学硕士论文。

10．朱晓珣：《毛泽东以弱胜强的军事智慧》，2016年湘潭大学硕士论文。

11．孙宗远：《毛泽东抗战思想论》，2016年南昌大学硕士论文。

《中国共产党在抗日时期的任务》版本研究

一、写作背景、成文过程

1936年12月西安事变和平解决以后，蒋介石接受了"停止内战，联共抗日"的主张，一度中断的国共谈判重新恢复[①]，国共内战开始转向国共合作抗战。

1937年初，日本帝国主义加紧准备对中国进行大规模的侵犯，中华民族面临生死存亡的威胁。中国共产党为了推动抗日民族统一战线的尽快建立，推动全国团结抗日的局面正式形成，1937年2月10日中共中央致电即将召开的国民党五届三中全会，提出：深望国民党五届三中全会，本着和平统一团结御侮的方针，将下列各项定为国策：（一）停止一切内战，集中国力，一致对外；（二）保障言论、集会、结社之自由，释放一切政治犯；（三）召集各党各派各界各军的代表会议，集中全国人才，共同救国；（四）迅速完成对日抗战之一切准备工作；（五）改善人民生活。并表示：如国民党果能确定此国策，中国共产党为表示团结御侮的诚意，愿做出以下保证：（一）在全国范围内停止推翻国民政府之武装暴动方针；（二）苏维埃政府改名为中华民国特区政府，红军改名为国民革命军，直接受南京中央政府与军事委员会之指导；（三）在特区政府区域内，实施普选的彻底民主制度；（四）停止没收地主土地之政策，坚决执行抗日民族统一战线之共同纲领。这四项保证的某些内容，是1936年8月国民党致中国共产党的信中提出的一些条件，至

[①] 关于1936年国共谈判的情况，详见程中原：《中国共产党与抗日民族统一战线的建立》，《抗日战争研究》2005年第3期。

此，中国共产党表示可以接受[①]。中共中央致国民党五届三中全会电，提出的五项要求和四项保证，在全国引起巨大反响，得到很多党派的赞同，也得到国民党内部抗日派的赞同。2月15日到22日，国民党五届三中全会讨论了在新形势下，对日本帝国主义的进攻及对共产党的团结抗战要求应采取的方针政策，原则上接受了中国共产党提出的五项要求。国共合作抗战，建立抗日民族统一战线，向着好的方向发展。

中共中央致国民党五届三中全会电，在中国共产党内，在中国共产党领导的区域内，也引起巨大反响。为什么不反国民党政府了，为什么红军要接受南京中央政府指导，是不是向国民党政府投降了[②]，为什么不没收地主土地了，为什么要让步，怎么和国民党合作抗战，合作抗战的前途如何等问题，中国共产党的党、政、军、群干部，普通党员，中国共产党领导区域内的人民群众，都迫切希望知道，都需要统一思想。只有统一思想，才能统一步调，才能使中国共产党及其领导的军队、区域，跟上抗战发展的新形势，才能在抗战中发挥更大的作用，作出更大的贡献。向共产党的干部、党员，向广大人民群众宣传、解释中国共产党在抗战新时期的新方针政策已十分迫切。

1937年3月23日至31日，中共中央政治局扩大会议召开，会议讨论了国民党五届三中全会后中国共产党的任务等。毛泽东在会上发言，谈道：中日矛盾是主要的，国内矛盾降到次要地位，我们政策的变化，主要就是根据这一点。三民主义的革命的方面，与我们现时的政纲不是相冲突的，我们应该拿起这一武器。阶级斗争应该以照顾大局为原则。土地革命现在不是主导的地位。提出：我们要得到以下保障：（一）积极地参加民主与民族运动，（二）党的独立性，（三）我们在全国的宣传任务，（四）我们在全国的组

[①] 这份电报是张闻天起草的，中共中央政治局在讨论这份电报时，有人提出不要提取消苏区与红军名称，张闻天坚持应该这样提，以表示我们的诚意。详见程中原：《中国共产党与抗日民族统一战线的建立》，《抗日战争研究》2005年第3期；张培森主编：《张闻天年谱》，中共党史出版社2010年修订版，第295—296页；中共中央文献研究室编：《毛泽东年谱 1893—1949》上卷，中央文献出版社2013年修订本，第653页。

[②] 张闻天在苏区党代表会议的开幕词中谈道："二月十日中央给国民党三中全会的电报，决不能解释为'共产党的投降'。"详见张闻天选集编辑组：《张闻天文集》（第二卷），中共党史出版社1993年版，第262页。

织任务。^①这次会议由张闻天主持，张闻天作了形势与党的任务的报告[这个报告以《国民党三中全会后的形势与党的任务》为题收入《张闻天文集》（第二卷），中共党史出版社1993年版]，但没有从主要矛盾的变化来谈形势与党的任务，讲得没有毛泽东深刻、全面。张闻天又作了会议的结论，提出要召集苏区党代表会议，要准备共产党告全国群众的信等。[②] 会后，即开始筹备召开苏区党代表会议。

1937年4月1日，毛泽东在一封电报中说："与南京谈判，在红军、苏区方面以保证我们的绝对领导为原则，在两党关系方面以保证我党独立性为原则，这些方面绝对不能让步，对方已大致承认。"[③] 这样，国共双方在合作的一些主要问题上已达成共识，国共合作初步定局。中国共产党在自己党内、自己领导的区域内的宣传工作、思想工作日益紧迫。

1937年4月3日，中共中央宣传部发布宣传大纲《国民党三中全会后我们的任务》，这是张闻天起草的，其中"（四）共产党对三民主义的态度"，"（五）中日矛盾是中国革命目前阶段上的主要矛盾"[④]，采用了毛泽东在中共中央政治局扩大会议上发言的内容。

1937年4月10日，毛泽东在延安共产党活动分子会上作了《中国抗日民族统一战线在目前阶段的任务》报告（之后这个报告的提纲发表在1937年5月1日出版的《解放》周刊第2期）。讲了三个问题："民族矛盾与国内矛盾的目前发展阶段""为民主与自由而斗争""我们的领导责任"。阐述了在中日矛盾成为主要矛盾后，中国共产党的方针政策的变化，以及中国共产党在抗日战争中的责任、任务。这个报告是毛泽东在3月中共中央政治局扩大会议上发言的发展。这个报告向普通的共产党员、干部宣传了党在抗战新时期的新方针新政策。

1937年4月12日，毛泽东在延安举行的西北青年救国代表大会第一次大会

---

① 详见中共中央文献研究室编：《毛泽东年谱 1893—1949》上卷，中央文献出版社2013年修订本，第666—667页。
② 张培森主编：《张闻天年谱》，中共党史出版社2010年修订版，第305—306页。
③ 中共中央文献研究室编：《毛泽东年谱 1893—1949》上卷，中央文献出版社2013年修订本，第669页。
④ 详见张闻天选集编辑组编：《张闻天文集》（第二卷），中共党史出版社1993年版，第232—237页。

开幕典礼上，发表演讲，阐述了在中日矛盾成为主要矛盾后，中国共产党的方针政策的变化等，并希望与会代表把共产党的新的策略口号向全国青年宣传解释，使全国青年都懂得。① 这是向青年群众宣传中国共产党在抗战新时期的新方针新政策。

1937年4月15日，中共中央发出告全党同志书，指出：中国革命已进入合作抗战的新阶段，"今年二月十日本党给国民党三中全会的电报即是为着执行这些任务而表现的明确的方针"。"中央号召全党同志在党中央领导之下，以艰苦的工作与模范的行动，去取得中国共产党在民族革命中的领导地位。"（并）坚信日本帝国主义我们是能够战胜的。②

《新中华报》1937年4月26日第三版刊登中央宣传部《拥护党代表会议标语口号》15条，前12条为：

1. 党代表会议是全盘的转变苏区工作的枢纽！
2. 拥护苏区党代表会议！
3. 坚决执行中国共产党新政策！
4. 巩固国内和平争取民主权利实现对日抗战！
5. 联合各党各派实行国共合作一致抗日！
6. 动员全国人民为民主共和国而斗争！
7. 全国工农商学兵联合起来一致抗日！
8. 扫除汉奸亲日派托洛斯基派！
9. 发展苏区经济改善人民生活！
10. 提高苏区文化教育！
11. 造成苏区为模范抗日民主区域！
12. 中国共产党是民族解放领导者！

……③

这些标语口号，基本上就是毛泽东在延安共产党活动分子会上作的《中国抗日民族统一战线在目前阶段的任务》报告中论述的内容。

---

① 《新中华报》1937年4月13日第二版《西北青救代表大会正式开幕》。参见中共中央文献研究室编：《毛泽东年谱 1893—1949》上卷，中央文献出版社2013年修订本，第670页。

② 中共中央文献研究室编：《毛泽东年谱 1893—1949》上卷，中央文献出版社2013年修订本，第671页。

③ 《新中华报》1937年4月26日第三版，中央宣传部：《拥护党代表会议标语口号》。

《新中华报》1937年4月29日第三版刊登报道《各地代表纷纷出席党代表会议》，其中提到："党中央负责同志谈：此次全苏区党代表会议的意义非常重大，这在国内和平开始实现，举国一致进行一切抗战的准备过程中，大会将给予全国抗日斗争以有力的推动，创造抗日民主模范区的伟大任务是担负在代表会议的肩上，这一次代表会议对于整个苏区工作的转变是有着决定的意义。因之我们热烈的庆祝党代表会的成功，使全党的同志了解党的新政策，担负起各人应完成的任务，使整个苏区工作推到新的阶段去。"①

1937年5月2—14日，苏区党代表会议在延安召开。这个会议是中国共产党迎接国共合作抗战、全国抗战新时期，统一思想、统一步调的重要会议。5月3—4日，毛泽东在会上作"目前政治形势与党的任务"的报告。5月8日，毛泽东在会上作了结论，题为《为争取千百万群众进入抗日民族统一战线而斗争》。②

毛泽东在苏区党代表会议上作的"目前政治形势与党的任务"报告全文，没有在《解放》周刊或《新中华报》上发表，在当时的报刊上可以见到的是《新中华报》有一篇对毛泽东报告的报道，而报道只是报道了毛泽东报告的部分内容，这篇报道题为《党代表会议续开》，全文如下。

---

① 《新中华报》1937年4月29日第三版《各地代表纷纷出席党代表会议》。
② 中共中央文献研究室编：《毛泽东年谱 1893—1949》上卷，中央文献出版社2013年修订本，第674—675页。关于党代表会议上作报告的人，《新中华报》1937年4月26日第三版《苏区党代表会议开幕在即 各地正纷纷选举出席代表》中说："闻大会重要报告有二：一、目前政治形势与党的新任务——洛甫同志报告。二、激（积）极转变苏区工作——博古同志报告。闻代表大会将决定六日（自五月一日起至五月六日止）。"《新中华报》1937年5月3日第二版《苏区党代表会议正式开幕》报道中说：苏区党代表大会于五月二日下午一时正式开幕。首先由洛甫同志宣布开会，致开会词、报告约两小时许。接着就是通过大会主席团……嗣后通过大会议事日程：（一）目前政治形势与党的任务的报告（毛泽东同志），（二）关于苏区党的组织问题的报告（博古同志）及大会规则。"《新中华报》4月26日《苏区党代表会议开幕在即 各地正纷纷选举出席代表》的报道中，"闻……闻……"即"听说……"大概是记者得自俗称的小道消息，可能不一定准确，所以"目前政治形势与党的新任务"的报告人、博古报告的题目、苏区党代表的日期等，都不准确。大概是记者没有搞准确，而不是李鹏说的："目前政治形势与党的新任务"的报告人，原准备是洛甫（张闻天），后改为毛泽东（李鹏：《〈中国共产党在抗日时期的任务〉之版本与内容演变》，载《南京大学学报》2016年第3期，第153页）。大概一开始就定了毛泽东，因为毛泽东是苏维埃政府的主席，苏区党代表会议上由苏维埃政府主席作政治报告，应该是顺理成章的。而且，毛泽东已准备好了政治报告，即在延安共产党活动分子会上作的《中国抗日民族统一战线在目前阶段的任务》报告的提纲，并在苏区党代表会议五月二日开幕前一天在《解放》周刊第2期上发表，这实际上就是为苏区党代表会议提供会议文件，让与会代表人手一册。可以说，《新中华报》1937年4月26日的报道是不准确的，《新中华报》1937年5月3日的报道是准确的。

全苏区党代表大会于五三、五四、五五继续开会，五月三日整天由毛主席报告目前政治形势与党的任务，该天自上午八时卅分钟起至下午五时才散会。报告内容是：（一）民族矛盾与国内矛盾的目前发展阶段，（二）为民主自由而斗争。五月四日上午各代表团分组讨论毛主席报告，下午一时起毛主席继续报告我们的领导责任与苏区红军今后的任务，其任务是：在为抗日民族统一战线与统一的民主共和国而斗争的任务之下，红军与苏区的任务是：（一）把红军提高到适合抗日民族革命战争的新阶段。为此目的，红军应即改组为国民革命军，并将军事的政治的文化的教育提到超过自己现状及一切国内军队的水平之新阶段，造成为民族革命战争中的模范兵团。（二）苏区改变为统一的民主共和国的组成部份，实行新的民主制度，重新编制保安部队，肃清汉奸捣乱分子，造成抗日与民主的模范区。（三）在此区域内实行有计划的经济建设。恢复与增进人民的经济生活状况。（四）以消灭文盲为目的，实行有计划的文化建设。①

由这篇报道可知，毛泽东报告的题目是"目前政治形势与党的任务"，主要内容是三部分：（一）民族矛盾与国内矛盾的目前发展阶段，（二）为民主自由而斗争，（三）我们的领导责任与苏区红军今后的任务。这个报告之后收入1951年人民出版社出版的《毛选》第一卷，题为《中国共产党在抗日时期的任务》②，三个部分的标题为："民族矛盾和国内矛盾的目前发展阶段""为民主和自由而斗争""我们的领导责任"。据《新中华报》报道

---

① 《新中华报》1937年5月6日第三版《党代表会议续开》。《新中华报》对毛泽东报告的报道，尽管只涉及部分内容，还是可以视为毛泽东在苏区党代表会议上作的"目前政治形势与党的任务"的报告的最早版本。如果以《新中华报》对毛泽东报告的报道本与《解放》周刊第2期《中国抗日民族统一战线在目前阶段的任务》进行校勘，可以发现不同。如果以《新中华报》对毛泽东报告的报道本与1951年人民出版社出版的《毛选》第一卷中《中国共产党在抗日时期的任务》进行校勘，也可以发现不同。

② 人民出版社1951年版《毛选》第一卷《中国共产党在抗日时期的任务》的题解说："这是毛泽东同志一九三七年五月在延安召集的中国共产党全国代表会议上的报告。"（《毛泽东选集》第一卷，人民出版社1951年版，第250页。）根据这个题解，则报告原来的题目应该是"目前政治形势与党的任务"，收入人民出版社1951年版《毛选》第一卷时改题为"中国共产党在抗日时期的任务"。柯延主编的《毛泽东生平全记录》（全新图文版）下（中央文献出版社2004年版）第499页说："毛泽东在校阅准备收入《毛泽东选集》的文章时……首先改拟了标题，收入《毛选》一至四卷的文章标题，有数十篇文章题目是由毛泽东改拟的……《中国共产党在抗日时期的任务》，原题为《中国抗日民族统一战线在目前阶段的任务》……"这里说《中国共产党在抗日时期的任务》原题为《中国抗日民族统一战线在目前阶段的任务》，是不准确的，原题应该是"目前政治形势与党的任务"。

的报告第三部分"我们的领导责任与苏区红军今后的任务"可知,"苏区红军今后的任务"是报告的第三部分的内容,而1951年人民出版社《毛选》第一卷《中国共产党在抗日时期的任务》的第三部分"我们的领导责任"中没有"苏区红军今后的任务"的内容,"苏区红军今后的任务"的内容放到了第二部分"为民主和自由而斗争"的末尾。

毛泽东在苏区党代表会议上作的"目前政治形势与党的任务"的报告或其提纲的手稿或记录稿全文还不能得见(毛泽东在会上作的结论《为争取千百万群众进入抗日民族统一战线而斗争》,可以见到部分手稿,见中央档案馆编《毛泽东手书选集》第5卷,北京出版社1993年版),1937年6月解放社出版过《毛泽东同志在苏区党代表大会的政治报告及结论》单行本,这大概是报告与结论的最早的单行本,此书不常见[①]。以下以常见的并与解放社1937年6月版单行本内容文字基本相同的

东洋文库藏复制本书影

[①] 《毛泽东同志在苏区党代表大会上的政治报告及结论》,解放社1937年6月版,是不多见的。日本朋友矢吹晋教授将东洋文库中所藏解放社1937年6月版《毛泽东同志在苏区党代表大会上的政治报告及结论》复制本复印后扫描发给了我们,得以一睹此书真容。
此书正文分:"(甲)报告提纲 中国抗日民族统一战线在目前阶段的任务";"(乙)结论 为争取千百万群众进入抗日民族统一战线而斗争"。这里的"(甲)报告提纲 中国抗日民族统一战线在目前阶段的任务",分为三大部分19个小节,有序号"(一)"至"(十九)"。比《解放》周刊版增加了一小节,即:"(十四)在为抗日民族统一战线与统一的民主共和国而斗争的任务之下,红军与苏区的任务是:(一)把红军提高到适合抗日民族革命战争的新阶段……(二)苏区改变为统一的民主共和国的组成部份……(三)在此区域内实行有计划的经济建设,恢复与增进人民的经济生活状况。(四)以消灭文盲为目的,实行有计划的文化建设。"(该书第13页)1937年9月18日《救国时报》发表的《中共领袖毛泽东先生在中国共产党苏区党代表大会上的政治报告提纲及结论》,标题与解放社1937年6月版《毛泽东同志在苏区党代表大会上的政治报告及结论》略有不同,但其"(甲)报告提纲 中国抗日民族统一战线在目前阶段的任务""(乙)结论 为争取千百万群众进入抗日民族统一战线而斗争"的结构,以及正文文字与解放社1937年6月版单行本基本相同,只有个别文字不同,如比《解放》周刊版增加的一小节,《救国时报》本为:"(十四)在为抗日民族统一战线与统一的民主共和国而斗争的任务之下,红军与苏区的任务是:1.把红军提高到适合抗日民族战争的新阶段……2.苏区改变为统一的民主共和国的组成部份……3.在此区域内实行有计划的经济建设,恢复与增进人民的经济生活状况。4.以消灭文盲为目的,实行有计划的文化建设。"这里的文字,与解放社1937年6月版单行本不同的是,把"(一)""(二)""(三)""(四)",改为"1.""2.""3.""4."。"1.把红军提高到适合抗日民族战争的新阶段",少了"革命"二字。其余基本相同。

1937年9月18日《救国时报》第123、124期（九一八纪念特刊）第二、三版发表的《中共领袖毛泽东先生在中国共产党苏区党代表大会上的政治报告提纲及结论——二十六年五月三日至七日》（按："二十六年"即民国二十六年，即一九三七年）（以下简称"5月报告"）来看一下与4月延安共产党活动分子会上《中国抗日民族统一战线在目前阶段的任务》报告（以下简称"4月报告"）的异同。

5月报告与4月报告都是三部分，绝大多数内容基本相同，但5月报告中"苏区红军今后的任务"的内容是4月报告中没有的，是新增加的。4月报告为三个部分18小节，有序号"（一）"至"（十八）"。5月报告为三个部分19小节，有序号"（一）"至"（十九）"。5月报告增加了苏区与红军今后的任务一小节，即：

（十四）在为抗日民族统一战线与统一的民主共和国而斗争的任务之下，红军与苏区的任务是：1.把红军提高到适合抗日民族革命战争的新阶段……2.苏区改变为统一的民主共和国的组成部份……3.在此区域内实行有计划的经济建设，恢复与增进人民的经济生活状况。4.以消灭文盲为目的，实行有计划的文化建设。①

这里增加的内容，即《新中华报》报道的毛泽东在苏区党代表会议上报告的内容。这一小节也不是在第三个部分"我们的领导责任"中，而是在第二部分"为民主与自由而斗争"的末尾。从《救国时报》刊登的报告的内容看，5月报告似乎就是4月报告加上《新中华报》报道中有的苏区与红军今后的任务一小节（5月报告没有在《解放》周刊上发表，原因或许是：一是5月报告与4月报告绝大多数内容基本相同，二是不同的部分已用《新中华报》报道的形式发表了，所以就没有重复发表的必要了。毛泽东在会上作的结论《为争取千百万群众进入抗日民族统一战线而斗争》，在《解放》周刊第4期发表，因这一篇是没有发表过的）。

《救国时报》第123、124期发表毛泽东《在中国共产党苏区党代表大会上的政治报告提纲及结论》时有一个编者按，说：

---

① 《救国时报》1937年9月18日第123、124期（九一八纪念特刊）第三版。

中国共产党是我国首倡和坚持反日民族统一战线政策的革命政党。今年五月初，该党的苏区的党组织在延安举行了代表大会，由中共著名领袖毛泽东先生作了政治报告和对于这个报告的讨论的结论。本报顷觅得毛先生政治报告提纲及结论的原文，特将全文转载，以供海内外同胞的研究。当今全国对日总抗战已开始的情形之下，毛先生四月前的报告和结论，对于全中国人民的民族解放斗争，更显出重大的意义。

——编者[①]

根据这个编者按，《救国时报》发表的毛泽东《在中国共产党苏区党代表大会上的政治报告提纲及结论》是"政治报告的提纲及结论的原文"，但发表的文本，在总标题下分为："（甲）报告提纲　中国抗日民族统一战线在目前阶段的任务"，"（乙）结论　为争取千百万群众进入抗日民族统一战线而斗争"。这里的"（甲）报告提纲"的标题与4月报告的标题一样，即苏区党代表大会上的报告题目与在延安共产党活动分子会上的报告题目一样。而根据《新中华报》的报道，5月报告的题目应该是"目前政治形势与党的任务"。这样一来，《救国时报》发表的毛泽东《在中国共产党苏区党代表大会上的政治报告提纲及结论》其中的政治报告提纲，是不是苏区党代表大会上的报告的原文，还值得进一步研究，大概只有看到报告的手稿或记录稿后才能确定真相。

即便5月报告只是增加了一小节内容，5月报告是4月报告的修订、补充本应该是无疑的。5月报告阐述中国共产党在国共合作抗战新时期的方针、政策、任务更全面了，也是可以肯定的。

二、主旨、意义

毛泽东在苏区党代表会议上作的"目前政治形势与党的任务"的报告及结论《为争取千百万群众进入抗日民族统一战线而斗争》，对国共合作抗战、全国抗战新时期中国共产党的方针政策进行了全面阐述。强调：中日矛

[①] 《救国时报》1937年9月18日第123、124期（九一八纪念特刊）第二版。

盾成为主要矛盾后,党的方针政策就要适合于团结抗日的总任务。国共由对立转向合作后,共产党的斗争方式、组织方式、工作方式,应当有所改变。强调:在抗日民族统一战线中要坚持无产阶级领导权。指出:"使无产阶级跟随资产阶级呢,还是使资产阶级跟随无产阶级呢?这个中国革命领导责任的问题,乃是革命成败的关键。""依现时的情况说来,离开了无产阶级及其政党的政治领导,抗日民族统一战线就不能建立,和平民主抗战的目的就不能实现,祖国就不能保卫,统一的民主共和国就不能成功。""抗日救国的总参谋部的职务,共产党是责无旁贷和义不容辞的。"指出:无产阶级怎样通过它的政党实现对全国各革命阶级的政治领导呢?首先,根据历史发展进程提出基本的政治口号,和为实现这口号而提出关于每一发展阶段和重大事变中的动员口号。第二,无产阶级的先锋队共产党,应提起无限的积极性和忠诚,成为实现这些具体目标的模范。第三,在不失掉确定的政治目标的原则上,建立与同盟者的适当关系,发展与巩固这个同盟。第四,共产党队伍的发展,思想的统一性,纪律的严格性。这些条件是保证自己的政治领导的基础,也是使革命获得彻底胜利而不被同盟者的动摇性所破坏的基础。强调:民主共和国的性质是各革命阶级的联盟,其前途仍然有走上资本主义方向的可能,但又有转变到社会主义方向的可能,中国无产阶级政党应力争后一个前途。(以上内容参见《救国时报》第123、124期发表的《中共领袖毛泽东先生在中国共产党苏区党代表大会上的政治报告提纲及结论》)

苏区党代表会议通过了毛泽东的报告。苏区党代表会议及毛泽东的报告,对中国共产党及其领导的军队、区域迎接国共合作抗战,有着极其重要的作用和意义。

毛泽东的报告,不仅向会议,更向全党阐明了建立抗日民族统一战线的必要性、重要性及基本原则,阐明了中国共产党在抗日时期的历史任务及其领导责任,阐明了抗日战争的前途,解决了中国共产党在抗日战争时期的政治路线和方针政策等一系列重大问题,为中国共产党迎接国共合作的全面抗战,做了政治上、思想上的准备,为如何完成党在抗日时期的任务指明了方向。毛泽东的报告,推动了抗日民族统一战线的正式形成和发展,推动了中国全民族抗战走上正确、胜利的道路。

三、版本综述

（一）1949年10月以前的版本

《解放》周刊1937年5月1日第1卷第2期；《火线》1937年5月15日第77期；《时代文集》1937年；解放社1937年6月版《毛泽东同志在苏区党代表大会的政治报告及结论》；《救国时报》1937年9月18日第123、124期（九一八纪念特刊）；上海大众出版社1937年12月版《毛泽东论文集》；K.N编《抗日救国指南》第一辑（抗日战术研究社1938年1月）；战时读物编译社1938年版《毛泽东抗战言论集》；民族解放社1938年版《毛泽东抗战言论全集》；新华日报馆1939年5月版《毛泽东救国言论选集》；中共中央书记处1941年编印《六大以来》（上）；中共中央书记处1941年编印《六大以来选集》（上）；中共中央书记处1943年编印《两条路线》（上）；中共中央晋察冀分局1944年编印《抗战以来党的路线研究参考资料》；中共中央山东分局1944年编印《党的路线问题选集》第一册；中共中央北方局1944年编印《抗战以前选集》；晋察冀日报社1944年版《毛泽东选集》卷二；苏中出版社1945年7月版《毛泽东选集》第一卷；中共中央党校教务处1945年编印《党的政策选集》；冀晋区党委1945年编印《边区统一战线问题参考资料》；冀察区党委1945年编印《关于统一战线学习文件》；大连大众书店1946年版《毛泽东选集》卷二；胶东新华书店1946年版《毛泽东选集》第一卷；冀南书店1946年版《党的政策选集》；中共晋冀鲁豫中央局1946年11月印《毛泽东同志在苏区党代表大会上的政治报告及结论》；中共晋察冀中央局1947年3月编印《毛泽东选集》卷三；太岳新华书店1947年10月版《毛泽东选集》卷三；东北书店1948年版《毛泽东选集》卷三；中共晋冀鲁豫中央局1948年编印《毛泽东选集》（上册）；华北联合大学1948年印《中国抗日民族统一战线在目前阶段的任务》。

（二）1949年以后的版本

1. 中文版

《新华月报》1951年第四卷第5期《任务》；《人民日报》1951年8月23

日《任务》；群众日报图书科1951年9月版《任务》；人民出版社1951年10月版《毛选》第一卷；人民出版社1951年10月版《任务》；人民出版社1952年7月版《任务》；人民出版社1960年版《任务》；人民出版社1964年版《毛选》（一卷本）；人民出版社1965年6月版《毛选》第一卷；人民出版社1965年版《任务》；人民出版社1966年3月版《毛选》（一卷本、竖排）；人民出版社1966年7月版《毛选》（一卷本、横排）；人民出版社1966年9月版《毛选》（普及本）第一卷；人民出版社1967年2月版《任务》；人民出版社1967年版《毛选》（袖珍一卷本）；中国人民解放军战士出版社1967年版《毛选》第一卷；中国人民解放军战士出版社1968年版《毛选》（袖珍一卷本）；人民出版社1968年版《毛选》（普及本）第一卷；人民出版社1968年版《毛选》（袖珍一卷本）；中国人民解放军战士出版社1968年版《毛选》第一卷；人民出版社1969年版《毛选》（16开大字本）第一卷；人民出版社1969年版《毛选》（一卷本）；人民出版社1969年版《毛选》（25开大字本）第一卷；人民出版社1975年版《任务》；《人民日报》1977年7月19日《任务》；韩扬主编，经济日报出版社1991年版《学习中共党史必读》；人民出版社1991年版《毛选》第一卷；西苑出版社2001年版《毛泽东选集手抄本》第一卷；中央文献出版社2011年版《建党以来重要文献选编》第十四册；张迪杰主编，润东出版社2013年版《毛泽东全集》第10卷；等等。

还有一些书全文收录了《任务》，如中国人民大学中共党史教研室编《批判中国资产阶级中间路线参考资料》第二辑（中国人民大学出版社1959年版）；中央统战部、中央档案馆编《中共中央抗日民族统一战线文件选编》中册（档案出版社1985年版）；中央档案馆编《中共中央文件选集》第十一册（中共中央党校出版社1991年版）；中央档案馆编《中国共产党抗日文件选编》（中国档案出版社1995年版）；《红色档案延安时期文献档案汇编》编委会编《红色档案——延安时期文献档案汇编·解放》（陕西人民出版社2014年版）；等等。

有一些书节选了《任务》，如中共中央组织部办公厅等1957年编印《论党的建设》（八）；中国人民大学新闻系1958年编印《毛泽东论宣传》；中共中国人民大学委员会宣传部编选《中共八届八中全会学习文件汇编》（中国人民大学出版社1959年版）；中国人民解放军政治学院1964年编印《毛泽东同志论党的建设》；中国人民解放军总政治部1966年编印《毛主席论党的建设》；广东省理论研究室1973年编印《马克思主义经典作家论孙中山》；中国社会科学院经济研究所中国现代经济史组1981年编印《第一、二次国内革命战争时期土地斗争史料选编》；中国人民解放军国防大学训练部1987年编印《马克思恩格斯列宁斯大林毛泽东论政治工作》；郭志民等主编《毛泽东论统一战线》（中国文史出版社1988年版）；范杰主编《党的纪委教育资料选编》（河海大学出版社1990年版）；张德昌主编《共产党员文库》（暨南大学出版社1991年版）；中共云南省委宣传部编《中共党史和马克思主义党建理论原著选读》（云南人民出版社1991年版）；中共中央统一战线工作部编《统一战线工作干部基本读物统一战线文选》（北京燕山出版社1992年版）；张静如主编《毛泽东研究全书》（长春出版社1998年版）；郭春燕等编《毛泽东思想概论导读》（中央文献出版社2000年版）；孟广涵主编《抗战时期国共合作纪实》（上卷）（重庆出版社1992年版）；毕桂发主编《毛泽东评说中国古代散文赏析》（中央文献出版社2003年版）；张明林主编《参政语录》（中国古籍出版社2009年版）；中直分校编写《领导干部必知的毛泽东经典名言》第1辑（中共中央党校出版社2014年版）；中央党校进修部编写《论党性修养》（中共中央党校出版社2014年版）；等等。

2. 少数民族文字版

少数民族文版本有：新疆人民出版社1952年2月版《任务》（维吾尔文）单行本；新疆人民出版社1952年6月版《任务》（哈萨克文）单行本；内蒙古人民出版社1952年10月版《任务》（蒙古文）单行本；新疆人民出版社1953年4月版《任务》（托忒蒙古文）单行本；民族出版社1966年4月版《任务》（维吾尔文）单行本；民族出版社1966年4月版《任务》（蒙古文）单行本；民族出版社1966年6月版《任务》（藏文）单行本；民族出版社1966年6月版《任务》（朝鲜文）单行本；民族出版社1977年6月版《任务》（朝鲜文）单行本；新疆人民出版社1974年8月版《任务》（托忒蒙古文）单行本；民族出版社1977年10月版《任务》（蒙古文）单行本。

3. 外文版

外文出版社1956年版《任务》（英文）单行本；外文出版社1956年版

《任务》（法文）单行本；外文出版社1957年版《任务》（印尼文）单行本；外文出版社1960年版《任务》（西班牙文）单行本；外文出版社1960年版《任务》（法文）单行本；外文出版社1963年版《任务》（缅甸文）单行本；外文出版社1965年版《任务》（英文）修订本；外文出版社1965年版《任务》（法文）修订本；希腊历史出版社1966年版《任务》（希腊文）单行本；外文出版社1966年版《任务》（葡萄牙文）单行本；外文出版社1967年版《任务》（阿拉伯文）单行本；外文出版社1968年版《任务》（日文）单行本；外文出版社1968年版《任务》（乌尔都文）单行本；外文出版社1968年版《任务》（印尼文）单行本；外文出版社1968年《任务》（俄文）单行本；外文出版社1968年《任务》（西班牙文）袖珍本；外文出版社1968年版《任务》（意大利文）袖珍本；外文出版社1968年版《任务》（缅甸文）单行本；外文出版社1968年版《任务》（越南文）单行本；外文出版社1969年版《任务》（泰文）单行本；外文出版社1969年版《任务》（世界语）单行本；外文出版社1969年版《任务》（印地文）单行本；外文出版社1969年版《任务》（德文）单行本；外文出版社1971年版《任务》（葡萄牙文）单行本；外文出版社1971年版《任务》（土耳其文）单行本；外文出版社1973年版《任务》（豪萨文）单行本；外文出版社1973年版《任务》（泰米尔文）单行本；外文出版社1973年版《任务》（斯瓦西里文）单行本；外文出版社1975年版《任务》（老挝文）单行本；外文出版社1978年版《任务》（意大利文）单行本。

四、研究综述

（一）版本的概述、介绍

对《任务》各版本进行概述、介绍的如下。施金炎主编《毛泽东著作版本述录与考订》："该文单行本收集到50多种版本，其中汉文版7种，少数民族文版12种，外文版33种，盲文版1种。"[①] 蒋建农等《毛泽东著作版

---

① 施金炎主编：《毛泽东著作版本述录与考订》，海南国际新闻出版中心1995年版，第223页。

本编年纪事》（一册）也对《任务》版本做了一些介绍："该文单行本有50余种，其中汉文版6种，少数民族文版12种，外文版33种，另有盲文版1种。"[①] 柏钦水主编《毛泽东著作版本鉴赏》介绍了1951年10月人民出版社出版的《任务》。[②] 张曼玲《毛泽东早期著作版本精品图录》指出：《任务》被收进1944年晋察冀日报社版《毛选》、1945年苏中出版社《毛选》、1946年大连大众书店版《毛选》、1947年中共晋察冀中央增订版《毛选》[③]，又收进《毛泽东论文集》《毛泽东抗战言论全集》《毛泽东救国言论选集》[④] 等。

介绍《任务》版本的书还有：中国科学院历史研究所第一、二所，北京大学历史系编辑《中国史学论文索引　上编》（科学出版社1957年版）；北京图书馆编《学习毛主席著作书目》（北京图书馆出版社1958年版）；1966年新华书店外文发行所编印《国内出版外文毛泽东著作目录》；周元正编《抗日战争史参考资料目录　1937—1945》（四川大学出版社1985年版）；中央档案馆编《中央档案馆馆藏革命历史资料作者篇名索引》（中央文献出版社1990年版）；袁竞主编《毛泽东著作大辞典》（中国国际广播出版社1991年版）；张占斌主编《新版〈毛泽东选集〉大辞典》（山西人民出版社1991年版）；乔明甫等主编《中国共产党建设大辞典》（四川人民出版社1991年版）；王进等主编《毛泽东大辞典》（广西人民出版社等1992年版）；何平主编《毛泽东大辞典》（中国国际广播出版社1992年版）；张惠芝等编《毛泽东生平著作研究目录大全》（河北教育出版社1993年版）；廖盖隆等主编《毛泽东百科全书》（光明日报出版社1993年版，2003年修订版）；王进主编《共和国领袖大辞典·毛泽东卷》（成都出版社1993年版）；韩荣璋等《毛泽东思想研究在中国》（重庆出版社1993年版）；张静如主编《毛泽东研究全书》（长春出版社1998年版）；中共中央党史研究室、中央档案馆编《中共党史资料》第73辑（中共党史出版社2000年版）；黄绍银主编《中国红色收藏之最》（第一辑）（四川大学出版社

---

① 蒋建农等：《毛泽东著作版本编年纪事》（一册），湖南人民出版社2013年第2版，第246-247页。
② 柏钦水主编：《毛泽东著作版本鉴赏》，山东人民出版社2009年版，第55页。
③ 张曼玲：《毛泽东早期著作版本精品图录》，湖南人民出版社2011年版，第45页。
④ 张曼玲：《毛泽东早期著作版本精品图录》，湖南人民出版社2011年版，第75—81页。

2000年版）；中央文献研究室《党的文献是怎样编辑出版的》（中央文献出版社2006年版）；江勇金编《见证红色收藏》（远方出版社2007年版）；丁守和等主编《抗战时期期刊介绍》（社会科学文献出版社2009年版）；钱承军《建国前中国共产党报刊研究》（中国文联出版社2009年版）；寻霖等编《湘人著述表》（岳麓书社2010年版）；李捷主编《毛泽东著作辞典》（浙江人民出版社2011年版）；刘金田《中国共产党90年版90个第一：1921—2011》（湖南教育出版社2011年版）；王紫根编《毛泽东书典》（湖北人民出版社2011年版）；刘金田等《尘封〈毛泽东选集〉出版的前前后后》（台海出版社2012年版）；首都图书馆编《首都图书馆藏革命历史文献书目提要》（北京图书馆出版社2013年版）；汪裕尧《毛泽东思想当代价值论集》（中央文献出版社2013年版）；何明星《中华人民共和国外文图书出版发行编年史》上（学习出版社2013年版）；齐峰等《山西革命根据地出版史》（山西人民出版社2013年版）；焦金波《延安时期马克思主义大众化研究》（广西人民出版社2014年版）；南京图书馆编《南京图书馆民国珍本图录》（国家图书馆出版社2014年版）；钱念孙《故纸硝烟：抗战旧书藏考录》（黄山书社2015年版）；等等。

（二）版本的校勘、研究

日本竹内实主编《毛泽东集》第5卷（日本北望社1970年初版，日本苍苍社1983年第2版），收入了《中国抗日民族统一战线在目前阶段的任务》，以1944年出版《毛选》卷二收入的《中国抗日民族统一战线在目前阶段的任务》（按：日本《毛泽东集》第5卷只说明文章所在的版本，没有说明文章的题名。题名均为笔者所加。以下同）为底本，参考了1947年出版的《毛选》卷三收入的《中国抗日民族统一战线在目前阶段的任务》；《解放》周刊1937年第2期发表的《中国抗日民族统一战线在目前阶段的任务》；《救国时报》1937年第123期［按：应是1937年9月18日《救国时报》第123、124期（九一八纪念特刊）］发表的《中共领袖毛泽东先生在中国共产党苏区党代表大会上的政治报告提纲及结论——二十六年五月三日至七日》，与1951年人民出版社出版的《毛选》第一卷中收入的《中国共产党在抗日时期的任务》进行了校勘，详细地梳理了各文本间的异同，标出了增、删等，列出了

270余条校勘记。这是目前见到的最早的《中国共产党在抗日时期的任务》的版本校勘与研究的成果。

周一平《日版〈毛泽东集〉〈毛泽东集补卷〉校勘与研究》（中国国际文化出版社2013年版）也对《任务》版本略作了研究，提到：

日《集》第5卷此文稿所署日期亦为"一九三七年五月三日"。同时在将此报告1937年《解放》第二期（5月1日出版）发表本与四四年版《毛选》本校勘时指出：《解放》本有"四月十日在延安共产党活动分子会报告提纲"字样（204页）。查1937年《解放》第二期（5月1日出版）第4—8页有毛泽东《中国抗日民族统一战线在目前阶段的任务》，此文即《毛选》第1卷收入的《中国共产党在抗日时期的任务》，内容文字基本相同，略有小异。此文共有18个序号，而《毛选》第1卷本共有20个序号。《解放》本报告的第一段没有序号，《毛选》第1卷本将报告的第一段加了序号"（一）"。《毛选》第1卷本"（一五）……红军和抗日根据地的任务是……"一节200字是《解放》本没有的，当是《解放》本发表后增加的。《解放》本的标题下加括号："（四月十日在延安共产党活动分子会报告提纲）"，这与《毛选》第1卷本的题注不同。这说明，《毛选》第1卷本的报告是在5月3日、4日的中国共产党全国代表会议上作的，而《解放》本的报告是在4月10日延安共产党活动分子会上作的，而且已先于5月2—14日的中国共产党全国代表会议发表。所以这个报告，大概是先在延安共产党活动分子会上作，修改后再在中国共产党全国代表会议作。这样的推论，1991年版《毛选》第1卷本没有。日《集》第5卷本将《解放》本与四四年版《毛选》本校勘，并有校记，但没有作出推论。此外，日《集》第5卷本的校勘，还有一点没有注意到，即此报告的标题下有"四月十日在延安共产党活动分子会报告提纲"，但这一期《解放》的目录却是："中国抗日民族统一战线在目前阶段的任务（四月十五日在延安共产党活动分子会的报告提纲）"，不仅多一"的"字，而且日期为"四月十五日"。究竟应是"四月十日"还是"四月十五日"在延安共产党活动分子会上作报告，又需要进一步查证了。[①]

---

① 周一平：《日版〈毛泽东集〉〈毛泽东集补卷〉校勘与研究》，中国国际文化出版社2013年版，第67—69页。

柯延主编《毛泽东生平全记录》（全新图文版）下（中央文献出版社2004年版）写道：

毛选中收入的每篇文章，毛泽东在校阅过程中都字斟句酌。有时哪怕是一个意思相近的字，毛泽东都反复琢磨，考虑用哪个更能把思想意思表达得准确些。如毛选第一卷《中国共产党在抗日时期的任务》一文的第一个小标题"民族矛盾和国内矛盾的目前发展阶段"，原稿在民族矛盾和国内矛盾之间用的是"与"字，毛泽东在阅稿时把小标题和文章中间用的"与"字统统改为"和"字了。毛选中这样改的也不仅仅是这一篇。所以这样改，这是有他自己的考虑的。毛泽东是不赞成这种半文半白的文字用法的。①

又写道：

说到注文的安排……如"停战议和，一致抗日通电"一注，编委会最初曾考虑作为《论反对日本帝国主义的策略》的附录，送请毛泽东审订，毛泽东除对注文用铅笔做了一些修改外，建议"放在《对十二月二十六日蒋介石的声明的声明》之后作为附注"，并且批示"送来校对"4个字。编委会在研究了毛泽东的批示后，建议改为《中国共产党在抗日时期的任务》一文的注〔3〕，送请毛泽东审订。毛泽东表示同意。先用铅笔，后又用毛笔，划去了原来的批示。这一注释最后定稿时，因《中国共产党在抗日时期的任务》一文增加了"华北事变"一注，原来的注〔3〕才改成注〔4〕。②

又写道：

毛泽东审订文稿，除了修改内容和文字外，还亲自做一些校对工作……不仅如此，他还做一些技术性的处理工作。例如，他在校阅《中国共产党在抗日时期的任务》一文时，其中有三处地方，清样排得不好，毛泽东即在各处写着："排拢"、"排齐"，还画出了校对符号……《毛泽东选集》第一版，由于毛泽东亲自主持编辑，可以说是一个比较完善的版本。③

---

① 柯延主编：《毛泽东生平全记录》（全新图文版）下，中央文献出版社2004年版，第501页。
② 柯延主编：《毛泽东生平全记录》（全新图文版）下，中央文献出版社2004年版，第502—503页。
③ 柯延主编：《毛泽东生平全记录》（全新图文版）下，中央文献出版社2004年版，第503页。

这些也是对《任务》版本的研究。

研究《任务》版本的文章有：李鹏《〈中国共产党在抗日时期的任务〉之版本与内容演变》（《南京大学学报》2016年第3期）。还有一些文章也有所涉及，如：奚景鹏《关于晋察冀日报社〈毛泽东选集〉出版时间的考证》，载陈夕主编《中共党史资料》（《中共党史资料》2003年第4期）（中共党史出版社2003年版）；周明等《第一部〈毛泽东选集〉的印刷和出版》，载陈夕主编《中共党史资料》2004年第2期（中共党史出版社2004年版）；刘金田《毛泽东到底有没有亲自主持〈毛泽东选集〉的编辑工作》，载汤应武主编《中国共产党重大史实考证》（中国档案出版社2001年版）；等等。

李鹏《〈中国共产党在抗日时期的任务〉之版本与内容演变》，把《中国共产党在抗日时期的任务》的三个主要版本——《解放》周刊版、《政治报告》版、1991年《毛泽东选集》版，做了一些比较研究。这是目前可见到的中国学者对《中国共产党在抗日时期的任务》进行版本研究相关的论文。但研究的版本还不够全面，也不深入，而且有一些错误。如，文中说：

据《新中华报》记载，1937年5月4日，毛泽东继续报告"我们的领导责任"与"苏区红军今后的任务"，其任务有：（一）把红军提高到适合抗日民族革命战争的新阶段。为此目的，红军应即改组为国民革命军，并将军事的政治的文化的教育提到超过自己现状及一切国内军队的水平之新阶段，造成为民族革命战争的模范兵团。（二）苏区改变为统一的民主共和国的组成部分，实行新的民主制度，重新编制保安部队，肃清汉奸捣乱分子，造成抗日与民主的模范区。（三）在此区域内实行有计划的经济建设。恢复与增进人民的经济生活状况。（四）以消灭文盲为目的，实行有计划的文化建设。

经对比，上述引文并未刊载于《解放》周刊……值得注意的是，除《解放》周刊版早于"苏区代表会议"，无记载外，其余各种版本均在"苏区代表会议"后出版或印刷，对此段文字亦无记载。直到建国后，1951年毛泽东亲自编辑《毛泽东选集》，经修改后才加上这段文字。[1]

---

[1] 李鹏：《〈中国共产党在抗日时期的任务〉之版本与内容演变》，《南京大学学报》2016年第3期。

说《新中华报》记载的文字，"苏区代表会议"后出版或印刷各种版本亦无记载，直到1951年毛泽东亲自编辑《毛泽东选集》才加上这段文字，这样的说法是不符合事实的，是错误的。实际上，"苏区代表会议"后出版或印刷的涉及苏区代表会议报告的各种版本，很多都已加上《新中华报》记载的文字，没有《新中华报》记载的文字的版本很少。1939年新华日报馆版《毛泽东救国言论选集》、1945年苏中出版社版《毛泽东选集》第一卷收入的《中国抗日民族统一战线在目前阶段的任务》，没有《新中华报》记载的文字。而解放社1937年6月版《毛泽东同志在苏区党代表大会上的政治报告及结论》，1937年9月18日《救国时报》第123、124期（九一八纪念特刊），大众书店出版社1937年版《毛泽东论文集》，抗日战术研究社1937年初版、1938年再版《抗日救国指南》第一辑（K.N.编，毛泽东等著），1941年中央书记处编印《六大以来》（上），1941年中共中央书记处编印《六大以来选集》（上），1943年中共中央书记处编印《两条路线》（上），1944年中共中央山东分局编印《党的路线问题选集》第一册，1944年晋察冀日报社版《毛泽东选集》卷二，1947年中共晋察冀中央局编印《毛泽东选集》卷三，1947年10月太岳新华书店版《毛泽东选集》卷三，1948年东北书店版《毛泽东选集》卷三等不少版本，其中收入的苏区代表会议报告，都已加上了《新中华报》记载的文字，即早在1951年毛泽东亲自编辑《毛泽东选集》前，不少版本就已经把《新中华报》记载的文字加上了。李鹏的文章之所以产生这样的失误，大概不少版本，作者还没有搜集到或还没有认真研究、校勘过。

（三）经过、内容、思想等方面的研究

有一些书介绍了《任务》的基本思想、内容与历史意义，如郑昌等编《学习〈毛泽东选集〉》第1卷（新建设杂志社1952年版），其中有一篇梁纯夫《读〈中国共产党在抗日时期的任务〉》；佚名1976年编印《〈毛泽东选集〉学习参考资料》；东北三省省委党校党建教研室合编《马克思主义政党学说简史》（中共辽宁省委共产党员杂志社1983年版）；马洪武等编《抗日战争事件人物录》（上海人民出版社1986年版）；方晓主编《中共党史辨疑录》（上册 新民主主义时期）（山西教育出版社1991年版）；廖盖隆主编《中国共产党历史大辞典·新民主主义革命时期》（中共中央党校出版社

1991年版）；翟泰丰主编《新版〈毛泽东选集〉导读》（中国华侨出版公司1991年版）；冯雷等主编《新版毛泽东选集学习辞典》（大连出版社1991年版）；李善塘等编《中国共产党自身建设70年》（白山出版社1991年版）；焦根强等主编《毛泽东著作辞典》（中国政法大学出版社1991年版）；陈光林主编《中国共产党党员学习修养大辞典》（山东人民出版社1991年版）；中共中央文献研究室编《毛泽东选集一至四卷注释校订本》（中央文献出版社1991年版）；黎国智主编《马克思主义人权理论概要》（四川大学出版社1992年版）；商言等主编《中华爱国主义新辞书》（吉林人民出版社1992年版）；李文林主编《毛泽东研究著作提要》（中国和世界出版公司1993年版）；任涛编《中国统一战线全书》（国际文化出版社1993年版）；巢峰主编《毛泽东思想大辞典》（上海辞书出版社1993年版）；方舟主编《毛泽东图书辞典》（华文出版社1993年版）；张蔚萍主编《新编党务工作全书》（中国言实出版社1995年版）；孙国华主编《中华法学大辞典》法理学卷（中国检察出版社1997年版）；《中国人民解放军通鉴》编辑委员会编《中国人民解放军通鉴》上（甘肃人民出版社1997年版）；蒋建农主编《毛泽东全书》第五卷《著作解读》（河北人民出版社1998年版）；蒋建农主编《毛泽东全书》第六卷《思想英华》（河北人民出版社1998年版）；陈立明编《中国苏区辞典》（江西人民出版社1998年版）；柴宇球主编《毛泽东大智谋》下（中国档案出版社1998年版）；姜华宣编《中国共产党重要会议记事》（1921—2011）（中央文献出版社2011年版）；李捷等主编《实录毛泽东》（长征出版社2013年版）；军事科学院军事历史研究部《中国抗日战争史》上（解放军出版社2015年版）；李蓉《抗日民族统一战线史》（团结出版社2015年版）；等等。其中，关世熊等主编《中国共产党统一战线史·新民主主义革命时期》（中国文史出版社1994年版）指出：毛泽东在苏区代表大会上主要阐述了四个问题：一华北事变后政治形势的变化是党确立抗日民族统一战线的依据；二当前的任务是争取和平，巩固民主；三革命转变及革命前途问题；四批评了关门主义、宗派主义和冒险主义倾向及陈独秀的尾巴主义的错误。[①] 严风等主编《〈毛泽东选集〉第2版导读》（新华出版社1991年版）

[①] 关世熊等主编：《中国共产党统一战线史·新民主主义革命时期》，中国文史出版社1994年版，第259—263页。

指出：《任务》中论述了建立抗日民族统一战线的必要性和可能性、进行政治民主改革、加强党的领导和照顾同盟军等思想。① 潘宝卿编《毛泽东邓小平著作哲学思想学习辅导》（中国国际广播出版社1990年版）谈到了《任务》中的哲学思想：一是阐明了当时社会的主要矛盾和非主要矛盾及相互转化的原理，制定了民族统一战线的政策；二是运用矛盾同一性和斗争性原理，阐明了抗日民族统一战线中团结与斗争的辩证关系，进而制定了有关团结抗日的原则和政策。②

涉及《任务》研究的国外书有：（日）近藤帮康著、宋志勇等译《毛泽东革命者与建设者》（中国青年出版社2004年版）；（日）田中仁著《20世纪30年代的中国政治史：中国共产党的危机与再生》（天津社会科学院出版社2007年版）；施拉姆著、中共中央文献研究室《国外研究毛泽东思想资料选辑》编辑组编译《毛泽东》（红旗出版社1987年版）；施拉姆著、田松年等译《毛泽东的思想》（中国人民大学出版社2013年版）；等等。

有不少文章也涉及了《任务》的研究，如：梁纯夫《读〈中国共产党在抗日时期的任务〉》（《新建设》1951年第5卷第3期）；Е.ф.Коъапов、辛一等《毛泽东选集》第一卷（续完）（《历史教学》1953年第11期）；中共中央高级党校1963年编印《〈毛泽东选集〉第1卷学习参考资料》，其中有一篇张香山《读〈中国共产党在抗日时期的任务〉》；李永继《学习〈中国共产党在抗日时期的任务〉》（《吉林日报》1965年12月23日）；程笃仁《深刻认识建设工人理论队伍的重要性——学习〈中国共产党在抗日时期的任务〉的一点体会》（《沈阳日报》1974年6月12日）；施东晖《必须掌握变化着的阶级关系——学习〈中国共产党在抗日时期的任务〉》（《学习与批判》1976年第8期）；蒋景源《毛泽东关于抗日民族统一战线的理论与实践》（《历史教学问题》1984年第1期）；夏志民《浅谈中国共产党对抗日战争的政治领导问题》（《党史研究与教学》1986年第3期）；金宝珍《抗战时期中国共产党夺取领导权的斗争》（《思想战线》1987年第1期）；中央文献研究室注释组《〈中国共产党在抗日时期的任务〉注释校订：〈毛泽东选集〉1—4卷注释校订初稿连载》（十二）（《文献和研究》1987年第2期）；万世

---

① 严风等主编：《〈毛泽东选集〉第2版导读》，新华出版社1991年版，第226页。
② 潘宝卿编：《毛泽东邓小平著作哲学思想学习辅导》，中国国际广播出版社1990年版，第25—27页。

雄《毛泽东对抗日民族统一战线的杰出贡献》（《南充师院学报（哲学社会科学版）》1988年第1期）；高继文《论毛泽东独立自主的外交思想》（《山东师大学报（社会科学版）》1993年第2期）；王双梅《中国共产党在抗战时期争取民主的斗争》（中共中央党校，1993年，博士论文）；蒋建农《论毛泽东对抗日民族统一战线的独特贡献》（《史学月刊》1995年第1期）；王章维《论抗日战争时期中国共产党的思想建设》（《北京党史研究》1995年第5期）；李全中《论毛泽东建立抗日民族统一战线的思考及实践》（《毛泽东思想研究》1998年第6期）；林华国《试论历史发展过程中的"根本矛盾"、"基本矛盾"、"主要矛盾"》（《史志研究》2000年第3期）；左吉祥《毛泽东对抗日民族统一战线理论的探索与贡献》（《武汉学刊》2005年第4期）；程中原《中国共产党与抗日民族统一战线的建立》（《抗日战争研究》2005年第3期）；启悟《封存68年的〈中国共产党在抗日时期的任务〉》（《中国边防警察》2005年第9期）；赫崇飞《毛泽东对建立抗日民族统一战线可能性探索》（《求索》2006年第12期）；王铁群《重温中共的民主政治思想》（《经济管理文摘》2007年第5期）；祝志男《试论毛泽东对建立抗日民族统一战线的四大贡献》（《毛泽东思想研究》2007年第1期）；关志超《论毛泽东对抗日民族统一战线形成的贡献》（《文教资料》2007年第35期）；王克强《论毛泽东对建立抗日民族统一战线的贡献》（《湘潮》2011年第1期）；于昆《中国共产党扩大群众基础的回顾与思考》（《北京师范大学学报（社会科学版）》2011年第3期）；韩宇《抗日民族统一战线理论的形成与发展》（东北大学，2011年，硕士论文）；汪娅岑《〈解放〉周刊与抗日民族统一战线的形成与发展》（南京师范大学，2014年，硕士论文）；梁晓宇《论抗日战争时期毛泽东多党合作思想》（《广东省社会主义学院学报》2015年第3期）；王格等《毛泽东对抗日民族统一战线形成的贡献研究综述》（《云南社会主义学院学报》2015年第3期）；赵士发等《毛泽东与抗日民族统一战线话语体系的构建》（《理论视野》2015年第9期）；曹胜等《论统一战线在抗战胜利中的作用及启示》（《山东农业工程学院学报》2016年第7期）；等等。其中，沙健孙等《中国共产党是全中国人民的领导核心》（《思想政治课教学》1981年第3期）指出：毛泽东在《任务》中论述了中国无产阶级怎样经过它的政党实现对于全国各革命阶级的政治领导问题。王润东《苏区党代表会议的历史贡献再分析》(《黑河学刊》2014年第12期)指出：毛泽东在《任务》中对国共第一次合作进行经验总结，强调党对统一战线的领导，但领导权不是天生的属于共产党的，需要共产党做出正确的政策指导作为保障。唐振南《毛泽东对抗日民族统一战线的理论贡献》(《毛泽东研究》2015年第4期)指出：《任务》是毛泽东抗日民族统一战线理论的进一步发展与完善。毛胜《〈中国共产党在抗日时期的任务〉为迎接全国抗日战争的到来作准备》(《瞭望》2015年第29期)指出：《任务》分析了共产党当时的形势、任务以及党的政策，为迎接全国抗日战争的到来作了思想上、政治上和组织上的准备。

总的来说，对《任务》的研究，研究思想、内容的多一些，研究版本的较少。对《任务》的版本研究，还需要进一步推进。

五、校勘与分析

（一）1949年10月以前版本校勘与分析

1.《救国时报》1937年9月18日版与《解放》周刊1937年第1卷第2期版异同

《解放》周刊1937年第1卷第2期图片　　《救国时报》1937年9月18日第2版图片

《救国时报》1937年9月18日第123、124期（九一八纪念特刊）第二、三版发表了《中共领袖毛泽东先生在中国共产党苏区党代表大会上的政治报告提纲及结论——二十六年五月三日至七日》（按：即一九三七年五月三日至七日）（以下简称"《救国时报》版"），与《解放》周刊1937年第1卷第2期版（以下简称"《解放》版"），都分为三大部分，主要内容基本相同。不同之处主要是：

（1）标题、时间标注不同

《解放》版，正文前的标题为："中国抗日民族统一战线在目前阶段的任务（四月十日在延安共产党活动份子会报告提纲）"。《救国时报》版先设总题目："中共领袖毛泽东先生在中国共产党苏区代表大会上的政治报告提纲及结论——二十六年五月三日至七日"，再分"（甲）报告提纲　中国抗日民族统一战线在目前阶段的任务"，"（乙）结论　为争取千百万群众进入抗日民族统一战线而斗争"。按照《新中华报》的报道，毛泽东在中国共产党苏区代表大会上的政治报告的题目应是"目前政治形势与党的任务"，而这里"（甲）报告提纲"的题目采用了《解放》版的题目，即苏区党代表大会上的报告题目与在延安共产党活动分子会上的报告题目一样。

（2）小节与序号的变化

《解放》版，为三个部分18小节，有序号"（一）"至"（十八）"。《救国时报》版，为三个部分19小节，有序号"（一）"至"（十九）"。《救国时报》版在第二部分"为民主与自由而斗争"的末尾增加了苏区与红军今后的任务一小节，即："（十四）在为抗日民族统一战线与统一的民主共和国而斗争的任务之下，红军与苏区的任务是……"从《救国时报》刊登的报告的内容看，《救国时报》版似乎就是《解放》版加上《新中华报》报道中有的苏区与红军今后的任务一小节。第二部分"为民主与自由而斗争"，《解放》版为"（六）"至"（十三）"8个小节，《救国时报》版为"（六）"至"（十四）"9个小节。《救国时报》版增加了一小节，这是与《解放》版的最大不同。

《解放》版第2小节"（二）"中有5个序号："甲、""乙、""丙、""丁、""戊、"，《救国时报》版改成："（A）""（B）""（C）""（D）""（E）"。这样的修改，大概与《救国时报》是在法国巴黎出版有关。

（3）标点不同

《解放》版的标点，一个很大的特色是全篇没有逗号，只有顿号和句号,《救国时报》版把绝大多数的顿号都改为逗号。如：

《解放》版："党内、在民众运动中、由于中国社会条件的反映、存在着严重的关门主义、高慢的宗派主义、与冒险主义的历史传统、这是一个妨碍党建立抗日民族统一战线、与争取群众多数的恶劣倾向。"① 《救国时报》版："党内在民众运动中，由于中国社会条件的反映、存在着严重的关门主义，高慢的宗派主义与冒险主义的历史传统，这是一个妨碍党建立抗日民族统一战线与争取群众多数的恶劣倾向。"②

《解放》版不是仅这一篇的标点，没有逗号，只有顿号和句号，再看《解放》第1卷第2期的全部文章，再看第1卷第1期（创刊号）及第1卷第3期等，其中大部分文章，基本上也不用逗号。这是为什么？中国传统的句读的符号就类似现代的句号、顿号，当时使用新式标点符号的时间还不长，大概社会上还是有一部分人习惯于看句读的文章。此文并其他文章，《解放》版以句读形式为主排版，大概为了迎合社会上的某些需要，以扩大此文的社会影响。

（4）文字修改

第一，补遗漏字。

《解放》版因排版、校对等方面的疏忽，遗漏了一些字，《救国时报》版都补上了。

《解放》版："甲、由　般帝国主义与中国的矛盾……"③ 夺"一"字。《救国时报》版："（A）由一般帝国主义与中国的矛盾……"④

《解放》版："……是举　一致对外的。"⑤ 夺"国"字。《救国时报》版："……是举国一致对外的。"⑥

《解放》版："这一任务是基本上　了,"⑦。夺"完成"二字。《救国时报》版："这一任务是基本上完成了"⑧。

---

① 《解放》周刊1937年第1卷第2期第8页。
② 《救国时报》1937年9月18日第123、124期（九一八纪念特刊）第三版。
③ 《解放》周刊1937年第1卷第2期第4页。
④ 《救国时报》1937年9月18日第123、124期（九一八纪念特刊）第二版。
⑤ 《解放》周刊1937年第1卷第2期第4页。
⑥ 《救国时报》1937年9月18日第123、124期（九一八纪念特刊）第二版。
⑦ 《解放》周刊1937年第1卷第2期第5页。
⑧ 《救国时报》1937年9月18日第123、124期（九一八纪念特刊）第二版。

《解放》版:"肃 这个倾向……"①夺"清"字。《救国时报》版:"肃清这个倾向……"②

第二,不改变文义的文字修改。

《解放》版:"在他们及其政党内部发生了改变政治态度的发展过程"③。《救国时报》版:"在他们及其政党内发生了改变政治态度的发展过程"④。把"内部"改为"内",不改变文义。

《解放》版:"……中国共产党与中国人民……"⑤《救国时报》版:"……中国共产党和中国人民……"⑥把"与"改为"和",不改变文义。

《解放》版:"人民是更大规模的起来为救亡而斗争"⑦。《救国时报》版:"人民是大规模的起来为救亡而斗争"⑧。删"更",不改变文义。

《解放》版:"把他提高到建立全民的抗日民族统一战线的政策"⑨。《救国时报》版:"把他提高到建立全民的抗日民族统一战线的新政策"⑩。增加"新"。不改变文义。

《解放》版:"国民党的三中全会"⑪。《救国时报》版:"国民党三中全会"⑫。删"的",不改变文义。

《解放》版:"而开始接受我们的即全国人民迫切要求……"⑬《救国时报》版:"即开始接受我们的即全国人民迫切要求……"⑭把"而"改为"即",不改变文义。

《解放》版:"没有超出资本主义范围内私有财产制的界限以外"⑮。

---

① 《解放》周刊1937年第1卷第2期第5页。
② 《救国时报》1937年9月18日第123、124期(九一八纪念特刊)第二版。
③ 《解放》周刊1937年第1卷第2期第4页。
④ 《救国时报》1937年9月18日第123、124期(九一八纪念特刊)第二版。
⑤ 《解放》周刊1937年第1卷第2期第4页。
⑥ 《救国时报》1937年9月18日第123、124期(九一八纪念特刊)第二版。
⑦ 《解放》周刊1937年第1卷第2期第4页。
⑧ 《救国时报》1937年9月18日第123、124期(九一八纪念特刊)第二版。
⑨ 《解放》周刊1937年第1卷第2期第4页。
⑩ 《救国时报》1937年9月18日第123、124期(九一八纪念特刊)第二版。
⑪ 《解放》周刊1937年第1卷第2期第5页。
⑫ 《救国时报》1937年9月18日第123、124期(九一八纪念特刊)第二版。
⑬ 《解放》周刊1937年第1卷第2期第5页。
⑭ 《救国时报》1937年9月18日第123、124期(九一八纪念特刊)第二版。
⑮ 《解放》周刊1937年第1卷第2期第7页。

《救国时报》版："没有超出资本主义范围内私有财产的界限以外"[1]。删"制"，不改变文义。

《解放》版："在某种历史环境能够参加反帝与反封建制度的中国资产阶级"[2]。《救国时报》版："在某种历史环境能够参加反帝反封建制度之中国资产阶级"[3]。删"与"，把"的"改为"之"，不改变文义。

……

第三，译名修改。

《解放》版："墨索里尼"[4]。《救国时报》版："莫索里尼"[5]。

《解放》版："托落斯基派"[6]。《救国时报》版："托洛茨基派"[7]。

《解放》版："马克斯列宁主义"[8]。《救国时报》版："马克思列宁主义"[9]。

译名的修改，不改变文义。

第四，使表述更通俗、明白。

《解放》版："中国很久以来是处在两种剧烈的基本的矛盾斗争中"[10]。《救国时报》版："中国很久以来是处在两种激烈的基本矛盾斗争中"[11]。把"剧烈"改为"激烈"，删"的"，使文字表述更通俗易懂。

《解放》版："因此便把若干其他帝国主义与中国的矛盾推入次要的地位、而在这些帝国主义与日本帝国主义之间。在苏联与日本之间、则扩大了矛盾的裂口。"[12]《救国时报》版："因此便把其他帝国主义与中国的矛盾推入次要的地位，而在这些帝国主义与日本帝国主义之间，则扩大了矛盾的裂口。同时，日本帝国主义准备进攻苏联的形势，也更加紧张。"[13]"若干"与"其他"两者

---

[1] 《救国时报》1937年9月18日第123、124期（九一八纪念特刊）第二版。
[2] 《解放》周刊1937年第1卷第2期第7页。
[3] 《救国时报》1937年9月18日第123、124期（九一八纪念特刊）第二版。
[4] 《解放》周刊1937年第1卷第2期第5页。
[5] 《救国时报》1937年9月18日第123、124期（九一八纪念特刊）第三版。
[6] 《解放》周刊1937年第1卷第2期第6页。
[7] 《救国时报》1937年9月18日第123、124期（九一八纪念特刊）第二版。
[8] 《解放》周刊1937年第1卷第2期第8页。
[9] 《救国时报》1937年9月18日第123、124期（九一八纪念特刊）第二版。
[10] 《解放》周刊1937年第1卷第2期第4页。
[11] 《救国时报》1937年9月18日第123、124期（九一八纪念特刊）第三版。
[12] 《解放》周刊1937年第1卷第2期第4页。
[13] 《救国时报》1937年9月18日第123、124期（九一八纪念特刊）第二版。

的意思相近，删去"若干"，避免语义的重复。删除"在苏联与日本之间"，增加"同时，日本帝国主义准备进攻苏联的形势，也更加紧张"。更明白。

《解放》版："……与法国人民阵线有区别的民族的统一战线的任务"①。《救国时报》版："……与法国人民阵线有区别的抗日的民族的统一战线的任务"②。增加"抗日的"，文中曾有三次增加"抗日"一词。《救国时报》版把"民族的统一战线"都改为了"抗日民族统一战线"，更清楚地表达了中国民族的统一战线是"抗日"的。

《解放》版："这就是一九三五年八一宣言"③。《救国时报》版："这就是一九三五年八月一日宣言"④。"八一宣言"改为"八月一日宣言"，更加通俗明白。

《解放》版："从一九三五年十二月九日开始的中国革命新时期的第一阶段"⑤。《救国时报》版："从一九三五年中共中央发表八一宣言及十二月九日平津学生举行英勇的抗日救国群众运动所开始的中国反日救国运动新时期的第一阶段"⑥。修改后更具体详细，更明白。

《解放》版："这一阶段的革命基本任务……"⑦《救国时报》版："在这一阶段我们党的基本任务……"⑧更清楚地表达了是中国共产党的基本任务。

《解放》版："方能在根据于民族矛盾与国内矛盾的变化"⑨。《救国时报》版："才能在根据于民族矛盾与国内矛盾在政治比重上的变化"⑩。增加"在政治比重上"，把"方能"改为"才能"，更通俗、明白。

《解放》版："所以无产阶级政党应该不拒绝他们、而极力的招致他们"⑪。《救国时报》版："所以无产阶级政党应该不拒绝他们，而应极力

---

① 《解放》周刊1937年第1卷第2期第4页。
② 《救国时报》1937年9月18日第123、124期（九一八纪念特刊）第二版。
③ 《解放》周刊1937年第1卷第2期第4页。
④ 《救国时报》1937年9月18日第123、124期（九一八纪念特刊）第二版。
⑤ 《解放》周刊1937年第1卷第2期第4页。
⑥ 《救国时报》1937年9月18日第123、124期（九一八纪念特刊）第二版。
⑦ 《解放》周刊1937年第1卷第2期第5页。
⑧ 《救国时报》1937年9月18日第123、124期（九一八纪念特刊）第二版。
⑨ 《解放》周刊1937年第1卷第2期第6页。
⑩ 《救国时报》1937年9月18日第123、124期（九一八纪念特刊）第二版。
⑪ 《解放》周刊1937年第1卷第2期第7页。

招致他们"①。"应该不……而应",这样的表述前后对应,更通俗、明白。

……

第五,使表述更准确、合理。

《解放》版:"全国性对日武装抗战之时的阶段、是中国革命新时期的第二个阶段"②。《救国时报》版:"全国性对日武装抗战的阶段,是抗日救国的第二个阶段"③。删去"之时",把"中国革命新时期"改为"抗日救国",表述更为准确、合理。

《解放》版:"在为着抗日救亡的总目标"④。《救国时报》版:"在为着抗日救国的总目标"⑤。把"救亡"改为"救国",更准确、合理。

《解放》版:"所以争取民主、是目前发展阶段中革命任务的中心一环"⑥。《救国时报》版:"所以争取民主,是目前发展阶段中抗日救国任务的中心一环"⑦。把"革命"改为"抗日救国",更准确、合理。

《解放》版:"为了建立民族统一战线共同对敌、国内的矛盾、必须给与适当的解决"⑧。《救国时报》版:"为了建立民族统一战线共同对敌,国内的某些矛盾,必须给与适当的解决"⑨。增加"某些",强调了不是解决所有的矛盾才能建立统一战线,这样的表述更合理。

《解放》版:"按照具体的政治条件将不能不是一个工农资产阶级联盟的国家"⑩。《救国时报》版:"按照具体的政治条件,应该是一个工农资产阶级联盟的国家"⑪。把"不能不"改为"应该",这样表述更合理。

《解放》版:"封建制度与人民大众之间的矛盾"⑫。《救国时报》版:"封建势力与人民大众之间的矛盾"⑬。把"制度"改为"势力",更

---

① 《救国时报》1937年9月18日第123、124期(九一八纪念特刊)第二版。
② 《解放》周刊1937年第1卷第2期第5页。
③ 《救国时报》1937年9月18日第123、124期(九一八纪念特刊)第二版。
④ 《解放》周刊1937年第1卷第2期第5页。
⑤ 《救国时报》1937年9月18日第123、124期(九一八纪念特刊)第二版。
⑥ 《解放》周刊1937年第1卷第2期第5页。
⑦ 《救国时报》1937年9月18日第123、124期(九一八纪念特刊)第二版。
⑧ 《解放》周刊1937年第1卷第2期第7页。
⑨ 《救国时报》1937年9月18日第123、124期(九一八纪念特刊)第三版。
⑩ 《解放》周刊1937年第1卷第2期第8页。
⑪ 《救国时报》1937年9月18日第123、124期(九一八纪念特刊)第三版。
⑫ 《解放》周刊1937年第1卷第2期第4页。
⑬ 《救国时报》1937年9月18日第123、124期(九一八纪念特刊)第二版。

合理些。

《解放》版："只有这种理论、才是指导中国革命走向胜利之途的南针"[1]。《救国时报》："只有这种理论才是指导中国革命走向胜利之前途的指南"[2]。后者的表述更合理。

……

第六，政治、思想性的修改。

《解放》版："共产党继续九一八后在三个条件下与国民党中愿意同我们合作抗日的部分订立抗日协定的政策……"[3]。《救国时报》版："共产党继续九一八后在三个条件（停止进攻苏区，人民的自由权利，武装人民）下与国民党中愿意同我们合作抗日的部分订立抗日协定的政策……"[4]《救国时报》版增加了三个条件的具体内容，明确了三个条件的政治性、政治意义。

《解放》版："政治上军事上经济上教育上的国防准备、都是救亡抗战的必须条件、而政治上的民主自由则为保证抗战胜利的中心一环"[5]。《救国时报》版："政治上军事上经济上教育上的国防准备，都是救亡抗战的必须条件，都是不可一刻延缓对于它们的准备工作的，而争取政治上的民主自由，则为保证抗战胜利的中心一环"[6]。《救国时报》版强调了"政治上军事上经济上教育上的国防准备"是不可一刻延缓的。其中第一位的政治上的国防准备就是要停止一切内战，集中国力，一致对外；保障言论、集会、结社之自由，释放一切政治犯，建设民主政体等，即强调了这些是不可一刻延缓的。

《解放》版："因此、我们必须迅速进行改革并在抗战的过程中进到彻底改革的程度"[7]。《救国时报》版："因此为随时能够抵抗日本的进攻并彻底战胜之，我们必须迅速进行改革，并准备在抗战的过程中进到彻底改革的程度"[8]。《救国时报》版增加了为什么要迅速进行改革的目的，强调了

---

① 《解放》周刊1937年第1卷第2期第8页。
② 《救国时报》1937年9月18日第123、124期（九一八纪念特刊）第三版。
③ 《解放》周刊1937年第1卷第2期第4页。
④ 《救国时报》1937年9月18日第123、124期（九一八纪念特刊）第二版。
⑤ 《解放》周刊1937年第1卷第2期第5页。
⑥ 《救国时报》1937年9月18日第123、124期（九一八纪念特刊）第二版。
⑦ 《解放》周刊1937年第1卷第2期第6页。
⑧ 《救国时报》1937年9月18日第123、124期（九一八纪念特刊）第二版。

改革的政治意义。

《解放》版："使国民党、共产党、全国人民、共同一致为民族独立、民权自由、民生幸福这三大目标而奋斗"[1]。《救国时报》版："使共产党，国民党，全国人民，共同一致为民族独立，民权自由，民生幸福这三大目标而奋斗"[2]。《解放》版把"国民党"放在"共产党"前面，《救国时报》版把"共产党"放在"国民党"前面，突出了共产党的作用、地位。

《解放》版："中国与苏联应该联合起来"[3]。《救国时报》版："中国应当与社会主义的苏联亲密的联合起来。"[4]更清楚地表达了中国共产党是要走社会主义道路的。

2. 上海大众出版社1937年《毛泽东论文集》版与《解放》周刊1937年第1卷第2期版异同

上海大众出版社1937年《毛泽东论文集》版32页上的（十四）是《解放》版没有的内容

上海大众出版社1937年出版的《毛泽东论文集》，是较早出版的毛泽东文集，首冠《毛泽东小传》，也是较早介绍毛泽东生平的文字。集中收入《中国抗日民族统一战线在目前阶段的任务》（以下简称《论文集》版），与《解放》版都分为三大部分，主要内容基本相同。主要不同是：

（1）标点不同

《解放》版的绝大多数顿号，《论文集》版与《救国时报》版相同，都

---

[1] 《解放》周刊1937年第1卷第2期第6页。
[2] 《救国时报》1937年9月18日第123、124期（九一八纪念特刊）第二版。
[3] 《解放》周刊1937年第1卷第2期第4页。
[4] 《救国时报》1937年9月18日第123、124期（九一八纪念特刊）第二版。

改为了逗号。详见前文。

（2）第一个小标题不同

《解放》版："民族矛盾与国内矛盾的目前发展阶段"[①]。《论文集》版："民族矛盾与国内矛盾的"[②]，即漏了几个字，这可能是排版、印刷中出现的问题。

（3）序号、小节变化

《解放》版第2小节"（二）"中有5个序号："甲、""乙、""丙、""丁、""戊、"，《论文集》版与《救国时报》版相同，改成："（A）""（B）""（C）""（D）""（E）"。

《解放》版分18小节，有序号"（一）"至"（十八）"。《论文集》版与《救国时报》版相同，分19小节，有序号"（一）"至"（十九）"。即《论文集》版增加了一小节，在第二部分"为民主与自由而斗争"的末尾增加了："（十四）在为抗日民族统一战线与统一的民主共和国而斗争的总任务之下，红军与苏区的任务是……"

（4）文字不同

《论文集》版对《解放》版的一些文字进行了修改，很多与《救国时报》版对《解放》版的文字进行的修改相同，为了避免重复叙述，以下主要举一些《救国时报》版没有修改之处。

第一，补遗漏字。

《解放》版遗漏了一些字，《论文集》版与《救国时报》版相同，都补上了。详见前文。

第二，不改变文义的文字修改。

《解放》版："中国与日本以外其他帝国主义之矛盾亦然"[③]。《论文集》版："中国与日本以外的其他帝国主义之矛盾亦然"[④]。增加"的"，不改变文义。

[①] 《解放》周刊1937年第1卷第2期第4页。
[②] 《毛泽东论文集》，上海大众出版社1937年版，第18页。
[③] 《解放》周刊1937年第1卷第2期第4页。
[④] 《毛泽东论文集》，上海大众出版社1937年版，第21页。

《解放》版："英国对日政策去向比较的强硬"[1]。《论文集》版："英国对日本政策去向比较的强硬"[2]。增加"本",不改变文义。

《解放》版："南京在中日谈判中较强硬态度"[3]。《论文集》版："南京在中日谈判中的较强硬态度"[4]。增加"的",不改变文义。

《解放》版："但反对无期准备论"[5]。《论文集》版："但反对无期准备"[6]。删"论",不影响文义。

《解放》版："停止以武力推翻国民党的方针"[7]。《论文集》版："停止武力推翻国民党的方针"[8]。删"以",不改变文义。

《解放》版："停止没收地主的土地"[9]。《论文集》版："停止没收地主土地"[10]。删"的",不改变文义。

《解放》版："党在此阶段内提出了正确的动员口号"[11]。《论文集》版："在此阶段内提了正确的动员口号"[12]。删了"党""出",不改变文义。

……

第三,译名修改。

《论文集》版译名修改,与《救国时报》版相同。详见前文。

使文字表述更通俗、明白的文字修改:

《解放》版："所以争取民主、是目前发展阶段中革命任务的中心一环"[13]。《论文集》版："所以争取民主,是目前发展阶段中抗日救国任务的中心一环"[14]。把"革命"改为"抗日救国",任务更加明白。

……

第四,使表述更准确、合理。

---

[1] 《解放》周刊1937年第1卷第2期第5页。
[2] 《毛泽东论文集》,上海大众出版社1937年版,第21页。
[3] 《解放》周刊1937年第1卷第2期第5页。
[4] 《毛泽东论文集》,上海大众出版社1937年版,第21页。
[5] 《解放》周刊1937年第1卷第2期第5页。
[6] 《毛泽东论文集》,上海大众出版社1937年版,第24页。
[7] 《解放》周刊1937年第1卷第2期第6页。
[8] 《毛泽东论文集》,上海大众出版社1937年版,第28页。
[9] 《解放》周刊1937年第1卷第2期第6页。
[10] 《毛泽东论文集》,上海大众出版社1937年版,第28页。
[11] 《解放》周刊1937年第1卷第2期第5页。
[12] 《毛泽东论文集》,上海大众出版社1937年版,第22页。
[13] 《解放》周刊1937年第1卷第2期第5页。
[14] 《毛泽东论文集》,上海大众出版社1937年版,第23页。

这方面的修改，基本上与《救国时报》版相同。详见前文。

第五，政治、思想性的修改。

《解放》版："由于一九二七年资产阶级国民党叛变革命"[①]。《论文集》版："由于一九二七年资产阶级叛变革命"[②]。删"国民党"，即不直接点名批评国民党。这出于国共合作的需要，是为国共合作服务的。

第六，《论文集》版文字上的失误。

《解放》版："将政治制度上一党派一阶级的独裁专制政体、变为各党派各阶级合作的民主政体。"[③]《论文集》版："将党治制度上共党派一阶级的独裁专制政体。变为各党派各阶级合作的民主政体，"[④]。这里的"共党派"应是"一党派"之误。

《解放》版："苏维埃工农共和国口号、不是违背资产阶级民主革命任务的、而是坚决执行资产阶级民主革命任务的"[⑤]。《论文集》版："苏维埃工农共和国口号，不是违背资产阶级民主革命任务的而是坚持执行资产阶级民主革命任务的而是坚持执行资产阶级民主革命任务的"[⑥]。《论文集》版重复了两次"而是坚持执行资产阶级民主革命任务的"，这应是失误。

这些文字上的失误，大概是编辑、排版、印刷时出现的失误。

3. 新华日报馆1939年《毛泽东救国言论选集》版与《解放》周刊1937年第1卷第2期版异同

新华日报馆1939年《毛泽东救国言论选集》版书影

[①] 《解放》周刊1937年第1卷第2期第4页。
[②] 《毛泽东论文集》，上海大众出版社1937年版，第18页。
[③] 《解放》周刊1937年第1卷第2期第5页。
[④] 《毛泽东论文集》，上海大众出版社1937年版，第25页。
[⑤] 《解放》周刊1937年第1卷第2期第7页。
[⑥] 《毛泽东论文集》，上海大众出版社1937年版，第30页。

新华日报馆1939年出版的《毛泽东救国言论选集》收入了《中国抗日民族统一战线在目前阶段的任务》（以下简称"1939年版"），这个版本与《解放》版的内容基本相同，也是18小节。不同之处有325处，其中标点符号的不同有315处，占比重较大，主要是顿号改逗号等，就不一一列举。文字不同有9处，误改1处。

两个版本的一个重要不同是报告的时间。《解放》版报告的副标题为："四月十日在延安共产党活动份子会报告提纲"。1939年版报告的副标题为："一九三七年四月十五日，在延安共产党活动份子会报告提纲"[1]。报告的时间问题，在1937年5月1日出版的《解放》周刊第1卷第2期上就产生了。这一期报告正文前的报告的副标题为："四月十日在延安共产党活动份子会报告提纲"，而这一期目录中报告的副标题为："四月十五日在延安共产党活动份子会的报告提纲"[2]。1939年版署的报告时间，应该来自《解放》周刊第1卷第2期的目录。在延安共产党活动分子会上报告的时间是"四月十日"还是"四月十五日"呢？因为毛泽东在延安共产党活动分子会上作报告一事，当时的《新中华报》没有报道，中共中央文献研究室编《毛泽东年谱 1893—1949》上卷（中央文献出版社2013年版）没有记载，《张闻天年谱》等也没有涉及（当时有不少会议都是毛泽东、张闻天一起参加的，如1937年4月12日，在延安举行的西北青年救国代表大会第一次大会开幕典礼，毛泽东、张闻天一起参加，分别发表了演讲），也尚未见到有当事人，如出席延安共产党活动分子会的人的回忆资料，档案资料也暂时无法查阅，所以毛泽东在延安共产党活动分子会上报告的时间是"四月十日"还是"四月十五日"，暂时还无法查证，只有等日后发现新的相关资料了。这个问题存疑俟考。

此外，《解放》版："一九二七年资产阶级国民党叛变革命"[3]。1939年版："一九二七年资产阶级叛变革命"[4]。

《解放》版："抗日民族统一战线获得真正的坚实的建立之必须条

---

[1] 《毛泽东救国言论选集》，新华日报馆1939年版，第1页前标题页。
[2] 《解放》周刊1937年第1卷第2期目录。
[3] 《解放》周刊1937年第1卷第2期第4页。
[4] 《毛泽东救国言论选集》，新华日报馆1939年版，第1页前标题页。

件"[1]。1939年版："抗日民族统一战线获得真正的坚实的建立之必需条件"[2]。把"必须"改为"必需"。

《解放》版："这些保证、是必须的与许可的。"[3] 1939年版："这些保证，是必要的与许可的。"[4]

《解放》版："向着关门主义与冒险主义、同时又向着尾巴主义作斗争、是执行党的任务的必须条件。"[5] 1939年版："向着关门主义与冒险主义，同时又向着尾巴主义作斗争，是执行党的任务的必需条件。"[6]

《解放》版："对于中国的和平统一、"[7]。1939年版："对于中国和平统一、"[8]。

《解放》版："用立法的手段及别的适当方法去解决土地问题。"[9] 1939年版："用合法的手段及别的适当方法去解决土地问题。"[10]

《解放》版："抗日民族统一战线之增强扩大、"[11]。1939年版："抗日民族统一战线的增强扩大，"[12]。

《解放》版："牺牲工农利益、"[13]。1939年版："牺牲了工农利益，"[14]。

《解放》版："指导中国革命走向胜利之途的南针。"[15] 1939年版："指导中国革命走向胜利之途的指南针。"[16]

有一处误改，《解放》版："第二"[17]。1939年版："第三"[18]。结合

---

[1] 《解放》周刊1937年第1卷第2期第6页。
[2] 《毛泽东救国言论选集》，新华日报馆1939年版，第7页。
[3] 《解放》周刊1937年第1卷第2期第6页。
[4] 《毛泽东救国言论选集》，新华日报馆1939年版，第7页。
[5] 《解放》周刊1937年第1卷第2期第8页。
[6] 《毛泽东救国言论选集》，新华日报馆1939年版，第13页。
[7] 《解放》周刊1937年第1卷第2期第6页。
[8] 《毛泽东救国言论选集》，新华日报馆1939年版，第7页。
[9] 《解放》周刊1937年第1卷第2期第7页。
[10] 《毛泽东救国言论选集》，新华日报馆1939年版，第10页。
[11] 《解放》周刊1937年第1卷第2期第7页。
[12] 《毛泽东救国言论选集》，新华日报馆1939年版，第10页。
[13] 《解放》周刊1937年第1卷第2期第8页。
[14] 《毛泽东救国言论选集》，新华日报馆1939年版，第13页。
[15] 《解放》周刊1937年第1卷第2期第8页。
[16] 《毛泽东救国言论选集》，新华日报馆1939年版，第14页。
[17] 《解放》周刊1937年第1卷第2期第7页。
[18] 《毛泽东救国言论选集》，新华日报馆1939年版，第12页。

1939年版文章前后，此处应该是"第二"，因为此文后面有第三和第四。

总体来说，这两个版本虽有文字改动，基本上不影响文义，可能是编辑所为。

4. 中共中央书记处1943年编印《两条路线》（上）版与《解放》周刊1937年第1卷第2期版异同

中共中央书记处1943年编印《两条路线》（上）版书影

中共中央书记处1943年编印的《两条路线》上册收入《中国抗日民族统一战线在目前阶段的任务》（以下简称"1943年版"），与《解放》版一样，都分三部分，主要不同是：

（1）题名、时间标注不同

《解放》版题为："中国抗日民族统一战线在目前阶段的任务（四月十日在延安共产党活动份子会报告提纲）"。1943年版有一个总题目为："毛泽东同志在苏区党代表大会上的政治报告及结论——一九三七年五月三日至七日——"，然后分："甲　报告——中国抗日民族统一战线在目前阶段的任务（提纲）"[①]，"乙　结论——为争取千百万群众进入抗日民族统一战线而斗争"[②]。1943年版"甲　报告"的题目采用了《解放》版的题目。

（2）序号、小节变化

《解放》版三个部分"民族矛盾与国内矛盾的目前发展阶段""为民主与自由而斗争""我们的领导责任"题名前没有序号，1943年版在三个部分

[①]　《两条路线》（上），中共中央书记处1943年编印，第329页。
[②]　《两条路线》（上），中共中央书记处1943年编印，第335页。

题名前分别加了"1""2""3"。

《解放》版第2小节"（二）"中有5个序号："甲、""乙、""丙、""丁、""戊、"。1943年版改成："（A）""（B）""（C）""（D）""（E）"，与《救国时报》版相同。

《解放》版分18小节，有序号"（一）"至"（十八）"。1943年版分19小节，有序号"（一）"至"（十九）"。即1943年版增加了一小节，在第二部分"2为民主与自由而斗争"的末尾增加了："（十四）在为抗日民族统一战线与统一的民主共和国而斗争的总任务之下，红军与苏区的任务是……"，与《救国时报》版相同。

（3）标点不同有300多处

《解放》版的绝大多数顿号，1943年版都改为逗号，与《救国时报》版相同，详见前文。此外：

《解放》版："……团结一致共同赴敌"[①]。1943年版："……团结一致，共同赴敌"[②]。

《解放》版："而开始接受我们的即全国人民迫切要求……"[③]。1943年版："而开始接受我们的，即全国人民迫切要求……"[④]。

《解放》版："在保卫中国的大前提之下来解决农民土地问题。"[⑤]1943年版："在保卫中国的大前提之下来解决农民的土地问题，"[⑥]。

（4）文字不同

1943年版对《解放》版的一些文字进行的修改，很多与《救国时报》版对《解放》版的文字修改相同，为了避免重复叙述，以下主要举一些《救国时报》版没有修改之处。

第一，补遗漏字。

《解放》版遗漏了一些字，1943年版都补上了，与《救国时报》版相同，详见前文。

[①]　《解放》周刊1937年第1卷第2期第7页。
[②]　《两条路线》（上），中共中央书记处1943年编印，第330页。
[③]　《解放》周刊1937年第1卷第2期第5页。
[④]　《两条路线》（上），中共中央书记处1943年编印，第330页。
[⑤]　《解放》周刊1937年第1卷第2期第7页。
[⑥]　《两条路线》（上），中共中央书记处1943年编印，第333页。

第二，不改变文义的文字修改。

《解放》版："中国很久以来是处在两种剧烈的基本的矛盾斗争中"[①]。1943年版："中国很久以来就是处在两种剧烈的基本的矛盾斗争中"[②]。增加"就"，不改变文义。

《解放》版："把他提高到建立全民的抗日民族统一战线的政策"[③]。1943年版："把它提高到建立全民的抗日民族统一战线的新政策"[④]。"他"改为"它"，增加"新"。不改变文义。（《解放》版中的"他"，1943年版基本上都改为"它"）

《解放》版："提出了苏维埃工农民主共和国的口号"[⑤]。1943年版："提出苏维埃工农民主共和国的口号"[⑥]。删"了"，不改变文义。

《解放》版："乃是革命成败的关键"[⑦]。1943年版："乃是革命成败之关键"[⑧]。"的"改为"之"，不改变文义。

第三，译名修改，多了一处。

《解放》版："亚比西尼亚"[⑨]。1943年版："阿比西尼亚"[⑩]。

第四，使表述更通俗、明白。

这方面的修改，1943年版与《救国时报》版基本相同，详见前文。

第五，使表述更准确、合理。

《解放》版："在苏联与日本之间"[⑪]。1943年版："在社会主义苏联与日本之间"[⑫]。增加"社会主义"，表明了苏联的性质，表明了苏联、日本两国的区别。

《解放》版："都是直接间接围绕着建立民族统一战线这个历史要求

---

① 《解放》周刊1937年第1卷第2期第4页。
② 《两条路线》（上），中共中央书记处1943年编印，第329页。
③ 《解放》周刊1937年第1卷第2期第4页。
④ 《两条路线》（上），中共中央书记处1943年编印，第330页。
⑤ 《解放》周刊1937年第1卷第2期第7页。
⑥ 《两条路线》（上），中共中央书记处1943年编印，第333页。
⑦ 《解放》周刊1937年第1卷第2期第7页。
⑧ 《两条路线》（上），中共中央书记处1943年编印，第334页。
⑨ 《解放》周刊1937年第1卷第2期第5页。
⑩ 《两条路线》（上），中共中央书记处1943年编印，第331页。
⑪ 《解放》周刊1937年第1卷第2期第4页。
⑫ 《两条路线》（上），中共中央书记处1943年编印，第329页。

的"①。1943年版："都是直接围绕着建立抗日民族统一战线这个历史要求的"②。删除"间接"，增加"抗日"，表述更准确。

《解放》版："将政治制度上一党派一阶级的独裁专制政体、变为各党派各阶级合作的民主政体。"③ 1943年版："将政治制度上一党一派一阶级的独裁专制政体，变为各党各派各阶级合作的民主政体。"④ "一党派一阶级"改为"一党一派一阶级"，增加"各"，表述更准确，更能说明问题。

第六，政治、思想性的修改。

这方面的修改，1943年版与《救国时报》版基本相同，详见前文。

5. 晋察冀日报社1944年《毛泽东选集》卷二版与中共中央书记处1943年编印《两条路线》（上）版异同

晋察冀日报社1944年《毛泽东选集》五卷合订精装本书影

晋察冀日报社编、晋察冀新华书店1944年出版的《毛泽东选集》是最早的《毛泽东选集》，其中卷二收入了《中国抗日民族统一战线在目前阶段的任务（一九三七年五月三日在苏区党代表大会上的政治报告提纲）》（以下简称"1944年版"）及《为争取千百万群众进入抗日民族统一战

---

① 《解放》周刊1937年第1卷第2期第4—5页。
② 《两条路线》（上），中共中央书记处1943年编印，第330页。
③ 《解放》周刊1937年第1卷第2期第5页。
④ 《两条路线》（上），中共中央书记处1943年编印，第331页。

线而斗争》，即把毛泽东在苏区党代表会议上作的报告、结论分开单独收入集子。这样，1943年版采用的先设总题目："毛泽东同志在苏区党代表大会上的政治报告及结论"，再分："甲　报告——中国抗日民族统一战线在目前阶段的任务（提纲）"，"乙　结论——为争取千百万群众进入抗日民族统一战线而斗争"的形式，1944年版就不采用了。1944年版，报告正文前的标题为："中国抗日民族统一战线在目前阶段的任务——一九三七年五月三日在苏区党代表大会上的政治报告提纲"。

1944年版的正文与1943年版的正文大致相同，也是三大部分19个小节，只是有个别的标点与文字的不同。

（1）标点符号不同有6处

1943年版："改良生活及与外国和平谈判"[①]。1944年版："改良生活、及与外国和平谈判"[②]。

1943年版："向和平、民主与抗战的方向转变，而开始接受我们的，即全国人民迫切要求的……"[③] 1944年版："向和平、民主、与抗战的方向转变，而开始接受我们的即全国人民迫切要求的……"[④]

1943年版："进一步的批评、推动与督促国民党"[⑤]。1944年版："进一步的批评推动与督促国民党"[⑥]。

1943年版："他们无疑的又要来破坏。"[⑦] 1944年版："他们无疑的又要来破坏，"[⑧]。

1943年版："内战，独裁，与不抵抗政策"[⑨]。1944年版："内战，独裁与不抵抗政策"[⑩]。

1943年版："因此，按照社会条件"[⑪]。1944年版："因此按照社会

---

① 《两条路线》（上），中共中央书记处1943年编印，第300页。
② 《毛泽东选集》卷二，晋察冀日报社1944年版，第5页。
③ 《两条路线》（上），中共中央书记处1943年编印，第300页。
④ 《毛泽东选集》卷二，晋察冀日报社1944年版，第6页。
⑤ 《两条路线》（上），中共中央书记处1943年编印，第330页。
⑥ 《毛泽东选集》卷二，晋察冀日报社1944年版，第6页。
⑦ 《两条路线》（上），中共中央书记处1943年编印，第332页。
⑧ 《毛泽东选集》卷二，晋察冀日报社1944年版，第9页。
⑨ 《两条路线》（上），中共中央书记处1943年编印，第332页。
⑩ 《毛泽东选集》卷二，晋察冀日报社1944年版，第10页。
⑪ 《两条路线》（上），中共中央书记处1943年编印，第332页。

（2）文字不同有7处

1943年版："部分"②。1944年版："部份"③。（1943版中的"分"，1944年版基本上都改为"份"）。

1943年版："站在它们自己的利益上"④。1944年版："站在他们自己的利益上"⑤。（1943版中的"它"，1944年版基本上都改为"他"）。

1943年版："中日民族矛盾的发展"⑥。1944年版："中国民族矛盾的发展"⑦。

1943年版："南京在中日谈判中的较强硬态度"⑧。1944年版："南京在中日谈判中较强硬态度"⑨。去"的"，不改变文义。

1943年版："莫索里尼"⑩。1944年版："墨索里尼"⑪。

1943年版："托洛茨基派"⑫。1944年版："托洛斯基派"⑬。（1943版中的"茨"，1944年版基本上都改为"斯"）。

1943年版："乃是中国革命成败之关键"⑭。1944年版："乃是中国革命成败的关键"⑮。"之"改为"的"，不改变文义。

此外，1943年版第2小节"（二）"中的5个序号："（A）""（B）""（C）""（D）""（E）"。1944年版改为："甲、""乙、""丙、""丁、""戊、"。

通过1944年版与1943年版的校勘，看到1944年版与1943年版的异同，也

---

① 《毛泽东选集》卷二，晋察冀日报社1944年版，第16页。
② 《两条路线》（上），中共中央书记处1943年编印，第330页。
③ 《毛泽东选集》卷二，晋察冀日报社1944年版，第4页。
④ 《两条路线》（上），中共中央书记处1943年编印，第330页。
⑤ 《毛泽东选集》卷二，晋察冀日报社1944年版，第5页。
⑥ 《两条路线》（上），中共中央书记处1943年编印，第330页。
⑦ 《毛泽东选集》卷二，晋察冀日报社1944年版，第5页。
⑧ 《两条路线》（上），中共中央书记处1943年编印，第330页。
⑨ 《毛泽东选集》卷二，晋察冀日报社1944年版，第5页。
⑩ 《两条路线》（上），中共中央书记处1943年编印，第331页。
⑪ 《毛泽东选集》卷二，晋察冀日报社1944年版，第7页。
⑫ 《两条路线》（上），中共中央书记处1943年编印，第332页。
⑬ 《毛泽东选集》卷二，晋察冀日报社1944年版，第9页。
⑭ 《两条路线》（上），中共中央书记处1943年编印，第334页。
⑮ 《毛泽东选集》卷二，晋察冀日报社1944年版，第14页。

基本可以了解1944年版与《解放》版的异同。

（二）1949年10月以后版本校勘与分析

1950年5月，中共中央毛泽东选集出版委员会成立，毛泽东亲自参与了《毛泽东选集》编辑，亲自修改、审定每一篇论著。《任务》经过毛泽东修改，被收入人民出版社1951年10月出版的第一版《毛泽东选集》第一卷（以下简称"1951年《毛选》版"）。这个版本较《解放》版有较多修改（下节详论）。但此后的各种版本的《任务》，除繁简字体、横竖版式、页码、个别文字、注释略有不同外，基本文字都与1951年《毛选》版相同。

1. 《人民日报》1951年8月23日版与人民出版社1951年《毛泽东选集》第一卷版异同

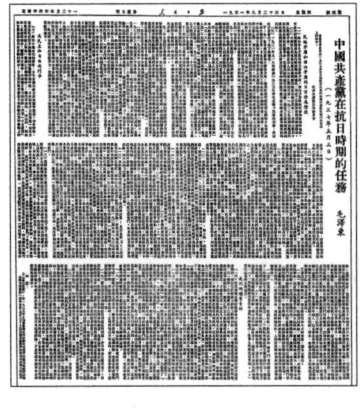

《人民日报》1951年8月23日第3版图片　　人民出版社1951年《毛泽东选集》第一卷版书影

《人民日报》1951年8月23日第3版至第4版刊登了《任务》（以下简称"《人民日报》版"）。刊登时，"毛泽东选集出版委员会"在正文前加了一个题注："这是毛泽东同志一九三七年五月在延安召集的中国共产党全国代表会议上的报告。"这个题注与1951年《毛选》版增加的题注是相同的。这说明，1951年8月，《毛选》第一卷已基本编辑完成，在《毛选》第一卷出版前，毛泽东选了《毛选》第一卷中的几篇先在《人民日报》发表，《任务》是其中之一。《人民日报》版与1951年《毛选》版的文字，基本上是相

同的。

标题相同，都是"中国共产党在抗日时期的任务"。

题注内容相同，但题注位置不同。《人民日报》版的题注就在标题之后，1951年《毛选》版的题注是在下一页（《毛泽东选集》第一卷第250页）。

正文相同，都为20小节。注释相同，都为18个。

不同之处主要是：

（1）标点符号有3处不同

《人民日报》版："……国民党政权尖锐对立以及民族和民主革命的任务……"①1951年《毛选》版："……国民党政权尖锐对立，以及民族和民主革命的任务……"②

《人民日报》版："一九三七年二月致国民党三中全会电〔七〕，等等步骤之所由来。"③1951年《毛选》版："一九三七年二月致国民党三中全会电〔七〕等等步骤之所由来。"④

《人民日报》版："团结国民党内的主张和平民主抗日的分子，"⑤。1951年《毛选》版："团结国民党内的主张和平、民主、抗日的分子，"⑥。

（2）文字有7处不同

《人民日报》版："一九三一年九一八事变和一九三五年华北事变〔一〕以来的形势，"⑦。1951年《毛选》版："一九三一年九一八事变特别是一九三五年华北事变〔一〕以来的形势"⑧。增加"特别是"。

《人民日报》版："停止进攻革命根据地，人民的自由权利，武装人民"⑨。1951年《毛选》版："停止进攻革命根据地，保障人民的自由权利，武装人民"⑩。多"保障"二字。

---

① 《人民日报》1951年8月23日第3版。
② 《毛泽东选集》第一卷，人民出版社1951年版，第249页。
③ 《人民日报》1951年8月23日第3版。
④ 《毛泽东选集》第一卷，人民出版社1951年版，第251页。
⑤ 《人民日报》1951年8月23日第3版。
⑥ 《毛泽东选集》第一卷，人民出版社1951年版，第252页。
⑦ 《人民日报》1951年8月23日第3版。
⑧ 《毛泽东选集》第一卷，人民出版社1951年版，第249页。
⑨ 《人民日报》1951年8月23日第3版。
⑩ 《毛泽东选集》第一卷，人民出版社1951年版，第249页。

《人民日报》版："中国共产党与中国人民"[①]。1951年《毛选》版："中国共产党和中国人民"[②]。"与"改为"和"。

《人民日报》版："国内阶级间矛盾"[③]。1951年《毛选》版："国内阶级间的矛盾"[④]。多"的"。

《人民日报》版："适当地解决国内国际在现时可能和必须解决的矛盾，"[⑤]。1951年《毛选》版："适当地调整国内国际在现时可能和必须调整的矛盾，"[⑥]。"解决"改为"调整"。

《人民日报》版："实行这种让步是为了去换得全民族所需要的和平、民主与抗战。"[⑦]1951年《毛选》版："实行这种让步是为了去换得全民族所需要的和平、民主和抗战。"[⑧]"与"改为"和"。

《人民日报》版："以国民党为代表的资产阶级还带着更多的被动性和保守性"[⑨]。1951年《毛选》版："以国民党为代表的资产阶级还带着很多的被动性和保守性"[⑩]。"更多"改为"很多"。

（3）注释的文字略有不同

《人民日报》版注《八月宣言》为："为的使国防政府真能担当起国防重任，为的使抗日联军真能担负起抗日重责，"[⑪]。1951年《毛选》版修改为："为了使国防政府真能担当起国防重任，为了使抗日联军真能担负起抗日重责，"[⑫]。

《人民日报》版注十二月决议为："因为这就离开了总的反革命力量，"[⑬]。1951年《毛选》版修改为："因为这使他们就离开了总的反革命

---

① 《人民日报》1951年8月23日第3版。
② 《毛泽东选集》第一卷，人民出版社1951年版，第251页。
③ 《人民日报》1951年8月23日第3版。
④ 《毛泽东选集》第一卷，人民出版社1951年版，第251页。
⑤ 《人民日报》1951年8月23日第3版。
⑥ 《毛泽东选集》第一卷，人民出版社1951年版，第251页。
⑦ 《人民日报》1951年8月23日第3版。
⑧ 《毛泽东选集》第一卷，人民出版社1951年版，第255—256页。
⑨ 《人民日报》1951年8月23日第3版。
⑩ 《毛泽东选集》第一卷，人民出版社1951年版，第259页。
⑪ 《人民日报》1951年8月23日第3版。
⑫ 《毛泽东选集》第一卷，人民出版社1951年版，第262页。
⑬ 《人民日报》1951年8月23日第3版。

力量，"①。

《人民日报》版注《致国民党书》为："〔五〕这封信对于国民党的反动统治和当时国民党二中全会……"②1951年《毛选》版修改为："见《关于蒋介石声明的声明》注释七"③。

《人民日报》版注民主共和国决议为："〔六〕一九三五年十二月毛泽东同志在《论反对日本帝国主义的策略》一文中提出了人民共和国的口号。随后，根据情况的需要，党采取了迫蒋抗日的政策，估计人民共和国这个口号不会为蒋介石集团所接受，于是在一九三六年九月党中央作出了'关于抗日救亡运动的新形势与民主共和国的决议'，在这个决议中改用了民主共和国的口号。两个文件中共和国的名称虽有不同，关于共和国的构成及其应有的政策的规定则是一致的。以下是这个决议的要点……"④1951年《毛选》版："一九三五年十二月中共中央政治局会议所通过的《关于目前政治形势与党的任务决议》和毛泽东同志的《论反对日本帝国主义的策略》的报告，提出了人民民主共和国的口号。随后，根据情况的需要，党采取了迫蒋抗日的政策，估计人民共和国这个口号不会为蒋介石集团所接受，于是在一九三六年八月致国民党信中，改用了民主共和国的口号。接着又在同年九月党中央所作的《关于抗日救亡运动的新形势与民主共和国的决议》中，对于民主共和国的口号作了具体的说明。两个口号形式上虽有不同，实质上却是一致的。以下是一九三六年九月党中央决议中关于民主共和国问题的两节……"⑤。

《人民日报》版注国民党三中全会为："（二）言论、集会、结社之自由，"⑥。1951年《毛选》版修改为："（二）保障言论、集会、结社之自由，"⑦。

《人民日报》版注我们的答复是同意的为："〔一六〕孙中山所说

---

① 《毛泽东选集》第一卷，人民出版社1951年版，第263页。
② 《人民日报》1951年8月23日第4版。
③ 《毛泽东选集》第一卷，人民出版社1951年版，第265页。
④ 《人民日报》1951年8月23日第4版。
⑤ 《毛泽东选集》第一卷，人民出版社1951年版，第265页。
⑥ 《人民日报》1951年8月23日第4版。
⑦ 《毛泽东选集》第一卷，人民出版社1951年版，第266页。

的三民主义，就是他所提出的关于民族、民权、民生三个问题的原则和纲领，"①。1951年《毛选》版修改为："〔一六〕这里所说的孙中山的三民主义，是指他所提出的关于民族、民权、民生三个问题的原则和纲领，"②。

《人民日报》版注无产阶级变为资产阶级的尾巴的时候为："〔一八〕这里是指当时党中央的机会主义领导。"③ 1951年《毛选》版修改为："〔一八〕这里是指一九二七年上半年党中央的机会主义领导所造成的情况。"④

2. 人民出版社1952年单行本与人民出版社1951年《毛泽东选集》第一卷版异同

人民出版社1952年《中国共产党在抗日时期的任务》单行本书影

人民出版社1952年出版的《任务》单行本，是据人民出版社1952年7月《毛泽东选集》第一卷重排本排印的，以下论述，以此单行本1965年11月北京第6次印刷本为据（以下简称"1952年单行本1965年印刷本"），1952年单行本1965年印刷本与1951年《毛选》版二者均为繁体字竖排。其内容、格式都大体相同，主要的不同在于注释有所增减、调整。

（1）题注不同

1951年《毛选》版："这是毛泽东同志一九三七年五月在延安召集的中

---

① 《人民日报》1951年8月23日第4版。
② 《毛泽东选集》第一卷，人民出版社1951年版，第267页。
③ 《人民日报》1951年8月23日第4版。
④ 《毛泽东选集》第一卷，人民出版社1951年版，第267页。

国共产党全国代表会议上的报告。"1952年单行本1965年印刷本："这是毛泽东同志一九三七年五月三日在延安召集的中国共产党全国代表会议上的报告。"①

（2）注释不同

1951年《毛选》版有18条注释，1952年单行本1965年印刷本有21条注释。

1952年单行本1965年印刷本，增加了"九一八事变"（注释〔一〕）、"西安事变"（注释〔八〕）、"托洛茨基派"（注释〔一七〕）三条注释。这3处，1951年《毛选》版没有加注释。

1951年《毛选》版："〔五〕见《关于蒋介石声明的声明》注七。"② 1952年单行本1965年印刷本注《致国民党书》修改为："〔五〕这封信对于国民党的反动统治和当时的国民党二中全会……"③

1951年《毛选》版："〔一六〕这里所说的孙中山的三民主义，是指他所提出的关于民族、民权、民生三个问题的原则和纲领，并不指他的宇宙观或理论体系。共产党人在资产阶级民主革命阶段中同意孙中山的纲领的基本方面，而和他合作，但并不同意他所代表的资产阶级和小资产阶级的宇宙观或理论体系。在宇宙观或理论体系上，在民族问题或其他问题的理论观点上，作为中国无产阶级先锋队的共产党人是和孙中山完全不相同的。请参看毛泽东同志的《新民主主义论》。"④ 1952年单行本1965年印刷本注我们的答复是同意的为："〔一九〕这里所说的孙中山的三民主义，是指他所提出的关于民族、民权、民生三个问题的原则和纲领，并不指他的宇宙观或理论体系。共产党人在资产阶级民主革命阶段中同意孙中山的纲领的基本方面，而和他合作，但并不同意他所代表的资产阶级和小资产阶级的宇宙观或理论体系。在宇宙观或理论体系上，在民族问题或其他问题的理论观点上，作为中国无产阶级先锋队的共产党人是和孙中山完全不相同的。"⑤ 1952年单行本1965年印刷本没有"请参看毛泽东同志的《新民主主义论》"这句话。

---

① 《中国共产党在抗日时期的任务》，人民出版社1952年版1965年第6次印刷本，扉页。
② 《毛泽东选集》第一卷，人民出版社1951年版，第265页。
③ 《中国共产党在抗日时期的任务》，人民出版社1952年版1965年第6次印刷本，第21—23页。
④ 《毛泽东选集》第一卷，人民出版社1951年版，第267页。
⑤ 《中国共产党在抗日时期的任务》，人民出版社1952年版1965年第6次印刷本，第27页。

3. 人民出版社1967年《毛泽东选集》（袖珍一卷本）版与人民出版社1951年《毛泽东选集》第一卷版异同

人民出版社1967年《毛选》（袖珍一卷本）版书影

人民出版社1967年《毛选》（袖珍一卷本）版（以下简称："1967年《毛选》袖珍一卷本版"）与1951年《毛选》版相校，1951年《毛选》版为繁体字竖排版，1967年《毛选》袖珍一卷本版为简体字横排版。两个版本的文字基本相同。主要的不同在于注释。

1951年《毛选》版的注释序号为："〔一〕""〔二〕""〔三〕"……"〔十八〕"。1967年《毛选》袖珍一卷本版为："〔1〕""〔2〕""〔3〕"……"〔17〕"。

1951年《毛选》版注释〔八〕（注"中国革命新时期的第一阶段"）："在一九三五年，全国人民的爱国运动开始新的高潮。北京学生在中国共产党领导之下，首先在十二月九日举行爱国的示威，提出'停止内战一致对外'，'打倒日本帝国主义'等口号。这个运动冲破了国民党政府与日寇联盟的长期恐怖统治，很快得到了全国人民的响应。人民称为'一二九运动'。全国各阶级的关系由此很明显地表现出新的变化，中国共产党提出的抗日民族统一战线成为一切爱国人民共同主张的国是。蒋介石政府的卖国政策极大地被孤立了。"[1] 1967年《毛选》袖珍一卷本版删除了这条注释。

---

[1] 《毛泽东选集》第一卷，人民出版社1951年版，第250页。

《中国共产党在抗日时期的任务》版本研究

4. 人民出版社1991年《毛泽东选集》第一卷版与人民出版社1951年《毛泽东选集》第一卷版异同

人民出版社1991年《毛泽东选集》第一卷版书影

人民出版社1991年出版了《毛泽东选集》第2版（横排简体字）（以下简称"1991年版"），与1951年《毛选》版相校，有两处不同：

标点符号的修改1处：

1951年《毛选》版："……地位、而产生的……"1991年版："……地位而产生的……"①

文字的修改1处：

1951年《毛选》版："成份"②。1991年版："成分"③。

主要的不同是题解和注释的增加或修改。

关于题解，1951年《毛选》版："这是毛泽东同志一九三七年五月在延安召集的中国共产党全国代表会议上的报告。"④ 1991年版："这是毛泽东在一九三七年五月二日至十四日在延安召开的中国共产党全国代表会议上的报告。"⑤ 这个修改把会议的具体时间交待清楚了。但还是没有把报告的具体时间交待清楚，根据《新中华报》的报道，毛泽东在苏区党的代表大会（中国共产党全国代表会议）上作报告的时间是1937年5月3日、4日。毛泽东在5月4日的报告的内容和提纲，并不是5月4日临时起草的，应在此前就已准

---

① 《毛泽东选集》第一卷，人民出版社1991年版，第252页。
② 《毛泽东选集》第一卷，人民出版社1951年版，第255页。
③ 《毛泽东选集》第一卷，人民出版社1991年版，第258页。
④ 《毛泽东选集》第一卷，人民出版社1951年版，第250页。
⑤ 《毛泽东选集》第一卷，人民出版社1991年版，第252页。

备好，所以把报告时间标为1937年5月3日。这次会议不仅苏区代表参加了，而且，白区代表和红军代表也参加了会议。讨论的问题是全党面临的全局性的任务，所以这次会议实际上是一次党的全国代表会议。

关于注释，1991年版作了增加和修改。1951年《毛选》版的注释为18条，1991年版增加为22条。增加的4条注释，其中3条是参见型：

关于九一八事变的注释（注〔1〕）："见本卷《论反对日本帝国主义的策略》注〔4〕"①。

关于西安事变的注释（注〔8〕）："参见本卷《关于蒋介石的声明》注〔1〕"②。

关于托洛茨基派的注释（注〔18〕）："参见本卷《论反对日本帝国主义的策略》注〔33〕。抗日战争时期，托派在宣传上主张抗日，但是攻击中国共产党的抗日民族统一战线政策。把托派与汉奸相提并论，是由于当时在共产国际内流行着中国托派与日本帝国主义间谍组织有关的错误论断所造成的"③。

还有1条国家译名的注释（注〔17〕）："阿比西尼亚，即埃塞俄比亚"④。

1951年《毛选》版的18条注释，1991年版大多进行了修改。

其中大部分的修改使叙述更准确、客观、详尽。

1951年《毛选》版注八月宣言为："这是指中国共产党一九三五年八月一日发出的宣言。其要点如下……"⑤1991年版修改为："这是一九三五年八月一日中国共产党驻共产国际代表团以中国苏维埃中央政府、中国共产党中央委员会名义发表的《为抗日救国告全体同胞书》，通称'八一宣言'。这个宣言的要点是……"⑥。1991年版交待了宣言的具体名称和发文者，对宣言的介绍更详尽。

1951年《毛选》版注两广事变为："广西军阀李宗仁白崇禧、广东军阀陈济棠等在一九三六年六月假借'抗日救国'的口号，联合反蒋。同年

---

① 《毛泽东选集》第一卷，人民出版社1991年版，第264页。
② 《毛泽东选集》第一卷，人民出版社1991年版，第268页。
③ 《毛泽东选集》第一卷，人民出版社1991年版，第270页。
④ 《毛泽东选集》第一卷，人民出版社1991年版，第270页。
⑤ 《毛泽东选集》第一卷，人民出版社1951年版，第262页。
⑥ 《毛泽东选集》第一卷，人民出版社1991年版，第265页。

八月，这个事变被蒋介石用分化利诱等手段所瓦解。"[1]1991年版修改为："广东地方实力派陈济棠和广西地方实力派李宗仁、白崇禧等在一九三六年六月间发表通电，宣布'北上抗日'，联合起来反对蒋介石。蒋介石用分化利诱等手段，收买了陈济棠的军队。七月，陈济棠被迫下台。九月，李宗仁、白崇禧同蒋介石达成协议，事变和平解决。"[2]1991年版修改了两广事变解决的时间，介绍两广事变更准确、客观、翔实。

1951年《毛选》版注绥远战争与援绥运动为："一九三六年八月，日伪军阀开始侵犯绥远。十一月，驻绥的中国军队进行抵抗，全国人民进行了援绥运动。"[3]1991年版修改为："一九三六年七月底至八月初，日本侵略军和伪蒙军向绥远（现划归内蒙古自治区）东北部进攻，当地驻军傅作义所部在全国人民抗日救亡运动的推动下，奋起抗争，击退这次进犯。十一月，日伪军发动更大规模的进攻，当地驻军再次进行抵抗。全国人民开展援绥运动，组织后援会和战区服务团，并且募集款项、棉衣等支援前线。在全国人民的支援下，绥远的中国驻军击溃了日伪军，收复了当时日伪军在绥北的主要基地百灵庙。"[4]1991年版介绍绥远战争与援绥运动的情况，更准确、详尽。

1951年《毛选》版注上海和青岛的反日罢工为："一九三六年十一月至十二月，上海的日本纱厂与中国纱厂共二十六厂，四万五千余工人，举行大罢工。十二月，青岛各日本纱厂工人，为响应上海工人，也全体罢工。上海工人获得胜利，自十一月起增加工资百分之五，厂方无故不准开除工人，不得打骂工人。青岛工人遭受了海军陆战队的镇压。"[5]1991年版修改为："一九三六年十一月八日，上海的日本纱厂工人开始罢工。参加这次罢工的，先后共达四万五千余人。罢工坚持二十天左右，获得胜利。日本资本家被迫同意自十一月份起增加工资百分之五，不无故开除工人，不打骂工人，等等。十一月十九日，青岛的日本纱厂工人，为响应上海工人的斗争，也开始罢工。十二月三日，日本海军陆战队在青岛登陆，罢工工人遭到镇

---

[1] 《毛泽东选集》第一卷，人民出版社1951年版，第266页。
[2] 《毛泽东选集》第一卷，人民出版社1991年版，第269页。
[3] 《毛泽东选集》第一卷，人民出版社1951年版，第266页。
[4] 《毛泽东选集》第一卷，人民出版社1991年版，第269页。
[5] 《毛泽东选集》第一卷，人民出版社1951年版，第266页。

压。"[1] 1991年版介绍上海和青岛的反日罢工更客观、翔实。

关于中共中央发布《关于抗日救亡运动的新形势与民主共和国的决议》的时间，1951年《毛选》版为1936年9月[2]，1991年版修改为1936年9月17日[3]。更准确了。

……

有些注释的修改，1991年版更能抓住问题的实质、要害。

1951年《毛选》版注十二月决议为："这是指一九三五年十二月二十五日中共中央在陕北瓦窑堡举行的政治局会议所通过的《关于目前政治形势与党的任务决议》。这个决议对于当时中国内外的形势、阶级间的变化和党的政策，作了完整的分析和决定。以下是这个决议的一部分……请参看《论反对日本帝国主义的策略》一文。"[4] 1991年版修改为："这是指一九三五年十二月中共中央在陕北瓦窑堡举行政治局会议期间，于二十五日通过的《关于目前政治形势与党的任务决议》。这个决议全面地分析了当时国内外的形势和阶级关系的变化，批判了成为当时党内主要危险的关门主义，确定了建立抗日民族统一战线的策略方针。下面是这个决议的一部分……"[5] 这里的修改，说明了当时的中共中央政治局会议，不是1935年12月25日开了一天，只是在这一天通过了《关于目前政治形势与党的任务决议》，而且对这个决议的评价更是抓住了问题的实质。

1951年《毛选》版注三民主义为："这里所说的孙中山的三民主义，是指他所提出的关于民族、民权、民生三个问题的原则和纲领，并不指他的宇宙观或理论体系。共产党人在资产阶级民主革命阶段中同意孙中山的纲领的基本方面，而和他合作，但并不同意他所代表的资产阶级和小资产阶级的宇宙观或理论体系。在宇宙观或理论体系上，在民族问题或其他问题理论观点上，作为中国无产阶级先锋队的共产党人是和孙中山完全不相同的。请参看毛泽东同志的《新民主主义论》。"[6] 1991年版修改为："这里所说的三民

---

[1] 《毛泽东选集》第一卷，人民出版社1991年版，第268页。
[2] 《毛泽东选集》第一卷，人民出版社1951年版，第270页。
[3] 《毛泽东选集》第一卷，人民出版社1991年版，第270页。
[4] 《毛泽东选集》第一卷，人民出版社1951年版，第262页。
[5] 《毛泽东选集》第一卷，人民出版社1991年版，第265页。
[6] 《毛泽东选集》第一卷，人民出版社1951年版，第266页。

主义，是指孙中山在《中国国民党第一次全国代表大会宣言》中所重新解释的三民主义。中国共产党在资产阶级民主革命中同意孙中山重新解释的三民主义中革命的民族主义、民权主义和民生主义这三个政治原则，但并不同意他所代表的资产阶级和小资产阶级的宇宙观或理论体系。参见本书第二卷《新民主主义论》第九节和第十节。"①1991年版强调了中国共产党同意的三民主义，是孙中山在《中国国民党第一次全国代表大会宣言》中所重新解释的三民主义，即新三民主义，这里抓住了实质，把中国共产党的主张解释得更清楚了。

1951年《毛选》版注英国对日政策之趋向比较的强硬为："自一九三三年日寇侵占山海关进入华北以后，特别是自一九三五年'何梅协定'以后，英美帝国主义在华北华中的利益，直接受到日本帝国主义的打击，因此英美就开始改变对于日本的态度，并给蒋介石政府的对日政策以影响。当一九三六年西安事变的时候，英国曾经表示主张拒绝日本关于不利于它在华利益的要求，甚至表示只要蒋介石政府还能继续统治中国人民，就不妨和'共产党采取某种形式的联合'，以便打击日本的侵略政策。"②1991年版修改为："一九三三年日本帝国主义侵占山海关进入华北以后，特别是自一九三五年《何梅协定》以后，英美帝国主义在华北华中的利益，直接受到日本帝国主义的打击，因此，英美就开始改变对于日本的态度，并且给国民党政府的对日政策以影响。一九三六年西安事变发生的时候，英国曾经主张拒绝日本所提出的不利于英国在华利益的要求，甚至表示只要国民党政府还能够继续统治中国人民，就不妨和'共产党采取某种形式的联合'，以便打击日本企图独占中国的政策。"③这里最大的修改就是把"打击日本的侵略政策"，改为"打击日本企图独占中国的政策"。这一修改更体现出英美与日本在中国问题上的矛盾，也体现出帝国主义国家之间的矛盾，没有永恒的朋友只有永远的利益是帝国主义国家间的准则。抓住了问题的实质。

1991年版的注释修改，弥补、修正了1951年《毛选》版注释的不足和不当，使注释更准确、详尽。关于1991年版注释修改的情况，还可参见中共中

---

① 《毛泽东选集》第一卷，人民出版社1991年版，第269页。
② 《毛泽东选集》第一卷，人民出版社1951年版，第266页。
③ 《毛泽东选集》第一卷，人民出版社1991年版，第269页。

央文献研究室编《毛泽东选集一至四卷注释校订本》（中央文献出版社1991年版）。

（三）人民出版社1951年《毛泽东选集》第一卷版与《解放》周刊1937年第1卷第2期版校勘与分析

人民出版社1951年《毛泽东选集》第一卷《任务》（以下简称"1951年《毛选》版"），总字数为7552（不含标点与注释），《解放》版总字数为6839（不含标点与注释）。这两个版本都是三部分，大多数的内容基本相同，不同处大致分以下几类：

1. 标点符号不同

标点符号不同有272处，这些标点的改动主要是把顿号改为逗号等。

《解放》版："此阶段内的重大事变、是学生界文化界舆论界的救亡运动、红军的进入西北，"①。1951年《毛选》版："此阶段内的重大事变，是学生界、文化界、舆论界的救亡运动，红军的进入西北，"②。

《解放》版："政治上军事上经济上教育上"③。1951年《毛选》版："政治上、军事上、经济上、教育上"④。

《解放》版："抗战需要全国的和平与团结、没有民主自由、便不能巩固已经取得的和平、不能增强国内的团结。"⑤1951年《毛选》版："抗战需要全国的和平与团结，没有民主自由，便不能巩固已经取得的和平，不能增强国内的团结。"⑥

《解放》版："第二方面。是人民的言论集会结社自由。"⑦1951年《毛选》版："第二方面，是人民的言论、集会、结社自由。"⑧

……

---

① 《解放》周刊1937年第1卷第2期第5页。
② 《毛泽东选集》第一卷，人民出版社1951年版，第251页。
③ 《解放》周刊1937年第1卷第2期第5页。
④ 《毛泽东选集》第一卷，人民出版社1951年版，第253页。
⑤ 《解放》周刊1937年第1卷第2期第5页。
⑥ 《毛泽东选集》第一卷，人民出版社1951年版，第253页。
⑦ 《解放》周刊1937年第1卷第2期第4页。
⑧ 《毛泽东选集》第一卷，人民出版社1951年版，第254页。

2. 文字不同

（1）题名、时间标注不同

关于题名，《解放》版："中国抗日民族统一战线在目前阶段的任务"[1]。1951年《毛选》版："中国共产党在抗日时期的任务"[2]。《解放》版是在延安共产党活动分子会上的报告，当时主要是宣传建立抗日民族统一战线的必要性、重要性及其发展的方针政策、具体做法。《解放》版的题目是切合当时实际的。建立、发展抗日民族统一战线，是当时抗战的重要任务，也是整个抗日战争时期的重要任务，并且是中国共产党在整个抗战时期的重大任务。1951年《毛选》版把宣传建立抗日民族统一战线的必要性、重要性及其发展的方针政策的报告的题目改为"中国共产党在抗日时期的任务"，实际上就是肯定了建立、发展抗日民族统一战线是中国共产党在整个抗日时期的重大任务，也肯定了中国共产党在建立、发展抗日民族统一战线中的重要地位、作用。

关于时间，《解放》版是1937年4月10日的报告提纲。1951年《毛选》版的题解说："这是毛泽东同志一九三七年五月在延安召集的中国共产党全国代表会议上的报告。"[3]所以题目后标注的时间为"一九三七年五月三日"[4]。按照《新中华报》的报道，毛泽东在苏区党代表大会（中国共产党全国代表会议）上作报告的时间是1937年5月3日、4日（详见前文），报告的时间标注为"一九三七年五月三日、四日"更好。当然，毛泽东在5月4日报告的内容或提纲，并非5月4日临时起草的，应在5月3日开始报告时或更早已准备就绪，所以把报告的时间定于1937年5月3日，也可以。

（2）小节并序号变化

《解放》版分18小节，有序号"（一）"至"（十八）"。1951年《毛选》版分20小节，有序号"（一）"至"（二〇）"。《解放》版的第一段话，没有加序号，1951年《毛选》版加了序号"（一）"。这样《解放》版第一个部分"民族矛盾与国内矛盾的目前发展阶段"为"（一）"至

---

[1] 《解放》周刊1937年第1卷第2期第4页。
[2] 《毛泽东选集》第一卷，人民出版社1951年版，第249页。
[3] 《毛泽东选集》第一卷，人民出版社1951年版，第250页。
[4] 《毛泽东选集》第一卷，人民出版社1951年版，第249页。

"（五）"5小节，1951年《毛选》版第一个部分为"（一）"至"（六）"6小节。《解放》版第二部分"为民主与自由而斗争"为"（六）"至"（十三）"8个小节，1951年《毛选》版在第二部分增加了苏区与红军今后的任务一小节，即："（一五）在为抗日民族统一战线和统一的民主共和国而斗争的总任务之下，红军和抗日根据地的任务是……"① 1951年《毛选》版第二部分为"（七）"至"（一五）"9个小节。《解放》版第三部分"我们的领导责任"为"（十四）"至"（十八）"5个小节，1951年《毛选》版第三部分为"（一六）"至"（二〇）"5个小节。

（3）补遗漏字

《解放》版因排版、校对等方面的疏忽，遗漏了一些字，1951年《毛选》版都补上了。

《解放》版："甲、由般帝国主义与中国的矛盾……"② 夺"一"字。1951年《毛选》版："甲、由一般帝国主义与中国的矛盾……"③

《解放》版："……是举一致对外的。"④ 夺"国"字。1951年《毛选》版："……是举国一致对外的。"⑤

《解放》版："肃 这个倾向……"⑥ 夺"清"字。1951年《毛选》版："肃清这个倾向……"⑦

（4）不改变文义的文字修改

《解放》版："民族矛盾与国内矛盾"⑧。1951年《毛选》版："民族矛盾和国内矛盾"⑨。"与"改为"和"，不改变文义。《解放》版中的"与"，1951年《毛选》版基本上都改为"和"。柯延认为，毛泽东把"与"改为"和"，之所以这样改，是不赞成这种半文半白的文字用法的。⑩ 这或许有一定的道理。1951年版《毛选》第一卷及以后的第二、三、四卷第

---

① 《毛泽东选集》第一卷，人民出版社1951年版，第258页。
② 《解放》周刊1937年第1卷第2期第4页。
③ 《毛泽东选集》第一卷，人民出版社1951年版，第250页。
④ 《解放》周刊1937年第1卷第2期第4页。
⑤ 《毛泽东选集》第一卷，人民出版社1951年版，第250页。
⑥ 《解放》周刊1937年第1卷第2期第8页。
⑦ 《毛泽东选集》第一卷，人民出版社1951年版，第261页。
⑧ 《解放》周刊1937年第1卷第2期第4页。
⑨ 《毛泽东选集》第一卷，人民出版社1951年版，第249页。
⑩ 柯延主编：《毛泽东平生记录》下，中央文献出版社2004年版，第501页。

一版，都是用繁体字排印的，繁体字的"与"字为"與"，不易认、不易写，而且容易与"輿""興"等混淆。而"和"，易认、易写。大概是为了方便广大人民群众的阅读、学习，人民出版社出版的《毛选》才将第一版中"與"都改为"和"。这大概是毛泽东把"與"都改为"和"的真正原因。

《解放》版："人民是更大规模的起来为救亡而斗争"[①]。1951年《毛选》版："人民更大规模地起来为救亡而斗争"[②]。"的"改为"地"，删"是"字，不改变文义。

《解放》版："同希特勒"[③]。1951年《毛选》版："和希特勒"[④]。"同"改为"和"，不改变文义。

《解放》版："统一战线之增强扩大、而不是削弱缩小"[⑤]。1951年《毛选》版："统一战线的增强和扩大，而不是使其削弱和缩小"[⑥]。"之"改为"的"，增加"和""使其"，不改变文义。

《解放》版："三民主义有他的历史变化"[⑦]。1951年《毛选》版："三民主义有它的历史变化"[⑧]。"他"改为"它"，不改变文义。（《解放》版中不是指人的"他"，1951年《毛选》版基本上都改为"它"）。

……

（5）使文字表述更通俗、明白

《解放》版："共产党有自己的党纲与政纲"[⑨]。1951年《毛选》版："中国共产党有自己的政治经济纲领"[⑩]。世界上许多的国家都有共产党，如法国有共产党、德国有共产党等，这里特指中国共产党，这样的表达更为规范。

《解放》版："九一八事变及华北事变以来的形势、使这些矛盾发生

---

① 《解放》周刊1937年第1卷第2期第4页。
② 《毛泽东选集》第一卷，人民出版社1951年版，第250页。
③ 《解放》周刊1937年第1卷第2期第5页。
④ 《毛泽东选集》第一卷，人民出版社1951年版，第253页。
⑤ 《解放》周刊1937年第1卷第2期第7页。
⑥ 《毛泽东选集》第一卷，人民出版社1951年版，第258页。
⑦ 《解放》周刊1937年第1卷第2期第6页。
⑧ 《毛泽东选集》第一卷，人民出版社1951年版，第256页。
⑨ 《解放》周刊1937年第1卷第2期第6页。
⑩ 《毛泽东选集》第一卷，人民出版社1951年版，第256页。

了如下的变化"①。1951年《毛选》版："一九三一年九一八事变特别是一九三五年华北事变以来的形势，使这些矛盾发生了如下的变化"②。增加了九一八事变和华北事变的具体时间，使广大读者，特别是一些不太了解历史的读者，能明白两个事件的时间（年代）。

《解放》版："反帝与反封建制度"③。1951年《毛选》版："反对帝国主义和反对封建制度"④。"反帝"改为"反对帝国主义"，"反封建制度"改为"反对封建制度"，更通俗、明白。

《解放》版："在今天、资产阶级还带着更多的被动性与保守性、对于无产阶级政党发起的抗日民族统一战线、在长久的时期中表示不敢慷慨接受"⑤。1951年《毛选》版："在今天，以国民党为代表的资产阶级还带着很多的被动性和保守性，对于共产党发起的抗日民族统一战线，在长久的时期中表示不敢接受"⑥。抗日民族统一战线，最重要的是国共合作，"以国民党为代表的"的资产阶级的提法，更能清楚地说明抗日民族统一战线的主要部分。"无产阶级政党"改"共产党"，"更多"改为"很多"，更通俗、明白。"不敢慷慨接受"，其中"慷慨"可以有各种理解，会产生歧义，删除"慷慨"就不会产生歧义，就更通俗、明白。

《解放》版："由无产阶级政党负责"⑦。1951年《毛选》版："由共产党负责"⑧。"无产阶级政党"改为"共产党"，更通俗、明白。

《解放》版："民主革命的阶段内、国内阶级间、党派间、集团间的矛盾与斗争是无法避免的、但可以而且应该停止其不利于团结抗敌的部分……而保存其有利于团结抗敌的部分"⑨。1951年《毛选》版："在民主革命阶段内，国内阶级间、党派间、政治集团间的矛盾和斗争是无法避免的，但是可以而且应该停止那些不利于团结抗日的斗争……而保存那些有利于团结抗

---

① 《解放》周刊1937年第1卷第2期第4页。
② 《毛泽东选集》第一卷，人民出版社1951年版，第249页。
③ 《解放》周刊1937年第1卷第2期第7页。
④ 《毛泽东选集》第一卷，人民出版社1951年版，第259页。
⑤ 《解放》周刊1937年第1卷第2期第7页。
⑥ 《毛泽东选集》第一卷，人民出版社1951年版，第259页。
⑦ 《解放》周刊1937年第1卷第2期第7页。
⑧ 《毛泽东选集》第一卷，人民出版社1951年版，第259页。
⑨ 《解放》周刊1937年第1卷第2期第7页。

日的斗争"[1]。"部分"改为"斗争","集团"改为"政治集团",更通俗、明白。

《解放》版:"这就是和平统一、民主政治、改良生活、及与外国和平谈判种种方针之所由来。"[2] 1951年《毛选》版:"这就是中国共产党要求和平统一、民主政治、改良生活及与反对日本的外国进行谈判种种方针之所由来。"[3] "和平统一、民主政治、改良生活"是谁的主张?是中国共产党的主张;"与外国和平谈判",是与什么样的外国谈判?是与反对日本的外国进行谈判。1951年《毛选》版的表述更明白了。

《解放》版:"这就在中国共产党与中国人民面前提出了与法国人民阵线有区别的民族的统一战线的任务、并指出了这个任务有完成的可能、而且必须完成之。我们的统一战线是包括资产阶级及一切同意保卫祖国的人们的、是举一致对外的"[4]。1951年《毛选》版:"这就在中国共产党和中国人民面前提出了建立抗日民族统一战线的任务。我们的统一战线是包括资产阶级及一切同意保卫祖国的人们的,是举国一致对外的。这个任务不但必须完成,而且是可能完成的。"[5] 1951年《毛选》版把"与法国人民阵线有区别的民族的统一战线"改为"抗日民族统一战线",更通俗、明白。法国人民阵线是怎么回事?"与法国人民阵线有区别的民族的统一战线"又是怎么回事?一般读者可能不了解。而"抗日民族统一战线",一般读者都能了解。法国人民阵线,是1935年7月法国社会党、法国激进党、法国共产党等左派组织建立的反对法国的法西斯组织的联合阵线,这个阵线不是反对外国侵略,这个阵线与法国的大资产阶级是对立的。这个阵线在1936年5月法国议会选举中取得胜利,6月,第一届人民阵线政府建立。但人民阵线内部危机重重,1937年2月,执政的社会党人宣布暂停执行人民阵线纲领,法共表示反对,人民阵线出现裂痕。1938年10月底,激进党宣布退出人民阵线,法国人民阵线瓦解。法国人民阵线是最终失败的联合阵线。1937年,毛泽东提出建立与法国人民阵线有区别的民族的统一战线,即"包括资产阶级及一切同意

---

[1] 《毛泽东选集》第一卷,人民出版社1951年版,第258页。
[2] 《解放》周刊1937年第1卷第2期第4页。
[3] 《毛泽东选集》第一卷,人民出版社1951年版,第251页。
[4] 《解放》周刊1937年第1卷第2期第4页。
[5] 《毛泽东选集》第一卷,人民出版社1951年版,第250页。

保卫祖国的人们的，是举国一致对外的"的抗日民族统一战线，并肯定这有完成的可能，而且必须完成之。毛泽东当时这样说是有重大意义的，也是现实的。而1951年《毛选》版的修改，就更通俗、明白了，文字更简洁明了，更合逻辑。

《解放》版："和平实现与两党合作成立之后、过去为执行两个政权对立路线的斗争方式、组织方式、与工作方法应全部转变到执行抗日民族统一战线与民主共和国路线的方面去、从武装的转变到和平的、非法的转到合法的、秘密的转到公开的、单独的转到与同盟者合作的。从这样两种基本上不相同的东西的中间执行全部工作的转变是不容易的、是须要从新去认真学习的。"① 1951年《毛选》版："和平实现与两党合作成立之后，过去在两个政权敌对路线下的斗争方式、组织方式和工作方式，应当有所改变。这种改变，主要是从武装的转到和平的，非法的转到合法的。这种转变是不容易的，需要重新学习。"② 1951年《毛选》版的修改，更通俗、明白，文字更简洁明了。

……

（6）使文字表述更准确、合理

《解放》版："无产阶级经过他的政党实现对于全国各阶层的政治领导、是怎样去进行的呢？"③ 1951年《毛选》版："无产阶级怎样经过它的政党实现对于全国各革命阶级的政治领导呢？"④ 中国无产阶级的政党即中国共产党，中国共产党领导中国革命的一个重要方面是领导中国各要革命的阶级、阶层，而不是领导中国所有的阶级、阶层。1951年《毛选》版的修改更合理。

《解放》版："为了建立民族统一战线共同对敌、国内的矛盾、必须给与适当的解决"⑤。1951年《毛选》版："为了建立民族统一战线共同对敌，国内的某些矛盾，必须给予适当的解决"⑥。加"某些"，强调了不是

---

① 《解放》周刊1937年第1卷第2期第8页。
② 《毛泽东选集》第一卷，人民出版社1951年版，第260页。
③ 《解放》周刊1937年第1卷第2期第7页。
④ 《毛泽东选集》第一卷，人民出版社1951年版，第260页。
⑤ 《解放》周刊1937年第1卷第2期第7页。
⑥ 《毛泽东选集》第一卷，人民出版社1951年版，第258页。

解决所有的矛盾才能建立统一战线，这样的表述更合理（1943年版已做了这样的修改）。

《解放》版："又曾经因为排斥共产党（清党运动）实行相反的政策、而失去人民的信仰、招致革命的失败、陷民族国家于危亡的地位"①。1951年《毛选》版："但是一九二七年国民党排斥共产党（清党运动〔七〕和反共战争），实行相反的政策，招致革命的失败，陷民族于危险的地位，于是三民主义也就失去了人民的信仰。"②"排斥共产党（清党运动）"改为"一九二七年国民党排斥共产党（清党运动〔七〕和反共战争）"，就更具体更准确，事实也更清楚。把（国民党）三民主义"失去了人民的信仰"，作为"国民党排斥共产党（清党运动〔七〕和反共战争），实行相反的政策，招致革命的失败，陷民族于危险的地位"的结果，这样的修改更合理。

《解放》版："孙中山先生的革命的三民主义……发动了一九二五—二七年的胜利的大革命"③。1951年《毛选》版："孙中山先生的革命的三民主义……成为一九二四年至一九二七年的胜利的革命的旗帜"④。这里主要的修改，是把大革命的时间由1925—1927年修正为1924—1927年，因为大革命是从1924年国民党"一大"国共合作开始的。

《解放》版："一九二五年—二七年的经验、证明了当资产阶级追随着无产阶级的政治领导时、革命是如何的推向前进了、及至无产阶级（由无产阶级政党负责）政治上也变成了资产阶级的尾巴时、革命又是如何遭到了失败、这种历史是不宜于重复的"⑤。1951年《毛选》版："一九二四年至一九二七年的经验，表明了当资产阶级追随着无产阶级的政治领导的时候，革命是如何地前进了；及至无产阶级（由共产党负责）在政治上变成了资产阶级的尾巴的时候〔一八〕，革命又是如何地遭到了失败。这种历史不应当重复了"⑥。这一段话，1951年《毛选》版的最主要的修改，一是把"一九二五年—二七年的经验"改为"一九二四年至一九二七年的经验"，

---

① 《解放》周刊1937年第1卷第2期第6页。
② 《毛泽东选集》第一卷，人民出版社1951年版，第256页。
③ 《解放》周刊1937年第1卷第2期第6页。
④ 《毛泽东选集》第一卷，人民出版社1951年版，第256页。
⑤ 《解放》周刊1937年第1卷第2期第7页。
⑥ 《毛泽东选集》第一卷，人民出版社1951年版，第259页。

二是把"这种历史是不宜于重复的"改为"这种历史不应当重复了"。这一段话是讲国共合作的大革命时期的经验教训，大革命时期是1924年至1927年，修改后的表述更准确。"无产阶级（由共产党负责）在政治上变成了资产阶级的尾巴的"历史，不应该是"不宜于重复"，而应该是"不应当重复"，即十分肯定的不能重复。1951年《毛选》版的修改更准确、更合理。

《解放》版："苏维埃政府改为中华民国特区政府"[①]。1951年《毛选》版："共产党领导的陕甘宁革命根据地的政府改名为中华民国特区政府"[②]。1937年初中国共产党领导的政府还是称"苏维埃政府"，但其实质是"共产党领导的陕甘宁革命根据地"，1951年《毛选》版的修改还原其实质，更合理。

《解放》版："在苏区内实行彻底的民主制度"[③]。1951年《毛选》版："在特区政府区域内，实行彻底的民主制度"[④]。"在苏区内实行彻底的民主制度"，是中国共产党在国共合作、抗日民族统一战线正式建立后的保证之一，实际上国共合作、抗日民族统一战线正式建立后，中国共产党领导的政府就改变为特区政府，从事实来看，实行彻底的民主制度，是在抗日民族统一战线正式建立后的特区政府内，而不是在抗日民族统一战线正式建立前的苏区内，所以，1951年《毛选》版的修改更准确、更合理。

《解放》版："今天说来、抗日民族统一战线及其任务的完成、离开了无产阶级及其政党的政治领导、就不能有任何成就、抗日民族统一战线就不能建立"[⑤]。1951年《毛选》版："依现时的情况说来，离开了无产阶级及其政党的政治领导，抗日民族统一战线就不能建立"[⑥]。"离开了无产阶级及其政党的政治领导，抗日民族统一战线就不能建立"，这是事实，这是可以肯定的。而"抗日民族统一战线及其任务的完成，离开了无产阶级及其政党的政治领导，就不能有任何成就"，这样的说法就有点绝对了。把"就不能有任何成就"删去，比较合理。

---

① 《解放》周刊1937年第1卷第2期第6页。
② 《毛泽东选集》第一卷，人民出版社1951年版，第255页。
③ 《解放》周刊1937年第1卷第2期第6页。
④ 《毛泽东选集》第一卷，人民出版社1951年版，第255页。
⑤ 《解放》周刊1937年第1卷第2期第7页。
⑥ 《毛泽东选集》第一卷，人民出版社1951年版，第259页。

《解放》版："无产阶级特别是他们的先锋队——共产党员"[1]。1951年《毛选》版："无产阶级，特别是它的先锋队——共产党"[2]。无产阶级的先锋队是组织，不是人员，1951年《毛选》版的修改更合理。

《解放》版："中日矛盾变动了全国人民大众（无产阶级、农民小资产阶级）及无产阶级政党共产党的情况与政策"[3]。1951年《毛选》版："中日矛盾变动了全国人民大众（无产阶级、农民和城市小资产阶级）和共产党的情况和政策"[4]。"农民小资产阶级"改为"农民和城市小资产阶级"，更准确、更合理。农民中有不同的阶层，自耕农是小资产阶级，半自耕农佃农是半无产阶级，雇农是无产阶级。"农民"中包含农村小资产阶级，而"全国人民大众"中的"小资产阶级"不是指农村小资产阶级，而是指城市小资产阶级，这一点，《解放》版没有表达清楚，1951年《毛选》版表达清楚了。

《解放》版："……提出了中国的抗日民族统一战线与世界的和平阵线相结合的任务。我们的统一战线是抗日的、不是同时反对一切帝国主义的、中国与苏联应该联合起来。"[5] 1951年《毛选》版："……提出了中国的抗日民族统一战线和世界的和平阵线相结合的任务。这就是说，中国不但应当和中国人民的始终一贯的良友苏联相联合，而且应当按照可能，和那些在现时愿意保持和平而反对新的侵略战争的帝国主义国家建立共同反对日本帝国主义的关系。我们的统一战线应当以抗日为目的，不是同时反对一切帝国主义。"[6] 1951年《毛选》版最主要的修改是增加了世界和平阵线的具体说明，明确了应当与反对日本帝国主义的帝国主义国家建立关系，把中国的抗日民族统一战线与世界的和平阵线如何相结合的问题说得更清楚了。这样的表述更合理了。这里的修改，也在一定程度反映了中华人民共和国建立初期，毛泽东的一些思想。"中国不但应当和中国人民的始终一贯的良友苏联相联合，而且应当按照可能，和那些在现时愿意保持和平而反对新的侵略战

---

[1] 《解放》周刊1937年第1卷第2期第7页。
[2] 《毛泽东选集》第一卷，人民出版社1951年版，第260页。
[3] 《解放》周刊1937年第1卷第2期第4页。
[4] 《毛泽东选集》第一卷，人民出版社1951年版，第250页。
[5] 《解放》周刊1937年第1卷第2期第4页。
[6] 《毛泽东选集》第一卷，人民出版社1951年版，第250页。

争的帝国主义国家建立关系",这大概也可以说明,中华人民共和国建立初期,在一面倒向苏联的同时,毛泽东还是认为中国可以与"愿意保持和平而反对新的侵略战争"的帝国主义国家建立关系。1954年中国与英国建立代办级关系,正是毛泽东这一思想的实际成果。

《解放》版:"革命的责任便不得不落在共产党单独一个党派的肩上。"① 1951年《毛选》版:"革命的组织责任,便不得不落在唯一的革命政党共产党的肩上。"② 1951年《毛选》版强调了中国共产党是当时"唯一的革命政党",强调了"革命的组织责任",即革命的领导责任,落在了中国共产党的肩上。

(7)政治、思想性的修改

《解放》版:"关于民主共和国性质与前途的问题、从许多同志中提起出来了。我们的答复是:其阶级性是各阶级联盟、其前途可能走向非资本主义"③。1951年《毛选》版:"关于民主共和国的性质和前途的问题,许多同志已提出来了。我们的答复是:其阶级性是各革命阶级的联盟,其前途可能是走向社会主义"④。1951年《毛选》版最主要的修改有二:一是,民主共和国性质,由"各阶级联盟"改为"各革命阶级的联盟",即国家的阶级联盟是不包括反革命阶级(反动阶级)的。这样,国家的性质及其革命性就更明确了。二是,民主共和国前途,由"非资本主义"改为"社会主义"。这样,国家的前途就由含糊、不明确变得明确了。把民主共和国性质与前途说得更清楚,就把前进的方向、目标说得更清楚了。这样的修改,是中国新民主主义革命发展历史,也是中华人民共和国建立后现实社会发展的必然反映。

《解放》版:"按照具体的政治条件将不能不是一个工农资产阶级联盟的国家。"⑤ 1951年《毛选》版:"按照具体的政治条件,它应该是一个工农小资产阶级和资产阶级联盟的国家,而不同于一般的资产阶级共和国。"⑥ "工农资产阶级联盟"改为"工农小资产阶级和资产阶级联盟"。

---

① 《解放》周刊1937年第1卷第2期第7页。
② 《毛泽东选集》第一卷,人民出版社1951年版,第257页。
③ 《解放》周刊1937年第1卷第2期第8页。
④ 《毛泽东选集》第一卷,人民出版社1951年版,第260—261页。
⑤ 《解放》周刊1937年第1卷第2期第8页。
⑥ 《毛泽东选集》第一卷,人民出版社1951年版,第261页。

一是强调了小资产阶级在联盟中是不可忽视的、有重要地位的，二是强调了工农小资产阶级是联盟的一方，资产阶级是联盟的另一方，所以要分为两方，因为工农小资产阶级是有革命性的一方，而资产阶级是有两面性的一方。1951年《毛选》版增加"而不同于一般的资产阶级共和国"。这实际上强调了，这个国家不是资产阶级领导的资产阶级共和国，而是无产阶级领导的新民主主义共和国、人民共和国。之所以这样修改，是因为中国的新民主主义革命发展的历史已见证了中国没有走资产阶级共和国的道路，而走了新民主主义共和国、人民共和国的道路。

《解放》版："将政治制度上一党派一阶级的独裁专制政体、变为各党派各阶级合作的民主政体。"① 1951年《毛选》版："将政治制度上国民党一党派一阶级的反动独裁政体，改变为各党派各阶级合作的民主政体。"②《解放》版没有点名批评国民党，这是有利于巩固国共合作、抗日民族统一战线的。1951年《毛选》版点名批评了国民党，并指出国民党的政治制度是反动的。抗战胜利以后，国民党政府为了维护它的独裁统治，逆历史潮流，挑起内战，镇压民主运动，企图消灭中国共产党及其政权、军队，完全成了反动政府，最终被推翻（参见下一条分析）。

《解放》版："使国民党、共产党、全国人民、共同一致为民族独立、民权自由、民生幸福这三大目标而奋斗"③。1951年《毛选》版："我们认为，共产党、国民党、全国人民，应当共同一致为民族独立、民权自由、民生幸福这三大目标而奋斗"④。《解放》版把"国民党"放在"共产党"前面，这在当时对于建立、发展抗日民族统一战线是有意义的。1951年《毛选》版把"共产党"放在"国民党"前面，突出了共产党的作用、地位（1943年版已做了这样的修改）。中国民主革命的历史已证明，在为民族独立、民权自由、民生幸福这三大目标奋斗的进程中，中国共产党发挥了不可替代的领导作用。在1921年中国共产党成立前的反封建斗争中，国民党发挥了积极的、进步的作用。在中国共产党成立以后，国民党的两面性日益严重

---

① 《解放》周刊1937年第1卷第2期第5页。
② 《毛泽东选集》第一卷，人民出版社1951年版，第254页。
③ 《解放》周刊1937年第1卷第2期第6页。
④ 《毛泽东选集》第一卷，人民出版社1951年版，第255页。

显现，并在抗战胜利后，不讲民权自由，不管民生幸福，挑起内战，企图消灭中国共产党及其政权、军队，完全成为反动的政党。中国共产党最终领导全国人民推翻了国民党政权，真正实现了民族独立、民权自由、民生幸福。

3. 增加了题解、注释

1951年《毛选》版增加了题解："这是毛泽东同志一九三七年五月在延安召集的中国共产党全国代表会议上的报告。"[①] 这交待了报告的具体情况，有助于了解报告的背景。但这个题解交待得还不够详尽。根据《新中华报》的报道，毛泽东在苏区党的代表大会（中国共产党全国代表会议）上作报告的时间是1937年5月3日、4日。毛泽东5月4日的报告的内容和提纲，并不是5月4日临时起草的，应在此前就已准备好，所以把报告时间标在1937年5月3日。这次会议不仅苏区代表参加了，而且，白区代表和红军代表也参加了会议。讨论的问题是全党面临的全局性的任务，所以这次会议实际上是一次党的全国代表会议。

1951年《毛选》版增加了18条注释，这些注释都是建国后，为了让读者能更容易阅读《毛泽东选集》所增加的，主要是对一些历史事件、相关会议及其重要人物的补充、解释。如对华北事变、国民党的三中全会、八月宣言、十二月决议、两广事变、绥远战争与援绥运动、清党运动、上海和青岛的反日罢工、阿Q主义等进行了注释（可以参见以下谈1991年版对1951年《毛选》版注释的修改），这有助于更好地理解文义。

六、对《中国共产党在抗日时期的任务》修改的思考

1951年毛泽东对1937年的文章进行了修改，可以从以下几个方面来理解：

（一）修改后的表述、提法更全面、更准确、更科学

如把大革命的时间由1925—1927年修正为1924—1927年，这样更科学。

把"无产阶级经过他的政党实现对于全国各阶层的政治领导，是怎样去进行的呢？"修改为"无产阶级怎样经过它的政党实现对于全国各革命阶级

[①] 《毛泽东选集》第一卷，人民出版社1951年版，第250页。

的政治领导呢？"① 中国无产阶级的政党即中国共产党，是领导中国各要革命的阶级、阶层进行革命，而不是领导中国所有的阶级、阶层。修改后的提法更科学。

如把"为了建立民族统一战线共同对敌、国内的矛盾、必须给与适当的解决"改为"……国内的某些矛盾，必须给与适当的解决"。加"某些"，强调了不是解决所有的矛盾才能建立统一战线。矛盾的普遍性与特殊性的辩证关系告诉我们，矛盾是普遍存在的。既有主要矛盾，也有次要矛盾，既有矛盾的主要方面，也有矛盾的次要方面。事物的性质是由主要矛盾的主要方面来决定的。想要一次性解决完所有的矛盾再来建立统一战线，既不符合马克思主义基本原理，又不符合实际。加"某些"，即解决国内的主要矛盾，主要是指帝国主义与中华民族之间的矛盾，使阶级矛盾服从于民族矛盾，建立抗日民族统一战线，以达到团结抗日的目的。这是毛泽东运用马克思主义的哲学思想，运用主要矛盾与次要矛盾相互转化原理来分析中国社会问题，是马克思主义理论与中国具体实际相结合的实践，是毛泽东哲学思想的丰富和发展。

如"无产阶级特别是他们的先锋队——共产党员"改为"无产阶级，特别是它的先锋队——共产党"。修改后的说法更科学。

如"……全国人民大众（无产阶级、农民小资产阶级）……"改为"……全国人民大众（无产阶级、农民和城市小资产阶级）……"修改后的提法更科学。

（二）修改体现了实事求是精神

如"离开了无产阶级及其政党的政治领导、就不能有任何成就、抗日民族统一战线就不能建立"，改为"离开了无产阶级及其政党的政治领导，抗日民族统一战线就不能建立"。把"就不能有任何成就"删去，因为这样的说法有点绝对，作这个删除是实事求是的。

如"国民党、共产党、全国人民、共同一致为民族独立、民权自由、民生幸福这三大目标而奋斗"改为"共产党、国民党、全国人民，应当共同一

---

① 《毛泽东选集》第一卷，人民出版社1951年版，第266页。

致为民族独立、民权自由、民生幸福这三大目标而奋斗"。把"国民党"放在"共产党"前面，改为"共产党"放在"国民党"前面，是实事求是的。因为，中国民主革命的历史已证明，在为民族独立、民权自由、民生幸福这三大目标奋斗的进程中，中国共产党发挥了不可替代的领导作用，真正带领全中国人民实现了民族独立、民权自由、民生幸福的是中国共产党，共产党在抗战中发挥着中流砥柱的作用，掌握着革命的领导权，组织领导人民取得了新民主主义革命和社会主义革命、建设的胜利的是共产党，而不是国民党。

（三）有些修改反映了历史发展的现实

如由没有点名批评国民党，改为点名批评国民党"反动独裁"："国民党一党派一阶级的反动独裁政体"。1937年没有点名批评国民党，这是国共合作、巩固抗日民族统一战线的需要。1951年《毛选》版点名批评了国民党，并指出国民党的政治制度是反动的。因为在抗战胜利后，国民党政府为了维护它的独裁统治，逆历史潮流，挑起内战，镇压民主运动，企图消灭中国共产党及其政权、军队，完全成了反动政府。历史已证明了国民党的统治是反动独裁的，并最终被中国共产党与中国人民推翻。这也启示我们要一切从实际出发，辩证、客观地看待和分析中国革命的具体问题。

如关于民主共和国前途的问题，增加了1949年以前版本中没有的"而不同于一般的资产阶级共和国"，即强调这个国家不是资产阶级领导的资产阶级共和国，而是无产阶级领导的新民主主义共和国、人民共和国。把"其前途可能走向非资本主义"改为"其前途可能是走向社会主义"。肯定了中国的前途是走向社会主义。这些在一定程度上是中国的新民主主义革命发展历史的实践、中华人民共和国建立的实践的反映——中国没有走资产阶级共和国的道路，而走了新民主主义共和国、人民共和国的道路，走了社会主义道路。

如关于与世界的和平阵线相结合的问题，1951年《毛选》版强调了："中国不但应当和中国人民的始终一贯的良友苏联相联合，而且应当按照可能，和那些在现时愿意保持和平而反对新的侵略战争的帝国主义国家建立共同反对日本帝国主义的关系。我们的统一战线应当以抗日为目的，不是同时反对一切帝国主义。"这在一定程度反映了中华人民共和国建立初期，毛泽东求同存异的思想。中华人民共和国建立初期，在一面倒向苏联的同时，毛泽东还认为中国可以与"愿意保持和平而反对新的侵略战争"的帝国主义国家建立关系。政治讲究的是力量的聚集，敌人的敌人就是我们的朋友。这在一定程度上反映了毛泽东的战略眼光。

（杨媚初稿　周一平修改）

附录：

人民出版社1951年《毛泽东选集》第一卷版、晋察冀日报社1944年《毛泽东选集》卷二版与《解放》周刊1937年第1卷第2期版校勘记

凡例

1. 《中国共产党在抗日时期的任务》的各版本简称如下：

《解放》周刊1937年第1卷第2期版，简称"《解放》版"。

晋察冀日报社1944年《毛泽东选集》卷二版，简称"1944年《毛选》版"。

人民出版社1951年《毛泽东选集》第一卷版，简称"1951年《毛选》版"。

2. 凡《解放》版、1944年《毛选》版、1951年《毛选》版标点、文字不同之处，均在每栏（每列）相同的位置写出各自的文字。

3. 各版本中增、删文字的表示：《解放》版有的文字，1951年《毛选》版没有，即删除了，《解放》版栏（列）中列出文字，1951年《毛选》版栏（列）中相应处注"〇"。1951年《毛选》版增加的文字，《解放》版没有，1951年《毛选》版栏（列）中列出文字，《解放》版栏（列）中相应处注"〇"。

4. 空行。每栏（列）中的空行，表示上下文字之间有分段，或略去了相同的文字。

5. 1951年《毛选》版增加的题解、注释。"*"表示增加了题解，题解文字略。数字加"〔〕"，是增加了的注释号，表示增加了注释，注释文字略。例如："九一八事变〔一〕"，此处"〔一〕"即是增加的注释号。

《解放》版	1944年《毛选》版	1951年《毛选》版
中国抗日民族统一战线在目前阶段的任务	中国抗日民族统一战线在目前阶段的任务	中国共产党在抗日时期的任务*
四月十日在延安共产党活动份子会报告提纲	一九三七年五月三日在苏区党代表大会上的政治报告提纲	一九三七年五月三日
民族矛盾与国内矛盾的目前发展阶段		民族矛盾和国内矛盾的目前发展阶段
由于中日矛盾成为主要矛盾、国内矛盾降到次要与服从地位、而产生的国际关系与国内阶级关系的变化、形成了目前革命形势的新发展阶段。	由于中日矛盾成为主要矛盾,国内矛盾降到次要与服从地位、而产生的国际关系与国内阶级关系的变化,形成了目前革命形势的新发展阶段。	(一)由于中日矛盾成为主要的矛盾、国内矛盾降到次要和服从的地位、而产生的国际关系和国内阶级关系的变化,形成了目前形势的新的发展阶段。
(一)中国很久以来是处在两种剧烈的基本的矛盾斗争中——帝国主义与中国之间的矛盾、封建制度与人民大众之间的矛盾。	(一)中国很久以来就是处在两种剧烈的基本的矛盾斗争中——帝国主义与中国之间的矛盾,封建制度与人民大众之间的矛盾。	(二)中国很久以来就是处在两种剧烈的基本的矛盾中——帝国主义和中国之间的矛盾,封建制度和人民大众之间的矛盾。
由于一九二七年资产阶级国民党叛变革命、出卖民族利益于帝国主义与封建势力、造成了苏维埃政权与国民党政权尖锐对立、及民族与民主革命任务不能不由共产党单独负担的局面。	由于一九二七年资产阶级叛变革命,出卖民族利益于帝国主义与封建势力,造成了苏维埃政权与国民党政权尖锐对立及民族与民主革命任务不能不由共产党单独负担的局面。	一九二七年以国民党为代表的资产阶级叛变革命,出卖民族利益于帝国主义,造成了工农政权和国民党政权尖锐对立,以及民族和民主革命的任务不能不由中国共产党单独负担的局面。
(二)九一八事变及华北事变以来的形势、使这些矛盾发生了如下的变化:	(二)九一八事变及华北事变以来的形势,使这些矛盾发生了如下的变化:	(三)一九三一年九一八事变特别是一九三五年华北事变〔一〕以来的形势,使这些矛盾发生了如下的变化:
甲、由 般帝国主义与中国的矛盾、变为特别突出特别尖锐化的日本帝国主义与中国的矛盾、即是日本帝国主义实行了和实行着完全殖民地化与独占中国的强盗征服政策。	甲、由一般帝国主义与中国的矛盾,变为特别突出特别尖锐化的日本帝国主义与中国的矛盾,即是日本帝国主义实行了和实行着完全殖民地化与独占中国的强盗征服政策。	甲、由一般帝国主义和中国的矛盾,变为特别突出特别尖锐化的日本帝国主义和中国的矛盾。日本帝国主义实行了完全征服中国的政策。

（续表）

《解放》版	1944年《毛选》版	1951年《毛选》版
因此便把若干其他帝国主义与中国的矛盾推入次要的地位、而在这些帝国主义与日本帝国主义之间。在苏联与日本之间、则扩大了矛盾的裂口。	因此便把若干其他帝国主义与中国的矛盾推入次要的地位，而在这些帝国主义与日本帝国主义之间，并且也在社会主义苏联与日本之间，则扩大了矛盾的裂口。	因此，便把若干其他帝国主义和中国的矛盾推入次要的地位，而在这些帝国主义和日本帝国主义之间，扩大了矛盾的裂口。
因此便在中国共产党与中国人民面前提出了中国的抗日民族统一战线与世界的和平阵线相结合的任务。我们的统一战线是抗日的、不是同时反对一切帝国主义的、中国与苏联应该联合起来。	因此，便在中国共产党与中国人民面前提出了中国的抗日民族统一战线与世界的和平阵线相结合的任务。我们的统一战线是抗日的，不是同时反对一切帝国主义的，中国与苏联应该联合起来。	因此，便在中国共产党和中国人民面前提出了中国的抗日民族统一战线和世界的和平阵线相结合的任务。这就是说，中国不但应当和中国人民的始终一贯的良友苏联相联合，而且应当按照可能，和那些在现时愿意保持和平而反对新的侵略战争的帝国主义国家建立共同反对日本帝国主义的关系。我们的统一战线应当以抗日为目的，不是同时反对一切帝国主义。
乙、中日矛盾变动了国内的阶级关系、	乙、中日矛盾变动了国内的阶级关系，	乙、中日矛盾变动了国内的阶级关系，
使资产阶级甚至军阀发生了他们的存亡问题、而逐渐在他们及其政党内部发生了改变政治态度的发展过程。	使资产阶级甚至军阀发生了他们的存亡问题，而逐渐在他们及其政党内部发生了改变政治态度的发展过程。	使资产阶级甚至军阀都遇到了存亡的问题，在他们及其政党内部逐渐地发生了改变政治态度的过程。
这就在中国共产党与中国人民面前提出了与法国人民阵线有区别的民族的统一战线的任务、并指出了这种任务有完成的可能、而且必须完成之。我们的统一战线是包括资产阶级及一切同意保卫祖国的人们的、是举一致对外的。	这就在中国共产党与中国人民面前提出了与法国人民阵线有区别的抗日的民族统一战线的任务，并指出了这种任务有完成的可能，而且必须完成之。我们的统一战线是包括资产阶级及一切同意保卫祖国的人们的，是举国一致对外的。	这就在中国共产党和中国人民面前提出了建立抗日民族统一战线的任务。我们的统一战线是包括资产阶级及一切同意保卫祖国的人们的，是举国一致对外的。这个任务不但必须完成，而且是可能完成的。
丙、中日矛盾变动了全国人民大众（无产阶级、农民小资产阶级）及无产阶级政党共产党的情况与政策。	丙、中日矛盾变动了全国人民大众（无产阶级，农民，小资产阶级）及无产阶级政党共产党的情况与政策。	丙、中日矛盾变动了全国人民大众（无产阶级、农民和城市小资产阶级）和共产党的情况和政策。

《中国共产党在抗日时期的任务》版本研究

（续表）

《解放》版	1944年《毛选》版	1951年《毛选》版
人民是更大规模的起来为救亡而斗争。	人民是更大规模的起来为救亡而斗争。	人民更大规模地起来为救亡而斗争。
共产党继续九一八后在三个条件下	共产党继续"九一八"后在三个条件（停止进攻苏区，人民的自由权利，武装人民）下	共产党发展了在"九一八"后在三个条件（停止进攻革命根据地，保障人民的自由权利，武装人民）下
与国民党中愿意同我们合作抗日的部分订立抗日协定的政策。把他提高到建立全民的抗日民族统一战线的政策。	与国民党中愿意同我们合作抗日的部分订立抗日协定的政策，把它提高到建立全民的抗日民族统一战线的新政策。	和国民党中愿意同我们合作抗日的部分订立抗日协定的政策，成为建立全民族的抗日统一战线的政策。
这就是一九三五年八一宣言、十二月决议、一九三六年春天开始放弃"反蒋"口号、八月致国民党书、九月民主共和国决议、十二月至一九三七年二月坚持和平解决西安事变及致国民党三中全会电、等等我们的主张与积极努力之所由来。	这就是一九三五年八一宣言，十二月决议，一九三六年春天开始放弃"反蒋"口号，八月致国民党书，九月民主共和国决议，十二月至一九三七年二月坚持和平解决西安事变及致国民党三中全会电等等我们的主张与积极努力之所由来。	这就是我党一九三五年八月宣言〔二〕，十二月决议〔三〕，一九三六年五月放弃"反蒋"口号〔四〕，八月致国民党书〔五〕，九月民主共和国决议〔六〕，十二月坚持和平解决西安事变，一九三七年二月致国民党三中全会电〔七〕等等步骤之所由来。
丁、由于帝国主义势力范围与中国半殖民地经济状况而来的中国军阀割据与军阀内战在中日矛盾面前也起了变化。	丁、由于帝国主义势力范围与中国半殖民地经济状况而来的中国军阀割据与军阀内战，在中日矛盾面前也起了变化。	丁、由于帝国主义势力范围政策和中国半殖民地经济状况而来的中国军阀割据和军阀内战，在中日矛盾面前也起了变化。
日本帝国主义赞助这种割据与内战、以便利其独占中国。	日本帝国主义赞助这种割据与内战，以便利其独占中国。	日本帝国主义赞助这种割据和内战，以便利其独占中国。
若干其他帝国主义站在他们自己的利益上、赞助中国的统一与和平。	若干其他帝国主义站在他们自己的利益上、赞助中国的统一与和平。	若干其他帝国主义为了它们自己的利益，暂时地赞助中国的统一与和平。
中国共产党与中国人民则以极大的努力反对内战与分裂、争取和平与统一。	中国共产党与中国人民则以极大的努力反对内战与分裂、争取和平与统一。	中国共产党和中国人民则以极大的努力反对内战与分裂，争取和平与统一。

(续表)

《解放》版	1944年《毛选》版	1951年《毛选》版
戊、中日民族矛盾的发展、在政治比重上降低了国内阶级间与集团间矛盾的地位、使他变为次要与服从的东西。	戊、中国民族矛盾的发展，在政治比重上，降低了国内阶级间与集团间矛盾的地位，使他变为次要与服从的东西。	戊、中日民族矛盾的发展，在政治比重上，降低了国内阶级间的矛盾和政治集团间的矛盾的地位，使它们变为次要和服从的东西。
但国内阶级矛盾与集团矛盾本身的内容依然存在着、并没有减少或消灭。	但国内阶级矛盾与集团矛盾本身的内容依然存在着，并没有减少或消灭。	但是国内阶级间的矛盾和政治集团间的矛盾本身依然存在着，并没有减少或消灭。
中国与日本以外其他帝国主义之矛盾亦然。	中国与日本以外其他帝国主义之矛盾亦然。	中国和日本以外其他帝国主义国家之间的矛盾亦然。
因此就在中国共产党与人民面前提出了下列的任务：适当地解决国内国际在现时可能与必须解决的矛盾、使之适合于团结抗敌的总任务、	因此，就在中国共产党与人民面前提出了下列的任务：适当地解决国内国际在现时可能与必须解决的矛盾，使之适合于团结抗敌的总任务。	因此，就在中国共产党和中国人民面前提出了下列的任务：适当地调整国内国际在现时可能和必须调整的矛盾，使之适合于团结抗日的总任务。
这就是和平统一、民主政治、改良生活、及与外国和平谈判种种方针之所由来。	这就是和平统一、民主政治、改良生活、及与外国和平谈判种种方针之所由来。	这就是中国共产党要求和平统一、民主政治、改良生活及与反对日本的外国进行谈判种种方针之所由来。
（三）从一九三五年十二月九日开始的中国革命新时期的第一阶段、至一九三七年二月国民党三中全会时宣告结束了。	（三）从一九三五年十二月九日开始的中国革命新时期的第一阶段，至一九三七年二月国民党三中全会时，宣告结束了。	（四）从一九三五年十二月九日开始的中国革命新时期的第一阶段〔八〕，至一九三七年二月国民党三中全会时，告一段落。
此阶段内的重大事变、是学生界文化界舆论界的救亡运动、红军的进入西北、共产党的民族统一战线政策的宣传与组织工作、上海与青岛的反日罢工、英国对日政策趋向比较的强硬、两广事变、绥远战争与援绥运动、南京在中日谈判中较强硬态度、实际上起了承上启下作用而成为时局转变关键的西安事变、最后是南京的三中全会。	此阶段内的重大事变，是学生界、文化界、舆论界的救亡运动，红军的进入西北，共产党的抗日民族统一战线政策的宣传与组织工作，上海与青岛的反日罢工，英国对日政策趋向比较的强硬，两广事变，绥远战争与援绥运动，南京在中日谈判中较强硬态度，实际上起了承上启下作用而成为时局转变关键的西安事变，最后是南京的三中全会。	此阶段内的重大事变，是学生界、文化界、舆论界的救亡运动，红军的进入西北，共产党的抗日民族统一战线政策的宣传和组织工作，上海和青岛的反日罢工〔九〕，英国对日政策之趋向比较的强硬〔一〇〕，两广事变〔一一〕，绥远战争和援绥运动〔一二〕，南京在中日谈判中的比较强硬的态度〔一三〕，西安事变，最后是南京国民党的三中全会〔一四〕。

(续表)

《解放》版	1944年《毛选》版	1951年《毛选》版
这些事变、统统都是围绕着中国与日本对立这一基本矛盾的、都是直接间接围绕着建立民族统一战线这个历史要求的。	这些事变，统统都是围绕着中国与日本对立这一基本矛盾的，都是直接间接围绕着建立民族统一战线这个历史要求的。	这些事变，统统都是围绕着中国和日本对立这一基本矛盾的，都是直接围绕着建立抗日民族统一战线这个历史要求的。
这一阶段的革命基本任务、是争取国内和平、消除国内对立、以便团结一致共同赴敌。	这一阶段的革命基本任务，是争取国内和平，消除国内对立，以便团结一致，共同赴敌。	这一阶段的革命基本任务，是争取国内和平，停止国内的武装冲突，以便团结一致，共同抗日。
党在此阶段内提出了正确的动员口号、即是"停止内战一致抗日"的口号。这一任务是基本上完成了、	党在此阶段内提出了正确的动员口号，即是"停止内战一致抗日"的口号。这一任务是基本上完成了，	共产党在此阶段内提出了"停止内战，一致抗日"的号召，这一号召是基本上实现了，
（四）国民党的三中全会、由于他们内部有亲日派与动摇派的存在、没有表示他们政策的明确与彻底的转变、没有具体的解决问题。	（四）国民党的三中全会，由于他们内部有亲日派与动摇派的存在，没有表示他们政策的明确与彻底的转变，没有具体的解决问题。	（五）国民党的三中全会，由于其内部有亲日派的存在，没有表示它政策的明确和彻底的转变，没有具体地解决问题。
然而由于人民的逼迫与国民党内部的变动、使国民党不能不开始转变他们过去十年的错误政策、这即是由内战、独裁、与不抵抗的政策、向和平、民主、与抗战的方向转变、而开始接受我们的即全国人民迫切要求的抗日民族统一战线政策、这在国民党三中全会上也可以看出来。	然而由于人民的逼迫与国民党内部的变动，使国民党不能不开始转变他们过去十年的错误政策，这即是由内战、独裁、与不抵抗的政策，向和平、民主、与抗战的方向转变，而开始接受我们的即全国人民迫切要求的抗日民族统一战线政策，这在国民党三中全会上也可以看出来。	然而由于人民的逼迫和国民党内部的变动，国民党不能不开始转变它过去十年的错误政策，这即是由内战、独裁和对日不抵抗的政策，向着和平、民主和抗日的方向转变，而开始接受抗日民族统一战线政策，这种初步转变，在国民党三中全会上是表现出来了。
今后的问题是国民党政策的彻底转变。	今后的问题是国民党政策的彻底转变。	今后的要求是国民党政策的彻底转变。
这就需要我们及全国人民更大的发展抗日与民主的运动、进一步的批评推动与督促国民党、团结国民党内的和平民主抗战派份子、推动动摇犹豫派份子、而排除亲日派份子、才能达到目的。	这就需要我们及全国人民更大的发展抗日与民主运动，进一步的批评推动与督促国民党，团结国民党内的和平民主抗战派份子，推动动摇犹疑派份子，而排除亲日派份子，才能达到目的。	这就需要我们和全国人民更大地发展抗日和民主的运动，进一步地批评、推动和督促国民党，团结国民党内的主张和平、民主、抗日的分子，推动动摇犹豫分子，排除亲日分子，才能达到目的。

(续表)

《解放》版	1944年《毛选》版	1951年《毛选》版
（五）目前的阶段、即从国民党三中全会到开始实现全国性对日武装抗战之时的阶段、是中国革命新时期的第二个阶段。	（五）目前的阶段，即从国民党三中全会到开始实现全国性对日武装抗战之时的阶段，是中国革命新时期的第二个阶段。	（六）目前的阶段，是新时期的第二个阶段。
前一阶段与后一阶段都是走上全国性对日武装抗战的过渡阶段。	前一阶段与后一阶段都是走上全国性对日武装抗战的过渡阶段。	前一阶段和这一阶段都是走上全国性对日武装抗战的过渡阶段。
如果前一阶段的任务主要的是争取和平、则后一阶段的任务主要的是争取民主。	如果前一阶段的任务主要的是争取和平，则后一阶段的任务主要的是争取民主。	如果前一阶段的任务主要地是争取和平，则这一阶段的任务主要地是争取民主。
如果前一阶段里和平的取得、得到了建立抗日民族统一战线的第一个必要条件、则后一阶段里民主的取得将构成建立民族统一战线的第二个必要条件。在为着抗日救亡的总目标、而努力与建立真正的坚实的抗日民族统一战线（只有由于他保卫祖国的任务才能达到）的时候、	如果前一阶段里和平的取得，得到了建立抗日民族统一战线的第一个必要条件，则后一阶段里民主的取得，将构成建立民族统一战线的第二个必要条件。在为着抗日救亡的总目标而努力于建立真正的坚实的抗日民族统一战线（只有由于他，保卫祖国的任务才能达到）的时候，	○
必须知道没有国内和平固然是不行的、没有国内民主也就不行。	必须知道没有国内和平固然是不行的，没有国内民主也就不行。	必须知道，为了建立真正的坚实的抗日民族统一战线，没有国内和平固然不行，没有国内民主也不行。
所以争取民主、是目前发展阶段中革命任务的中心一环。	所以争取民主，是目前发展阶段中革命任务的中心一环。	所以争取民主，是目前发展阶段中革命任务的中心一环。
看不清民主任务的重要性、与降低对于争取民主的努力、我们将不能达到真正的坚实的抗日民族统一战线的建立、	看不清民主任务的重要性，与降低对于争取民主的努力，我们将不能达到真正的坚实的抗日民族统一战线的建立，	看不清民主任务的重要性，降低对于争取民主的努力，我们将不能达到真正的坚实的抗日民族统一战线的建立。
而全国性对日武装抗战的实现与取得彻底的胜利以保卫中国与收复失地、也就将成为不可能。	而全国性对日武装抗战的实现与取得彻底的胜利以保卫中国与收复失地，也就将成为不可能。	○

（续表）

《解放》版	1944年《毛选》版	1951年《毛选》版
为民主与自由而斗争	为民主与自由而斗争	为民主和自由而斗争
（六）对于中国本部的侵略战争、日本帝国主义正在加紧准备着、	（六）对于中国本部的侵略战争，日本帝国主义正在加紧准备着，	（七）对于中国本部的侵略，日本帝国主义正在加紧准备着。
日德意同盟条约的订立、二十八万万元预算的通过、议会的解散、满洲的增强、都是向着这一目的。	日德意同盟条约的订立，二十八万万元预算的通过，议会的解散，满洲的增强，都是向着这一目的。	○
同希特勒，墨索里尼在西方加紧准备的强盗战争相呼应、日本在东方正在用尽一切气力在确定的步骤上准备一举灭亡中国的条件——国内军事的政治的经济的思想的条件、国际外交条件、中国亲日势力的扶植。	同希特勒、墨索里尼在西方加紧准备的强盗战争相呼应，日本在东方正在用尽一切气力在确定的步骤上准备一举灭亡中国的条件——国内军事的政治的经济的思想的条件，国际外交条件，中国亲日势力的扶植。	和希特勒、墨索里尼在西方加紧准备的强盗战争相呼应，日本在东方正在用尽一切气力在确定的步骤上准备一举灭亡中国的条件——国内军事的、政治的、经济的、思想的条件，国际外交条件，中国亲日势力的扶植。
所谓"中日提携"与某些外交步骤的缓和、正足证明战争前夜侵略政策的战术上的必要。	所谓"中日提携"与某些外交步骤的缓和，正足证明战争前夜侵略政策的战术上的必要。	所谓"中日提携"的宣传和某些外交步骤的缓和，正是出于战争前夜日本侵略政策的战术上的必要。
中国正迫近着判定自己存亡问题的关头、中国的救亡抗战、必须用燃眉的急迫性与跑步的速度去准备。	中国正迫近着判定自己存亡问题的关头，中国的救亡抗战，必须用燃眉的急迫性与跑步的速度去准备。	中国正迫近着判定自己存亡的关头，中国的救亡抗战，必须用跑步的速度去准备。
我们并不反对准备、但反对无期准备论、反对文恬武嬉饱食终日的亡国现象，这些都是实际上帮助敌人的东西、必须迅速清除干净。	我们并不反对准备，但反对无期准备论，反对文恬武嬉饱食终日的亡国现象，这些都是实际上帮助敌人的东西，必须迅速清除干净。	我们并不反对准备，但反对长期准备论，反对文恬武嬉饱食终日的亡国现象，这些都是实际上帮助敌人的，必须迅速地清除干净。
（七）政治上军事上经济上教育上的国防准备、都是救亡抗战的必须条件、而政治上的民主自由则为保证抗战胜利的中心一环、	（七）政治上军事上经济上教育上的国防准备，都是救亡抗战的必须条件，都是不可一刻延缓对于它们的准备工作的。而争取政治上的民主自由，则为保证抗战胜利的中心一环。	（八）政治上、军事上、经济上、教育上的国防准备，都是救亡抗战的必需条件，都是不可一刻延缓的。而争取政治上的民主自由，则为保证抗战胜利的中心一环。

（续表）

《解放》版	1944年《毛选》版	1951年《毛选》版
抗战需要全国的和平与团结、没有民主自由、便不能巩固已经取得的和平、不能增强国内的团结。	抗战需要全国的和平与团结，没有民主自由，便不能巩固已经取得的和平，不能增强国内的团结。	抗战需要全国的和平与团结，没有民主自由，便不能巩固已经取得的和平，不能增强国内的团结。
抗战需要人民的动员、没有民主自由、便无从进行动员。	抗战需要人民的动员，没有民主自由，便无从进行动员。	抗战需要人民的动员，没有民主自由，便无从进行动员。
没有巩固的和平与团结、没有人民的动员、抗战的前途便会踏袭亚比西尼亚的覆辙。	没有巩固的和平与团结，没有人民的动员，抗战的前途便会蹈袭阿比西尼亚的覆辙。	没有巩固的和平与团结，没有人民的动员，抗战的前途便会蹈袭阿比西尼亚的覆辙。
亚比西尼亚主要的是因为内部封建制度的深刻矛盾、因此不能巩固内部的团结、不能发动人民的积极性、所以失败了。	阿比西尼亚主要的是因为内部封建制度的深刻矛盾，因此不能巩固内部的团结，不能发动人民的积极性，所以失败了。	阿比西尼亚主要地是因为封建制度的统治，不能巩固内部的团结，不能发动人民的积极性，所以失败了。
中国真正的坚实的抗日民族统一战线的建立及其任务的完成、没有民主是不行的。	中国真正的坚实的抗日民族统一战线的建立及其任务的完成，没有民主是不行的。	中国真正的坚实的抗日民族统一战线的建立及其任务的完成，没有民主是不行的。
（八）在统一的民主共和国口号之下中国必须立即开始实行下列两方面的民主的改革。	（八）在民主共和国口号之下，中国必须立即开始实行下列两方面的民主改革。	（九）中国必须立即开始实行下列两方面的民主改革。
第一方面、将政治制度上一党派一阶级的独裁专制政体、变为各党派各阶级合作的民主政体。	第一方面，将政治制度上一党一派一阶级的独裁专制政体，变为各党各派各阶级合作的民主政体。	第一方面，将政治制度上国民党一党派一阶级的反动独裁政体，改变为各党派各阶级合作的民主政体。
这方面应从国民大会选举与召集上违反民主的办法改变为民主的选举与保证大会的自由开会做起、	这方面，应从国民大会选举与召集上违反民主的办法、改变为民主的选举、与保证大会的自由开会做起，	这方面，应从改变国民大会的选举和召集上违反民主的办法，实行民主的选举和保证大会的自由开会做起，
直到制定真正的民主宪法、召会真正的民主国会、选举真正的民主政府、执行真正的民主政策为止。	直到制定真正的民主宪法，召集真正的民主国会，选举真正的民主政府，执行真正的民主政策为止。	直到制定真正的民主宪法，召集真正的民主国会，选举真正的民主政府，执行真正的民主政策为止。

(续表)

《解放》版	1944年《毛选》版	1951年《毛选》版
只有这样做、才能真正的巩固国内和平、消除国内对立、增强国内的团结、	只有这样做，才能真正的巩固国内和平，消除国内对立，增强国内的团结，	只有这样做，才能真正地巩固国内和平，停止国内的武装敌对，增强国内的团结，
会有这种情况发生、不待我们改革完毕、	会有这种情况发生，不待我们改革完毕，	可能有这种情况发生，不待我们改革完毕，
因此、	因此，	因此，
○	为随时能够抵抗日本的进攻并彻底战胜之，	为着随时能够抵抗日本的进攻并彻底地战胜之，
我们必须迅速进行改革并在抗战的过程中进到彻底改革的程度。	我们必须迅速进行改革，并准备在抗战的过程中进到彻底改革的程度。	我们必须迅速地进行改革，并准备在抗战的过程中进到彻底改革的程度。
全国人民及各党派的爱国份子、必须抛弃过去对于国民大会与制定宪法问题上的冷淡、而集中力量于这一具体的带着国防意义的国民大会运动与宪法运动、严厉的批判、推动、与督促当权的国民党、放弃其一党派一阶级的非民主的限制性、采取人民的意见。	全国人民及各党派的爱国份子，必须抛弃过去对于国民大会与制定宪法问题上的冷淡，而集中力量于这一具体的带着国防意义的国民大会运动与宪法运动，严厉的批判，推动，与督促当权的国民党，放弃其一党派一阶级的非民主的限制性，采取人民的意见。	全国人民及各党派的爱国分子，必须抛弃过去对于国民大会和制定宪法问题的冷淡，而集中力量于这一具体的带着国防意义的国民大会运动和宪法运动，严厉地批判当权的国民党，推动和督促国民党放弃其一党派一阶级的独裁，而执行人民的意见。
今年的几个月内、全国必须发起一个广大的民主运动、	今年的几个月内，全国必须发起一个广大的民主运动，	今年的几个月内，全国必须发起一个广大的民主运动，
而使这运动的当前目标、放在国民大会与宪法之民主的完成上。	而使这运动的当前目标，放在国民大会与宪法之民主的完成上。	这运动的当前目标，应当放在国民大会和宪法的民主化的完成上。
第二方面。是人民的言论集会结社自由。	第二方面，是人民的言论集会结社自由。	第二方面，是人民的言论、集会、结社自由。
没有这种自由、就不能实现政治制度的民主改革、就不能动员人民进入抗战、	没有这种自由，就不能实现政治制度的民主改革，就不能动员人民进入抗战，	没有这种自由，就不能实现政治制度的民主改革，就不能动员人民进入抗战，
当前几个月内、全国人民的民主运动、必须争取这一任务上的某些最低限度之完成、释放政治犯、开放党禁等等、都包括在内。	当前几个月内，全国人民的民主运动，必须争取这一任务上的某些最低限度之完成，释放政治犯、开放党禁等等，都包括在内。	当前几个月内，全国人民的民主运动，必须争取这一任务的某种最低限度的完成，释放政治犯、开放党禁等等，都包括在内。

（续表）

《解放》版	1944年《毛选》版	1951年《毛选》版
政治制度的民主改革与人民的自由权利、是抗日民族统一战线纲领上的重要一部、同时也就是使抗日民族统一战线获得真正的坚实的建立之必须条件。	政治制度的民主改革与人民的自由权利，是抗日民族统一战线纲领上的重要一部，同时也就是使抗日民族统一战线获得真正的坚实的建立之必须条件。	政治制度的民主改革和人民的自由权利，是抗日民族统一战线纲领上的重要部分，同时也是建立真正的坚实的抗日民族统一战线的必要条件。
（九）我们的敌人——日本帝国主义、中国汉奸、亲日派、托洛斯基派、对于中国的和平统一、民主自由、与对日抗战这一伟大的革命运动之每一步骤、都竭尽全力来破坏。	（九）我们的敌人——日本帝国主义，中国汉奸，亲日派，托洛斯基派，对于中国的和平统一、民主自由、与对日抗战这一伟大的革命运动之每一步骤，都竭尽全力来破坏。	（一〇）我们的敌人——日本帝国主义、中国汉奸、亲日派、托洛茨基派，对于中国的和平统一、民主自由和对日抗战的每一个步骤，都竭尽全力来破坏。
当我们过去力争和平统一的时候、他们就竭力进行内战与分裂的运动。	当我们过去力争和平统一的时候，他们就竭力进行内战与分裂的运动。	当我们过去力争和平统一的时候，他们就竭力挑拨内战和分裂。
当我们现在与最近将来力争民主自由的时候、他们无疑的又要来破坏、	当我们现在与最近将来力争民主自由的时候，他们无疑的又要来破坏，	当我们现在和最近将来力争民主自由的时候，他们无疑地又要来破坏。
其总目标就在使我们保卫祖国的抗战任务不能成功、而使他们灭亡中国的侵略任务达到目的。	其总目标，就在使我们保卫祖国的抗战任务不能成功，而使他们灭亡中国的侵略任务达到目的。	其总目标，就在使我们保卫祖国的抗战任务不能成功，而使他们灭亡中国的侵略计划达到目的。
今后争取民主自由的斗争中、不但要向国民党顽固派及人民落后成分做努力的宣传鼓动与批评的工作、而且要针对着日本帝国主义、及充任日本侵华走狗的亲日派与托洛斯基派的阴谋、作尽量的揭破与坚决的斗争、	今后争取民主自由的斗争中，不但要向国民党顽固派及人民落后成分做努力的宣传鼓动与批评的工作，而且要针对着日本帝国主义，及充任日本侵华走狗的亲日派与托洛斯基派的阴谋，作尽量的揭破与坚决的斗争，	今后在争取民主自由的斗争中，不但要向国民党顽固派和人民中的落后成分努力做宣传鼓动和批评的工作，而且要针对着日本帝国主义以及充任日本侵华走狗的亲日派和托洛茨基派的阴谋，作尽量的揭破和坚决的斗争。
才能达到目的。	才能达到目的。	〇
（十）为了和平、民主、与抗战、为了建立抗日的民族统一战线、	（十）为了和平，民主，与抗战，	（一一）为了和平、民主和抗战，为了建立抗日的民族统一战线，
（一）苏维埃政府改为中华民国特区政府、红军改为国民革命军、受南京中央政府及军事委员会之指导；	（一）苏维埃政府改为中华民国特区政府，红军改为国民革命军，受南京中央政府及军事委员会之指导；	（1）共产党领导的陕甘宁革命根据地的政府改名为中华民国特区政府，红军改名为国民革命军，受南京中央政府及军事委员会的指导；

(续表)

《解放》版	1944年《毛选》版	1951年《毛选》版
（二）在苏区内实行彻底的民主制度；	（二）在苏区内实行彻底的民主制度；	（2）在特区政府区域内，实行彻底的民主制度；
（三） （四）	（三） （四）	（3） （4）
这些保证、是必须的与许可的。	这些保证，是必须的与许可的。	这些保证，是必需的和许可的。
因为只有如此方能在根据于民族矛盾与国内矛盾的变化、而必须改变的国内两个政权对立的状态、的原则之下、得着新的基础以便团结一致共同赴敌。	因为只有如此，才能在根据于民族矛盾与国内矛盾在政治比重上的变化而必须改变的国内两个政权对立的状态这一原则之下，得着新的基础，以便团结一致，共同赴敌。	因为只有如此，才能根据民族矛盾和国内矛盾在政治比重上的变化而改变国内两个政权敌对的状态，团结一致，共同赴敌。
这是一种有原则的有条件的让步、拿这种让步去兑换全民族所需要的和平、民主、与抗战。	这是一种有原则有条件的让步，拿这种让步去兑换全民族所需要的和平，民主与抗战。	这是一种有原则有条件的让步，实行这种让步是为了去换得全民族所需要的和平、民主和抗战。
然而让步是有限度的、	然而让步是有限度的，	然而让步是有限度的。
在苏区与红军问题上共产党领导的保持、在国共两党关系上共产党独立性与批评自由的保持、这就是让步的限度、	在苏区与红军问题上共产党领导的保持，在国共两党关系上共产党独立性与批评自由的保持，这就是让步的限度，	在特区和红军中共产党领导的保持，在国共两党关系上共产党的独立性和批评自由的保持，这就是让步的限度，
让步是两党的让步、国民党抛弃内战、独裁与不抵抗政策、共产党抛弃两个政权对立的政策、我们以后者换得前者、重新合作为御侮救亡而奋斗。	让步是两党的让步，国民党抛弃内战，独裁与不抵抗政策，共产党抛弃两个政权对立的政策，我们以后者换得前者，重新合作为御侮救亡而奋斗。	让步是两党的让步：国民党抛弃内战、独裁和对外不抵抗政策，共产党抛弃两个政权敌对的政策。我们以后者换得前者，重新与国民党合作，为救亡而奋斗。
如果说这是共产党的投降、那不是阿Q主义、就是恶意的污蔑。	如果说这是共产党的投降，那不是阿Q主义，就是恶意的污蔑。	如果说这是共产党的投降，那只是阿Q主义〔一五〕和恶意的污蔑。
（十一）	（十一）	（一二）
我们的答复是同意的。三民主义有他的历史变化。	我们的答复：是同意的，三民主义有它的历史变化。	我们的答复：是同意的〔一六〕。三民主义有它的历史变化。

（续表）

《解放》版	1944年《毛选》版	1951年《毛选》版
孙中山先生的革命的三民主义曾经因为同共产党合作与坚决执行而取得人民的信仰、发动了一九二五一二七年的胜利的大革命。	孙中山先生的革命的三民主义，曾经因为同共产党合作与坚决执行而取得人民的信仰，发动了一九二五一二七年胜利的大革命。	孙中山先生的革命的三民主义，曾经因为孙先生与共产党合作加以坚决执行而取得人民的信仰，成为一九二四年至一九二七年的胜利的革命的旗帜。
又曾经因为排斥共产党（清党运动）实行相反的政策、而失去人民的信仰、招致革命的失败、陷民族国家于危亡的地位。	又曾经因为排斥共产党（清党运动），实行相反的政策，而失去人民的信仰，招致革命的失败，陷民族国家于危亡的地位。	但是一九二七年国民党排斥共产党（清党运动〔一七〕和反共战争），实行相反的政策，招致革命的失败，陷民族于危险的地位，于是三民主义也就失去了人民的信仰。
现在则因民族危机与社会危机极端严重、国民党已不能照旧不变的统治下去、全国人民与国民党中爱国份子、因而有两党合作的迫切要求。	现在则因民族危机与社会危机极端严重，国民党已不能照旧不变的统治下去，全国人民与国民党中爱国份子，因而有两党合作的迫切要求。	现在民族危机极端严重，国民党已不能照旧不变地统治下去，因而全国人民和国民党中的爱国分子，又有两党合作的迫切要求。
因此重新整顿三民主义的精神、在对外独立解放的民族主义、对内民主自由的民权主义、与增进人民幸福的民生主义之下、两党重新合作并领导人民坚决的实行起来、是完全适合于中国革命的历史要求、	因此，重新整顿三民主义的精神，在对外独立解放的民族主义，对内民主自由的民权主义，与增进人民幸福的民生主义之下，两党重新合作，并领导人民坚决的实行起来，是完全适合于中国革命的历史要求，而应为每一个共产党员所明白认识的。	因此，重新整顿三民主义的精神，在对外争取独立解放的民族主义、对内实现民主自由的民权主义和增进人民幸福的民生主义之下，两党重新合作，并领导人民坚决地实行起来，是完全适合于中国革命的历史要求，
共产党决不抛弃其社会主义与共产主义的理想、	共产党决不抛弃其社会主义与共产主义的理想，	共产党人决不抛弃其社会主义和共产主义的理想，
共产党有自己的党纲与政纲、其党纲是社会主义与共产主义、这是与三民主义有区别的。	共产党有自己的党纲与政纲，其党纲是社会主义与共产主义，这是与三民主义有区别的。	中国共产党有自己的政治经济纲领。其最高的纲领是社会主义和共产主义，这是和三民主义有区别的。
其民主革命政纲亦比国内任何党派为彻底、	其民主革命的政纲，亦比国内任何党派为彻底，	其在民主革命时期的纲领，亦比国内任何党派为彻底。
但对于国民党第一次及第二次代表大会所宣布的三民主义纲领则是基本上没有冲突的。	但对于国民党第一次及第二次代表大会所宣布的三民主义的纲领，则是基本上不相冲突的。	但是共产党的民主革命纲领，与国民党第一次全国代表大会所宣布的三民主义的纲领，基本上是不相冲突的。

(续表)

《解放》版	1944年《毛选》版	1951年《毛选》版
因此我们不但不拒绝三民主义、而且愿意坚决实行三民主义、而且要求国民党同我们一道实行三民主义、而且号召全国人民实行三民主义、使国民党、共产党、全国人民、共同一致为民族独立、民权自由、民生幸福这三大目标而奋斗。	因此，我们不但不拒绝三民主义，而且愿意坚决实行三民主义，而且要求国民党同我们一道实行三民主义，而且号召全国人民实行三民主义，使共产党，国民党，全国人民，共同一致为民族独立，民权自由，民生幸福这三大目标而奋斗。	因此，我们不但不拒绝三民主义，而且愿意坚决地实行三民主义，而且要求国民党和我们一道实行三民主义，而且号召全国人民实行三民主义。我们认为，共产党、国民党、全国人民，应当共同一致为民族独立、民权自由、民生幸福这三大目标而奋斗。
（十二）我们过去苏维埃口号是否错了呢？	（十二）我们过去苏维埃口号是否错了呢？	（一三）我们过去的工农民主共和国的口号是否错了呢？
资产阶级既然退出革命、而且投靠帝国主义与封建势力、变为人民的敌人、	资产阶级既然退出革命，而且投靠帝国主义与封建势力，变为人民的敌人，	资产阶级尤其是大资产阶级既然退出革命，而且投靠帝国主义和封建势力，变为人民的敌人，
革命任务没有完成而遭受了失败。	革命任务没有完成而遭受了失败，	○
则革命的成分便只剩下了无产阶级、农民、与小资产阶级、革命的党派便只剩下了共产党、革命的责任便不得不落在共产党单独一个党派的肩上。	则革命的成分便只剩下了无产阶级，农民，与小资产阶级，革命的党派，便只剩下了共产党，革命的责任，便不得不落在共产党单独一个党派的肩上。	则革命的动力便只剩下了无产阶级、农民和城市中的小资产阶级；革命的政党，便只剩下了共产党；革命的组织责任，便不得不落在唯一的革命政党共产党的肩上。
仅仅共产党高举起革命的旗帜、保持了革命的传统、提出了苏维埃工农民主共和国的口号且为此口号而艰苦奋斗了许多年。	仅仅共产党高举起革命的旗帜，保持了革命的传统，提出苏维埃工农民主共和国的口号，且为此口号而艰苦奋斗了许多年。	仅仅共产党继续高举革命的旗帜，保持革命的传统，提出工农民主共和国的口号，且为此口号而艰苦奋斗了许多年。
苏维埃工农共和国口号、不是违背资产阶级民主革命任务的、而是坚决执行资产阶级民主革命任务的、	苏维埃工农共和国口号，不是违背资产阶级民主革命任务的，而是坚决执行资产阶级民主革命任务的，	工农民主共和国的口号，不是违背资产阶级民主革命任务的，而是坚决地执行资产阶级民主革命任务的。
我们的政策、包括没收地主土地与实行八小时工作制在内、	我们的政策，包括没收地主土地与实行八小时工作制在内，	我们的政策，包括没收地主土地和实行八小时工作制在内，

（续表）

《解放》版	1944年《毛选》版	1951年《毛选》版
在新的民主共和国口号下、他所包括的成份是什么呢？	在新的民主共和国口号之下，他所包括的成份是什么呢？	新的民主共和国所包括的成分是什么呢？
他是包括无产阶级、农民、小资产阶级、资产阶级及一切国内同意民族与民主革命的份子、他是这些阶级的民族与民主革命的联盟。	他是包括无产阶级，农民，小资产阶级，资产阶级及一切国内同意民族与民主革命的份子，他是这些阶级的民族与民主革命的联盟。	它包括无产阶级、农民、城市小资产阶级、资产阶级及一切国内同意民族和民主革命的分子，它是这些阶级的民族和民主革命的联盟。
这里的特点、就因为资产阶级在今天的国际国内环境下、又有重新参加革命的可能、所以无产阶级政党应该不拒绝他们、而极力的招致他们与之恢复斗争的联盟、而利于中国革命的转向前进。	这里的特点，就是因为资产阶级在今天的国际国内环境下，又有重新参加革命的可能，所以无产阶级政党应该不拒绝他们，而应该极力招致他们，与之恢复斗争的联盟，利于中国革命的转向前进。	这里的特点是包括了资产阶级，这是因为资产阶级在今天的环境下，又有重新参加抗日的可能，所以无产阶级政党不应该拒绝他们，而应该招致他们，恢复和他们共同斗争的联盟，以利于中国革命的前进。
为消除国内的武装对立、共产党愿意停止使用暴力没收地主土地的政策、而准备在民主共和国过程中用立法的手段及别的适当方法去解决土地问题。	为消除国内的武装对立，共产党愿意停止使用暴力没收地主土地的政策，而准备在民主共和国过程中，用立法的手段及别的适当方法，去解决土地问题。	为了停止国内的武装冲突，共产党愿意停止使用暴力没收地主土地的政策，而准备在新的民主共和国建设过程中，用立法和别的适当方法去解决土地问题。
中国土地属于日本帝国主义、还是属于中国人、这是首先待解决的问题。	中国土地属于日本帝国主义，还是属于中国人，这是首先待解决的问题。	中国土地属于日本人，还是属于中国人，这是首先待解决的问题。
在保卫中国的大前提之下来解决农民土地问题。	在保卫中国的大前提之下来解决农民土地问题，	既是在保卫中国的大前提之下来解决农民的土地问题，
由暴动没收方法过渡到新的适当方法上去是完全必要的。	由暴动没收方法过渡到新的适当方法上去是必要的。	那末，由暴力没收方法转变到新的适当方法，就是完全必要的。
苏维埃口号、过去的提出与今天的放弃、都是正确的。	苏维埃口号，过去的提出与今天的放弃，都是正确的。	工农民主共和国口号，过去的提出和今天的放弃，都是正确的。
（十三）为了建立民族统一战线共同对敌、国内的矛盾、必须给与适当的解决、其原则是有助于抗日民族统一战线之增强扩大、而不是削弱缩小。	（十三）为了建立民族统一战线共同对敌，国内的某些矛盾，必须给与适当的解决，其原则是有助于抗日民族统一战线之增强扩大，而不是削弱缩小。	（一四）为了建立民族统一战线共同对敌，国内的某些矛盾，必须给予适当的解决，其原则是应当有助于抗日民族统一战线的增强和扩大，而不是使其削弱和缩小。

(续表)

《解放》版	1944年《毛选》版	1951年《毛选》版
民主革命的阶段内、国内阶级间、党派间、集团间的矛盾与斗争是无法避免的、但可以而且应该停止其不利于团结抗敌的部分（国内战争、党派对立、地方割据、一方面封建的政治压迫与经济压迫、一方面暴动政策、与不利于抗日救亡的经济条件等等）、而保存其有利于团结抗敌的部分。	民主革命的阶段内，国内阶级间，党派间，集团间的矛盾与斗争是无法避免的，但可以而且应该停止其不利于团结抗敌的部份（国内战争，党派对立，地方割据，一方面封建的政治压迫与经济压迫，一方面暴动政策与不利于抗日救亡的经济条件等等），而保存其有利于团结抗敌的部分。	在民主革命阶段内，国内阶级间、党派间、政治集团间的矛盾和斗争是无法避免的，但是可以而且应该停止那些不利于团结抗日的斗争（国内战争，党派敌对，地方割据，一方面封建的政治压迫和经济压迫，一方面暴动政策和不利于抗日的过高的经济要求等等），而保存那些有利于团结抗日的斗争。
○	（十四）在为抗日民族统一战线与统一的民主共和国而斗争的任务之下，红军与苏区的任务是：（一）把红军提高到适合抗日民族革命战争的新阶段。为此目的，红军即改组为国民革命军，并将军事的政治的文化的教育，提高到超过自己现状及一切国内军队的水平之上，造成民族革命战争中的模范兵团。（二）苏区改变为统一的民主共和国的组成部份，实行新的民主制度，重新编制保安部队，肃清汉奸捣乱份子，造成抗日与民主的模范区。（三）在此区域内实行有计划的经济建设，恢复与增进人民的经济生活状况。（四）以消灭文盲为目的，实行有计划的文化建设。	（一五）在为抗日民族统一战线和统一的民主共和国而斗争的总任务之下，红军和抗日根据地的任务是：（1）使红军适合抗日战争的情况，应即改组为国民革命军，并将军事的政治的文化的教育提高一步，造成抗日战争中的模范兵团。（2）根据地改为全国的一个组成部分，实行新条件下的民主制度，重新编制保安部队，肃清汉奸和捣乱分子，造成抗日和民主的模范区。（3）在此区域内实行必要的经济建设，改善人民的生活状况。（4）实行必要的文化建设。
（十四）在某种历史环境能够参加反帝与反封建制度的中国资产阶级（正确点说，民族资产阶级）、由于他经济上政治上的软弱性、在另一种历史环境就会要动摇变节、这一规律、在中国历史上已经证明了。	（十五）在某种历史环境能够参加反帝与反封建制度之中国资产阶级（正确点说，民族资产阶级），由于它经济上政治上的软弱性，在另一种历史环境就会要动摇变节，这一规律，在中国历史上已经证明了。	（一六）在某种历史环境能够参加反对帝国主义和反对封建制度的中国资产阶级，由于它在经济上政治上的软弱性，在另一种历史环境就要动摇变节，这一规律，在中国历史上已经证明了。

（续表）

《解放》版	1944年《毛选》版	1951年《毛选》版
因此、中国反帝与反封建制度的资产阶级民主革命任务、历史已判定不能经过资产阶级的领导、而必须经过无产阶级的领导、才能达到目的。	因此，中国反帝与反封建制度的资产阶级民主革命任务，历史已判定不能经过资产阶级的领导，而必须经过无产阶级的领导，才能达到目的。	因此，中国反帝反封建的资产阶级民主革命的任务，历史已判定不能经过资产阶级的领导，而必须经过无产阶级的领导，才能够完成。
并且只有无产阶级在民主革命中的坚持性与彻底性的充分发扬、才能克服资产阶级的那种先天的动摇性与不彻底性、	并且只有无产阶级在民主革命中的坚持性与彻底性的充分发扬，才能克服资产阶级的那种先天的动摇性，与不彻底性，	并且只有充分发扬无产阶级在民主革命中的坚持性和彻底性，才能克服资产阶级的那种先天的动摇性和不彻底性，
使无产阶级跟随资产阶级呢？	使无产阶级跟随资产阶级呢？	使无产阶级跟随资产阶级呢，
这个中国革命领导责任的问题、	这个中国革命领导责任的问题，	这个中国革命领导责任的问题，
一九二五年—二七年的经验、证明了当资产阶级追随着无产阶级的政治领导时、革命是如何的推向前进了、及至无产阶级（由无产阶级政党负责）政治上也变成了资产阶级的尾巴时、革命又是如何遭到了失败、这种历史是不宜于重复的。	一九二五年—二七年的经验，证明了资产阶级追随着无产阶级的政治领导时，革命是如何推向前进了，及至无产阶级（由无产阶级政党负责）政治上变成了资产阶级的尾巴时，革命又是如何的遭到了失败，这种历史是不宜于重复的。	一九二四年至一九二七年的经验，表明了当资产阶级追随着无产阶级的政治领导的时候，革命是如何地前进了；及至无产阶级（由共产党负责）在政治上变成了资产阶级的尾巴的时候〔一八〕，革命又是如何地遭到了失败。这种历史不应当重复了。
今天说来、抗日民族统一战线及其任务的完成、离开了无产阶级及其政党的政治领导、就不能有任何成就、抗日民族统一战线就不能建立、	今天说来，抗日民族统一战线及其任务的完成，离开了无产阶级及其政党的政治领导，就不能有任何成就，抗日民族统一战线就不能建立，	依现时的情况说来，离开了无产阶级及其政党的政治领导，抗日民族统一战线就不能建立，
在今天、资产阶级还带着更多的被动性与保守性、对于无产阶级政党发起的抗日民族统一战线、在长久的时期中表示不敢慷慨接受、	在今天，资产阶级还带着更多的被动性与保守性，对于无产阶级政党发起的抗日民族统一战线，在长久的时期中表示不敢慷慨接受，	在今天，以国民党为代表的资产阶级还带着很多的被动性和保守性，对于共产党发起的抗日民族统一战线，在长久的时期中表示不敢接受，
因此、就更加重了无产阶级及其政党的政治领导责任、	因此，就更加重了无产阶级及其政党的政治领导责任，	这种情况，加重了无产阶级及其政党的政治领导责任。

（续表）

《解放》版	1944年《毛选》版	1951年《毛选》版
抗日救国的总参谋部的职务、共产党是责无旁贷与义不容辞的。	抗日救国的总参谋部的职务，共产党是责无旁贷与义不容辞的。	抗日救国的总参谋部的职务，共产党是责无旁贷和义不容辞的。
（十五）无产阶级经过他的政党实现对于全国各阶层的政治领导，是怎样去进行的呢？	（十六）无产阶级经过它的政党实现对于全国各阶层的政治领导，是怎样去进行的呢？	（一七）无产阶级怎样经过它的政党实现对于全国各革命阶级的政治领导呢？
首先是根据历史发展行程提出基本的政治口号与为了实现这种口号而提出关于每一发展阶段与每一重大事变当中的动员口号。	首先是根据历史发展行程提出基本的政治口号与为了实现这种口号而提出关于每一发展阶段与每一重大事变当中的动员口号。	首先，是根据历史发展行程提出基本的政治口号，和为了实现这种口号而提出关于每一发展阶段和每一重大事变中的动员口号。
例如我们提出了"抗日民族统一战线"与"统一民主共和国"这种基本的口号、	例如我们提出了"抗日民族统一战线"与"统一的民主共和国"这种基本的口号，	例如我们提出了"抗日民族统一战线"和"统一的民主共和国"这样的基本口号，
作为全国行动的总目标与具体方针、没有这种目标与这种方针、	作为全国行动的总目标与具体方针，没有这种目标与这种方针，	作为全国人民一致行动的具体目标，没有这种具体目标，
第二、是按照这种目标、与具体方针在全国行动起来时、无产阶级特别是他们的先锋队——共产党员、应该提起自己无限的积极与忠诚、成为执行这些方针的模范。	第二，是按照这种目标与具体方针在全国行动起来时，无产阶级特别是它们的先锋队——共产党员，应该提起自己无限的积极与忠诚，成为执行这些方针的模范。	第二，是按照这种具体目标在全国行动起来时，无产阶级，特别是它的先锋队——共产党，应该提起自己的无限的积极性和忠诚，成为实现这些具体目标的模范。
而又最能虚心体会情况得到群众的爱戴、依靠群众的多数。	而又最能虚心体会情况。得到群众的爱戴，依靠群众的多数。	而又最能虚心体会情况，依靠群众的多数，得到群众的拥护。
发展与巩固这个同盟。	发展与巩固这个同盟。	发展和巩固这个同盟。
第四。共产党队伍的发展、思想的统一性、纪律的严密性。	第四，共产党队伍的发展，思想的统一性，纪律的严密性。	第四，共产党队伍的发展，思想的统一性，纪律的严格性。
共产党对全国的政治领导、是由实现上述这些主要的条件去进行的。	共产党对全国的政治领导，是由实现上述这些主要的条件去进行的。	共产党对于全国人民的政治领导，就是由执行上述这些条件去实现的。

(续表)

《解放》版	1944年《毛选》版	1951年《毛选》版
这些条件的增进与创造成功、是保证自己政治领导的基础、是使革命进入彻底胜利的而不被同盟者的动摇性所牺牲的前提。	这些条件的增进与创造成功，是保证自己政治领导的基础，是使革命进入彻底胜利的而不被同盟者的动摇性所牺牲的前提。	这些条件是保证自己的政治领导的基础，也就是使革命获得彻底的胜利而不被同盟者的动摇性所破坏的基础。
（十六）和平实现与两党合作成立之后、过去为执行两个政权对立路线的斗争方式、组织方式、与工作方法应全部转变到执行抗日民族统一战线与民主共和国路线的方面去、从武装的转到和平的、非法的转到合法的、秘密的转到公开的、单独的转到与同盟者合作的。从这样两种基本上不相同的东西的中间执行全部工作的转变是不容易的、是须要从新去认真学习的。	（十七）和平实现与两党合作成立之后，过去为执行两个政权对立路线的斗争方式、组织方式，与工作方法，应全部转变到执行抗日民族统一战线与民主共和国路线的方面去，从武装的转到和平的，非法的转到合法的，秘密的转到公开的，单独的转到与同盟者合作的。从这样两种基本上不相同的东西的中间执行全部工作的转变是不容易的，是需要从新去认真学习的。	（一八）和平实现与两党合作成立之后，过去在两个政权敌对路线下的斗争方式、组织方式和工作方式，应当有所改变。这种改变，主要是从武装的转到和平的，非法的转到合法的。这种转变是不容易的，需要重新学习。
（十七）关于民主共和国性质与前途的问题、从许多同志中提起出来了。我们的答复是：其阶级性是各阶级联盟、其前途可能走向非资本主义、	（十八）关于民主共和国性质与前途的问题，从许多同志中提起出来了。我们的答复是：其阶级性是各阶级的联盟，其前途可能走向非资本主义。	（一九）关于民主共和国的性质和前途的问题，许多同志已提出来了。我们的答复是：其阶级性是各革命阶级的联盟，其前途可能是走向社会主义。
因为我们的民主共和国、	因为我们的民主共和国，	我们的民主共和国，
因此、按照社会条件、他虽一般没有脱离资产阶级国家性质、但按照具体的政治条件将不能不是一个工农资产阶级联盟的国家。	因此按照社会条件，它虽一般没有脱离资产阶级国家性质。但按照具体的政治条件，应该是一个工农资产阶级联盟的国家。	因此，按照社会经济条件，它虽仍是资产阶级民主主义性质的国家，但是按照具体的政治条件，它应该是一个工农小资产阶级和资产阶级联盟的国家，而不同于一般的资产阶级共和国。
因此、他的前途虽仍有资本主义方向的可能、但存在着健全转变到非资本主义方面的可能、	因此，它的前途虽仍有资本主义方向的可能，但存在着健全转变到非资本主义方面的可能，	因此，它的前途虽然有走上资本主义方向的可能，但是同时又有转变到社会主义方向的可能，
（十八）向着关门主义与冒险主义、同时又向着尾巴主义作斗争、是执行党的任务的必须条件。	（十九）向着关门主义与冒险主义，同时又向着尾巴主义作斗争，是执行党的任务的必须条件。	（二〇）向关门主义和冒险主义、同时又向尾巴主义作斗争，是执行党的任务的必要的条件。

(续表)

《解放》版	1944年《毛选》版	1951年《毛选》版
党内、在民众运动中、由于中国社会条件的反映、存在着严重的关门主义、高慢的宗派主义、与冒险主义的历史传统、	党内在民众运动中，由于中国社会条件的反映，存在着严重的关门主义，高慢的宗派主义，与冒险主义的历史传统，	我们党在民众运动中，有严重的关门主义、高慢的宗派主义和冒险主义的传统倾向，
肃 这个倾向于每一具体任务的工作中是必要的、	肃清这个倾向于每一具体任务的工作中是必要的。	在每一个具体的工作中肃清这个倾向是完全必要的。
我们的口号是依靠多数与照顾全局。	我们的口号，是依靠多数与照顾全局。	我们的要求是依靠多数和照顾全局。
降低党的立场、模糊党的面目、牺牲了工农利益、去适合资产阶级改良主义的要求、必然将引导革命趋于失败。	降低党的立场，模糊党的面目，牺牲工农利益，去适合资产阶级改良主义的要求，必然将引导革命趋于失败。	降低党的立场，模糊党的面目，牺牲工农利益去适合资产阶级改良主义的要求，将必然引导革命趋于失败。
我们的口号是实行坚决的革命政策、	我们的口号是实行坚决的革命政策，	我们的要求是实行坚决的革命政策，
为达到反对不良倾向的目的在全党中提高马克斯列宁主义的理论水平是必要的、只有这种理论、才是指导中国革命走向胜利之途的南针。	为达到反对不良倾向的目的，在全党中提高马克思列宁主义的理论水平是必要的，只有这种理论，才是指导中国革命走向胜利之途的南针。	为了达到克服上述这些不良倾向的目的，在全党中提高马克思列宁主义的理论水平是完全必要的，因为只有这种理论，才是引导中国革命走向胜利的指南针。

参考文献

一、史料

（一）中文版本

1. 《解放》周刊1937年5月1日第1卷第2期。
2. 《火线》1937年第77期。
3. 《毛泽东论文集》，上海大众出版社1937年版。
4. 《救国时报》1937年9月18日第123、124期（九一八纪念特刊）。
5. 《抗日救国指南》第一辑，抗日战术研究社1938年版。
6. 《毛泽东救国言论选集》，新华日报馆1939年版。
7. 《两条路线》（上），中共中央书记处1943年编印。
8. 《抗战以来党的路线研究参考资料》，中共中央晋察冀分局1944年编印。
9. 《毛泽东选集》卷二，晋察冀日报社1944年版。
10. 《毛泽东选集》第一卷，苏中出版社1945年版。
11. 《党的政策选集》，中共中央党校教务处1945年印。
12. 《毛泽东选集》卷三，中共中央晋察冀中央局1947年印。
13. 《毛泽东选集》卷二，东北书店1948年版。
14. 《毛泽东选集》第一卷，人民出版社1951年版。
15. 《新华月报》1951年第四卷第5期。
16. 《人民日报》1951年8月23日。
17. 《中国共产党在抗日时期的任务》，1952年7月第1版。
18. 《毛泽东选集》（一卷本），人民出版社1964年版。
19. 《中国共产党在抗日时期的任务》，人民出版社1965年版。
20. 《毛泽东选集》（一卷本、竖排），人民出版社1966年3月版。
21. 《毛泽东选集》（一卷本、横排），人民出版社1966年7月版。

22．《毛泽东选集》（普及本）第一卷，1966年版。

23．《毛泽东选集》（袖珍一卷本），人民出版社1967年版。

24．《毛泽东选集》第一卷，中国人民解放军战士出版社1967年版。

25．《中国共产党在抗日时期的任务》，人民出版社1967年版。

26．《毛泽东选集》（袖珍一卷本），人民出版社1968年版。

27．《毛泽东选集》（袖珍一卷本），中国人民解放军战士出版社1968年版。

28．《毛泽东选集》第一卷，中国人民解放军战士出版社1968年版。

29．《毛泽东选集》（一卷本），人民出版社1969年版。

30．《毛泽东选集》（16开大字本）第二卷，人民出版社1969年版。

31．《毛泽东选集》（25开大字本）第二卷，人民出版社1969年版。

32．《中国共产党在抗日时期的任务》，人民出版社1975年版。

33．《人民日报》，1977年7月19日。

34．竹内实监修：《毛泽东集》第5卷，日本北望社1970—1972年初版，日本苍苍社1983年修订版。

35．《毛泽东选集》第一卷，人民出版社1991年。

36．《毛泽东选集手抄本》第一卷，西苑出版社2001年版。

37．中共中央文献研究室、中央档案馆编：《建党以来重要文献选编》第十四册，中央文献出版社2011年版。

38．张迪杰主编：《毛泽东全集》第10卷，润东出版社2013年版。

（二）少数民族文字版本

1．《中国共产党在抗日时期的任务》（维吾尔文），新疆人民出版社1952年版。

2．《中国共产党在抗日时期的任务》（哈萨克文），新疆人民出版社1952年版。

3．《中国共产党在抗日时期的任务》（蒙古文），内蒙古人民出版社1952年版。

4．《中国共产党在抗日时期的任务》（蒙古文），民族事务委员会1952年印。

5.《中国共产党在抗日时期的任务》（托忒蒙古文），新疆人民出版社1953年版。

6.《中国共产党在抗日时期的任务》（维吾尔文），民族出版社1966年版。

7.《中国共产党在抗日时期的任务》（蒙古文），民族出版社1966年版。

8.《中国共产党在抗日时期的任务》（藏文），民族出版社1966年版。

9.《中国共产党在抗日时期的任务》（朝鲜文），民族出版社1966年版。

10.《中国共产党在抗日时期的任务》（托忒蒙古文），新疆人民出版社1974年版。

11.《中国共产党在抗日时期的任务》（朝鲜文），民族出版社1977年版。

12.《中国共产党在抗日时期的任务》（蒙古文），民族出版社1977年版。

（三）外文版本

1.《中国共产党在抗日时期的任务》（英文），外文出版社1956年版。

2.《中国共产党在抗日时期的任务》（法文），外文出版社1956年版。

3.《中国共产党在抗日时期的任务》（印尼文），外文出版社1957年版。

4.《中国共产党在抗日时期的任务》（西班牙文），外文出版社1960年版。

5.《中国共产党在抗日时期的任务》（法文），外文出版社1960年版。

6.《中国共产党在抗日时期的任务》（缅甸文），外文出版社1963年版。

7.《中国共产党在抗日时期的任务》（英文），外文出版社1965年版。

8.《中国共产党在抗日时期的任务》（法文），外文出版社1965年版。

9.《中国共产党在抗日时期的任务》（希腊文），希腊历史出版社1966

年版。

10. 《中国共产党在抗日时期的任务》（葡萄牙文），外文出版社1966年版。

11. 《中国共产党在抗日时期的任务》（阿拉伯文），外文出版社1967年版。

12. 《中国共产党在抗日时期的任务》（日文），外文出版社1968年版。

13. 《中国共产党在抗日时期的任务》（乌尔都文），外文出版社1968年版。

14. 《中国共产党在抗日时期的任务》（印尼文），外文出版社1968年版。

15. 《中国共产党在抗日时期的任务》（俄文），外文出版社1968年版。

16. 《中国共产党在抗日时期的任务》（西班牙文），外文出版社1968年版。

17. 《中国共产党在抗日时期的任务》（意大利文），外文出版社1968年版。

18. 《中国共产党在抗日时期的任务》（缅甸文），外文出版社1968年版。

19. 《中国共产党在抗日时期的任务》（越南文），外文出版社1968年版。

20. 《中国共产党在抗日时期的任务》（泰文），外文出版社1969年版。

21. 《中国共产党在抗日时期的任务》（世界语），外文出版社1969年版。

22. 《中国共产党在抗日时期的任务》（印地文），外文出版社1969年版。

23. 《中国共产党在抗日时期的任务》（德文），外文出版社1969年版。

24. 《中国共产党在抗日时期的任务》（葡萄牙文），外文出版社1971

25．《中国共产党在抗日时期的任务》（土耳其文），外文出版社1971年版。

26．《中国共产党在抗日时期的任务》（豪萨文），外文出版社1973年版。

27．《中国共产党在抗日时期的任务》（泰米尔文），外文出版社1973年版。

28．《中国共产党在抗日时期的任务》（斯瓦西里文），外文出版社1973年版。

29．《中国共产党在抗日时期的任务》（老挝文），外文出版社1975年版。

30．《中国共产党在抗日时期的任务》（意大利文），外文出版社1978年版。

（四）其他版本

《战争和战略问题》(盲文版)，北京盲文印刷厂1977年译印（据人民出版社1975年汉文版译印）。

二、著作

1．施拉姆著、中共中央文献研究室《国外研究毛泽东思想资料选辑》编辑组编译：《毛泽东》，红旗出版社1987年版。

2．逄先知等：《毛泽东选集一至四卷第二版编辑纪实》，中央文献出版社1991年版。

3．《毛泽东选集一至四卷注释校订本》，中央文献出版社1991年版。

4．袁竞主编：《毛泽东著作大辞典》，中国国际广播出版社1991年版。

5．翟泰丰主编：《新版〈毛泽东选集〉》导读》，中国华侨出版公司1991年版。

6．陈光林主编：《中国共产党党员学习修养大辞典》，山东人民出版社1991年版。

7．王进等主编：《毛泽东大辞典》，广西人民出版社等1992年版。

8．张惠芝等编：《毛泽东生平著作研究目录大全》，河北教育出版社出版发行1993年版。

9．中共中央文献研究室等编：《毛泽东重要著作和思想形成始末》，人民出版社1993年版。

10．巢峰主编：《毛泽东思想大辞典》，上海辞书出版社1993年版。

11．方舟主编：《毛泽东图书辞典》，华文出版社1993年版。

12．任涛：《中国统一战线全书》，国际文化出版社1993年版。

13．张蔚萍主编：《新编党务工作全书》，中国言实出版社1995年版。

14．施金炎主编：《毛泽东著作版本述录与考订》，海南国际新闻出版中心1995年版。

15．张静如主编：《毛泽东研究全书》，长春出版社1998年版。

16．蒋建农主编：《毛泽东全书》，河北人民出版社1998年版。

17．刘跃进：《毛泽东著作版本导论》，北京燕山出版社1999年版。

18．汤应武主编：《中国共产党重大史实考证》，中国档案出版社2001年版。

19．中共中央文献研究室编：《毛泽东年谱 1893—1949》上卷，中央文献出版社2002年修订本。

20．中央文献研究室科研部图书馆编：《毛泽东著作是怎样编辑出版的》，中国青年出版社2003年版。

21．廖盖隆等主编：《毛泽东百科全书》，光明日报出报社出版2003年版。

22．柯延主编：《毛泽东生平全记录》，中央文献出版社2004年版。

23．金冲及主编：《毛泽东传》（1893—1949），中央文献出版社2004年版。

24．中央文献研究室编：《党的文献是怎样编辑出版的》，中央文献出版社2006年版。

25．陈夕主编：《中共党史资料》，中共党史出版社2007年版。

26．柏钦水主编：《毛泽东著作版本鉴赏》，山东人民出版社2009年版。

27．张曼玲编著：《毛泽东早期著作版本精品图录》，湖南人民出版社2011年版。

28．李捷主编：《毛泽东著作辞典》，浙江人民出版社2011年版。

29. 刘金田等编：《尘封：毛泽东选集出版的前前后后》，台海出版社2012年版。

30. 周一平：《日版〈毛泽东集〉〈毛泽东集补卷〉校勘与研究》，中国国际文化出版社2013年版。

31. 蒋建农等：《毛泽东著作版本编年纪事》（一册），湖南人民出版社2013年第2版。

32. 首都图书馆编：《首都图书馆藏革命历史文献书目提要》，北京图书馆出版社2013年版。

33. 施拉姆著、田松年等译：《毛泽东的思想》，中国人民大学出版社2013年版。

34. 李蓉：《抗日民族统一战线史》，团结出版社2015年版。

三、论文

（一）报刊论文

1. 李永继：《学习〈中国共产党在抗日时期的任务〉》，《吉林日报》1965年12月23日。

2. 程笃仁：《深刻认识建设工人理论队伍的重要性——学习〈中国共产党在抗日时期的任务〉的一点体会》，《沈阳日报》1974年6月12日。

3. 施东晖：《必须掌握变化着的阶级关系——学习〈中国共产党在抗日时期的任务〉》，《学习与批判》1976年第8期。

4. 沙健孙等：《中国共产党是全中国人民的领导核心》，《思想政治课教学》1981年第3期。

5. 张香山：《读〈中国共产党在抗日时期的任务〉》，中共中央高级党校编印《〈毛泽东选集〉》第1卷学习参考资料。

6. 蒋景源：《毛泽东关于抗日民族统一战线的理论与实践》，《历史教学问题》1984年第1期。

7. 夏志民：《浅谈中国共产党对抗日战争的政治领导问题》，《党史资料与研究》1986年第3期。

8. 孟庆春：《论抗日民族统一战线建立的历史必然性》，《齐齐哈尔师范学院学报（哲学社会科学版）》1986年第2期。

9．万世雄：《毛泽东对抗日民族统一战线的杰出贡献》，《南充师院学报（哲学社会科学版）》1988年第1期。

10．金怡顺：《第二次国内革命战争时期王明评价问题管见》，《党史研究与教学》1994年第2期。

11．蒋建农：《论毛泽东对抗日民族统一战线的独特贡献》，《史学月刊》1995年第1期。

12．张振朝：《从九一八到西安事变中共抗日政策演变述评》，《邢台师专学报》1995年第3期。

13．韩振武：《中共军队是何时换掉国民革命军帽子的？》，《党史纵览》1996年第4期。

14．李全中：《论毛泽东建立抗日民族统一战线的思考及实践》，《毛泽东思想研究》1998年第6期。

15．林华国：《试论历史发展过程中的"根本矛盾"、"基本矛盾"、"主要矛盾"》，《史志研究》2000年第3期。

16．奚景鹏：《关于晋察冀日报社〈毛泽东选集〉出版时间的考证》，《中共党史资料》2003年第4期。

17．周明等：《第一部〈毛泽东选集〉的印刷和出版》，《中共党史资料》2003年第4期。

18．程中原：《中国共产党与抗日民族统一战线的建立》，《抗日战争研究》2005年第3期。

19．左吉祥：《毛泽东对抗日民族统一战线理论的探索与贡献》，《武汉学刊》2005年第4期。

20．启悟：《封存68年的〈中国共产党在抗日时期的任务〉》，《中国边防警察》2005年第9期。

21．赫崇飞等：《毛泽东对建立抗日民族统一战线可能性探索》，《求索》2006年第12期。

22．祝志男：《试论毛泽东对建立抗日民族统一战线的四大贡献》，《毛泽东思想研究》2007年第1期。

23．关志超等：《论毛泽东对抗日民族统一战线形成的贡献》，《文教资料》2007年第35期。

24．王克强：《论毛泽东对建立抗日民族统一战线的贡献——重读〈论新阶段的报告〉》，《湘潮》2011年第1期。

25．于昆：《中国共产党扩大群众基础的回顾与思考》，《北京师范大学学报（社会科学版）》2011年第3期。

26．王润东：《苏区党代表会议的历史贡献再分析》，《黑河学刊》2014年第12期。

27．梁晓宇：《论抗日战争时期毛泽东多党合作思想——纪念抗日战争胜利70周年》，《广东省社会主义学院学报》2015年第3期。

28．王格等：《毛泽东对抗日民族统一战线形成的贡献研究综述》，《云南社会主义学院学报》2015年第3期。

29．唐振南：《毛泽东对抗日民族统一战线的理论贡献》，《毛泽东研究》2015年第4期。

30．李慎明等：《抗日战争胜利的关键是中国共产党思想上政治上的路线正确》，《历史研究》2015年第4期。

31．王彩玲：《论多党合作的思想基础——以抗战时期中国共产党与民主党派的合作为例》，《广西社会主义学院学报》2015年第5期。

32．毛胜：《〈中国共产党在抗日时期的任务〉为迎接全国抗日战争的到来做准备》，《瞭望》2015年第29期。

33．赵士发等：《毛泽东与抗日民族统一战线话语体系的构建——纪念抗战胜利70周年》，《理论视野》2015年第9期。

34．李鹏：《〈中国共产党在抗日时期的任务〉之版本与内容演变》，《南京大学学报（哲学·人文科学·社会科学）》2016年第3期。

35．魏晓东：《中国共产党领导统一战线的历史演变》，《中共浙江省委党校学报》2017年第1期。

（二）博硕论文

1．王双梅：《中国共产党在抗战时期争取民主的斗争》，1993年中共中央党校博士论文。

2．田慧萍：《中国共产党统一战线述论》，2002年郑州大学硕士论文。

3. 高会彬：《南京国民政府"攘外必先安内"政策研究述评》，2004年东北师范大学硕士论文。

4. 祝志男：《中国共产党关于建立抗日民族统一战线的理论和政策》，2006年东北师范大学博士论文。

5. 陈红照：《共产国际与中共抗日民族统一战线策略的形成和发展》，2006年西南交通大学硕士论文。

6. 孙晓芙：《抗日战争时期毛泽东国家政权思想论析》，2006年东北师范大学硕士论文。

7. 蔡峰：《中国共产党在杨虎城部队中的统一战线工作研究》，2006年陕西师范大学硕士论文。

8. 金书：《新民主主义革命时期共产党的统一战线政策探析》，2010年河南大学硕士论文。

9. 刘保根：《"西安事变"前后中国共产党思想政治工作研究》，2010年海南大学硕士论文。

10. 曾芬：《蒋介石与察哈尔抗战》，2010年浙江大学硕士论文。

11. 王培宇：《关于〈救国时报〉中的抗日教育研究》，2010年辽宁师范大学硕士论文。

12. 韩宇：《抗日民族统一战线理论的形成与发展》，2011年东北大学硕士论文。

13. 汪娅岑：《〈解放〉周刊与抗日民族统一战线的形成与发展》，2014年南京师范大学硕士论文。

14. 常春：《中国共产党认识社会主要矛盾的演进研究》，2015年中国石油大学（华东）博士论文。